사람과 그의 글

사료와 함께 읽는 평전

사람과 그의 글

김범 지음

일러두기

————————

* 따로 밝히지 않고 왕대와 연월일을 표기한 것(이를테면 '태조 1년 1월 1일')은 모두 해당 날짜의 조선왕조실록 기사다.
* 사료의 원주는 작게 들여 썼다.
* 각주는 지은이가 붙인 것이며, 간단한 사항은 본문에서 괄호 안에 표기했다.
* 사료는 대부분 이미 번역됐지만 그것들을 참고하면서 새로 옮겼다.

책을 내면서

살면서 가장 조심스럽고 민감한 일 가운데 하나는 다른 사람에 관련된 이야기를 하는 것이다. 그 까닭은 굳이 설명하지 않아도 알 수 있다. 다른 사람이 나를 두고 이렇다 저렇다 말할 때 그것은 격려나 기쁨이 되기도 하지만 상처나 분노를 주는 경우도 적지 않다.

좋은 글은 사실과 의견이 정확히 구분된 것이라는 어느 뛰어난 작가의 말을 인상 깊게 기억한다. 여기 실린 글을 쓰면서 그 말을 여느 때보다 더 많이 떠올렸고 실천하려고 나름대로 최선의 노력을 기울였다.

이 책은 2011년부터 2014년까지 '네이버 캐스트'의 '인물 한국사'에 쓴 글 가운데 일부를 추려 다듬고 사료와 간단한 해설을 새로 덧붙여 만든 것이다. 예전 글에서는 원고 분량의 제한도 있었지만 인용이 길어지면 글이 장황하고 번잡한 느낌을 줄 수밖에 없기 때문에 사료를 부분적으로 소개할 수밖에 없었다. 그러면서 사료의 맥락을 왜곡하는 것은 아닌지 걱정되기도 했고, 일부가 아니라 전체를 보여주면 독자가 스스로 판단할 수 있는 여지가 좀 더 많아질 수도 있을 텐데 아쉽기도 했다. 이를테면 큰 산의 한 부분만 오르지 않고 종주하거나 널리 알려진 주제만이 아니라 긴 곡 전체를 들어보면 깊은 감동을 새로 느낄 수 있는 것과 비슷하지 않을까 싶었다. 단어의 뜻이 보여주듯 '역사의 재료'인 사료를 찬찬히 곱씹어보는 것 자체가 의미 있는 독서 체험이 될 수 있다는 생각도 했다. 어떻게 여겨질지는 모르지만 전에 품었던 생각을 실현할 수 있어 기쁘다.

원칙적으로 사료는 평전의 대상이 된 인물이 쓴 글 가운데 중요하고 흥미로운 것을 고르려고 했다. 하지만 그 인물이 쓴 글이 없거나 이런저런 이유로 마땅한 것이 없을 때는 다른 사람이 그 인물에 대해 쓴 글을 실었다. 책의 제목과는 조금 어긋나지만 양해를 부탁드린다. 아울러 꼭지마다 그 사료를 선정한 이유와 흥미로운 사항, 개인적 감상 등을 간단히 적었다.

당연한 말이지만 실체와 전모를 바탕으로 판단해야 진실에 좀 더 다가갈 수 있다. 널리 알려졌어도 발췌나 전언에 의지해 아는 자료가 적지 않다. 이를테면 여기 실린 사료 가운데는 윤선거와 윤증의 편지가 그럴 것 같다. 그 존재와 대체적인 내용은 알고 있는 사람이 적지 않지만 전문을 직접 읽어본 사람은 그리 많지 않을지도 모른다. 나도 마찬가지였다.

장수는 물론 군졸과 노비까지 전공을 세운 모든 사람의 이름을 하나하나 열거한 이순신의 한산대첩 장계는 그분의 내면을 깊이 비춰주는 자료라고 생각됐다. 사용된 어휘와 표현은 세속적 지존의 지위를 보여주지만 그 알맹이는 여느 아버지와 아들이 빚은 불화의 파열음과 그리 다르지 않던 양녕대군의 반성문, 유자광을 보는 상반된 시각이 담긴 남곤과 유몽인의 글, 훈민정음 창제에 정면으로 반대했지만 한글의 유용성과 세종의 열정을 반증하기도 하는 최만리의 상소 등도 흥미로웠다.

여기 실린 인물은 어떤 기준으로든 모두 나보다 훨씬 뛰어난 분들이다. 세속적 지위의 정점에 있던 국왕·왕비·세자는 말할 것도 없고 한 시대를 대표하는 관원·학자나 구국의 명장까지 모두 한국사에 뚜렷한 발자국을 남긴 분들이다. 조그만 권력도 쥐어보지 못했고 자잘한 일상사에 울고 웃으며 날마다 집과 직장을 오가면서 부대끼는 소시민이 비교할 수 없는 지위와 경륜과 의지를 지닌 인물들의 삶을 이렇다 저렇다 말하는 것이 부질없게 느껴진 때가 적지 않았다. 그러나 한편으로는 그렇게 자잘한 소시민이기에 그 인물들의 우뚝한 면모뿐 아니라 그늘진 모습에도 조금 더 다가갈 수 있지 않을까 용기를 내봤다. 이 글을 쓰면서 여러 연구와 자료의 도움을 받았지만 하나하나 밝히지는 않았고, 주요한 논저만 참고문헌에 실었다.

이 책을 쓰는 것은 여기 실린 인물들의 삶을, 그러므로 죽음을 성글게나마 살피고 생각해보는 일이었다. 그러면서 내 삶도 가끔씩 되돌아봤다. 그동안 작은 일과 얼마 안 되는 돈과 몇 마디 말에 얼마나 자주 안달하고 시기하고 화냈는지 깊이 알게 됐다. 삶의 끝에는 아무것도 가져가지 못하고 한 줌의 재가 된다는 자명한 사실을 앞으로 좀 더 자주 생각하면서 살아가려고 한다. 그러면 조금은 더 나은 삶을 살 수 있을 것 같다.

가족에게 사랑과 감사의 마음을 보낸다. 아버지께서 이 책을 마음에 들어 하시면 좋겠다.

2020년 3월
김범

차례

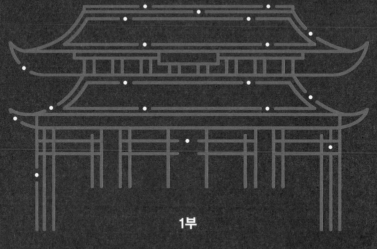

1부

일탈과 권력을 꿈꾸다

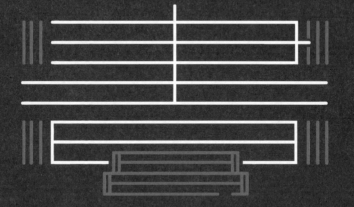

양
녕
대
군

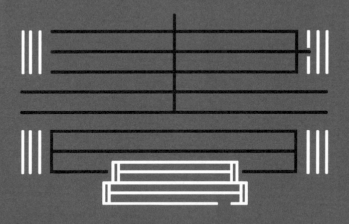

폐세자의 불행한 운명과 긴 인생

모든 사람에게 자신의 삶은 거대하고 복잡한 운명의 드라마일 것이다. 모든 인간의 탄생과 종말은 적어도 그 개인에게는 우주의 시작과 멸망만큼 절대적인 의미를 지닌다. 이처럼 모든 운명은 복잡하고 난해하고 절대적이지만, 그것의 현실적 위상과 영향력의 크기는 상당한 격차를 갖고 있다.

그런 격차를 결정하는 핵심적 요인은 그 개인의 현실적 지위다. 산이 높으면 골짜기도 깊은 자연의 원리와 비슷하게, 개인의 현실적 지위가 높고 중요할수록 그에게 다가오는 운명은 거대하고 복잡하기 쉽다. 양녕대군讓寧大君(1394~1462)은 조선의 네 번째 국왕으로 순조롭게 등극할 운명이 자명해 보였지만, 그런 엄청난 행운은 자신의 거듭된 실책과 부왕父王의 냉엄한 결정으로 사라졌다.

순조로운 성장과 왕세자 책봉

양녕대군이라는 개인뿐 아니라 조선이라는 신생국에 가장 커다란 영향을 준 인물은 태종太宗(1367~1422, 재위 1400. 11~1418. 8)이었다. 그는 조선의 역사에서 가장 뛰어난 능력과 업적을 보여준 국왕 가운데 한 사람이었다. 새 왕조의 건국과 두 차례의 왕자의 난으로 대표되는 냉혹한 권력투쟁을 거쳐 집권한 그는 18년 동안 재위하면서 국가의 여러 중요한 기틀을 마련했다.

태종은 자신의 가정, 곧 왕실의 외형적 번성에서도 두드러진 결과를 산출했다. 그는 원경왕후元敬王后(1365~1420)와의 사이에서 4남 4녀를 두었고, 효빈孝嬪 김씨 등 18명의 후궁에게서도 8남 13녀라는 많은 자녀를 얻었다(그 밖에도 일찍 사망한 2녀가 있었다). 양녕대군은 이런 많은 자녀 가운데 정비의 장남으로 태어나는 큰 행운을 누렸다. 1394년(태조 3년) 그가 태어났을 때 아버지 이방원李芳遠은 정안대군靖安大君이었지만, 6년 뒤 조선의 세 번째 국왕으로 등극했다. 양녕대군에게 이런 변화는 수많은 왕자군王子君 가운데 독존의 지위를 예약하는 엄청난 행운이었다.

기록되지 않은 사소한 실행失行은 있었겠지만, 적어도 공식적으로 양녕대군은 이때부터 20세 무렵까지 순조롭게 성장했다. 그는 10세 때 이제李禔라는 이름을 하사받고(태종 2년 (1402) 3월 8일), 한 달 뒤 원자에 책봉됐으며(4월 18일) 다시 넉 달 뒤에는 왕세자에 책봉됐다(8월 6일). 열 살이라는 조금 어린 나이에 이처럼 신속하게 후계 구도가 결정된 데는 그 사안의 중대성을 체험적으로 알고 있던 태종의 판단이 중요하게 작용했을 것이다.

이 시점을 앞뒤로 양녕대군은 능력과 행실에서 두드러진 결함을 보이지 않았다. 그는 13세 때 전 총제摠制 김한로金漢老의 딸(숙빈淑嬪 김씨)과 혼인했고(태종 7년 (1407) 7월 13일), 같은 해 9월 25일에는 새해를 하례하는 진표사進表使로 임명돼 명의 수도로 파견됐다. 이듬해 4월 2일에 귀국하는 긴 여정을 거치면서 그는 국제질서의 동향과 적지 않은 문화적 충격을 체험했을 것이다. 세자는 내정에도 부분적으로 참여했는데, 재이災異로 태종이 집무하지 않을 때는 주요한 국무를 대신들과 의논해 결정했으며(태종 9년 (1409) 1월 8일) 태종이 편찮았을 때는 경복궁 문소전文昭殿[1]의 삭제朔祭를 대행하고 어전회의인 조계朝啓에 참석하기도 했다(태종 9년 8월 1일).

이처럼 양녕대군은 아버지의 냉철하고 과감한 정치적 결단에 힘입어 차기의 권좌를 예약하는 커다란 행운을 선사 받았다. 그리고 그 자신 또한 세자로서 수준 이상의 능력을 보이면서 그런 행운은 곧 현실로 이뤄지는 것 같았다. 그러나 성인으로 접어들

---

1 조선 태조와 첫 번째 왕비 신의왕후神懿王后의 위패와 초상화를 모신 혼전魂殿. 태조 5년(1396) 신의왕후의 위패를 모시고 인소전仁昭殿이라는 이름으로 경복궁 북쪽에 세워졌다가 태종 6년(1406) 창덕궁으로 옮겼으며 태종 8년 태조가 승하하자 함께 봉안하고 이름을 문소전이라고 고쳤다. 그 뒤 세종 14년(1432) 경복궁 북쪽으로 다시 옮겼으며 임진왜란으로 경복궁이 불탄 뒤 복구되지 않았다.

면서 그는 점차 부왕의 기대에 어긋나는 실행을 저질렀고, 그런 현상이 반복되면서 냉철한 그의 부왕은 다시 한번 중대한 결정을 내렸다. 그것은 양녕대군 개인은 물론 조선의 국운에 거대한 의미를 가진 결단이었다.

일탈과 항명, 그리고 폐출

널리 알려진 대로 양녕대군의 일탈은 주로 여색과 관련된 것이었다. 그런 문제는 태종 후반부터 불거졌다. 태종 16년(1416) 9월 선공부정繕工副正 구종수具宗秀와 악공樂工 이오방李五方 등은 여색을 밝히고 사냥을 좋아하는 세자에게 미녀와 매를 바쳤다가 탄로나 유배됐다.

대군을 폐출로 몰고 간 결정적인 사건은 이듬해에 일어났다. 그것은 어리於里라는 여인과의 염사艶事였다. 그녀는 전 중추中樞 곽선郭璇의 첩이었는데, 세자가 그녀와 간통했다는 사실이 발각된 것이다(태종 17년 2월 15일). 태종은 대로했고 세자를 장인 김한로의 집으로 쫓아 보냈다(2월 17일). 세자는 즉시 반성하고 행실을 고치겠다는 맹세의 글을 종묘와 부왕에게 올렸다. 태종은 세자가 허물을 뉘우친다면서 그날로 환궁하라고 용서했다(2월 22일). 그러나 연루된 구종수와 이오방 등은 참수됐다.

뒤에 실은 전문을 읽어보면 느끼겠지만, 이 반성의 글에는 깊은 참회의 마음이 넘친다. 그러나 당대의 문장가로 세자의 빈객이던 변계량卞季良이 써준 글이라는 사실이 알려주듯 그런 회오悔悟가 그대로 세자의 진심은 아니었다. 세자의 본마음은 1년 뒤 직접 쓴 반항의 글에서 여과 없이 드러났다. 세자가 이때 진정으로 반성하고 동일한 과오를 반복하지 않았다면 조선의 네 번째 국왕이 됐을 것이다. 그러나 양녕대군은 같은 문제를 다시 일으켰고, 이번에는 더 큰 과오를 저질렀다. 그것은 항명이었다.

이듬해 세자는 어리를 다시 불러들였고, 이번에는 아이까지 갖게 했다는 사실이 드러났다(태종 18년 5월 10일). 태종은 다시 분노했고, 세자의 출궁과 알현 금지를 명령했다. 장인 김한로도 직첩(임명장)을 빼앗기고 죽산竹山(지금 경기도 안성)에 부처付處됐다.

양녕대군을 폐위로 몰고 간 결정적인 사건은 이때 발생했다. 자신에게 내린 부왕의 처벌이 부당하다는 반론을 세자가 직접 작성해 올린 것이다(5월 30일). 그 글은 첫 부분부터 매우 거칠었다. "전하의 시녀는 모두 궁 안으로 들어오는데, 어찌 모두 깊이 생각해 받아들이는 것이겠습니까?" 세자는 문제의 원인이 부왕에게 있다고 항의했다. "지금까지 신의 여러 첩을 내보내시니 곳곳에서 곡소리가 나고 나라 안에 원망이 가득합니다. 어찌 자신에게서 잘못의 원인을 찾지 않으십니까?" 짧은 이 반항의 글은 협박에 가까운 일방적인 선언으로 끝났다. "숙빈(세자빈)이 아이를 가졌는데 죽조차 들지 않으니 하루아침에 변고라도 생기면 큰일입니다. 지금부터 새사람이 돼 조금이라도 흔들리지 않겠습니다."

"이 말은 모두 나를 욕하는 것"이라는 태종의 개탄대로 이것은 숨기지 않은 반항이었다. 그리고 그 반항은 아버지와 아들의 사적인 관계를 넘어 국왕과 세자라는 엄중한 공적 기준이 적용되면서 항명으로 해석됐다. 태종은 그 글을 영의정 유정현柳廷顯, 좌의정 박은朴블 등에게 보이면서 심정을 토로했다. "세자는 그동안 여러 번 불효했지만, 집안의 부끄러움을 바깥에 드러낼 수 없어서 항상 그 잘못을 덮어두려고 했다. 직접 그 잘못을 지적해 그가 뉘우치고 깨닫기를 바랐지만, 이제 도리어 원망하는 마음을 가지고 싫어함이 이런 지경에 이르렀으니 어찌 숨기겠는가?"

세자를 교체해야겠다는 태종의 결심은 이 시점에서 거의 굳어졌다고 판단된다. 국왕의 심중을 파악한 의정부·삼공신·육조·삼군도총제부·각사 등 거의 모든 주요 신하는 세자의 폐위를 주청했다(6월 2일).

새로운 세자의 책봉

양녕대군을 대체할 인물도 동시에 결정됐다. 태종은 양녕대군의 아들 가운데 왕세손을 선정하려고 했다. 그러나 이번에도 국왕의 의중을 헤아린 영의정 유정현 등은 어진 사람을 선택해야 한다擇賢고 주장했다. 이튿날 태종은 결국 양녕대군을 폐위하고 충녕대군을 새로운 세자로 책봉했다(6월 3일). 항명하는 상소가 올라온 지 나흘 만에 전격적으로 이뤄진 일이었다.

태종의 여러 업적 가운데 가장 중요한 것은 세종을 후사로 결정한 것이라는 평가도 있다. 그 뒤 세종의 업적은 그런 평가에 고개를 끄덕이게 한다. 세자를 '국본國本'이라고 하듯 나라의 근본을 교체한 이 결정은 그야말로 조선의 운명을 바꾼 중대한 선택이었다.

많은 사건은 순간적으로 발생하지만, 그 원인과 조짐은 상당히 일찍부터 형성되고 감지된다. 태종은 셋째 아들의 출중한 능력을 이미 충분히 알고 있었고 높이 평가해 왔다. 양녕대군의 첫 탈선이 발각되기 직전의 사례는 그런 사실을 잘 보여준다. 재위 16년(1416) 2월 8일 태종은 충녕대군을 대동하고 충청도 서산瑞山으로 행차했다. 그때 큰비를 만났는데 충녕대군은 『시경』의 「빈풍豳風」을 인용해 그 의미를 해석했다. 태종은 크게 기뻐하면서 칭찬했다. "충녕은 용맹하지 못한 것 같지만 판단하기 어려운 중대한 일을 결단하는 데는 견줄 사람이 없다."

최고 지도자의 가장 중요한 덕목이 수많은 국무의 개별적 무게를 정확히 가늠해 인력과 재원을 효과적으로 투입하는 판단력이라면, 태종이 보기에 세종은 그런 능력을 가장 탁월하게 보유한 아들이었던 것이다. 그 뒤 세종이 쌓은 위업은 태종의 판단력이 정확했음을 보여준다.

특히 냉혹하고 노회한 국왕이었던 태종의 진의를 짐작하기는 어렵지만, 세자가 자신에게 도전하지만 않았다면 그를 폐출하는 극한적 방법을 사용하지는 않았을 것이다. 역사의 수많은 선례와 현실 정치의 냉혹한 논리에 비춰볼 때 그런 결정은 폐세자의 목숨을 박탈하고 나아가 다시 살육이 난무하는 왕실의 분란으로 이어질 가능성이 짙기 때문이다.

실록에는 폐세자를 결정할 때 "태종이 통곡해 흐느끼다가 목이 메었다"고 적혀있다. 국왕은 그만큼 고뇌한 것이다. 그러나 양녕대군의 행동은 단순히 여색에 관련된 실행을 넘어 국왕에 대한 도전으로 번졌다. 사적으로는 지극히 가까운 부자 관계지만 궁극적으로는 군신의 논리가 적용되는 왕실의 질서를 고려할 때 태종은 그것을 묵과할 수 없는 범죄로 판단했고, 어쩌면 바라왔던 구상을 신속하게 실천했다.

폐세자의 남은 삶

폐출된 양녕대군은 즉시 강화江華로 거처를 옮겼다(6월 22일). 51세로 아직 노쇠했다고 보기는 어려웠지만, 태종은 새로 임명된 세자에게 곧바로 전위하고 상왕으로 물러났다(8월 8일). 그때부터 붕어할 때까지 4년 동안 태종은 국무의 핵심인 인사와 군정軍政을 관장하면서 갑작스레 즉위한 21세의 젊은 새 국왕이 안정적으로 왕권을 정착시킬 수 있도록 도왔다.

그 뒤 양녕대군은 주로 경기도 이천利川에서 살았다. 세자에서 폐출된 그는 그 자체로 큰 정치적 분란의 가능성을 안고 있는 존재였다. 그 때문에 신하들은 그에게 조금만 잘못이 있어도 격렬하게 탄핵했다. 실제적인 위험의 가능성도 있었다. 세종 6년

(1424) 3월 청주 호장戶長 박광朴光과 같은 해 10월 갑사 지영우池英雨는 "양녕대군이 즉위하면 백성들이 자애로운 덕을 받게 될 것"이라거나 "그가 병권을 장악하려고 한다"는 등의 난언을 퍼트려 처벌되기도 했다.

그럼에도 세종은 그런 탄핵이나 난언에 휘둘리지 않았고, 1년에 한 번 정도 그를 불러 우애를 나눴다(이를테면 세종 14년〔1432〕 4월, 세종 15년 12월, 세종 16년 1월, 세종 17년 9월 등). 재위 20년(1438) 1월에는 양녕대군을 서울에서 살도록 했다(그러나 신하들의 반대로 서울과 이천을 오가는 것으로 조정됐다). 이런 사실들은 세종의 우애와 인격의 깊이를 보여주는 중요한 단면이라고 여겨진다.

자신의 과오로 권력에서 배제됐지만, 양녕대군은 정치적 관심이 적지 않은 인물이었다고 판단된다. 이런 판단의 근거는 세조의 집권 과정에서 그가 보인 행동이다. 그는 그 과정의 중요한 지점에서 적극적인 목소리를 냈다. 단종端宗 1년(1453) 10월 10일 계유정난癸酉靖難이 일어났을 때 양녕대군은 종친의 가장 어른이라는 중요한 위치에 있었다. 그는 세조의 강력한 정적인 안평대군安平大君의 사사를 강력히 주청해 관철시켰다(10월 17일).

6개월 뒤 양녕대군은 단종의 사사라는 좀 더 중요한 문제에 개입했다. 그는 영의정 정인지鄭麟趾 등과 함께 단종과 금성대군錦城大君·송현수宋玄壽 등의 처단을 강력히 주청했고, 역시 윤허를 얻어냈다. 물론 이런 사안은 그가 개입하지 않아도 끝내 관철됐을 것이다. 그러나 종친을 대표한 양녕대군의 적극적인 발언이 그것의 실현을 앞당기는 데 중요하게 작용한 것은 사실로 여겨진다.

그 뒤 등극한 세조가 양녕대군을 후대한 것은 당연했다. 만년에 양녕대군은 치료차 온천에 자주 갔는데, 그때마다 세조는 관찰사와 환관 등을 보내 극진히 수행케 했다. 또한 양녕대군이 죽음을 앞두고 병고에 시달리자 세조는 그의 서자인 이순李諄과 이심李諶을 승진시켜 기쁘게 해주기도 했다(세조 8년 [1462] 6월 24일).

양녕대군은 세조 8년 9월 7일 서울의 자택에서 파란 많은 삶을 마쳤다. 68세의 장수한 나이였고, 세 살 아래로 53세에 붕어한 세종보다 12년이나 오래 살았다. 그날 그의 졸기에 기록된 사평史評의 한 부분은 음미할 만하다.

> 그는 성품이 어리석고 곧았으며, 살림을 돌보지 않고 활쏘기와 사냥을 즐겼다. 세종의 우애가 지극했고, 그 또한 다른 마음을 품지 않아 시종始終을 보전할 수 있었다.

끝으로 그의 독특한 삶은 현대에 여러 문학작품으로 재구성됐다는 사실도 덧붙일 만하다. 대표적으로 김동인(『광공자狂公子』), 조흔파(『양녕대군』), 박종화(『양녕대군』) 등이 그를 다룬 소설을 남겼다.

앞서 말한 대로 양녕대군은 어리와 관련된 실행 때문에 두 편의
글을 부왕 태종에게 올렸다. 읽어보면 금방 알 수 있지만, 첫 번째
글은 반성문이고 두 번째 글은 항의서에 가깝다. 태종 18년 5월
30일 변계량이 써준 첫 번째 글에는 깊은 반성의 마음이 유려한
문장에 담겨있다. 당대를 대표한 문장가인 변계량이 대신 썼으니
당연한 일이다.

그러나 두 번째 글은 전혀 다르다. 직설적이고 급박하다. 그런 직
설과 급박함은 첫 문장과 마지막 문장에 그대로 표현돼 있다. 앞의
반성문은 "왕세자 신 이제는 말씀드립니다"라는 정중한 인사로 시
작했지만 이 글에는 그런 도입 자체가 없다. "전하의 시녀는 모두
궁 안으로 들어오는데, 어찌 모두 깊이 생각해 받아들이는 것이겠

습니까?" '전하'와 '신'이라고 표현했지만 이것은 화난 아들이 아버지에게 대드는 말이다.

중간 부분도 방탕했지만 성공했거나 절제했지만 실패한 역사적 선례를 들면서 자신의 실행을 강변하고, 신효창을 용서한 사례를 들며 태종을 비난했으며, 세손을 임신한 숙빈이 곡기를 끊었으니 변고라도 생기면 어떻게 할 것이냐는 위협에 가까운 내용으로 채워져 있다. 이 짧은 항의서에서 도드라지게 새된 목소리는 맨 마지막 문장인 것 같다. "지금부터 새사람이 돼 조금이라도 흔들리지 않겠습니다." 앞의 맥락과 너무 달라 다소 엉뚱하게까지 느껴진다. 그러나 나도 그래봤고 내 아이도 그런 적이 있다. 잘못을 저질렀지만 오히려 부모님께 대들다가 "앞으로는 그러지 않고 잘할게요!"라고 일방적으로 말한 뒤 제 방으로 훌쩍 들어가는 것. 이 글을 읽으며 그때의 기억이 떠올랐다.

양녕대군이 태종에게 올린 글 두 편

주상전主上殿에 글을 올렸는데, 다음과 같다.[2]

"왕세자 신 이제는 말씀드립니다. 사람이 제 살 곳을 잃으면 반드시 하늘에 호소하고 자식이 제 살 곳을 잃으면 반드시 어버이께 호소합니다. 이것은 사람의 지극한 본성이라 어쩔 수 없는 것이니 어찌 시비와 득실을 헤아린 뒤에야 그렇게 하겠습니까?

신 이제는 비길 데 없이 어리석고 완고하지만 부왕 전하께서는 신이 적장자라는 이유로 그 우매함을 잊으시고 세자에 책봉하셔서 이제 벌써 14년이 됐습니다. 처음부터 지금까지 지극한 정성으로 가르치고 깨우치시어 크게는 충효의 도리부터 작게는 일상

---

2 『태종실록』 태종 17년 2월 22일.

의 자잘한 행동부터 제시하지 않은 것이 없습니다. 또 사부師傅와 빈객賓客[3]을 두어 날마다 경서를 읽게 하시고 대간에게 더욱 엄격히 살피게 하시니 자애로운 생각과 교육하는 방법이 더할 바가 없었습니다. 경서와 사리에 통달해 세자의 임무를 다하고 종사의 중책을 잇게 하려는 뜻이었습니다.

신 이제는 전하의 자애로움을 믿을 수 있다는 것만 알고 전하가 종사를 생각해 구상한 큰 계획은 생각하지 않았습니다. 악하고 어리석은 무리를 가까이하고 욕망만을 따라 법도와 예절을 무너뜨린 것이 이미 여러 번입니다. 작년 가을에는 전하께서 특히 견책하시어 신은 그때 조금 깨닫고 반성해 잘못을 되풀이하지 않겠다고 하늘에 맹세했습니다. 그러나 어리석은 아이 때의 습성이 그래도 남아있어 소인의 꾐에 빠져 얼마 되지 않아 다시 유혹에 빠져 마침내 하늘과 아버지와 임금을 속이는 지경에 이르렀지만 반성하지 않았으니 신의 죄를 생각하면 용납될 곳이 없습니다. '스스로 지은 죄는 벗어날 길이 없다'는 옛 사람의 말은 신을 두고 한 말입니다. 몸을 때리며 반성하고 버려져도 만족해야지 감히 한 마디 말이라도 해서 스스로 새로워질 도리를 찾을 수 있겠습니까?

비록 그렇더라도 신 이제는 포대기에 싸인 아기 때부터 지금

---

3   세자를 교육하는 세자시강원의 관직. 사(정1품, 1명)는 영의정, 부(정1품, 1명)는 좌의정이나 우의정, 빈객(좌·우 1명씩)은 정2품 관원이 겸직했다.

24세가 되기까지 잠시라도 어버이 곁을 떠난 적이 없었는데 하루 아침에 지척咫尺의 거리에서 호·월胡越⁴처럼 멀리 떨어져 수라를 챙겨드리거나 문안할 방법도 없고 건강이 어떠신지 살필 길도 없어졌습니다. 이 때문에 신은 먹는 것도 잊고, 자려고 누웠다가도 다시 일어나며, 말없이 있을 수 없게 됐습니다. 예전에 가까이 모시며 직접 말씀을 듣고 동생들과 안뜰에서 즐겁게 놀던 것을 돌이켜보면 꿈속 일처럼 아득합니다. 복잡한 마음이 어찌 사라지겠습니까?

신 이제의 복잡한 마음은 어쩔 수 없는 것이지만, 전하는 자애로운 마음을 아직 끊지 못해 신의 불초함을 잊으시고 생각을 놓지 못하실까 걱정됩니다. 여기까지 말하니 저도 모르게 한숨이 나오고 눈물이 흐릅니다. 신 이제는 타고난 바탕이 우둔하고 마음 씀이 광망狂妄해 지금 비록 죄를 뉘우쳤지만 앞서의 잘못을 다시 밟지 않을 것을 저 자신이 보장할 수 없으므로 스스로 경계하는 8가지 조항으로 종묘와 하늘에 계신 영령께 맹세해 다시는 잊지 않겠다고 맹세하며, 또 잘못을 뉘우쳐 스스로 새로워지겠다는 뜻을 서술해 전하께 올립니다.

'화복禍福은 모두 자신이 초래하는 것'이라고 옛사람이 말했으니 선행도 악행도 참으로 내게 달려있는 것이지 남에게서 말미암

4　호는 중국의 북쪽에 있고 월은 중국의 남쪽에 있다. 매우 멀리 떨어져 있다는 뜻.

는 것이 아닙니다. 그렇기는 하지만 예부터 소인이 세자를 꾀어 미혹시킨 일은 역사책을 찾아보면 흔히 나오니 소인은 제거하기 어려우나 가까이하기는 쉽다는 것이 분명합니다. 앞서 기이한 재주와 음란한 꾀임으로 신을 불의한 데 빠뜨린 자들을 법대로 처단해 앞으로 간사한 소인들이 아첨하는 길을 막고, 신같이 어리석은 사람이 바른 선비를 가까이하고 날마다 좋은 말을 들어 성숙한 사람이 되게 하신다면 참으로 다행일 것입니다. 가엾게 여겨주시기를 엎드려 바랍니다."

이 글은 모두 빈객 변계량이 지었다.

세자가 내관 박지생朴枝生을 보내 직접 지은 글을 올렸다.[5]

"전하의 시녀는 모두 궁 안으로 들어오는데, 어찌 모두 깊이 생각해 받아들이는 것이겠습니까? 가이加伊(어리)를 내보내려고 했지만 그녀가 살아가기 어려울 것을 불쌍히 여기고 또 밖으로 나가서 사람들과 밀통하면 추문이 날까 봐 내보내지 않았습니다.

지금까지 신의 여러 첩을 내보내시니 곳곳에서 곡소리가 나고 나라 안에 원망이 가득합니다. 어찌 자신에게서 잘못의 원인을 찾지 않으십니까? 옳은 일을 권장하면 떠나가고, 떠나가면 지극

---

5 『태종실록』 태종 18년 5월 30일.

히 상서롭지 못합니다. 신은 이처럼 악기의 줄을 일부러 끊어버리는 행동을 하지 않았고, 앞으로 풍류와 여색을 마음껏 풀어버리려는 계획을 중단하지 않았으며 오직 뜻에 따르고 감정에 맡겼기 때문에 지금 같은 상황에 이르렀습니다.

한漢 고조高祖는 산동山東에서 살 때 재물을 탐내고 여색을 좋아했지만 마침내 천하를 평정했고, 진왕晉王 광廣(중국 수隋 양제煬帝〔569~618, 재위 604~618〕)은 현명하다고 일컬어졌지만 왕위에 오른 뒤 자신은 위태롭게 되고 나라는 망했습니다. 전하께서는 신이 끝내 크게 효도할지 어떻게 아십니까? 이 첩 한 사람을 금지하면 잃는 것은 많고 얻는 것은 적습니다. 잃는 것이 많다고 하는 까닭은 무엇입니까? 아득한 후세까지 수많은 자손의 첩을 금지할 수 없으므로 잃는 것이 많다고 하는 것이며, 첩 하나를 내보내는 것은 얻는 것이 적다고 하는 것입니다.

국왕은 사사로움이 없어야 하는데 신효창申孝昌은 태조를 불의不義에 빠뜨렸으니[6] 죄가 무거운데도 용서했습니다. 김한로[7]는 신의 마음을 기쁘게 하려고 했을 뿐인데 오랜 친교를 잊고 갑자기 내

6 ?~1440(세종 22년). 본관은 평산. 조선 태조~세종 때 호조전서·대사헌·좌군도총제 등을 역임했다. "태조를 불의에 빠뜨렸다"는 것은 태조가 태종의 즉위에 불만을 품고 함경도로 갔을 때 신효창이 수행한 일을 말한다.

7 1358(공민왕 7년)~?. 본관은 광산. 양녕대군의 장인이며 예조판서·의정부 찬성 등을 지냈다. 태종 18년 양녕대군이 폐출되면서 함께 몰락해 지방에 부처되는 등 고난을 겪다가 세상을 떠났다.

치시니 공신이 이 일을 계기로 위태로워질 것입니다. 숙빈(김한로
의 딸인 세자빈)이 아이를 가졌는데 죽조차 들지 않으니 하루아침에
변고라도 생기면 큰일입니다. 지금부터 새사람이 돼 조금이라도
흔들리지 않겠습니다."

유
자
광

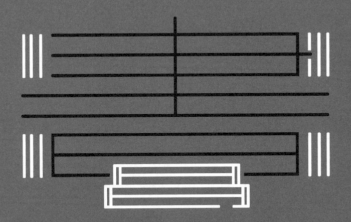

서자에서 일등공신에 오른 논쟁적 인물

유자광柳子光(1439~1512)은 한국사에서 널리 알려진 인물이다. 그러나 그 명성은 오명이다. 널리 받아들여지고 오래도록 이어지는 어떤 인상은 억지로 꾸며내거나 무턱대고 주입한다고 형성되지 않는다. 다시 말해 거기에는 상당한 진실이 담겨있다고 생각된다. 그러나 인상은, 바로 그 의미가 가리키듯, 실제와 일정한—또는 상당한—거리를 갖고 있는 것도 사실이다.

아마 유자광에 관련된 인상은 "고변과 음해로 정적을 숙청해 영달하다가 끝내 자신도 유배지에서 삶을 마친 간신" 정도로 요약되지 않을까 싶다. 이 짧은 글에서 유자광의 다양한 면모를 온전히 서술하기는 어렵다. 그러나 긍정과 부정의 판단보다는 그에게 주어진 객관적 조건과 시대적 상황을 중시하면서 접근하려고 노력했다.

서자로 태어나다

어떤 사건이나 인물을 이해할 때 가장 먼저 고려해야 할 사항은 객관적 정황이나 조건이라고 생각한다. 유자광에게 주어진 가장 일차적인 조건은 서자라는 태생적 오점이었다. 요즘 희화적 표현으로도 쓰일 만큼 널리 알려진 홍길동의 한탄이 또렷이 보여주듯 그것은 자신의 실수나 선택과는 전혀 무관하지만 전근대 신분사회에서는—어쩌면 부분적으로는 지금도—삶 전체를 좌우한 거대한 걸림돌이자 지워지지 않는 낙인이었다. 유자광도 그랬다. 서자라는 사실은 유자광의 내면과 행동의 동기를 파악하는 데 중요한 요소라고 생각한다.

이런 상황에 대응하는 방법은 두 가지다. 하나는 홍길동처럼 반란과 망명을 선택하는 저항의 길이다. 다른 하나는, 좀 더 일반적인 양상이라고 생각되는데, 체제에 적극 협력해 그 장애를 뛰어넘는 순종의 길이다. 대부분의 사람들처럼 유자광도 이 길을 선택했다.

뒤에서 보듯 유자광은 이런저런 관직에 임명되거나 승진할 때마다 강력한 반대에 부딪쳤다. 그래서 그는 두 번이나 1등공신(익대翊戴·정국靖國)에 책봉되며 뛰어난 공로를 인정받았지만, 실제 관직에는 거의 임명되지 못한 특이한 경력을 남겼다. 대부분의 기록에서 그는 '무령군武靈君'이나 '무령부원군'이라는 명예직으로만 기재됐다. 그런 반대의 거의 유일한 논거는 그가 서자라는 것이었고, 그 주체는 대부분 대간臺諫이었다. 그러므로 유자광은 자신의 출세를 가로막은 구체적 개인에게도 물론 깊은 원한을 품었겠지만, 대간이라는 집단에도 자연히 큰 분노를 느꼈을 것이다. 유자광이 무오사화戊午士禍에서 중요한 비중을 차지하는 인물임을 감안하면, 이런 간단한 측면은 이 시기의 정치적 갈등인 사화를 '훈구'와 '사림'이라는 신·구 지배층의 대립으로 설명하기보다 이 무렵 중요하게 떠오른 대간(삼사)라는 관서에 좀 더 주목해야 할 필요성을 알려주는 한 논거라고 생각한다.

유자광은 경주부윤을 지낸 유규柳規(?~1473)의 서자로 세종 21년(1439)에 태어났다. 본관은 영광靈光이고 자는 우후于後다. 그의 집안은 상당한 명망을 갖고 있었다. 먼저 조부 유두명柳斗明은 대언代言(정3품)을 지냈으며 증조는 유언柳漹이다. 아버지 유규는 음서로 입사한 뒤 무과에 급제해(세종 8년 (1426)) 단종 때 사헌부 장령(정4품)·집의(종3품)를 거쳐 세조 때 형조·호조참의(정3품)·황해도 관찰사·경주부윤(이상 종2품) 등을 역임했다. 중앙의 요직은 아니지만 상당히 비중 있는 관직들이었다. 정숙貞肅이라는 시호가 보여주듯 그는 중후한 인품과 청렴을 높이 평가받았다.

유규는 집에서도 의례를 엄수해 자녀도 반드시 관대冠帶를 갖추고 만났으며, 유자환柳子煥과 유자광이 높이 출세했지만 말이나 태도로 나타낸 적이 없었다. 가는 곳마다 청렴하고 엄숙하다고 크게 칭송받았다. 상사喪事를 모두 주자가례에 따르라고 유언했다(성종 4년 (1473) 2월 10일).

이 졸기卒記가 알려주듯 유규의 적자이자 유자광의 이복형은 유자환(?~1467)이다. 그는 호가 기산箕山이고 시호는 문양文襄이며, 처음 이름은 유자황柳子晃이었지만 예종睿宗의 휘諱를 피해 고쳤다. 유자환도 현달했다. 그는 문종 1년(1451) 문과에 급제한 뒤 세조의 찬탈에 협력해 정난 3등공신·오성군筽城君에 책봉됐고 도승지(정3품)·대사헌·이조참판(이상 종2품) 등 요직을 거쳤다. 세조는 "정난할 때 유자환이 내게 '마음대로 군사를 소집할 수 없다'고 막았으니 소나무와 잣나무 같은 절개가 있다고 할 만하다"고 상찬했다. 졸기에서도 "유자환은 관대하고 아량이 있었으며 아랫사람에게 겸손하고 성실했다"고 평가했다(세조 13년 2월 25일).

출세의 시작

유자광과 관련해 주목되는 사실은 그를 다룬 전기가 여럿 작성됐다는 것이다. 이것은 그만큼 그가 흥미로운 인물이라는 방증일 것이다. 가장 유명한 전기는 남곤南袞과 유몽인柳夢寅의 작품이다. 유자광의 어린 시절을 언급한 두 글의 첫머리는 다음과 같다.

유자광은 부윤 유규의 얼자孽子(천첩의 아들)다. 몸이 날래고 힘이 세며 원숭이같이 높은 곳을 잘 올라갔다. 어려서부터 난봉꾼이 돼 도박으로 재물을 다퉜으며 새벽과 밤까지 길거리를 쏘다니다가 여자를 만나면 붙잡아 강간했다. 유규는 그가 태생이 미천한 데다 이렇게 방종하니 여러 번 매질하고 아들로 여기지 않았다(남곤, 「유자광전」, 허봉, 『해동야언』 2).

유자광은 감사 유규의 첩이 낳은 아들로 남원에서 살았는데 어려서부터 재기가 넘쳤다. 깎아 세운 듯한 바위가 있는 것을 보고 아버지가 그에게 시를 짓게 하니 즉시 "뿌리는 땅속에 서려있고 형세는 삼한을 누르네"라는 시를 지었다. 유규는 기이하게 생각하고 훗날 그가 크게 성취할 것을 알았다. 유규는 유자광에게 날마다 『한서』의 열전을 하나씩 외우게 하고 요천蓼川[1]에서 은어銀魚 1백 마리를 낚게 했는데, 암송에 막힘이 없었고 고기도 그 숫자를 늘 채웠다(유몽인, 『어우야담』 권4).

흥미롭게도 두 서술은 대조적이다. 그 까닭은 지은이의 정치적·문학적 성향 등을 좀 더 깊이 살펴봐야 알 수 있겠지만, 유자광이 그만큼 논쟁적인 인물임을 충분히 보여준다.

두 기록이 겹치는 부분은 유자광이 신체와 정신 능력 모두 상당히 뛰어났다는 것이다. 이것은 사실로 여겨진다. 우선 뛰어난 용력은 여러 기록에 나타난다. 대표적 증거는 뒤에서 보듯 그가 갑사甲士였다는 사실일 것이다.

학문적 능력은, 일단 가치평가를 떠나, 무오사화에서 김종직金宗

---

1   전북 남원시를 흐르는 하천. 길이 60킬로미터. 전북 장수군과 경남 함양군의 경계에 있는 백운산白雲山(1,278미터)에서 발원해 남쪽으로 흘러 남원시의 동쪽을 지나 전남 곡성군과 접경지역에서 섬진강에 합류한다.

直의 「조의제문弔義帝文」을 해석한 사실에서 유추할 수 있다. 성종 20년(1489) 장령 정석견鄭錫堅은 유자광이 장악원掌樂院 제조提調(이 것도 겸직이다)에 임명되자 "그가 비록 무술과 문장의 재주는 있지만 전국시대戰國時代의 협객俠客과 같다"면서 반대했는데, 부정적 맥락이기는 하지만 유자광의 실체적 면모에 근접한 평가라고 생각된다(성종 20년 10월 28일).

방금 말한 대로 유자광의 첫 직업은 갑사였다. '으뜸가는 군사'라는 그 의미대로 갑사는 국왕 호위와 수도 경비를 맡는 정예병이었다. 그런 임무상 그들은 당연히 뛰어난 무예를 갖춰야 했으며, 의장대로도 활동했기 때문에 용모와 체격도 뛰어났다. 그들은 대체로 부유한 지배층의 자제로 정규 무관은 아니었지만 상당한 지위를 인정받았으며, 교대로 지방에 내려가 복무하기도 했다.

유자광이 출세하게 된 첫 계기는 세조 13년(1467) 5월에 일어난 이시애李施愛 난이다. 그때 그는 28세의 갑사로 그동안 경복궁의 동문인 건춘문建春門을 지키다가 남원으로 내려가 복무하고 있었다.

이시애 난은 세조 치세의 끝머리를 뒤흔든 큰 변란이었다. 이시애 난이 일어나자 유자광은 즉시 도성으로 올라와 상소를 올렸다. 그 글에서 그는 "식사를 하다가 수저와 젓가락을 버리고 올라왔다"면서 "갑사에 소속된 뒤 늘 변방에서 공을 세우고 나라를 위해 한번 죽으려고 했다"고 아뢨다. 그때 전황은 관군이 상당히 고전하고 있던 상태였다. 유자광은 "함길도가 험하지만 그런 조건은 적이나 우리나 마찬가지"라면서 과감한 결전을 주장했다. 그는 "신이 미천하더라도 한구석에서 싸워 조속히 이시애의 머리를 베어 바칠 수 있기를 바란다"는 적극적인 주장으로 긴 상소를 마쳤다.

세조는 유자광의 글을 보고 감탄했다. "이 글은 내 뜻에 매우 합당하다. 참으로 기특한 재목이니 곧 임용해 그의 옳은 뜻을 시행하겠다." 서자로 태어나 28세까지 갑사로 복무하던 유자광의 삶이 바뀌는 순간이었다.

세조는 유자광을 불러 이시애를 잡을 방략을 물었는데, 대답이 모두 자신의 뜻과 맞았다. 국왕은 그를 크게 포상하고 겸사복兼司僕(정3~종9품)에 임명했다. 효용驍勇이 뛰어나다는 말을 듣고 시험하니, 앞서 나왔던 것처럼, 몇 계단을 한 번에 뛰어넘고 큰 기둥을 원숭이처럼 올랐다(세조 13년 6월 14·16·30일).

유자광의 방략 덕분이었는지 이시애 난은 석 달 만에 진압됐다. 세조가 유자광을 더욱 총애한 것은 당연한 결과였다. 우선 관직에 나아갈 수 있도록 허통許通하고 병조정랑(정5품)에 임명했다. 병조정랑은 병조의 실무를 담당하면서 삼사 관직의 임명에 동의할 수 있는 권한(통청권通淸權)과 자신의 후임을 추천할 수 있는 권한(자대권自代權)을 가진 요직이었다. 놀랄 만한 인사였다.

앞서 유자광은 일생에 걸쳐 관직에 제수될 때마다 대간의 강한 반대에 부딪쳤다고 말했는데, 그 긴 대립은 이때부터 시작됐다. 서자를 허통할 수 없다고 대간이 강력히 반대한 것이다. 세조는 단호히 제압했다. "너희들 가운데 유자광 같은 자가 몇 사람인가? 이미 허통한다고 했으니 무슨 관직이든 못하겠는가? 나의 특별한 은혜를 너희가 저지할 수 있겠는가? 나는 절세의 재주를 얻었다고 생각하니 다시 말하지 말라." 실록은 서얼이 육조 낭관에 임명된 것은 유자광부터 시작됐다고 적었다(세조 13년 7월 14일·9월 22·25·28일).

유자광에 대한 세조의 신임은 더욱 깊어졌다. 재위 마지막 해 세조는 세자와 함께 온양으로 행차했는데 유자광은 총통장總筒將으로 수행했다. 거기서 행차를 기념해 별시를 치렀는데, 문과 초시의 대책對策 가운데 유자광의 답안이 낙방하자 세조는 시험을 주관한 신숙주申叔舟에게 물었다. "유자광의 답안이 좋은 것 같은데 어째서 합격시키지 않았는가?" 신숙주는 대답했다. "고어古語만 사용한 데다 문법도 소홀해 합격시키지 않았습니다." 세조는 "고어를 썼더라도 묻는 본의에 어그러지지 않았다면 괜찮다"면서 유자광을 1등으로 삼고 즉시 병조참지兵曹參知(정3품)에 제수했다. "조정이 놀라워했다"는 기록대로 파격적인 지시였다(세조 14년 2월 15일). 이로써 유자광은 이시애 난을 계기로 세조에게 발탁된 지 8개월 만에 갑사에서 정3품 당상관에 오른 것이다. 이때 그는 29세였다.

남이의 모반을 고변하다

첫머리에서 유자광은 일반적인 경우보다 훨씬 더 체제와 밀착되는 협력의 길을 실천했고, 그 동기는 서자라는 신분적 한계를 뛰어넘으려는 노력이었다고 말했다. 그런 협력 가운데 가장 크게 인정받을 수 있는 행동은 고변일 것이다. 변란을 고발하는 그 일은 국가의 안전을 위협하는 중대한 범죄를 사전에 진압하는 매우 훌륭한 공헌이기 때문이다.

유자광은 예종이 즉위하고 한 달 뒤 자신의 첫 고변을 감행했다. 그것은 유명한 남이南怡(1441~1468)의 모반이다. 유자광은 남이가 한명회韓明澮·김국광金國光 등을 죽이고 임금을 바꾸려 한다고 고변했다. 짧은 심문을 거쳐 남이를 비롯해 강순康純·조경치曹敬治·변영수卞永壽 등은 가혹하게 처형됐다.

유자광은 당연히 크게 포상됐다. 우선 이시애 난을 평정한 공로로 책봉됐던 적개공신에서 2등으로 추록되고, 남이의 옥사로 책봉된 익대공신에서는 1등과 무령군에 녹훈된 것이다. 공신 명단의 첫머리에 그의 이름이 기재됐다는 사실은 이 사건에서 세운 그의 공로를 웅변한다(예종 즉위년 10월 24·27·28·30일).

유자광의 지위는 확고해졌다. 이때부터 성종 8년(1477) 무렵까지 그는 안정된 지위를 누리면서 조정의 여러 현안에 적극적으로 발언했다. 성종 7년 정희대비貞熹大妃의 수렴청정 중단을 한명회가 반대하자 즉각 탄핵한 것은 유자광의 견고한 지위와 기민한 정치적 판단을 다시 한번 보여준다(성종 7년 2월 19일). 그는 이듬해도총관都摠管에 제수됐지만 역시 대간의 반대로 성사되지 못했다 (성종 8년 윤2월 27일).

첫 번째 유배

순탄하던 그에게 첫 위기가 닥쳐왔다. 발단은 성종 8년 7월 도승지 현석규玄碩圭와 우승지 임사홍任士洪(1445~1506)의 대립이었다. 그 해의 간지를 따라 '무술옥사戊戌獄事'로도 불리는 이 사안은 한 간통 사건을 놓고 승지들의 의견이 갈라지면서 시작됐다. 현석규는 강간으로 결론지은 의금부의 판결에 동의했지만, 임사홍을 비롯한 그 밖의 승지들은 거기에 반대했다. 일단 결론은 현석규와 의금부의 판단이 옳다는 쪽으로 내려졌다. 그러나 현석규가 다른 승지들과 논쟁을 벌이는 과정에서 그들을 '너'라고 부르는 등 무례한 행동을 했다는 사간원의 탄핵이 제기되면서 문제는 확대됐다.

복잡하게 전개된 이 사건에서 유자광은 문제를 촉발시킨 현석규를 계속 승진시킨 성종의 조처에 반대하다가 이듬해 5월 동래東萊에 유배됐다. 4년 뒤 직첩을 돌려받을 때까지 그는 침체의 시간을 보냈다(성종 8년 8월 23일; 9년 5월 8일; 13년 7월 23일).

재기와 무오사화의 발발

유자광은 성종 16년(1485) 5월 숭정대부崇政大夫(종1품) 행 지중추부사行知中樞府事로 임명돼 7년 만에 조정으로 돌아왔다. 이 관직도 품계는 높았지만 실권을 행사할 수 있는 자리는 아니었다. 이제 그는 46세의 장년이었다.

그 뒤 그는 중종 2년(1507) 두 번째로 유배돼 최후를 맞기까지 20년 넘게 확고한 지위를 지켰다. 우선 성종 후반에는 두 번이나 중국에 사신으로 다녀왔다(17년 10월 정조사, 18년 10월 등극하례사). 그러나 이 기간에도 실직에 임명되는 데는 계속 실패했다. 한성부 판윤(성종 18년 6월)과 황해도 관찰사(성종 22년 12월)에 제수됐지만 대간의 반대로 모두 무산됐다.

연산군이 즉위했을 때 유자광은 55세였다(1494년). 유자광은 12년에 걸친 연산군의 치세를 무사히 넘겼을 뿐만 아니라 오히려 입지를 더욱 부각시켰다. 그 중요한 계기는 연산군 4년(1498) 7월에 일어난 무오사화였다. 널리 알려진 대로 유자광은 김일손金馹孫(1464~1498)의 사초로 촉발된 그 사건에서 김종직이 지은 「조의제문」의 숨은 뜻을 밝혀내 그 사화가 확대된 규모로 종결되는 데 결정적인 역할을 했다. 『연산군일기』에는 그 장면이 생생하게 묘사돼 있다.

유자광은 옥사를 처벌하는 일이 점차 느슨해지자 자기 뜻을 다하지 못할까 걱정해 일을 진전시킬 방법을 밤낮으로 궁리했다. 하루는 소매 속에서 책 한 권을 내놓았는데, 김종직의 문집이었다. 그는 그 가운데서 「조의제문」과 「술주시述酒詩」를 가리키면서 추관들에게 두루 보이며 말했다. "이것은 모두 세조를 지목해 지은 것입니다. 김일손의 죄악은 모두 김종직의 가르침 때문에 생겨난 것입니다." 그는 주석을 달고 구절마다 해석해 국왕이 쉽게 알도록 했다(연산군 4년 7월 29일).

그 해석의 타당성이나 사화의 의미를 여기서 깊이 논의하기는 어렵지만, 아무튼 유자광은 그동안 위기 때마다 보여준 기민한 정치적 감각과 과감한 행동을 이 사건에서 가장 극적으로 연출했다고 생각된다. 거기에는 함양 학사루學士樓에 걸린 유자광의 시판을 김종직이 철거한 사건으로 배태된 개인적 증오도 개입했을 것이다(함양은 유자광의 처가인데, 장인이 그곳의 향리였다. 김종직은 성종 6년 〔1475〕에 함양군수의 임기를 채우고 자리를 옮겼다). 뒤에서 보듯 그를 간신이자 악인으로 규정하게 만든 결정적 굴레 또한 무오사화를 계기로 씌워졌다.

중종반정에 참여하다

폭정을 자행하던 연산군은 결국 재위 12년 만에 최초의 반정으로 쫓겨났다. 하룻밤 만에 간단히 성공한 반정은 그 역사적 의미만큼이나 무거운 현실적 문제를 남겼다. 가장 큰 문제는 처벌―적어도 자숙이나 퇴진―의 대상이어야 할 연산군 때의 주요 신하들이 대부분 그대로 남아 요직을 장악하고 공신에도 책봉된 것이다.

물론 갑자사화 이후 연산군의 폭정은 극한적 수준까지 치달았고, 거기에 협력한 인물은 매우 적었다. 대부분의 신하는 목숨을 지키려고 그저 순종한 측면이 컸다. 이런 상황적 맥락을 감안하더라도 그때까지 가장 많은 인원인 120명에 가까운 정국공신을 양산한 것은 반정 세력의 탐욕과 몰염치가 분명했다. 이렇게 생겨난 불씨는 14년 뒤 기묘사화의 도화선으로 작용했다.

유자광은 중종반정이 일어나자 적극 가담했다. 그는 궁궐 문에서 군사를 거느리고 진을 쳤고, 그 공로로 정국 1등공신에 책봉됐다(중종 1년 (1506) 9월 2·8일). 그러나 두 차례나 1등에 책봉된 공신은 여전히 실직에 나아가지 못했다. 얼마 뒤 그의 품계를 대광大匡(정1품)으로 올리려고 했지만 그마저도 대간의 반대로 좌절됐다(중종 2년 윤1월 4일). 이때 그는 68세의 고령이었다. 아마 유자광은 평생 이어진 대간의 반대가 참으로 집요하다고 느꼈을 것이다.

유배지에서 최후를 맞다

정국 1등공신에 책봉됐지만 유자광의 몰락은 곧 닥쳐왔다. 연산군 때 두 사화의 원흉으로 지목됐기 때문이다. 중종 2년(1507) 윤정월 조광보趙光輔라는 인물이 핵심 대신인 박원종朴元宗·노공필盧公弼 등을 죽이려고 한 사건이 발각됐는데, 조광보는 국문을 받으면서 유자광이 무오사화를 일으킨 소인이라고 비판했다. 유자광은 "김종직의 남은 무리가 비밀히 중상하려 하니 마음 놓고 서울에 있을 수 없다"면서 시골로 물러가겠다고 밝혔다(중종 2년 2월 2일).

그러나 대간은 이런 기회를 놓치지 않았다. 그들은 두 달 가까이 탄핵을 지속했고, 마침내 유자광을 극형에 처해야 한다고 주장하기에 이르렀다. 중종은 일단 유자광을 파직시켰다. 그러나 대간은 만족하지 않았고, 갑자사화도 그가 주모했다는 죄목까지 추가했다. 결국 당시의 가장 핵심적인 실세인 좌의정 박원종도 대간에 동의함으로써 유자광은 두 번째 유배를 떠나게 됐다(중종 2년 4월 13·16·22·23일).

유자광은 처음에는 평해平海(지금 경상북도 울진)로 유배되고 정국공신에서도 삭훈됐으며, 자손들도 멀리 귀양 갔다. 그때의 사평史評에는 유자광을 보는 당시의 인식이 압축돼 있다.

> 유자광은 무오년의 옥사를 주창하고 다시 갑자년의 사화를 일으켜 사대부가 다 죽고 종사가 거의 뒤집어질 뻔했는데도 목숨을 보전해 천명대로 살게 됐으니, 유배지에서 죽더라도 나라를 그르친 자의 경계가 될 수 있겠는가?(중종 2년 5월 1일)

이 사평대로 유자광은 5년 뒤 유배지에서 세상을 떠났다. 73년에 걸친 파란 많은 삶이었다. 『음애일기陰崖日記』 같은 야사에 따르면 그는 유배된 뒤 눈이 멀어갔다. 이듬해 익대공신은 그 자신이 애쓴 공로이니 되돌려주라는 조치가 내려졌지만(중종 8년 11월 12일) 그에 대한 비판적 평가는 철회되지 않았고, 지금까지도 강고하게 이어지고 있다.

내면의 한 모습

끝으로 그의 내면을 보여준다고 생각되는 모습을 하나 살펴보려고 한다. 그것은 그가 어머니에게 많은 효성을 쏟았다는 사실이다. 대수롭지 않은 내용으로 치부할 수도 있지만, 평생 그를 따라다닌 서자라는 낙인과 결부해 그의 내면을 보여주는 작은 창문으로 여겨진다.

유자광은 이시애 난으로 세조에게 발탁된 직후부터 어머니를 챙겼다. 그는 남원으로 어머니를 문안 갔고, 조정에서는 약품과 휴가와 역마를 지급했다(세조 13년 12월 14일). 동래로 첫 유배를 갔을 때도 어머니를 생각하는 마음은 가시지 않았다. 그는 자신의 기구한 가정사를 밝히면서 자신을 어머니가 계신 남원으로 옮겨 달라고 간청했다. "올해 제 어머니의 나이가 71세입니다. 신의 어머니는 세 아들을 낳았지만 유자형柳子炯은 지난 계사년(성종 4년〔1473〕)에 병들어 죽었고, 신이 동래에 유배된 뒤에는 유자정柳子晶이 모시고 있었는데, 집안의 화변이 가시지 않아 그도 지난해에 병들어 죽었습니다(성종 11년 10월 28일)."

그러나 유자광의 효성은 점차 문제를 일으키기 시작했다. 성종 21년(1490) 그는 남원에 있는 어머니를 모셔오려는데 연로해 말을 탈 수 없으니 가마꾼을 지급해 달라고 요청했다. 윤허는 받았지만 사평은 그의 행태를 강하게 비판했다.

유자광은 서얼에서 일어나 지나치게 주상의 은혜를 입어 1품에 이르렀다. 어머니의 병을 칭탁하고 1년에 두세 번씩 고향에 가니, 그가 지나는 주현州縣은 접대하는 비용을 감당할 수 없었으며, 그가 살던 고향에서 일으키는 폐단도 말할 수 없이 많았다. 지금 또 가마꾼을 달라고 주청하니 그가 은혜를 의지하고 총애를 믿어 이처럼 꺼리는 바가 없었다(성종 21년 2월 9일).

이런 문제는 연산군 1년(1495) 어머니가 별세하면서 마지막으로 불거졌다. 사간원은 유자광이 사치스럽게 초상을 치렀다고 탄핵했다. 그러자 유자광은 긴 상소를 올려 반박했다. 그 내용과 어조는 주의 깊게 읽어볼 만하다.

그러나 의례를 뛰어넘어 상여喪轝를 만들었다고 탄핵한 것은 마음속으로 원통하게 생각합니다. 무명과 보통 명주로 꾸미고 먼 길에 부러지고 상하기 쉽기 때문에 틀나무機木를 튼튼하게 만들어 조금 무거웠을 뿐인데, 어째서 의례를 뛰어넘었다고 하는지 마음속으로 원통하게 생각합니다. 66명이 상여를 메고 갔는데 어째서 1백여 명이라고 했는지 마음속으로 원통하게 생각합니다. 방상씨方相氏[2]는 상례에서 으레 사용하는 것인데, 어째서 사용할 수 없다고 하는지 마음속으로 원통하게 생각합니다. 신은 경기에서 남원에 이르는 길의 역참마다 미리 양곡을 모아놓

2   악귀를 막는 목적으로 탈을 쓰고 상여를 이끄는 사람.

앞으며, 양성陽城·공주公州·연산連山·은진恩津·여산礪山·임실任實에는 신의 전장田莊이 있어서 유숙하는 곳에서는 노복들이 필요한 물품을 각자 마련하되, 그래도 중도에 비용이 넉넉지 못할까 봐 두 수레로 잡물과 쌀·콩·소금·장醬을 싣고 갔습니다. 추종騶從은 상여를 호위하는 사람만이 아니라 일가친척이 모두 갔으니 그 수효가 많기는 했지만, 거리가 먼데 가난한 고을에서 어찌 다 접대했겠습니까? 약간의 곡물과 말먹이를 주거나 일부 인원에게 접대했으며, 길가에 제물을 배설하고 애도한 자까지 있었는데 그것을 물리치지 않은 것은 신의 죄입니다. 그러나 이것은 신만 그러는 것이 아니라 지금 사대부가 어버이의 영구를 모시고 가는 곳마다 모두 그렇게 합니다. 이것은 모두 아들의 정리와 다른 사람의 상사를 애도하는 뜻에서 하지 않을 수 없는 일입니다. 그 실정이 이런데, 신이 추종을 많이 데리고 가서 각 고을에 식사를 대도록 한 것처럼 말한 것은 무슨 까닭인지 신은 원통하게 생각합니다(연산군 1년 5월 3일).

"원통하게 생각한다"는 거듭된 표현이 보여주듯, 이 상소에서 유자광은 강한 불만을 토로하고 있다. 그 불만의 핵심은 통용되는 관행임에도 자신에게만 엄격한 잣대를 들이댄다는 것이다. 밝혀진 않았지만 그 까닭은 그가 서자이기 때문일 것이다. 그러므로 그가 어머니를 모시는 데 많은 마음을 쓴 것은, 효심의 발로이기도 하겠지만, 서자라는 자신의 서러운 처지를 극복하려는 몸부림이었을 수도 있다고 생각됐다.

앞서 본 대로 유자광은 이미 당대에 간신이자 악인으로 규정됐다. 그리고 그런 평가는 지금까지 큰 변화 없이 이어지고 있다. 그가 여러 정치적 고변을 감행해 사건을 확대시킨 것은 사실로 판단된다. 친일파의 행태에서 가장 잘 보이듯, 그가 민감한 정치적 국면에 적극 개입한 가장 근본적인 동기는 서자라는 신분의 낙인을 감추고 출세하려는 욕망이었을 것이다. 그리고 두 번이나 1등공신에 책봉된 사실이 웅변하듯 그는 대단한 성공을 거뒀다. 그러나 실직에 거의 임명되지 못했다는 사실은 그 출세에 뚜렷한 한계가 있었다는 측면 또한 명료하게 보여준다. 그가 "원통하다"고 몇 번이나 항변한 궁극적 원인은 자신의 신분에 있었을 것이다.

신분은 사라졌지만 지금도 우리 사회에는 '학연'이나 '지연' 등을 고리로 한 '순혈주의'가 적지 않게 남아 있다. 짧고 성글게나마 유자광에 관련된 글을 쓰면서 그 시대에 서자로 산다는 것의 의미를 생각하게 됐다.

상반된 시각

본문에서 말한 대로 유자광을 다룬 남곤과 유몽인의 글은 사뭇 다른 내용이다. 남곤의 「유자광전」은 처음부터 끝까지 부정적 서술이고, 유몽인의 글은 그 반대다. 사실 세상의 거의 모든 일은 대립적이고 양가적兩價的이다. 무엇보다 자연이 그렇다. 빛과 어둠, 해와 달, 남자와 여자처럼 대립이나 등치等値, 나아가 결국 균형은 자연의 핵심원리다.

인간사도 비슷하다. 자연과 달리 가치평가가 많이 개입하는 거기서도 선과 악, 참과 거짓, 긍정과 부정처럼 수많은 항목이 병립하며 길항한다. 그리고 빛과 어둠 사이에서 무수한 농도의 그림자가 변화하듯, 그 두 항목 사이에는 이런저런 가치판단이 복잡하게 얽혀있다.

두 글을 읽고 난 뒤 판단은 각자의 몫이지만, 흥미로운 차이 하나는 남곤의 글에는 연산군 때—특히 널리 알려진 무오사화와 관련된—유자광의 행적이 길게 서술돼 있지만 유몽인의 글에서는 거의 없다는 측면이 아닐까 싶다. 유몽인은 그 부분과 관련해 "연산군이 즉위한 뒤 과거 응시를 허락받아 벼슬길에 올라 병조좌랑이 됐으며 여러 차례 승진해 높은 품계와 관직에 이르렀다. 연산군이 정치의 도리를 잃자"라고만 썼다.

이 문장은 가치판단을 거의 배제하고 사실만 기록한 것이다. 그가 이렇게 쓴 까닭은 정확히 알 수 없다. 그러나 이처럼 사실만 간단히 적고 넘어가는 것은 서술하기 곤란한 부분을 처리할 때 드물지 않게 사용하는 기법이다. 아예 건너뛸 수는 없지만 자신의 취지와 충돌하는 부분이 나올 때 우리도 말에서든 글에서든 이런 생략과 편집의 기술을 흔히 사용한다. 그러니 이것은 연산군 때 유자광의 행적이 그만큼 논란이 많았고, 유자광을 긍정적으로 평가한 유몽인으로서도 방어하기 어려웠다는 방증이 아닐까 생각됐다.

봉분을 만들지 않아 우환을 겪지 않았다는 유자광의 묘는 실전失傳됐다. 어쩌면 그의 바람대로 됐는지도 모르겠다는 생각이 들었다.

남곤이 본 유자광과 유몽인이 본 유자광

남곤의 「유자광전」[3]

유자광은 부윤 유규의 얼자다. 몸이 날래고 힘이 세며 원숭이같이 높은 곳을 잘 올라갔다. 어려서부터 난봉꾼이 돼 도박으로 재물을 다퉜으며 새벽과 밤까지 길거리를 쏘다니다가 여자를 만나면 붙잡아 강간했다. 유규는 그가 태생이 미천한 데다 이렇게 방종하니 여러 번 매질하고 아들로 여기지 않았다.

유자광은 처음에 갑사에 소속돼 건춘문을 지켰는데, 상소를 올려 스스로 천거했다. 세조는 그 사람됨이 훌륭하다고 평가해 발탁

---

3 남곤, 「유자광전」, 허봉, 『해동야언』2. 권오복權五福, 『수헌집睡軒集』권 3, 부록과 이목李穆, 『이평사집李評事集』, 부록에도 거의 동일한 글이 실려있다.

했다. 또한 무자년의 변란(예종 즉위년 (1468년) 남이의 모반사건)을 고발한 공훈으로 공신에 책봉되고(익대 1등공신) 여러 등급을 뛰어넘어 1품의 품계를 받았다. 그는 늘 자신을 호걸 같은 선비라고 불렀다.

성품이 음흉해 사람들을 해쳤고, 자신보다 재능과 명성과 총애가 나은 사람이 있으면 반드시 모함했는데 한명회의 가문이 귀하고 융성해지는 것을 시기했다. 성종이 간언을 잘 받아들이는 것을 보고 남들과 다른 의견으로 주상이 좋아하는 바를 적중시키고자 해 한명회가 권세를 부리려는 뜻이 있다고 상소했지만 임금은 한명회를 처벌하지 않았다.

그 뒤 임사홍·박효원朴孝元 등과 함께 현석규를 몰아내려고 하다가 도리어 패배해 동래로 귀양 갔다가 얼마 뒤 풀려나 돌아왔다. 그러나 국왕은 그가 정치를 어지럽힐 사람임을 알고 훈봉勳封만 되돌려줬으며 다스리는 임무는 맡기지 않았다. 유자광은 임금의 은총을 얻으려고 꾸미지 않은 계획이 없었지만 끝내 이루지 못해 늘 불만을 품었다. 이극돈李克墩 형제[4]가 당시 조정에서 권력을 잡고 있는 것을 보고 그들이 자신의 일을 이뤄줄 수 있음을 깨닫고 그들에게 붙어 깊이 결탁했다.

일찍이 함양군에 놀러 갔다가 시를 지었는데, 군수에게 부탁해

---

4 이극돈은 형 이극배李克培·이극감李克堪·이극증李克增, 동생 이극균李克均과 함께 봉군돼 5군으로 불렸다. 종형제인 이극규李克圭·이극기李克基·이극견李克堅을 포함해 8극으로 불리기도 했다.

현판에 새겨 벽에 걸었다. 그 뒤 김종직이 이 고을의 군수로 와서 "유자광이 누구기에 이런 현판을 달았는가?"라고 말했다. 유자광은 이를 갈며 분노하고 한을 품었지만 국왕이 김종직을 깊이 총애하던 때였기 때문에 도리어 친교를 맺었다. 김종직이 세상을 떠나자 유자광은 만사를 지어 추모하면서 그를 왕통王通과 한유韓愈에까지 견줬다.

김일손은 일찍이 김종직에게 배웠는데, 헌납이 되자 자신의 생각을 모두 직언하고 권귀를 피하지 않았으며 이극돈과 성준成俊이 서로 대립해 장차 우·이牛李의 당파5를 이룰 것이라고 상소하니 이극돈이 크게 분노했다. 실록청을 설치하게 되자 이극돈이 당상이 됐는데, 김일손의 사초를 보니 자신의 악행을 매우 자세하게 썼을 뿐 아니라 세조 때의 일도 기록했다. 이극돈은 이것을 이용해 보복하려고 했다.

이극돈은 어느 날 사람을 물리치고 총재관摠裁官 어세겸魚世謙에게 말했다. "김일손이 선왕을 모욕했는데, 신하로서 이런 일을 보고 주상(연산군)께 아뢰지 않아서야 되겠습니까? 내 생각으로는 사초를 밀봉해 보고해 주상의 처분을 들으면 우리에게 후환이 없을 것입니다." 어세겸은 놀라 대답하지 못했다.

오래 뒤 유자광에게 상의하니 유자광은 팔을 걷어붙이면서 "이

---

5 중국 당말 우승유牛僧儒와 이덕유李德裕가 당파를 만들어 대립한 것을 말한다.

것이 어찌 의심할 일입니까?"라고 말하고는 곧장 노사신盧思愼 · 윤필상尹弼商 · 한치형韓致亨을 찾아갔다. 유자광은 먼저 세조에게 은혜 받은 것을 이야기했는데, 노사신 · 윤필상은 세조가 총애한 신하였고 한치형은 왕실의 친척이었기 때문에 반드시 자신의 말을 따를 것이라고 생각했기 때문이었다. 과연 세 사람은 모두 그의 말을 따라 함께 차비문差備門으로 가서 도승지 신수근愼守勤을 불러 오랫동안 귓속말을 한 뒤 국왕께 아뢨다. 앞서 신수근이 승지가 됐을 때 대간과 승지들은 외척이 권력을 장악하는 조짐으로 생각해 강력히 반대했다.[6] 신수근은 그 일에 원한을 품고 늘 사람들에게 "조정은 문신의 손아귀에 든 물건이니 우리는 무엇을 할 수 있단 말인가?"라고 말했다.

이때에 이르러 여러 사람의 원한이 모이고 국왕 또한 의심이 많고 난폭하며 학문을 좋아하지 않았기 때문에 문사들을 더욱 싫어해 "이름을 추구하고 윗사람을 능멸해 나를 자유롭지 못하게 하는 것은 모두 이 무리다"라고 말하면서 늘 답답해하면서 한번 시원하게 해치우려고 했지만 손대지 못하고 있었다. 그러다가 유자광 등이 아뢴 말을 듣고 나라에 충성하는 것이라고 생각해 매우 후하게 칭찬하고 대우했다. 남빈청南賓廳[7]에 하옥해 국문하라

---

6   신수근은 연산군의 처남이다.
7   빈청은 조선시대 고위 관원이 모여 회의하던 건물로 각 궁궐의 승정원 부근에 있었다.

고 지시하고 내시 김자원金子猿에게 연락을 맡겼으며 나머지 사람은 관여하지 못하게 했다.

유자광은 옥사의 처리를 전담하면서 김자원이 왕명을 전달할 때면 늘 그 앞에 나아가 거짓으로 공손한 태도를 꾸몄다. 전교의 내용이 엄중하면 자신이 국왕의 뜻을 얻었다고 생각해 칭찬을 듣고 감사하는 사람처럼 더욱 고개를 조아리면서 엎드렸다. 전교를 다 듣고 물러 나와 기뻐하면서 자부하는 기색을 띠고 여러 사람이 모인 자리에서 큰 소리로 말했다. "지금은 조정을 개혁하는 때니 이처럼 크게 처치해야 하며 대수롭지 않게 다스려서는 안 됩니다."

다시 국왕에게 "김일손의 무리가 매우 번성해 무슨 변란이 일어날지 예측할 수 없으니 방비를 엄중하게 해야 합니다"라고 아뢴 뒤 금위병을 뽑아 궁궐 안을 지키면서 출입을 엄격히 통제했다. 또 죄수들이 국문 받으러 나올 때도 군사가 좌우에서 압송케 했으며 하옥시킬 때도 그렇게 했다. 그래도 유자광은 옥사를 다스리는 것이 점차 해이해져 자신의 뜻을 다 풀 수 없을까 염려하면서 더욱 엄중히 처리할 방법을 밤낮으로 모색했다.

어느 날 그가 소매 안에서 책 한 권을 꺼냈는데, 김종직의 문집이었다. 그는 그 가운데서 「조의제문」과 「술주시」를 가리키면서 추관들에게 두루 보이며 말했다. "이것은 모두 세조를 지목해 지은 것입니다. 김일손의 죄악은 모두 김종직의 가르침 때문에 생겨난 것입니다." 그는 직접 주석을 달고 구절마다 해석해 국왕이 쉽게 알도록 한 뒤 아뢨다. "김종직은 우리 세조를 비방하고 헐뜯었으니 그의 부도한 죄는 대역죄로 처벌해야 하며, 그가 지은 글은 유포돼서는 안 되니 모두 불태워야 합니다."

국왕은 그의 말을 따랐다. 김종직의 시문을 소장한 사람은 사흘 안에 스스로 내게 해 빈청 앞뜰에서 불태웠으며, 김종직이 지방에 근무하면서 쓴 현판은 그곳 관리에게 철거해 부수게 했다. 성종은 일찍이 김종직에게 「환취정기環翠亭記」를 짓게 해 처마에 걸게 했는데, 유자광은 그것을 모두 철거하도록 주청했다. 그것은 함양의 원한을 갚으려는 의도였다.

유자광은 국왕의 분노에 편승해 한꺼번에 모두 쓸어버리려는 계획으로 윤필상 등을 바라보며 말했다. "이 사람의 죄악은 신하로서는 한 하늘 아래 살 수 없는 원수입니다. 그 당파를 철저히 조사해 완전히 제거한 뒤에야 조정이 맑고 밝아질 것입니다. 그렇지 않으면 남은 무리가 다시 일어나 오래지 않아 화란禍亂을 일으킬 것입니다." 모든 사람이 아무 말도 하지 않았지만 노사신은 손을 내저으며 말렸다. "무령군은 어찌 이렇게까지 말하시오? 그대만이 당고黨錮의 일[8]을 듣지 못했습니까? 처벌이 날로 엄중해져 사류가 어디서도 용납되지 못하게 되자 한漢이 곧 멸망했습니다. 청론淸論은 조정에 있어야 합니다. 청론이 사라지는 것은 나라의

8 　중국 후한의 환제桓帝·영제靈帝 때 환관들이 국정을 농단하자 진번陳蕃·이응李膺 등의 학자와 태학생이 환관을 탄핵했다가 도리어 환관들에게 공격받아 금고형에 처해진 사건이다.

복이 아닙니다. 무령은 어찌 이처럼 그릇된 말을 하십니까?"

유자광은 조금 기세가 꺾였지만 그래도 의견을 계속 고집했다. 노사신은 말했다. "판결문에서 말한 것은 사초에 관련된 일일 뿐이었는데, 지금 곁가지가 마구 뻗어가 사초와 무관하지만 투옥된 사람이 날로 늘어나니 우리의 본뜻이 아닌 것 같습니다." 유자광은 달가워하지 않았지만 죄를 정할 때는 노사신의 의견을 따랐다.

이날은 낮인데도 어두웠고 비가 억수같이 퍼부었으며 동남쪽에서 큰 바람이 일어나 나무가 뽑히고 모래가 날렸다. 성안의 많은 사람이 넘어지고 무서워 떨었지만 유자광은 만족스러워하며 기세 좋게 집으로 돌아갔다. 이때부터 위세가 중앙은 물론 지방에서도 떨쳤다. 조정에서는 그를 독사처럼 봤지만 아무도 그의 뜻을 거스르지 못했다.

유림은 기가 꺾여 두려워하며 눈치를 살폈으며 학교는 텅 비어 몇 달 동안 글 읽는 소리가 들리지 않았다. 부형들은 "학문은 과거에 응시할 정도면 멈춰야지 더 많이 배워 무슨 소용이 있겠는가?"라면서 서로 주의했다. 유자광은 스스로 훌륭한 계획이라고 생각해 거리끼는 것이 없었으며, 이익을 추구하고 부끄러움을 모르는 무리와 아부하는 사람이 문에 가득했다. 지식 있는 사람들은 조용히 탄식했다. "무술년(성종 8년 (1477))의 옥사는 올바른 세력이 사악한 당파를 공격한 것이었지만 무오년의 옥사는 사악한 당파가 올바른 세력을 무너뜨린 것이다. 20년 동안 한 번 이기고 한 번 졌으며 안정과 혼란이 그때마다 이어졌다." 군자가 형벌을 시행할 때는 늘 너그러워서 문제가 발생하고, 소인이 원한을 갚을 때는 반드시 잔인하게 멸망시킨 뒤에야 그만둔다. 무술년의 군자가 형벌을 모두 사용했다면 어찌 오늘의 화가 있었겠는가?

이 전기는 남곤이 유자광의 죄악을 남김없이 서술한 것이다. 그러나 그는 기묘년에 유자광이 한 일을 모방해 밤에 궁궐의 북문(경복궁 신무문神武門)을 열어 당시의 깨끗한 선비들을 모두 잡아들였으니 그 행동은 무오년의 일보다 더하다. 그러니 남곤은 이 전을 지으면서 자신의 죄악을 스스로 쓴 것이다. 소인의 행위를 후대에 폭로해 한번 읽는 사람은 저도 모르게 팔을 들어올리며 흥분하게 되지만 무오년에 사화가 일어난 근원을 알려고 하면 이 전을 읽지 않을 수 없다. 그 때문에 지금 일단 지은이의 이름을 빼고 그 전을 기록해 소인을 경계하는 교훈으로 삼는다.

『어우야담』의 유자광 이야기[9]

유자광은 감사 유규의 첩이 낳은 아들로 남원에서 살았는데 어려서부터 재기가 넘쳤다. 깎아 세운 듯한 바위가 있는 것을 보고 아버지가 그에게 시를 짓게 하니 즉시 "뿌리는 땅속에 서려있고

9　유몽인, 『어우야담』권4에 수록.

형세는 삼한을 누르네"라는 시를 지었다. 유규는 기이하게 생각하고 훗날 그가 크게 성취할 것을 알았다. 유규는 유자광에게 날마다 『한서』의 열전을 하나씩 외우게 하고 요천에서 은어 1백 마리를 낚게 했는데, 암송에 막힘이 없었고 고기도 그 숫자를 늘 채웠다.

그가 자라 문장에 뛰어나자 마을 사람들은 "네가 문장을 잘 짓는다고 해도 서얼에게는 벼슬길이 허락되지 않으니 어쩌겠는가?"라고 비웃었다. 백성들 가운데는 거드름을 피우며 그에게 몸을 낮추지 않는 사람이 많았다. 이때 강정대왕康靖大王(성종)이 왕비 윤씨를 폐위시키려고 하자 유자광은 상소를 올려 그래서는 안 된다고 강력히 간언했다. 연산군이 즉위한 뒤 과거 응시를 허락받아 벼슬에 나아가 병조좌랑이 됐고, 여러 번 자리를 옮겨 높은 품계와 중요한 관직에 이르렀다.

연산군이 폭정을 자행하자 성희안과 유순정 등은 반정을 은밀히 논의해 곧 거사하려고 했다. "대사를 일으키면서 유자광에게 알리지 않아서는 안 된다"고 어떤 사람이 말하니 성희안 등은 힘센 장사를 뽑아 소매 속에 쇠몽둥이를 넣고 유자광을 만나 이렇게 떠보라고 했다. "유자광의 장모는 대비전의 시녀다. 유자광이 우리의 계획을 듣고 들어가서 처자를 보겠다고 하면 즉시 쇠몽둥이로 쳐죽여라. 그러나 처자를 만나려고 하지 않으면 함께 거사할 수 있을 것이다."

힘센 장사가 유자광을 찾아가 사람들을 물리고 반정에 관련된 이야기를 하자 유자광은 크게 기뻐하며 즉시 안장을 준비해 출발하려고 했다. 장사가 말했다. "위험한 일이라 생사를 확신할 수 없는데 어째서 처자와 이별을 나누지 않으십니까?" 유자광이 말했다. "전혀 그렇지 않소. 큰일을 일으킬 때는 아녀자가 알게 해서는 안 되오." 그러고는 내실로 들어가지 않고 사내종에게 기름 먹인 큰 종이油紙를 갖고 오게 한 뒤 출발했다.

네 대신과 함께 논의하는데, 한 대신이 말했다. "군사를 나눌 때 전령패傳令牌가 없어서는 안 되니 어서 판자를 쪼개 패를 만듭시다." 유자광은 "일이 급박해 패를 만들 겨를이 없습니다"라고 말한 뒤 기름 먹인 종이를 잘라 서명하고 나눠가졌다. 한 대신이 "캄캄한 밤에 횃불이 없으니 어서 사람들에게 횃불 하나씩 나눠줍시다"라고 하자 유자광은 말했다. "일이 급박해 횃불을 묶을 겨를이 없습니다. 대궐 문밖 사복시司僕寺[10]에 짚더미가 산처럼 쌓여 있으니 횃불 하나로 거기에 불을 붙이면 대궐 안이 온통 환해질 것입니다." 그는 이처럼 임기응변에 뛰어났다.

반정이 성공한 뒤 포상을 논의하고 공신을 책봉할 때 조정에서는 공신들에게 구사丘史(조선시대에 종친·공신·당상관 등에게 배당된 하인)를 직접 뽑게 했다. 유자광은 1등공신이 됐는데, 남원에서 평소 자신을 업신여기거나 거드름을 피우며 몸을 낮추지 않았던 사

---

10 조선시대 가마·말·목장에 관련된 일을 맡은 병조 소속의 정3품 아문.

람을 모두 뽑아 노비로 삼았다.

일찍이 유자광은 지방 고을을 다니면서 시를 지어 관사에 많이 걸어놓았다. 점필재 김종직의 제자에는 뛰어난 선비가 많았다. 점필재는 유자광의 현판을 보고 "유자광이 어떤 놈이기에 감히 현판을 건단 말이냐!" 하고는 하졸에게 현판을 부숴버리게 했다. 유자광은 그 일에 몹시 원한을 품었다. 점필재는 노산魯山(단종)을 위해 「조의제문」을 짓고 제자 김일손이 주석을 달았는데, 유자광은 그 일을 폭로해 김일손 무리를 거의 다 죽였다. 그때 점필재는 이미 세상을 떠난 상태였는데, 그의 관을 부수고 시신의 목을 베니 선비들은 그 일에 분노했다. 이 일은 『매계집梅溪集』[11]에 실려 있다.

유자광은 죽은 뒤 자신도 똑같이 될 것을 미리 알았다. 그래서 자신과 닮은 사람을 구해 종으로 삼고 잘 대접했다. 그 종이 죽자 유자광은 "이 사람은 우리 집에 살면서 공로가 많았으니 후히 장사해줘야 한다"면서 자신의 비단 채색옷을 다 벗어서 그에게 입히고 대부의 예절로 장사지냈으며, 관의 안팎을 석회로 칠하고 무덤 옆의 석물도 빠짐없이 갖춰줬다.

유자광은 세상을 떠날 때가 되자 부인과 자식들에게 은밀히 당부했다. "봉분을 만들지 말고 평평하게 매장하며, 어떤 석물도 세

---

11 조선 전기의 관원이자 학자인 조위曺偉(1454~1503)의 문집이다. 매계는 그의
　　호다.

우지 말아라. 조정에서 사람을 보내 내 무덤이 어디냐고 물으면 죽은 종 아무개의 훌륭한 무덤을 가르쳐 줘라." 그가 죽자 부인과 자식들은 그의 말대로 했다.

그 뒤 조정에서는 유자광이 사림에게 화를 입히고 무고한 사람들을 죽였다는 의견이 일어나 관을 부수고 시신에 형벌을 가하려고 했다. 의금부에서 사람을 보내 유자광의 무덤을 물으니 집안 사람들은 속이고 종의 무덤을 알려 줬다. 시신을 파내 목을 베는데 수염과 얼굴이 유자광과 비슷하고 의복이 모두 재상의 관복이어서 의심하지 않고 목을 벴다. 그 때문에 유자광의 무덤은 처음부터 끝까지 우환이 없었다.

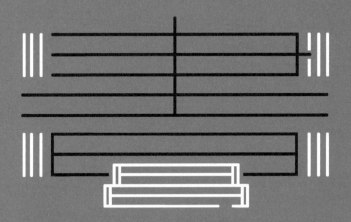

윤
원
형

권력을 전횡한 조선 중기의 외척

윤원형尹元衡(?~1565)은 조선시대에 권력을 전횡한 대표적인 권신의 한 사람이다. 그를 규정하는 가장 중요한 조건은 외척外戚이라는 사실이다. 그가 권력을 거머쥐고 휘두르다가 결국 실각해 자살하고 후대에 지탄을 받게 된 인생의 명암은 대부분 그 조건에서 배태된 현상들이었다.

형식은 내용만큼이나 본질적이다. 이미 형식 자체에 그것이 담을 수 있는 내용이 결정돼 있다는 측면에서 어쩌면 그것은 내용보다 더욱 본질적일 수도 있다. 동·서양의 수많은 역사적 사례가 입증했지만, 조선시대에도 외척이라는 외형은 긍정적 요소보다는 부정적 함의가 좀 더 많이 내재된 조건이었다.

시간과 공간을 뛰어넘어 가장 긴밀한 관계인 혈연을 최고 권력자와 나누고 있다는 그 조건은 권력을 전횡할 수 있다는 가능성을 본질적으로 크게 내포하고 있다. 외척의 임용을 원천적으로 금지한 『경국대전』의 규정은 그런 가능성의 현실화를 우려하고 차단하려는 의지의 포석이었다. 그러나 그 규정은 다양한 방법으로 위반되거나 예외가 허용됐고, 그렇게 권력의 전면에 등장한 외척들은 대부분 부정적 행태를 자행하다가 불행하게 종말을 맞았다. 윤원형은 한국사에서 그런 외척의 대표적 인물이었다.

부침 속의 출세

윤원형의 본관은 파평坡平이고 자는 언평彦平이다. 증조부는 성종 때 대사헌·형조·공조판서 등을 역임하고 좌리 3등공신에 책봉된 윤계겸尹繼謙이고, 조부는 윤욱尹頊이며 아버지는 판돈녕부사(종1품) 윤지임尹之任이다.

윤지임은 아들과 달리 매우 긍정적인 평가를 받았다. 실록은 그가 딸이 왕비가 됐어도 늘 온화하고 검소한 현명한 외척이었다고 상찬했다(중종 29년 (1534) 4월 14일). 윤지임은 대사간·부제학 등의 청요직을 지낸 이덕숭李德崇의 딸과 결혼했는데, 윤원형은 5남 가운데 막내아들이었다. 중종의 두 번째 계비이자 명종의 어머니인 문정왕후文定王后(1501~1565)는 윤원형의 손위 누이다.

윤원형의 출세는 이런저런 부침 속에서 이뤄졌다. 그는 중종 28년(1533) 문과에 급제했지만, 4년 뒤 당시 최고의 권력을 휘두르던 김안로金安老에게 파직·유배됐다(중종 32년 (1537)). 그러나 그해 김안로가 사사되자 곧 재기해 홍문관 수찬(정5품)·응교(정4품)·교리(정5품), 사헌부 지평(정5품) 등의 청요직을 두루 거친 뒤 좌승지(정3품)·공조참판(종2품) 등의 현직顯職에 올랐다.

그러나 두 번째 시련이 다시 닥쳤다. 중종 후반 조정의 정파는 세자(뒤의 인종)의 외숙인 윤임尹任을 중심으로 한 대윤大尹과 문정왕후가 낳은 경원대군慶原大君(뒤의 명종)의 외숙인 윤원형을 영수로 삼는 소윤小尹으로 나뉘었다. 두 집단의 팽팽한 대립과 균형은 인종이 즉위하면서 일단 대윤 쪽으로 무게가 기울었다. 권력을 장악한 대윤은 왕위의 가장 강력한 위협 세력인 소윤을 적극적으로 견제하기 시작했고, 그 대표적 인물로 지목된 윤원형은 탄핵을 받아 파직됐다.

그러나 곧 국면은 급격히 전환됐다. 인종이 8개월 만에 승하하고 명종이 12세의 어린 나이로 즉위하면서 문정왕후의 수렴청정이 시작된 것이다. 윤원형은 예조참의(정3품)로 복귀했고, 대대적인 보복을 전개했다. 을사사화였다.

윤원형은 그동안 대윤과 사이가 좋지 않던 이기李芑·임백령林百齡·정순붕鄭順朋 등과 결탁해 대윤의 비행을 고변했다. 인종이 위독하자 대윤은 명종 대신 계림군桂林君 이유李瑠를 추대하려고 모의했다는 것이었다. 계림군은 성종의 셋째아들 계성군桂城君 이순李恂의 양자로 명종의 배다른 아우庶弟였다. 이 고변으로 윤임·유관柳灌·유인숙柳仁淑 등 대윤은 대거 숙청됐다.

소윤의 무함은 2년 뒤 다시 나타났다. 명종 2년(1547) 소윤은

"여주女主(문정왕후)가 위에서 정권을 잡고 간신 이기 등은 아래에서 권력을 농락하고 있으니, 나라의 멸망을 서서 기다리는 형국"이라는 내용의 격문이 붙은 양재역良才驛 벽서사건을 기화로 대윤의 잔당으로 지목된 송인수宋麟壽·이약수李若水 등을 처형하고 권벌權橃·이언적李彦迪·노수신盧守愼 등 명망 있는 신하들을 처벌했다(정미사화). 이로써 윤원형과 소윤의 권력은 확고해졌다.

권력의 전횡

명종이 즉위한 때부터 문정왕후가 세상을 떠나기까지(명종 20년〔1565〕) 20년 동안 윤원형은 그야말로 권력과 재력을 독점했다. 우선 권력에서 그는 이조판서(명종 3년〔1548〕)·우의정(명종 6년〔1551〕)을 거쳐 영의정(명종 18년〔1563〕)에 올랐다. 윤원형이 행사한 권력의 크기는 그가 죽은 날『명종실록』에 생생하게 묘사돼 있다. 그 기록에 따르면 윤원형의 권력은 국왕을 능가할 정도였다.

주상(명종)은 친정親政을 하게 됐지만 문정왕후의 제재를 받아 자유롭지 못했다. 윤원형은 할 일이 있으면 반드시 문정왕후와 내통해 주상을 위협하고 제재하니, 주상의 걱정과 분노가 말과 얼굴에 나타나게 됐다. 내관 가운데 그런 사실을 아는 사람이 있으면 윤원형은 궁인宮人을 후하게 대접해 그들의 환심을 샀기 때문에 주상의 모든 행동을 알 수 있었다.

하루는 주상이 내관에게 "외척이 큰 죄가 있으니 어떻게 처리해야 하겠는가?"라고 물었는데, 윤원형을 가리킨 것이었다. 그 말은 곧 누설돼 문정왕후에게 들어갔다. 왕후는 "나와 윤원형이 아니었으면 주상께서 어찌 오늘이 있겠습니까?"라고 크게 꾸짖었다. 주상은 감히 아무 말도 못했다. 국정이 대부분 윤원형에게서 나오니 주상은 마음속으로 그를 매우 미워했다(명종 20년 11월 18일)

윤원형은 재력도 엄청났다. 같은 날의 실록은 "뇌물이 문에 가득해 재산이 국고보다 많았다"고 적고, 거기에는 그의 애첩으로 정경부인에 오른 정난정鄭蘭貞(?~1565)의 탐욕도 크게 작용했다고 지적했다. 그녀는 남편의 권세를 배경으로 상권을 장악해 막대한 부를 축적했다.

윤원형이 간사한 권신을 상징한다면 역시 부정적 여성의 보기처럼 자주 언급되는 정난정은 부총관(종2품) 정윤겸鄭允謙과 관비官婢 사이에서 태어난 얼녀孽女였다. 비판적 시각이 투영됐을 가능성을 어느 정도 감안해야겠지만 『명종실록』에서는 그녀를 '얼첩孽妾'이라고 또렷이 규정했다(명종 20년 10월 22일). 첩으로 들어간 그녀는 명종 6년(1551) 정실부인 김씨(김안수金安遂의 딸)를 쫓아내고 적처嫡妻가 됐다. 그녀는 문정왕후는 물론 당시의 가장 영향력 있는 승려인 보우普雨와도 매우 가까웠다.

실각과 죽음

막강한 권력을 휘두르던 윤원형은 급격히 몰락했다. 그 계기는 그의 가장 중요한 배경이었던 문정왕후의 사망이었다. 명종 20년(1565) 4월 6일 문정왕후가 승하하자 윤원형은 곧 궁지에 몰렸다. 넉 달 뒤인 8월 초부터 삼사를 중심으로 한 조정의 거의 모든 신하는 윤원형을 파면하고 귀양 보내야 한다고 날마다 강력히 주청했다(8월 3일~14일). 앞서 본 대로 윤원형에게 큰 불만을 갖고 있던 명종은 곧 신하들의 주청을 받아들여 윤원형을 파직하고 이준경李浚慶을 새 영의정으로 임명했다(8월 15일). 그날 『명종실록』에서는 "온 조정이 기뻐했다"고 적었다.

그러나 윤원형의 몰락은 여기서 끝나지 않았다. 신하들은 그를 파직시킨 데 만족하지 않고 유배를 주청했다(8월 16~27일). 그동안 윤원형에게 집이나 땅을 억울하게 빼앗겼다는 백성들의 민원도 제기됐다(9월 4일). 부인 정난정에게도 무거운 혐의가 씌워졌다. 앞서 쓴 대로 정난정은 적처 김씨를 쫓아내고 자신이 그 자리를 차지했는데, 김씨의 어머니 강씨姜氏는 정난정이 자신의 딸을 독살했다고 형조에 호소한 것이다(9월 8일). 결국 윤원형과 정난정은 황해도 강음江陰으로 유배됐다.

두 사람의 종말도 곧 다가왔다. 정난정이 먼저였다. 독살 사건의 수사가 시작돼 체포될 것 같자 그녀는 독약을 먹고 자살했다(11월 13일). 닷새 뒤 남편도 뒤따랐다. 윤원형은 부인의 죽음에 분노하고 억울해하다가憤鬱 죽었다고 기록돼 있다(11월 18일). 권력의 배경이었던 누이가 세상을 떠난 지 일곱 달 만에 맞은 허망하고 비참한 운명이었다. 국왕의 외숙이자 대비의 동생이며 영의정이라는 엄청난 지위를 바탕으로 거대한 권력과 재력을 행사하던 윤원형은 이렇게 세상을 떠났다.

그 비율은 다르지만 언제나 빛과 어둠이 교차하는 자연의 원리처럼, 윤원형이 권력을 장악한 시대에도 퇴행만 있던 것은 아니었다. 그 의도와 결과에는 여러 의견이 있을 수 있겠지만, 그 시기에 추진된 시책 가운데 긍정적으로 평가되는 것은 서얼허통庶 孼許通 추진과 불교진흥이다. 앞의 것은 첩의 자녀인 서얼도 과거를 치르고 관직에 나아갈 수 있도록 허용하려는 시도였고, 뒤의 것은 선교양종禪敎兩宗을 부활시킨 시책이었다. 추측할 수 있듯 두 조처의 가장 중요한 원동력은 각각 정난정과 보우였다.

첫머리에서 말한 대로 시대와 지역을 막론하고 외척은 권력에 가까울 수밖에 없는 존재였다. 그 지위를 오용하는 위험에서 벗어나려면 본인의 신중한 처신과 사고가 더욱 필요했다. "그가 어떤 사람인지 알려면 권력을 줘보면 된다"는 말이 있다. 고개가 끄덕여지지만 쉽게 실험할 수 없는 방법인 것도 사실이다.

작은 권력도 쥐어보지 못한 21세기의 소시민이 한 나라를 흔든 권신의 마음과 행동을 어림하기는 어렵다. 그러나 역사의 수많은 사례가 증명하듯 권력을 전횡한 사람의 말로는 비참하기 쉽다. 그것이 정의이기도 할 것이다. 윤원형은 그런 논리를 보강하는 또 하나의 사례였다.

"윤원형의 죄는 머리털을 뽑아서도 세기 어렵습니다"

이번 사료는 율곡 이이李珥(1536~1584)가 윤원형을 탄핵한 상소
다. 이 상소는 명종 20년 4월 문정왕후가 승하한 직후인 8월 「요
승 보우를 탄핵하는 상소論妖僧普雨疏」와 함께 올린 것이다.[1] 두
상소가 비판한 두 인물인 보우와 윤원형은 그 상소들이 올라간 직
후인 10월과 11월 각각 처형되고 분사憤死하는 비참한 운명을 맞
았다.

이 글을 썼을 때 이이는 29세의 예조정랑(정5품)이었다. 자세히 살
피지 않아도 젊은 나이에 요직에 올랐음을 알 수 있다. 널리 인정
되듯 이이는 조선시대 전체에서 가장 명민한 인물 가운데 한 사람

---

1   신승운, 「율곡전서 해제」, 한국고전번역원, 1998(http://db.itkc.or.kr에서 이용-).

이었다. 천재의 한 특징은 자신감이다. 탁월한 능력을 감안하면 그것은 어쩔 수 없는 일이기도 하다. 그래서 보통 사람의 눈에 그런 자신감은 때로 교만으로 보이기도 한다.

이이의 글 가운데 『경연일기經筵日記』라는 것이 있다. 율곡의 또 다른 호를 따서 『석담일기石潭日記』라고도 하는 그 일기는 윤원형을 탄핵한 이 상소를 올린 명종 20년부터 선조 14년(1581)까지 17년 동안 이이가 경연에서 국왕에게 진강進講한 내용을 담고 있다. 그러나 그 일기의 실제 내용과 주제는 당시의 주요 사건과 인물에 관련된 이이의 평가다.

원칙적으로는 자신만 보는 일기여서 더욱 그랬겠지만 이이의 평가는, 특히 사람과 관련해, 대단히 날카롭고 신랄하다. 대학원 시절 그 글을 읽으면서 앞서 말한 생각, 그러니까 보통 사람이 보기에 천재의 자신감은 때로 교만으로 느껴질 수도 있다는 생각을 했다. 윤원형을 비판한 이 상소에도 그런 날카로움은 넘친다. 공인된 악인을 겨눈 말의 화살이어서 더욱 그랬을 것이다. 논리와 격정이 잘 어우러진 탄핵의 전형처럼 느껴지는 상소다.

이이가 쓴 윤원형 탄핵상소論尹元衡疏[2]

삼가 생각건대 임금이 종사宗社와 한 몸이 되고 온 백성과 한마음이 되며, 종사의 편안함과 위태로움을 자신의 편안함과 위태로움으로 여기고 온 백성의 걱정과 즐거움을 자기의 걱정과 즐거움으로 삼으면 종사가 편안하고 온 백성이 기뻐해 화목한 기운을 감동시켜 오게 하고 하늘에 기도해 나라가 영원할 것입니다. 그러나 혹시라도 자기 한 몸만을 생각하고 종사의 편안함과 위태로움은 생각하지 않으며 자기 한마음만 따르고 백성의 걱정과 즐거움을 돌아보지 않으면, 종사는 위태로워지고 백성은 원망해 점차 화란을 초래해 몸과 마음이 모두 편안하지 못하게 될 것입니다.

---

2   이이, 『율곡선생전서』 3권 수록.

이것은 필연적인 이치이므로 일러 깨우쳐 주지 않아도 알 수 있습니다.

아, 진실로 그 위태로움을 편안하게 여기고 그 재난을 이롭게 여기며 나라가 망하는 것을 즐거워하지 않는다면, 자신의 몸과 종사가 다르고 자신의 마음이 백성과 같지 않다고 생각하는 군주가 어디 있겠습니까?

신 등이 보건대 전하의 옥체가 자주 미령하시니, 이것은 참으로 종사의 불행이자 온 백성이 깊이 근심하는 일입니다. 권세를 잡은 간신이 마음대로 날뛰어 국가의 명맥을 손상시켜 종사가 위태로워지고 백성이 모두 원망하고 있으니, 이것은 참으로 전하의 불행이며 전하께서 마음 깊이 걱정하시는 일입니다. 전하의 한 몸은 종사의 주인이고 전하의 한마음은 온 백성의 마음입니다. 종사가 편안하면 전하도 편안할 것이며 온 백성도 기뻐할 것입니다.

윤원형의 죄는 머리털을 뽑아서도 세기 어려운데, 전하께서 처음부터 끝까지 도리에 맞지 않게 두둔해 끝내 그의 목숨을 보전하려 하시면서 매번 옥체가 미령하다는 것을 간언을 거부하는 구실로 삼고 계십니다. 지금 조정의 모든 신하가 진언하는 것이 옳습니까, 그릅니까? 공론을 펴려는 것입니까, 개인적 원한을 갚으려는 것입니까? 나라를 살리고 백성을 구제하려는 것입니까, 나라를 병들게 하고 백성을 해치려는 것입니까?

아뢰는 말이 옳지 않고 개인적 원한을 갚고자 하며 나라를 병들게 하고 백성을 해치고자 한다면 옥체가 건강하고 조금도 병환이 없다고 해도 어찌 그 말을 용납해 그들이 마음대로 행동하도록 하겠습니까? 그러나 그 말이 매우 옳고 공론을 펴려 하며 나라를 살리고 백성을 구제하려는 것이라면, 옥체가 미령한 날이라도 더욱 충언을 용납해 종사를 편안하게 하고 온 백성을 안정시켜야 할 것인데 어찌 미령하시다는 말씀으로 핑계를 삼을 수 있겠습니까?

나라가 다스려지고 어지러워지는 낌새는 하나가 아니지만 임금에게 병환이 있는 것이 더욱 두려운 때입니다. 그 때문에 옛 성왕들은 병환이 위독한 때라도 책상에 기대 명령을 내려 종사를 편안케 하고 민심을 진정시켰습니다. 모두 병을 핑계로 공론을 막고 인심을 어겨 나라의 안위를 돌보지 않는다면 이것이 바로 임금에게 병환이 있는 때이며 나라가 위태로워 멸망하는 때입니다. 예로부터 간언을 거부한 임금은 많았지만 병을 핑계로 댔다는 말은 듣지 못했습니다. 전하의 이 말씀은 반드시 만세의 화근禍根이 되지 않는다고 할 수 없으니, 신 등은 전하를 위해 매우 안타깝게 여깁니다.

윤원형의 죄악은 밝게 드러나 모든 사람이 본 것인데도 전하께서는 모두 사실이 아닌 뜬소문이라고 치부하시니, 이것은 전하께서 그의 죄악을 밝게 살피시지 못해 종사가 위태로워지고 백성이 모두 원망하는 것을 알지 못하는 것입니다. 참으로 밝게 살펴 정말 종사가 위태로워지고 온 백성이 원망하는 것을 아신다면, 전하께서는 스스로 엄중한 결단을 내리기에 겨를이 없으실 것이니 어찌 다른 사람의 말을 기다리신단 말입니까? 대신이 나라의 원기가 쇠퇴했다고 간절하게 진달했으니 대신이 전하를 속인 것입니까? 승지와 대간이 종사의 위망이 눈앞에 닥쳐왔다고 거듭 상소했으니 가까이 모시는 신하들이 전하를 속인 것입니까? 전하의 눈과 귀가 되는 관원들이 26가지 조목과 그 밖에 여러 감춰진 죄악을 대궐 앞에 엎드려 힘써 간쟁했으니 그들이 전하를 속인 것입니까? 온 조정의 신하가 그의 죄를 처벌하고자 하지 않는 이가 없어 간언하는 책무를 기다리지 않고 다투어 궐문에서 부르짖으니 온 조정이 전하를 속이는 것입니까? 온 나라 사람의 여러 해 동안 쌓인 원한이 하루아침에 모두 폭발해 길에 모여 욕하고 관청에 원통함을 호소해 위로 전하에게 이르기를 바라 그들의 분노와 원한의 기운이 하늘에까지 사무쳤으니 나라 사람들이 모두 전하를 속이는 것입니까? 팔다리와 눈과 귀 같은 신하부터 온 조정의 선비와 온 나라 사람을 모두 믿지 못하신다면 전하께서는 누구를 믿고 수많은 정무를 처리하고 나라를 다스리시겠습니까? 아니면 사람들의 말을 하늘은 모두 믿어도 전하는 윤원형의 공로를 생각하시고 사사로운 정으로 외척을 불쌍히 여겨 그만두지 못하시는 것입니까?

　종사는 전하께서 주관하는 것이고 백성은 전하께서 하늘로 삼아야 하는 것입니다. 종사의 위태로움을 볼지언정 한 사람의 훈신勳臣을 버리지 못하고 온 백성의 마음을 잃을지언정 한 사람의 외척을 귀양 보내지 못하신다면 이것은 전하께서 주관하시는 종사보다 훈신이 중요하고 전하께서 하늘로 삼아야 할 백성보다 외척이 중요한 것입니다. 이것이 어찌 전하의 본심이겠습니까?

아, 윤원형이 어진 사람을 시기하고 유능한 사람을 미워함은 이임보李林甫와 같고, 재물을 탐내 만족할 줄 모르는 것은 원재元載와 같고, 저택이 지나치게 사치스런 것은 양기梁冀와 같고, 궁중의 비빈과 몰래 내통한 것은 한탁주韓侂胄와 같고, 말은 꿀같이 달콤하면서 뱃속에 칼을 품은 것은 이의부李義府와 같고, 임금을 무시하고 윗사람을 위협하는 것은 가사도賈似道와 같습니다.[3] 이런 소인 가운데 한 사람으로도 백성을 도탄에 빠뜨리고 종사를 뒤집기에 충분한데, 하물며 한 몸에 그 악함을 모두 지니고 잔인하며, 인륜을 어지럽히고 화란을 일으키려는 생각을 품어 여러 간흉도 미치지 못할 사람이야 말할 것이 있겠습니까? 이것은 신 등의 말이 아

---

3 이임보(?~752)는 중국 당唐 현종玄宗 때의 재상으로 아첨을 일삼고 유능한 관원을 배척해 당을 쇠퇴하게 만든 인물로 평가된다. 원재(?~777)는 당 대종代宗 때의 신하로 중서시랑中書侍郞을 역임했으나 권력을 전횡하다가 사사됐다. 양기(?~159)는 후한 순제順帝 때 양황후梁皇后의 오빠로 대장을 지냈다. 순제를 독살하고 환제桓帝를 세워 20여 년 동안 권력을 휘둘렀지만 환제에게 몰려났고 결국 자살했다. 한탁주(1152~1207)는 남송 영종寧宗 때의 정치가로 14년 동안 권력을 휘두르다가 살해됐다. 이의부는 당 고종 때의 간신이다. 가사도(1213~1275)는 중국 남송 이종理宗~도종度宗 때의 신하로 승상을 역임했지만 몽골의 침입을 받아 패전한 책임으로 처형됐다.

니고 온 나라 사람의 말이니, 천지의 신령도 이 말을 들으실 것입니다.

아, 국가의 원기인 공론은 끝내 막을 수 없고 물불 같은 백성의 분노는 끝내 그치게 할 수 없어 온 나라가 어수선해 안정시킬 방법이 없습니다. 이제 전하께서 미령하시고 나라가 화란을 만나니 신 등은 눈물을 흘리고 마음 아파하며 윤원형이 나라를 배반한 것에 더욱 격분하며 이를 갈고 있습니다. 삼가 바라건대 전하께서는 공평한 마음으로 살피고 생각하시어 공론을 조속히 따라 종사를 편안하게 하시고 모든 사람의 노여움을 풀어주시면 더없이 다행스럽겠습니다.

정
여
립

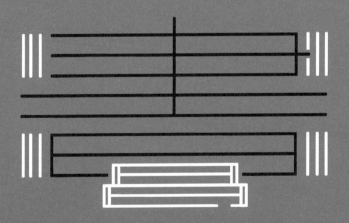

논란에 싸인 기축옥사의 주인공

정여립鄭汝立(1546~1589)은 조선시대 인물 가운데 첨예한 논쟁의
중심에 서 있는 사람이다. 그는 당쟁의 주요 사건인 기축옥사己丑
獄事(선조 22년〔1589〕)를 불러온 장본인이었지만, 여러 의문을 남긴
채 사망했기 때문이다. 그 결과 기축옥사는 조선시대부터 지금까
지 조작과 진실의 양론이 팽팽하게 맞서고 있다.

명민한 능력과 순탄한 출세

정여립의 본관은 경상도 동래고 자는 인백仁伯이다. 아버지는 군
수·첨정僉正(종4품) 등을 지낸 정희증鄭希曾이다. 전주에서 태어났
고 대동계大同契의 거점이자 피난했다가 죽음을 맞은 곳도 진안鎭
安 죽도竹島였다는 사실에서 알 수 있듯 정여립의 지역적 기반은

전라도였다.

그는 뛰어난 능력을 지녔고 상당히 순조롭게 출세했다. 24세 때인 선조 3년(1570) 우수한 성적(5등)으로 문과에 급제했다. 조선 시대 평균 급제 나이가 30세 정도였음을 감안하면 상당히 이른 성공이었다. 그 뒤 여러 하위직을 거쳐 37세 때(선조 16년〔1583〕) 예조좌랑(정6품)이 됐고, 이듬해는 홍문관 수찬(정5품)에 올랐다.

흠잡을 데 없는 순탄한 출세였다. 무엇보다도 정여립은 당시의 가장 중요한 인물이었던 이이와 성혼成渾(1535~1598)의 각별한 인 정을 받았다. 다시 말해 그는 서인의 촉망 받는 젊은 인재였던 것 이다.

서인과 결별하고 낙향하다

그러나 그의 인생은 중년에 와서 급변했다. 그는 선조 17년(1584) 수찬이 된 뒤 이이·성혼·박순朴淳 등 서인의 주요 인물을 비판하 고 동인으로 돌아선 것이다. 38세 때의 일이었다.

이런 급변의 원인은 확실치 않다. 그가 이조전랑의 물망에 올랐 을 때 이이가 그의 직정적直情的인 성격을 문제 삼아 반대했기 때 문이라는 설명과 이런 그의 기질이 동인의 영수인 이발李潑(1544~ 1589)과 좀 더 잘 맞았기 때문이라는 견해가 있다.

아무튼 그는 갑자기 당파를 바꿨고, 선조는 그것을 비판했다. 그러자 정여립은 즉시 관직을 버리고 낙향했다. 이런 행보는 그가 직정적인 성격의 소유자라는 판단을 뒷받침해 준다.

대동계의 조직

그 뒤 그가 역모를 꾸몄다고 제시된 주요 증거는 대동계의 조직과 활동이었다. 정여립은 진안 죽도에 서실書室을 짓고 대동계를 조직해 매달 활쏘기 모임을 열면서 세력을 확장했다. 그 조직의 군사적 능력은 상당했던 것 같다. 선조 20년(1587) 왜선들이 전라도 손죽도損竹島[1]에 침입하자 전주부윤 남언경南彦經의 요청으로 출동해 물리친 것은 그런 측면을 보여준다. 그 뒤 대동계의 조직은 전라도와 황해도를 중심으로 확대됐고, 황해도 안악安岳의 변숭복邊崇福·박연령朴延齡, 해주의 지함두池涵斗, 전라도 운봉雲峰(지금 남원)의 승려 의연義衍 등 기인奇人과 모사謀士들이 모여들었다.

좀 더 중요한 측면은 정여립의 생각이었다. '대동계'라는 이름 자체에서도 어떤 변혁의 지향이 느껴지지만, 정여립은 "천하는 공공의 물건天下公物"이며 "누구를 섬긴들 임금이 아니겠는가何事非君?"라고 생각했다. 이것은 각각 중국 전국시대 왕촉王燭과 맹자孟子의 발언이지만, 그것을 먼 후대의 왕조국가에서 다시 거론하고 지지한 것은 작지 않은 의미를 내포했다. 뒤에 실은 사료에서 보

---

1 지금 전라남도 여수시 삼산면 소재.

듯 신채호申采浩는 이런 측면에 주목해 정여립을 혁명적 사상가로 높이 평가했다.

기축옥사의 발발

정여립의 운명을 결정지은 기축옥사는 선조 22년(1589) 10월에 일어났다. 황해도 관찰사 한준韓準, 안악군수 이축李軸, 재령載寧군수 박충간朴忠侃, 신천信川군수 한응인韓應寅 등은 정여립과 대동계의 무리가 황해도와 호남에서 동시에 서울을 공격해 대장 신립申砬과 병조판서를 살해하고 병권을 장악하려는 역모를 꾸미고 있다고 고변했다.

조정에서는 즉시 선전관과 의금부 도사를 황해도와 전라도로 파견했다. 정여립은 제자 조구趙球가 자백했다는 소식을 변숭복에게서 듣고 진안 죽도로 도망쳤다가 자결했다. 그러나 같이 피신했던 아들 정옥남鄭玉男은 체포돼 문초를 받은 끝에 길삼봉吉三峯이 주모자고, 해서 출신 김세겸金世謙·박연령·이기李箕·이광수李光秀·변숭복 등이 공모했다고 자백했다.

옥사는 계속 확대됐다. 동인의 영수 이발은 정여립의 집에서 자신이 보낸 편지가 발견돼 고문을 받다가 사망했고, 그의 형제와 노모·자식까지 모두 죽임을 당했다. 호남의 대표적인 처사處士였던 최영경崔永慶(1529~1590)은 길삼봉으로 지목돼 고문 끝에 옥사했다. 61세의 고령이었다. 그 뒤 3년 동안 옥사로 사망한 사람은 무려 1천여 명에 이르렀다고 한다. 이런 엄청난 희생을 겪으면서 동인과 서인은 화해할 수 없이 결별하게 됐다.

옥사를 둘러싼 논란

거대한 사건일수록 그 실체와 거기에 관련된 해석도 복잡하게 마련이다. 기축옥사는 주모자가 자결한 뒤 장기간에 걸쳐 추국이 진행되면서 수많은 희생자를 낸 사건이었다. 가장 중요한 인물이 죽어 사건의 실체를 밝히는 데 치명적인 어려움이 발생했는데도 이처럼 파괴적인 결과에 도달한 것은 분명히 논란의 소지가 큰 일이었다.

조선시대부터 현재까지 역모의 진위를 둘러싼 논쟁은 지속됐다. 조작설로는 당시 서인의 참모로 활동한 송익필宋翼弼은 신분이 비천했는데(할머니가 천첩의 소생) 동인이 자신의 친족을 다시 노비로 만들려고 하자 옥사를 조작해 보복했다는 견해와 위관委官(사건의 추국과 판결을 맡은 책임자)인 정철鄭澈이 옥사를 확대시켰다는 주장을 들 수 있다. 사건이 다소 무리하게 전개된 측면은 인정되지만, 정여립이 선양禪讓에 따른 왕위계승이나 "목자木子(李)가 멸망하고 전읍奠邑(鄭)이 흥기할 것"이라는 도참설을 주장한 측면 등으로 볼 때 역모는 사실이었다는 반론도 팽팽하게 맞서고 있다.

최근에는 왕권을 중시하는 시각이 확산되면서 옥사(특히 숙청의 확대)에 가장 중요한 영향력을 행사한 사람은 국왕인 선조였다는 분석이 설득력을 얻고 있다. 위관이었던 정철은 옥사가 일어난 뒤 세자 책봉을 건의하다가 실각됐고 사건의 주요 쟁점마다 국왕이 깊숙이 개입해 흐름을 바꾼 사례가 적지 않다는 측면 등을 고려할 때 주목할 만한 견해로 생각된다.

아무튼 정여립은 43세의 젊은 나이로 불운한 인생을 마쳤고, 그를 매개로 발발한 기축옥사는 조선의 역사에 깊은 상처를 남겼다. "진실은 순수한 적이 드물고 단순한 적은 없다"는 오스카 와일드Oscar Wilde의 날카로운 경구처럼 거대한 사건일수록 그 실체는 복잡하다. 당연한 말이겠지만, 주관을 최대한 걷어내고 사실을 끊임없이 추구할 때 조금이나마 더 실체에 가까이 갈 수 있을 것이다. 정여립과 기축옥사는 한국사 연구에서 그런 주제의 하나다.

용납되지 못한 혁명적 학자

신채호는 자신의 주저 『조선상고사』의 「총론」에서 정여립을 짧게 언급했다. 거기 담긴 생각은 옹호와 비판이다. 앞의 것은 정여립을, 뒤의 것은 우리 민족을 대상으로 삼았다.

속담을 가끔 곱씹어 보면 너무 널리 알려져 진부하다고 지레 치부했을 뿐이지 거기에 지혜의 정수가 담겨 있다는 것을 새삼 깨닫곤 한다. 모든 것의 생명을 결정하는 관건은 시간이니, 그렇게 오랫동안 살아남아 기억되고 언급된다는 사실 자체가 그 설득력과 가치를 웅변할 것이다.

"아니 땐 굴뚝에서 연기 나랴?"라는 속담이 있다. 물리적으로 그럴 수는 없다. 다만 연기가 얼마나 언제부터 났는지 같은 문제를 둘러싸고 논란이 있을 수는 있다. 인간사는 자연현상과 달리 완벽한 물리적 법칙이 적용되지 않은 경우도 드물게 있지만—다시 말해 아니 땐 굴뚝에서 연기가 날 수도 있지만—대부분 크든 작든 낌새와 동기와 실행이 반드시 있다.

어떤 사건의 성격을 결정하는 것은 그 규모일 때가 많다. 이를테면 1백 명이 죽은 전투와 100만 명이 전사한 전쟁은 그 원인과 과정과 결과와 해석이 다를 수밖에 없다. 기축옥사도 마찬가지라고 생각한다. 과문한 탓이겠지만, 기축옥사에서 누가 얼마나 희생됐는지는 아직 정확히 밝혀지지 않은 것 같다. 아마 추적하기 어렵고 어쩌면 할 수 없을지도 모른다. 그러나 그 수치를 되도록 실증적으로 파악하는 것이 이 사건을 규명하는 열쇠가 아닐까 생각한다. 그러면 조선 전기의 사화들과 조선 후기의 옥사들을 비교해 두 시기의 정치적 분위기도 파악할 수 있을 것이다.

신채호가 평가한 정여립[2]

정여립이 "충신은 두 임금을 섬기지 않으며 열녀는 남편을 바꾸지 않는다"는 유가의 윤리관을 일필—筆로 말살하여 "인민에 해되는 임금은 시해해도 되고 행의行義가 부족한 남편은 떠나도 된다"고 하며 "하늘의 뜻과 사람의 마음이 이미 주周 왕실에서 떠났는데 존주尊周가 무엇이며, 백성과 토지가 벌써 조조曹操와 사마의司馬懿에게 돌아갔는데 유현덕劉玄德의 정통이 다 무엇이냐"라면서 공구孔丘·주희朱熹의 역사필법을 반대하니 그 제자 신극성辛克成 등은 "이는 참으로 앞 시대의 성인이 말하지 않은 것"이라고 하고 재상과 학자들도 그 재기와 학식에 경도傾倒하는 이가 많았으

---

2   신채호 지음, 정해렴 편역, 「조선상고사 총론」, 『신채호 역사논설집』, 현대실학사, 1995, 100~101쪽의 내용을 현대적 표현으로 약간 고쳐 실었다.

나, 세종대왕의 삼강오륜의 부식扶植이 벌써 터를 잡고 퇴계 선생의 존군모성尊君慕聖의 주의主義가 이미 집을 지어 전 사회가 안돈된 지 오래이니, 이 같은 돌비적突飛的 혁명적 학자를 용납하겠는가? 그러므로 종이 한 장의 고변장告變狀에 몸과 머리가 나누어지고 살던 집이 폐허가 되니, 평생 저술이 모두 화장火葬에 들어감이니, 이는 곧 민족의 항상된 성품恒性에 속한 것이다.

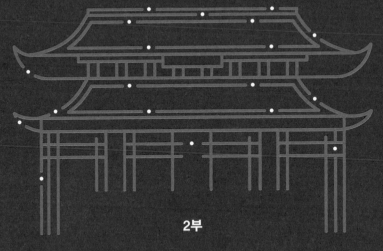

2부

역경을 극복한 의지

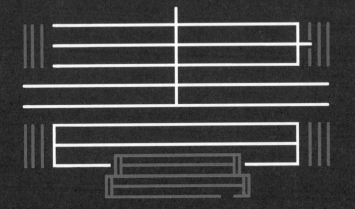

이
순
신

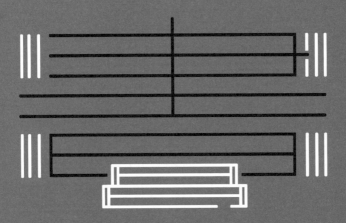

자신과 나라의 역경을 극복한 명장

이순신李舜臣(1545~1598)은 한국사에서 가장 위대한 인물의 한 표상이다. 그런 추앙은 그를 수식하는 '성웅'이라는 칭호에 집약돼 있다. '성스럽다'는 표현은 그 자체로 범접할 수 없는 경지를 나타내지만, 천부적 재능과 순탄한 운명에 힘입어 그런 수준에 도달한 것이 아니라 수많은 역경과 난관을 치열한 고뇌와 노력으로 돌파했다는 의미를 담고 있다. 그런 측면은 '악성'으로 불리는 베토벤이나 '시선' 이백李白과 대비돼 '시성'으로 지칭되는 두보杜甫의 삶과 작품을 생각하면 수긍될 것이다.

인간의 행동 가운데 가장 거칠고 파괴적인 것은 폭력이다. 그리고 가장 거대한 형태의 폭력은 전쟁이다. 이순신은 그런 전쟁을 앞장서 수행해야 하는 직무를 가진 무장이었다. 그러므로 그가 돌파해야 할 역경이 다른 분야의 사람들보다 훨씬 가혹했으리라는 예상은 자연스럽다. 실제로 그는 잔인하고 폭력적인 거대한 운명을 극복하고 위업을 성취한 인간의 어떤 전범을 보여줬다고 평가할 만하다.

가계와 어린 시절

이순신은 조선 인종 1년(1545) 3월 8일 서울 건천동乾川洞(지금 중 구 인현동)에서 태어났다. 자는 여해汝諧, 시호는 충무忠武다. 본관은 덕수德水로 아버지는 이정李貞이고 어머니는 초계 변씨草溪卞氏다. 그는 셋째 아들이었는데, 두 형은 이희신李羲臣·이요신李堯臣이고 동생은 이우신李禹臣이다. 어렵지 않게 알 수 있듯 그와 형제들의 이름은 중국 고대의 삼황오제 가운데 복희씨와 요·순·우 임금에 서 따온 것이다. '신臣'은 돌림자여서 큰 의미를 부여하기는 어렵 지만, 부모는 아들들이 그런 성군을 섬긴 훌륭한 신하가 되라는 바람을 담았다고 추측할 수도 있을 것이다. 이순신이 성군을 만 났는지는 확언하기 어렵지만 훌륭한 신하의 한 전범이 됐다는 사 실은 분명하다.

그의 가문은 한미하지 않았지만 현달했다고 말하기도 어려웠 다. 그의 선조들은 우뚝하지는 않았지만 일정 수준 이상의 관직 과 경력을 성취했다. 우선 6대조 이공진李公晉은 판사재시사判司 宰寺事(정3품)를 지냈다. 가장 현달한 인물은 5대조 이변李邊(1391~ 1473)으로 세종 1년(1419) 증광시에서 급제한 뒤 대제학(정2품)과 영중추부사領中樞府事(정1품)까지 올랐다. 그는 높은 관직을 지내고 82세까지 장수했기 때문에 그런 신하들이 들어갈 수 있는 기로소耆老所에 소속되는 영예를 누렸고, 정정貞靖이라는 시호도 받았다. 증조부 이거李琚도 성종 11년(1480)에 급제한 뒤 이조정랑(정5품)과 병조참의(정3품) 같은 요직을 역임했다.

비교적 순조롭고 성공적인 출세를 이어왔던 이순신의 가문은 그러나 조부 때부터 침체하기 시작했다. 조부 이백록李百祿과 아버지 이정 모두 과거에 급제하지 못했고, 당연히 벼슬길에도 오르지 못한 것이다. 그 주요한 까닭은 이백록이 조광조趙光祖 일파로 간주돼 관직에 나아가지 못했기 때문이었다. 그는 기묘사림의 핵심 인물은 아니었지만, 기묘사림이 시행한 별과別科에 천거된 120명 가운데 한 사람이었다. 기묘사림에 포함되는 인물들의 명단과 간략한 전기를 담은 『기묘록 속집』에서는 "진사 이백록은 배우기를 좋아하고 검소했다"고 적었다. 이런 가문의 상황에 따라 혼인한 결과와 무관하지 않다고 판단되는데, 외조부 변수림卞守琳도 과거와 벼슬의 경력이 없었다.

몇 살까지라는 확실한 기록은 찾지 못했지만, 이순신은 태어난 서울에서 어린 시절을 보냈다. 그때 이순신은 자신의 일생에 중요한 영향을 끼칠 뛰어난 인물을 만났다. 나중에 영의정이 되는 서애西厓 유성룡柳成龍(1542~1607)이다. 세 살 차이인 두 사람은 그 뒤 임진왜란이라는 거대한 국난에서 조선을 구원하는 데 문·무에서 결정적인 공로를 세웠다. 조선 태종의 가장 큰 치적은 세종을 후계자로 선정한 것이라는 평가도 있듯, 유성룡의 많은 업적 가운데 가장 중요한 것은 이순신을 적극 천거하고 옹호한 행동이 었는지도 모른다. 영의정의 혜안은 나라를 멸망에서 건졌다.

아직 어렸고 나중에는 상당히 다른 길을 걷게 된 두 사람이 그때 어떻게 어울렸는지 구체적으로 알기는 어렵다. 그러나 그 뒤 유성룡은 "신의 집은 이순신과 같은 동네였기 때문에 그의 사람됨을 깊이 알고 있습니다(선조 30년 1월 27일)"라고 국왕에게 아뢸 정도로 친밀했던 것은 사실이었다고 판단된다. 그런 기억에 따라 유성룡은 『징비록懲毖錄』에서 어린 시절의 이순신을 인상 깊게 회고했다.

> 이순신은 어린 시절 영특하고 활달했다. 다른 아이들과 모여 놀 때면 나무를 깎아 화살을 만들어 동네에서 전쟁놀이를 했다. 마음에 거슬리는 사람이 있으면 그 눈을 쏘려고 해 어른들도 그를 꺼려 감히 군문軍門 앞을 지나려고 하지 않았다. 자라면서 활을 잘 쏘았으며 무과에 급제해 관직에 나아가려고 했다. 말 타고 활쏘기를 잘했으며 글씨를 잘 썼다.

인생의 방향 등도 나와 있는 것으로 보아 유년 시절에 국한된 관찰은 아니라고 추정되는데, 유성룡이 기억하는 이순신은 어려서부터 무인의 기개가 넘쳤다. "마음에 거슬리는 사람은 그 눈을 쏘려고 했다"는 대목은 어린아이로서는 지나치다 싶을 정도로 무례하거나 거칠다고 생각되기도 한다.

혼인과 급제

정확한 시점은 알 수 없지만, 그 뒤 이순신은 서울을 떠나 외가가 있는 충청남도 아산牙山으로 이주했다. 아산은 지금 그를 기리는 대표적 사당인 현충사顯忠祠와 묘소가 있어 그와 가장 연고가 깊은 지역으로 평가된다. 그렇게 된 까닭은 조선 중기까지도 널리 시행되던 남귀여가혼男歸女家婚의 영향 때문이었다. 남자가 결혼한 뒤 처가에서 상당 기간 거주하는 이 풍습은 자연히 부인과 그의 집안인 처가(외가)의 위상을 높였다. 가장 익숙한 사례는 율곡 이이가 태어나고 그를 상징하는 대표적 지역이 어머니 신사임당申師任堂의 친정이 있던 강릉江陵이라는 사실일 것이다.

그 뒤 명종 20년(1565) 이순신은 20세의 나이로 상주尙州 방씨方氏와 혼인했다. 장인은 보성寶城군수를 지낸 방진方辰이었는데, 과거 급제 기록이 없고 군수라는 관직으로 미뤄 그렇게 현달한 인물은 아니었다고 판단된다. 이순신은 방씨와의 사이에서 이회李薈(명종 22년 〔1567〕 출생)·이울李蔚(선조 4년 〔1571〕 출생)·이면李葂(선조 10년 〔1577〕 출생)의 세 아들과 딸 하나를 두었다.

어릴 때부터 무인의 자질을 보였지만, 그동안 이순신은 문과 응시를 준비해 왔다. 10세 전후부터 공부를 시작했다고 보면 그는 10년 정도 문학을 수업한 것인데, 무장으로는 드물게 『난중일기亂中日記』와 여러 유명한 시편을 남긴 문학적 능력을 쌓은 데는 이런 학업이 중요한 자산으로 작용했을 것이다. 그러나 그는 혼인 1년 뒤 인생의 방향을 크게 바꿔 본격적으로 무예를 배우기 시작했다. 앞서 "무과에 급제해 관직에 나아가려고 했다"는 유성룡의 회고는 이때의 사실과 관련된 것으로 보인다.

이순신은 5년 뒤인 선조 5년(1572) 8월 훈련원 별과別科에 처음 응시했다. 그러나 시험을 치르던 중 타고 있던 말이 넘어져 다리가 부러지는 부상을 입었다. 낙방했지만, 다시 일어나 버드나무 껍질을 벗겨 다친 다리를 싸매고 과정을 마친 것은 널리 알려진 일화다.

무장으로서 이순신의 공식적인 경력은 그로부터 4년 뒤에 시작됐다. 그는 선조 9년(1576) 2월 식년무과에서 병과丙科로 급제했다. 31세 때였으며, 임진왜란을 16년 앞둔 시점이었다. 그의 일생 전체가 그랬지만, 부침이 심하고 순탄치 않은 관직 생활이 이때부터 시작됐다.

험난한 관직 생활

첫 임지와 직책은 급제한 해 12월 함경도 동구비보童仇非堡(지금 함경도 삼수)의 권관權管(종9품)이었다. 동구비보는 험준한 변경이었다. "석문과 사곡은 호랑이들의 소굴로石門與蛇谷 / 우리 영토를 엿보네虎穴窺我藩. 골짜기가 갈라져 하늘은 틈이 생겼고峽坼天成罅 / 강이 깊어 땅은 저절로 나뉘었네江深地自分"라는 학봉鶴峯 김성일金誠一의 시(「동구비보를 지나며過童仇非堡」, 『학봉속집』 1권)는 그런 거친 환경을 여실히 보여준다.

이순신은 그곳에서 햇수로 3년 동안 근무했다. 그렇게 임기를 채운 뒤 선조 12년(1579) 2월 서울로 올라와 훈련원 봉사奉事(종8품)에 배속됐다. 앞서는 거친 환경이 힘들었을 테지만, 이번에는 사람 때문에 불운을 겪었다. 병조정랑(정5품) 서익徐益이 가까운 사람을 특진시키려고 하자 이순신은 반대했고, 8개월 만에 충청도 절도사의 군관으로 좌천된 것이다. 무반 당하관의 인사를 관장하는 큰 권한을 지닌 요직인 병조정랑의 뜻을 종8품의 봉사가 반대한 것은 분명히 이례적인 일이지만, 즉각 불리한 인사조처로 이어진 것은 그리 이례적인 일이 아니었다.

많은 위대한 인물이 그렇고 바로 그런 측면이 그들을 평범한 사람들과 가르는 결정적 차이지만, 이순신을 상징하는 대표적인 면모는 원칙을 엄수하는 강직한 행동일 것이다. 이 사건으로 처음 표출된 그런 자세는 일생 내내 그를 크고 작은 곤경에 빠뜨렸다. 그러나 『징비록』에서 "이 사건 때문에 사람들이 이순신을 알게 됐다"고 쓴 대로 그런 현실적 불이익은 그의 명성을 조금씩 높였고, 궁극적으로는 지금까지도 그를 존경하는 역사의 보상으로 이어졌다고 말할 수 있다.

이 사건으로 비로소 이름이 알려지기 시작했기 때문인지 얼마 뒤 이순신은 파격에 가까울 정도로 승진하게 됐다. 선조 13년(1580) 7월 발포鉢浦(지금 전라남도 고흥) 수군만호水軍萬戶(종4품)로 임명된 것이다. 이 인사는 그 파격성도 주목되지만, 좀 더 중요한 사실은 그가 처음으로 수군에 배치됐다는 것이다. 직속상관인 전라 좌수사 성박成鎛이 거문고를 만들려고 발포 객사의 오동나무를 베어가려고 하자 이순신이 관청 물건이라고 제지한 유명한 일화는 이때의 사건이었다.

특별한 인사조치가 뒤따르지 않은 것으로 미뤄 이때의 항명은 큰 문제없이 넘어갔다고 판단되지만, 서익과의 악연이 다시 불거졌다. 서익은 병기의 상태를 점검하는 군기경차관軍器敬差官으로 발포에 내려왔는데, 이순신이 병기를 제대로 보수하지 않았다고 보고한 것이다. 급속히 승진했던 이순신은 선조 14년(1581) 5월 두 해 전의 관직인 훈련원 봉사로 다시 강등됐다.

말직이지만 중앙에서 근무하게 된 그에게 이때 중요한 기회가 찾아올 뻔했다. 국왕을 제외하면 당시 조선에서 가장 중요한 인물이었을 율곡 이이가 이순신을 한번 만나보고 싶어 한 것이다. 그때 이이는 이조판서였다. 유성룡에게서 그런 의사를 전해들은 이순신은 그러나 거절했다. 같은 가문(덕수 이씨)이므로 만나도 괜찮겠지만, 지금은 그가 인사권을 행사하는 중직에 있으므로 만나지 않겠다는 것이었다.

권력이나 재력 같은 인간의 주요한 욕망은 궁극적으로 어떤 자리나 직위의 획득과 관련된 측면이 많다. "자리가 사람을 만든다"는 말처럼 높고 영향력 있는 자리에 오르면 권력이나 재력도 그만큼 팽창하기 때문이다. '지음知音'이라는 오래된 성어가 보여주듯, 어떤 사람이 성공하는 데는 그 사람을 알아주고 후원하는 다른 사람의 존재가 거의 필수적이다. 그러므로 대부분의 사람은 그런 관계를 만들고 발전시키는 데 매우 적극적이며, 그 사람이 영향력 있는 위치에 있다면 더욱 그렇다. 9세 차이였지만 탁월한 능력과 눈부신 경력으로 조선의 핵심적인 정치가로 자리 잡은 같은 가문의 이조판서가 그때까지도 변방과 중앙을 오가며 부침을 거듭하고 있던 종8품의 말단 무관을 만나보고 싶어 했을 때, 부적절한 정실의 개입이 있을지도 모른다는 판단에서 거절한 이순신의 태도는 그 기록을 읽는 사람에게 많은 생각을 던져준다.

그렇게 훈련원에서 2년 넘게 근무한 뒤 이순신은 어떤 까닭에서인지 다시 강등돼 변방으로 배치됐다. 선조 16년(1583) 10월 건원보乾原堡(지금 함경북도 경원군) 권관으로 나간 것이다. 그러나 그때 발생한 여진족의 침입에서 그는 우두머리를 생포하는 전공을 세워 한 달 만인 11월 훈련원 참군參軍(정7품)으로 귀경하게 됐다. 그러나 이런 작은 행운은 오래 가지 않았다. 그달 15일 아버지 이정이 아산에서 세상을 떠난 것이다. 불편한 통신 환경 때문에 그 소식은 이듬해 1월에야 이순신에게 전달됐다. 그는 삼년상을 치렀고 선조 18년(1585) 1월 사복시 주부主簿(종6품)로 복직했다. 완연한 중년에 접어든 40세의 나이였다.

그는 유성룡의 천거로 16일 만에 조산보造山堡(지금 함경북도 경흥) 만호로 특진해 다시 변방으로 나갔다. 1년 반 뒤인 선조 20년(1587) 8월에는 두만강 하구에 있는 섬인 녹둔도鹿屯島 둔전관屯田官을 겸임하게 됐다.

복직 이후 비교적 순조로웠던 그의 관직 생활은 이때 다시 한

번 심각한 타격을 입었다. 그해 가을 여진족이 침입해 아군 11명이 전사하고 군사와 백성 160여 명이 납치됐으며 말 15필이 약탈되는 사건이 일어났다. 이순신은 경흥부사 이경록李慶祿과 함께 여진족을 격퇴하고 백성 60여 명을 구출했다. 그전부터 이순신은 그 지역의 위험성을 간파하고 중앙에 병력 증강을 요청했지만 받아들여지지 않았다. 그러므로 이 사건은 표면적으로도 승패를 가늠하기 어려운 측면이 있었지만, 궁극적인 책임은 중앙 정부에 있다고도 볼 수 있었다. 그러나 함경북도 병마절도사 이일李鎰은 이 사건을 패전으로 간주했고 두 사람을 모두 백의종군에 처했다. 이순신의 생애에서 첫 번째 백의종군이었다.

그러나 명예는 곧 회복할 수 있었다. 선조 21년(1588) 1월 이일이 2,500명의 군사를 이끌고 여진족을 급습해 가옥 200여 채를 불사르고 380여 명을 죽인 보복전에서 이순신도 참전해 전공을 세움으로써 백의종군에서 벗어난 것이었다. 반년 뒤인 윤6월 그는 아산으로 낙향했다.

이때부터 임진왜란이 일어나기 전까지 그는, 일부 대신들과 대간의 반대를 받기도 했지만, 상당히 빠르고 순조롭게 승진했다. 선조 22년 2월 전라도 순찰사 이광李洸의 군관으로 복직됐다가 10월 선전관宣傳官으로 옮겼고 12월 정읍井邑현감에 제수됐다. 선조 23년(1590) 7월에는 유성룡의 추천으로 평안도 강계도호부 관내의 고사리진高沙里鎭 병마첨절제사(종3품)에 임명됐다. 이번에도 앞서 만호 임명 때와 비슷한 파격적인 승진이었는데, 대신과 삼사의 반대로 취소됐다. 한 달 뒤 다시 평안도 만포진 병마첨절제사에 제수됐지만 역시 대신들의 반대로 무산됐다.

그러나 선조 24년(1591) 2월 진도군수(종4품)에 임명됐다가 부임 전에 가리포加里浦(지금 전라남도 완도) 수군첨절제사(종3품)로 옮겼으며, 다시 며칠 만인 2월 13일 전라좌도 수군절도사(정3품)에 제수됐다. 그의 나이 46세였고 임진왜란을 14개월 앞둔 시점이었다. 그러니까 그는 무과에 급제한 지 15년 동안 한 번의 백의종군을 포함해 여러 곤경과 부침을 겪은 끝에 수군의 주요 지휘관에 오른 것이었다.

변방의 말직만 전전하다가 삶을 마감했을 장수도 적지 않았을 것을 감안하면, 그의 역정은 수준 이상의 보상을 받았다고 말할 수도 있을 것이다. 눈앞에 다가왔지만 거의 대비하지 않았던 거대한 국난을 생각하면, 전쟁 직전 그가 북방의 말단 장교가 아니라 남해의 수군 지휘관이 됐다는 사실은 참으로 공교로운 천행이었다.

임진왜란—승전과 백의종군

조선 최대의 국난인 임진왜란은 선조 25년(1592) 4월 13일 일본군이 부산포로 출항하면서 일어났다. 7년 동안 이어진 전란으로 조선의 국토와 민생은 처참하게 파괴됐다. 전쟁이 시작된 뒤 보름 남짓 만에 서울이 함락되고(5월 2일) 선조는 급히 몽진해 압록강 가의 의주義州에 도착했다(6월 22일). 개전 두 달 만에 조선은 멸망 직전의 위기에 몰린 것이었다.

널리 알려진 대로 왜란에서 이순신은 임진년 5월 7일 옥포玉浦해전부터 계유년(1598) 11월 18일 노량露梁해전까지 20여 회의 전투를 치러 모두 승리했다. 그 승전들은 그야말로 패색이 짙은 전황을 뒤바꾼 결정적인 전기였다. 그는 왜란이 일어난 1년 뒤인 선조 26년(1593) 8월 삼도수군통제사로 승진해 해군을 통솔하면서 공격과 방어, 집중과 분산의 작전을 치밀하고 효과적으로 수행했다. 나라는 전란에 휩싸였고 그는 국운을 책임진 해군의 수장으로서 엄청난 책임과 부담감을 느꼈을 것이지만, 험난했던 그동안의 관직 생활에서 보면 최고의 지위를 안정적으로 유지한 기간이기도 했다.

그의 일생에서 가장 크다고 할 만한 고난이 닥친 것은 선조 30년(1597) 1월이었다. 그는 일본군을 공격하라는 국왕의 명령을 따르지 않았다는 죄목으로 파직돼 서울로 압송됐고, 죽음 직전에 이르는 혹독한 신문을 받은 끝에 4월 1일 백의종군의 명령을 받고 풀려났다. 그날의 『난중일기』는 다음과 같다.

초1일 신유辛酉. 맑다. 옥문을 나왔다. 남문(숭례문) 밖 윤간尹侃의 종의 집에 이르러 조카 봉奉·분芬, 둘째 아들 울蔚, 윤사행尹士行, 원경遠卿과 같은 방에 앉아 오래 이야기했다. 지사 윤자신尹自新이 와서 위로하고, 비변랑 이순지李純智가 와서 만났다. 지사가 돌아갔다가 저녁을 먹은 뒤에 술을 가지고 다시 왔고, 윤기헌尹耆獻도 왔다. 이순신李純信이 술을 가지고 와서 함께 취하며 위로해 줬다. 영의정(유성룡), 판부사 정탁鄭琢, 판서 심희수沈喜壽, 이상貳相(찬성) 김명원金命元, 참판 이정형李廷馨, 대사헌 노직盧稷, 동지同知 최원崔遠, 동지 곽영郭嶸도 사람을 보내 문안했다.

이미 여러 사람들이 주목하고 뛰어난 통찰력과 감동적인 문장으로 표현했지만, 이날의 일기는 이순신의 내면을 가장 명징하게 보여주는 자료의 하나로 생각된다. 일기는 기본적으로 자신만의 내밀한 기록이다. 후세에 공개될 가능성을 고려하거나 그럴 의도를 담은 일기도 적지 않고 『난중일기』도 그런 측면이 있다고 평가되지만, 그럼에도 이날 그의 문장은 전율과 놀라움을 안겨준다.

그 글에서 작성자는 자신의 감정을 최대한 배제하고 사실만을 적었다. 그동안 승전을 거듭해 국망의 위기를 극복했지만, 충분한 근거 없이 갑작스레 압송돼 혹독한 고초를 겪은 사람에게서 상상할 수 있는 고통과 억울함과 분노는 철저하게 제어돼 있다. 그는 오직 사실에 입각해 사고하고 행동했고, 승리의 원동력과 그의 위대함은 거기에 있다는 한 관찰과 평가는 정곡을 얻었다고 생각한다. 이 짧은 일기는 그런 측면을 보여주는 대표적 사례일 것이다.

이순신의 불행은 여기서 끝나지 않았다. 백의종군을 시작한 직후 어머니가 돌아가신 것이다(4월 13일). 그는 나흘 동안(4월 16~

19일) 말미를 얻어 어머니의 장례를 치른 뒤 다시 종군했다. 이때의 일기, 특히 맨 마지막 구절은 슬픔의 밑바닥까지 내려간 마음을 느끼게 한다.

> 16일 병자. 흐리고 비가 내렸다. 배를 끌어 중방포中方浦에 옮겨 대고 영구를 상여에 실어 본가로 돌아왔다. 마을을 바라보고 통곡하니 찢어지는 마음을 어찌 말로 다할 수 있겠는가. 집에 이르러 빈소를 차렸다. 비가 크게 퍼부었다. 남쪽으로 떠날 일도 급박했다. 부르짖어 통곡하며 어서 죽기만을 기다릴 뿐이다.

정유재란─복귀와 전사

그동안 소강상태였던 전쟁은 정유년(1597)에 재개됐다. 그러나 그해 7월 원균元均이 칠천량漆川梁에서 대패하면서 수군은 궤멸됐다. 내륙에서도 일본군은 남원(8월 16일)과 전주(8월 25일)를 함락한 뒤 다시 서울로 진격하고 있었다.

전황이 급속히 악화되자 이순신은 다시 삼도수군통제사로 임명됐다(8월 3일). 임명 교서에서 선조는 "지난번에 그대의 지위를 바꿔 오늘 같은 패전의 치욕을 당했으니 무슨 할 말이 있겠는가, 무슨 할 말이 있겠는가!"라고 말했다. 그때 그에게 남아 있던 전력은 함선 12척이었다.

그 함대를 이끌고 한 달 뒤 그는 명량鳴梁 해전에 나아갔고(9월

16일) 스스로 "천행이었다"라고 표현할 만큼 기적 같은 승리를 거뒀다. 절대적인 열세의 전투에 나아가는 그의 마음과 자세는 전투 하루 전에 쓴 "필사즉생 필생즉사"라는 글씨에 그대로 담겨있다.

어머니가 돌아가신 뒤 "어서 죽기만을 기다린다"는 이순신의 절망과 피로는 셋째 아들 이면의 죽음으로 극대화됐을 것이다. 수많은 죽음을 목격했고 수많은 죽음을 집행했지만, 스무 살의 젊디젊은 아들의 죽음 앞에서 52세의 아버지는 다시 한번 통곡했다.

(10월) 14일 신미. 맑았다. …… 저녁에 사람이 천안天安에서 와서 집안 편지를 전했다. 열어보기도 전에 몸이 먼저 떨리고 정신이 어지러워졌다. 정신없이 뜯어보니 겉봉에 '통곡' 두 글자가 쓰여 있는 것을 보고 면이 전사한 것을 알았다. 나도 모르게 간담이 떨어져 목놓아 통곡하고 통곡했다. 하늘은 어찌 이렇게 어질지 않단 말인가. 내가 죽고 네가 살아야 마땅한 이치거늘 네가 죽고 내가 살다니 어찌 이렇게도 어그러진 이치가 있겠는가. 천지가 캄캄하고 밝은 해도 빛을 잃었다. 슬프다. 내 아들아. 나를 버리고 어디로 갔느냐. 남달리 영특해 하늘이 이 세상에 머물러두지 않은 것이냐. 내가 지은 죄 때문에 화가 네 몸에 미친 것이냐. 지금 내가 살아있은들 장차 뉘게 의지한단 말인가. 부르짖으며 슬퍼할 뿐이다. 하룻밤을 보내기가 한 해 같다.

거대한 전란과 그 전란의 가장 중심에 있던 인물의 생애는 동시에 끝났다. 선조 31년(1598) 11월 19일 이순신은 노량해전에서 전사했고, 왜란도 종결됐다. 그 뒤 구국의 명장을 국가에서 추숭한 것은 당연한 일이었다. 그는 선조 37년(1604) 선무宣武 1등공신과 덕풍부원군德豊府院君에 책봉되고 좌의정에 추증됐다. 정조 17년(1793)에는 다시 영의정이 더해졌고 2년 뒤에는 그의 문집인 『이충무공전서』가 왕명으로 간행됐다. 현대에 와서는 1960년대 후반부터 서울의 중심인 세종로에 동상이 세워지고 현충사가 대대적으로 정비됨으로써 그는 한국사에서 가장 중요한 위인으로 자리 잡게 됐다.

이런 국가적 시책은 그의 위상에 부동의 공식적 권위를 부여했지만, 견고한 갑각 안에 가둔 것도 사실이었다. 그런 측면과는 달리 이순신의 인간적 내면을 깊이 조명해 새로운 면모를 발견하는 데 중요한 계기를 제공한 것은 김훈의 『칼의 노래』(2000)일 것이다. 2001년 동인문학상을 수상하며 비평과 흥행에서 큰 성공을 거둔 그 소설은 구체적인 서사보다는 이순신의 마음과 생각을 추적한 작품이다.

작가는 오래전부터 주관이 배제되고 사실만이 남은 문장을 쓰고 싶었는데, 『난중일기』에 그런 문장이 있었다고 말했다. 작가는 이순신의 마음과 문장을 이렇게 파악했다. "암담한 패전 소식이 육지로부터 전해오는 날, 이순신은 '나는 밤새 혼자 앉아 있었다'고 썼다. 슬프고 비통하고 곡을 하며 땅을 치고 울고 불며 하는 것이 아니라 혼자 앉아 있었다는 것은 그 물리적 사실을 객관적으로 진술한 것이다. 거기에 무슨 형용사와 수사학을 동원해서 수다를 떨어본들 '나는 밤새 혼자 앉아 있었다'를 당할 도리가 없다. 이것은 수사학의 세계가 아니라 아주 강력한 주어와 동사의 세계다." 그는 그것을 "죽이는 문장"이라고 말했다.

지금까지 이순신에 관련된 글은 수없이 많이 나왔고, 앞으로도 그럴 것이다. 여러 측면에서 비평은 그 주체와 대상이 적어도 어느 정도는 비슷한 수준에 있거나 오랫동안 깊이 관찰하고 생각해야만 합리성과 설득력을 얻을 수 있다. 거의 모든 부분에서 그렇지 못한 이 글은 부족하기만 하다.

모든 전공의 기록

『난중일기』와 『이충무공전서』가 웅변하듯 이순신은 글을 쓴 무인이었다. '글의 사람'이라는 이름 자체가 보여주는 대로 글은 문인과 좀 더 친숙한 도구다. 그러니 이순신은 문기가 그윽한 드문 무인이었던 것이다.

무인은 그 삶 자체가 다른 사람보다 위험하고 비장하다. 그래서 그들의 글에는 장식이나 기름기가 상대적으로 적다. 여기 옮겨 실은 이순신의 한산대첩 장계는, 다른 장계도 비슷하지만, 그가 어떤 사람이었는지 깊이 보여주는 자료라고 생각한다.

이 장계의 가장 도드라진 특징은 수많은 인명이 나온다는 것이 아닐까 싶다. 그 이름은 장수부터 격군·시노까지 두루 걸쳐있다. 이순신은 전공을 세운 사람을 그들의 지위나 신분에 상관없이 사실

대로 빠짐없이 기록한 것이다. 이 기록에 힘입어 그들—특히 아무 자취 없이 사라지기 쉬웠을 수많은 군졸—의 이름이 역사에 남게 됐다.

이름은 물론 장소·시간·전황을 이렇게 상세히 보고하려면 자신이 직접 기억하고 적어두거나 기록관에게 철저히 지시하는 수밖에 없다. 아마 둘 다 필요할 것이다. 치열한 전투를 승리로 이끈 뒤 자료와 기억을 바탕으로 한 사람 한 사람의 이름을 빼곡히 적어가는 장군의 모습을 상상하면 깊은 감동이 밀려온다.

〈불멸의 이순신〉(KBS 1, 2004. 9~2005. 8)이라는 드라마가 있었다. 다 보진 못했지만, 한 장면은 오래 기억한다. 명량해전 전날 밤의 장면이다. 절대적 열세의 전투를 앞둔 밤 장군은 장졸을 모아놓고 이런 말로 훈시를 시작한다. "조선 수군은 패배할 것이다. 우리 모두는 전멸할 것이며 그러므로 이곳 명량의 바다는 조선 수군의 무덤이 될 것이다." 장졸들은 사령관의 이 비관적인 말에 놀라기도 하고 고개를 떨구기도 한다. 그 다음 말이 이어진다. "적이 그렇게 믿고 있다."

이 대사를 들었을 때 명량의 물줄기가 바뀌는 것 같은 느낌을 받았다. 정말 장군이 그렇게 말했을 것 같던 작가의 명대사였다. 언젠가 『난중일기』를 찬찬히 다시 읽어보고 싶다.

이순신이 쓴 한산대첩 장계見乃梁破倭兵狀[1]

적을 무찌른 일로 삼가 아룁니다. 분부가 도착하기 전 경상도 바다의 왜적은 경상우도 해안지방을 조금씩 잠식해 불태우고 노략질해 이미 사천泗川·곤양昆陽·남해 등의 부근까지 침범했습니다. 본도(전라도) 우수사 이억기李億祺와 경상 우수사 원균 등에게 문서를 보내 약속해서 적선을 모두 격파하거나 협력해 무찌른 뒤 6월 10일 본영으로 돌아온 연유는 이미 신속히 보고 드렸습니다.

그러나 분부가 적힌 서장에 의거해 순찰사의 공문이 또 왔으므로 무리 지어 출몰하는 적을 하나하나 섬멸하자고 서로 문서

---

1 이순신, 『이충무공전서』 권2 수록. 견내량은 지금 경상남도 거제시와 통영시를 잇는 거제대교 아래에 있는 좁은 해협으로 길이는 약 3킬로미터, 폭은 약 180~400미터다. 임진왜란 때 한산대첩을 거둔 곳이다.

를 보내 약속하고 배를 정비했습니다. 경상도에 있는 적의 세력을 탐문하니 가덕加德·거제 등지에서 왜선 10여 척 또는 30여 척이 무리 지어 출몰하고 있었습니다. 본도 금산錦山 부근에서도 적의 기세가 대단해 수륙으로 나눠 침범해 곳곳에서 세력을 떨쳤지만 전혀 항전하지 못한 채 긴 대열을 형성하도록 내버려 두는 실정이었습니다.

본도 우수사와 만나기로 약속해 7월 4일 약속한 곳에 도착했고 5일 서로 계획을 합의한 뒤 6일 수군을 이끌고 일제히 출발해 곤양과 남해의 경계인 노량에 이르렀습니다. 경상 우수사는 부서진 전선 7척을 수리해 이끌고 와서 함께 정박하면서 바다 가운데 함께 모여 거듭 약속했습니다. 진주晉州 지역 창신도昌信島에 이르니 날이 저물어 밤을 지냈습니다.

7일 동풍이 크게 불어 배를 이끌고 나아갈 수 없었습니다. 고성固城 지역 당포唐浦에 이르자 날이 저물어 나무하고 물을 길었습니다. 난리를 피해 산으로 올라온 그 섬의 목자牧子[2] 김천손金千孫이 신 등의 함선을 보고 급히 달려와 "대·중·소 적선 70여 척이 오늘 미시未時(13~15시)에 영등포永登浦 앞바다에서 거제·고성 지역 견내량으로 들어가 정박해 있다"고 알리기에 다시 여러 장수에게 엄중히 일렀습니다.

---

2   소나 말을 기르는 사람.

8일 이른 아침 적선이 정박한 곳으로 나아가 바다 가운데 이르러 바라보니 왜의 대선 1척과 중선 1척이 선봉에 나와 우리 군을 살펴본 뒤 자신들이 진을 친 곳으로 돌아갔습니다. 추격하니 대선 36척, 중선 24척, 소선 13척이 진을 치고 정박해 있었습니다. 견내량은 지형이 좁고 암초가 많아 판옥선은 자연히 서로 부딪칠 것이므로 싸우기가 매우 어렵습니다. 적은 형세가 어려워지면 산기슭을 타고 육지로 올라갈 것이므로 한산도 바다 가운데로 끌어내 전멸시킬 계획을 세웠습니다. 한산도는 거제와 고성 사이에 있어 사면에 헤엄쳐 나갈 길도 없고 육지에 오르더라도 반드시 굶어죽을 것이기 때문입니다.

먼저 판옥선 5~6척에게 적의 선봉을 추격해 습격할 태세를 보이니 여러 배의 적들이 모두 돛을 달고 쫓아왔습니다. 우리 배가 거짓 물러나 돌아가자 적들은 계속 쫓아왔습니다. 바다 가운데로 나오자 장수들에게 학익진을 치도록 다시 명령하고 일제히 나아가면서 지자地字·현자玄字·승자勝字 등의 다양한 총통을 쏘아 먼저 2~3척을 깨뜨리니 여러 배의 왜적은 기세가 꺾여 도망갔습니다. 여러 장수와 군사·서리는 승기를 타고 약진해 앞다퉈 돌격하면서 화살과 탄환을 번갈아 발사했고, 그 기세는 바람과 우레 같아 일시에 적선을 거의 모두 불태우고 적을 죽였습니다.

순천부사順天府使 권준權俊은 자기 몸을 잊고 돌격해 왜의 큰 층각선層閣船 한 척을 먼저 깨뜨려 바다 가운데서 모두 사로잡고 왜장과 10명을 목 벴으며 우리나라 남자 1명을 생환시켰습니다. 광양현감光陽縣監 어영담魚泳潭도 먼저 돌격해 왜의 큰 층각선 1척을 부딪쳐 깨뜨리고 바다 가운데서 모두 사로잡았으며 왜장을 쏘아 맞춰 신의 배로 묶어왔습니다. 왜장은 화살을 깊이 맞아 심문해도 대답하지 못하기에 즉시 목을 벴습니다. 그 밖에 왜적 12명을 목 벴으며 우리나라 사람 하나를 생환시켰습니다. 사도첨사蛇渡僉使 김완金浣은 왜의 대선 한 척을 바다 가운데서 온전히 잡았고 왜장을 비롯해 모두 16명을 목 벴습니다. 흥양현감興陽縣監 배흥립裵興立은 왜의 대선 1척을 바다 가운데서 온전히 잡고 8명을 목 벴으며 많은 왜적을 익사시켰습니다. 방답첨사防踏僉使 이순신李純信은 왜의 대선 1척을 바다 가운데서 온전히 잡고 4명을 목 벴는데, 쏘아 죽이는 데만 힘쓰고 목 베는 데는 신경 쓰지 않았으며 2척을 추격해 깨뜨리고 한꺼번에 불태웠습니다.

좌돌격장左突擊將 급제及第 이기남李奇男은 왜의 대선 1척을 바다 가운데서 온전히 잡고 7명을 목 벴습니다. 좌별도장左別都將 영군관營軍官 전만호前萬戶 윤사공尹思恭과 가안책賈安策 등은 층각선 2척을 바다 가운데서 온전히 잡고 6명을 목 벴습니다. 낙안군수樂安郡守 신호申浩는 왜의 대선 1척을 바다 가운데서 온전히 잡고 7명을 목 벴습니다. 녹도만호鹿島萬戶 정운鄭運은 층각대선 2척을 총통으로 관통하고 여러 배와 협공해 불태웠으며 3명을 목 베고 우리나라 사람 2명을 생환시켰습니다.

여도권관呂島權管 김인영金仁英은 왜의 대선 1척을 바다 가운데서 온전히 잡고 3명을 목 벴습니다. 발포만호鉢浦萬戶 황정록黃廷

祿은 충각선 1척을 부딪쳐 깨뜨리고 여러 배와 협공해 불태우고 2명을 목 벴습니다. 우별도장右別都將 전만호 송응민宋應珉은 2명을, 흥양총장興陽統將 전현감 최천보崔天寶는 3명을, 참퇴장斬退將 전첨사 이응화李應華는 1명을, 우돌격장 급제 박이량朴以良은 1명을 목 벴습니다. 신이 타고 있는 배는 5명을 목 벴습니다.

유군遊軍 일영장一領將 손윤문孫允文은 왜의 소선 2척을 포를 쏘아 쫓아버리고 산까지 추격했습니다. 오영장五領將 전봉사前奉事 최도전崔道傳은 우리나라 소년 3명을 생환시켰습니다. 나머지 왜의 대선 20척, 중선 17척, 소선 5척 등은 좌·우도의 여러 장수가 힘을 합쳐 불태웠으며, 화살을 맞고 물에 빠져 죽은 자는 이루 셀 수 없습니다. 왜인 400여 명은 상황이 어려워지고 힘이 다하자 도망가기 어려울 줄 깨닫고 한산도에서 배를 버리고 육지로 올라갔습니다. 그 나머지 대선 1척, 중선 7척, 소선 6척 등은 접전할 때 뒤에 처져 있다가 배가 불타고 목 베 죽이는 광경을 멀리서 바라보고 급히 노 저어 도망쳤습니다. 종일 접전해 장수와 군사가 피곤해지고 날도 저물어 끝까지 추격하지 못하고 견내량 안바다에서 진을 치고 밤을 보냈습니다.

9일 가덕으로 가는 길목의 안골포에 왜선 40여 척이 정박해 있다고 정찰군이 아뢨기 때문에 본도 우수사와 경상 우수사는 적을 토벌할 계책을 상의했습니다. 날이 이미 저물고 역풍이 크게 일어나 나아가 싸울 수 없어 거제 온천도溫川島에서 밤을 보냈습니다.

10일 새벽 배를 띄워 본도 우수사는 포구 바깥 바다 가덕도 해변에 진을 치고 우리가 싸우거든 복병을 남겨두고 달려오도록 약속했습니다. 신은 수군을 거느리고 학익진을 펴면서 먼저 나아갔습니다. 경상 우수사는 신의 뒤를 이어 안골포에 도착해 배와 바다를 바라보니 왜의 대선 21척, 중선 15척, 소선 6척이 정박해 있었습니다. 그중에서 방이 있는 3층 대선 1척과 2층 대선 2척은 포구에서 밖을 바라보고 정박해 있었으며 그 나머지 배들은 비늘처럼 줄지어 정박해 있었습니다. 그 포구의 지세는 좁고 얕아 썰물 때는 육지가 되므로 판옥대선은 쉽게 드나들 수 없었습니다.

그 선두에 있는 운송선 59척을 거듭 유인해 한산도 바다 가운데로 끌어내 남김없이 불태우고 베어 죽였습니다. 그러자 적은 형세가 어려워지면 육지로 올라갈 계획을 짜고 험준한 곳을 의지해 배를 매고 무서워 나오지 않았습니다. 신은 장수들과 번갈아 드나들며 천·지·현자 총통과 각종 총통, 장편전長片箭 등을 비처럼 쏘아 맞혔습니다. 그때 본도 우수사가 장수를 선정하고 군사를 매복시킨 뒤 달려와 함께 공격하니 기세가 더욱 커졌습니다.

방을 설치한 대선과 이층 대선에 탄 왜적은 거의 모두 죽고 다쳤습니다. 그들을 하나하나 끌어내 소선을 이용해 실어냈으며, 다른 배의 왜적은 소선에 옮겨 태워 층각 대선에 모두 모았습니다. 종일 이렇게 한 결과 거의 모두 쳐서 깨뜨렸습니다. 살아남은 왜적은 모두 상륙했는데 그들은 모두 사로잡지 못했습니다. 그 지역 백성 가운데는 산골짜기에 숨어있는 사람이 매우 많습니다.

왜선을 모두 불태워 궁지에 몰면 숨어있는 백성은 살육을 면치
못할 것이기 때문에 일단 1리쯤 물러나 밤을 보냈습니다.

11일 새벽 다시 포위하니 왜적들은 허둥대며 닻줄을 끊고 어
둠을 타고 도망갔습니다. 어제 싸운 곳을 탐색해 전사한 왜적을
12곳에 쌓아놓고 불태웠지만 타고 남은 뼈와 손발이 아직도 흩어
져 있었습니다. 그 포구의 성 안팎에는 피가 흘러 땅에 가득해 곳
곳마다 붉은색이었으며 죽고 다친 왜적은 이루 셀 수 없었습니다.

같은 날 사시巳時(9~11시) 양산梁山 근처의 강과 김해 포구, 감동
甘同 포구를 모두 수색했지만 적은 자취도 없었습니다. 가덕 외면
外面부터 동래 몰운대沒雲臺까지 배를 늘어놓고 진을 쳐 군대의 위
세를 엄중히 보였으며, 적선의 많고 적음을 정탐해 보고하도록
가덕 응봉鷹峯, 김해 금단곶金丹串 봉수대煙臺 등지에 정탐군을 보
냈습니다.

같은 날 술시戌時(19~21시) 금단곶에 보냈던 망군望軍 경상 우
수영의 수군 허수광許水光은 이렇게 보고했습니다. "봉수대를 정
탐하려고 올라갈 때 봉우리 아래 작은 암자에 늙은 승려가 있기
에 함께 봉수대로 올라갔습니다. 양산과 김해 두 강 깊은 곳과 그
두 고을 쪽을 바라보니 적선이 나눠 정박한 숫자가 두 곳을 더해
100여 척 쯤 됐습니다. 본 바는 이랬고, 들으니 요즘 초하루마다
50여 척이 무리 지어 11일에 이곳의 강으로 들어왔다가 어제 안
골포에서 접전했을 때 포를 발사하는 소리를 듣고 지난밤 모두
도망쳐 100여 척만 남았다고 합니다." 이 보고를 들으니 그들이

두려워 도망간 정황을 알 수 있었습니다.

11일 저물녘 천성보天城堡에 잠깐 머물러 적이 우리가 오래 주둔할 것인지 의심케 한 뒤 밤을 틈타 회군했습니다. 12일 사시 한산도에 도착하니 상륙했던 왜적은 여러 날 굶어 걷지도 못하고 피곤해 강가에서 자고 있었습니다. 거제도의 군사와 백성들은 이미 세 명을 목 벴고 그 나머지 적 400여 명은 도망갈 길이 없어 새장 속의 새 같았습니다. 신과 본도 우수사는 다른 도에서 온 객지의 군사여서 군량이 이미 떨어진 상태였습니다. 금산錦山의 적의 세력은 매우 커서 이미 전주에 이르렀다는 전갈이 연이어 왔습니다. 경상도에 상륙한 적은 거제의 군사와 백성이 힘을 합쳐 죽이고 사로잡은 뒤 수급의 숫자를 보고하자고 경상 우수사와 약속한 뒤 13일 본영으로 돌아왔습니다.

장수들이 벤 왜적의 머리 90급은 왼쪽 귀를 잘라 소금에 절여 상자에 담아 올려보냈습니다. 신이 처음 약속할 때 장수들과 군사들은 전공을 바라고 계획을 짜 적의 머리 베기를 서로 다투면 도리어 해를 입어 죽거나 다치는 사람이 많을 것이니 적을 죽인 뒤에는 목을 베지 않아도 힘써 싸운 사람으로 간주해 으뜸가는 공로로 포상하겠다고 여러 번 명령했기 때문에 목 벤 수가 많지 않습니다. 공을 세운 경상도의 장수들은 소선을 타고 뒤에서 관망하던 자가 30여 척에 가까웠는데 적선이 깨뜨려지자 구름처럼 모여 머리를 벴습니다.

대체로 신의 장수들이 벤 것과 경상 우수사 원균, 본도 우수사

이억기 등이 이끈 장수들이 벤 것은 모두 250급 정도 되며, 바다에 빠져 죽었거나 머리를 벴지만 물에 빠뜨려 잃어버린 것도 얼마나 되는지 모릅니다. 왜의 물건은 의복·쌀·포 등을 가리지 않고 군사들에게 나눠줘 마음을 위로해줬습니다. 군수품 가운데 가장 필요한 것은 가려낸 뒤에 기록했습니다.

중위장中衛將 순천부사 권준, 중부장中部將 광양현감 어영담, 전부장前部將 방답첨사 이순신, 후부장後部將 흥양현감 배흥립, 우부장 사도첨사 김완, 좌척후장左斥候將 녹도만호 정운, 좌별도장 전만호 윤사공·가안책, 우척후장 여도권관 김인영, 좌돌격 귀선장龜船將 급제 이기남, 보인保人 이언량李彦良, 좌부장左部將 낙안군수 신호, 유군장遊軍將 발포만호 황정록, 한후장捍後將 영군관營軍官 전봉사前奉事 김대복金大福, 급제 배응록裵應祿 등은 접전할 때마다 몸을 돌보지 않고 먼저 나가 승리를 이끌었으니 참으로 가상합니다.

왜의 물건은 길이 끊어져 올려 보내지 못했습니다. 접전할 때 군사 가운데 영이선營二船 진무鎭撫 순천수군順天水軍 김봉수金鳳壽, 방답일선防踏一船 별군別軍 광양光陽 김두산金斗山, 여도선呂島船 격군格軍 흥양수군興陽水軍 강필인姜必仁·임필근林必·장천봉張千奉, 사도일선蛇渡一船 갑사 배중지裵中之, 녹도일선鹿島一船 흥양신선興陽新選 박응구朴應龜, 강진康津수군 강막동姜莫同, 동포이선同浦二船 격군 장흥長興수군 최응손崔應孫, 낙안선사부樂安船射夫 사노私奴 필동筆同, 영귀선營龜船 토병土兵 사노 김말손金末孫·정춘丁春, 흥양이선二船 격군 사노 상좌上左, 시노寺奴 귀세貴世, 시노 말련末連, 영전령선

營傳令船 순천수군 박무년朴戊年, 발포일선鉢浦一船 장흥수군 이기동李機同, 홍양수군 김헌金軒, 홍양삼선興陽三船 사노 맹수孟水 등은 탄환을 맞고 사망했습니다.

　신이 탄 배의 격군 토병 김국金國·박범朴凡·김연근金延近, 포작鮑作[3] 장동張同·고풍손高風孫, 방답일선防踏一船 격군 토병 강돌매姜突每, 수군 정귀련鄭貴連·김수억金水億·김사화金士化, 토병 정덕성鄭德成·손원희孫元希, 동진이선同鎭二船 격군 정병正兵 채흡蔡洽, 수군 양세복梁世卜·하정河丁, 사부 신선新選 김열金烈, 동진同鎭 귀선격군龜船格軍 수군 김윤방金允方·서우동徐于東·김인산金仁山·김가응적金加應赤·이수배李水背·송응걸宋雙傑, 여도선呂島船 파진군破陣軍 김한경金漢京, 토병 수군 조이손趙尼孫·선유수宣有守, 수군 이광해李匡亥·임세林世·윤희동尹希同·맹언호孟彦浩·전은석田銀石·정대춘鄭大春, 방포장放砲匠 서억세徐億世·박춘문朴春文·김금근金錦近, 본영일선本營一船 수군 정원방鄭元方, 포작 이보인李甫仁, 토병 박돌동朴突同, 사도일선蛇渡一船 수군 최의식崔宜式·김금동金今同, 사공沙工 박근세朴近世·최백崔白, 수군 김홍둔金弘屯, 수군 유필정兪必丁·이응홍李應弘·박언해朴彦海·신철申哲·강아금姜牙金, 군관 전광례田光禮, 동진이선同鎭二船 격군 정가당鄭可當·정우당鄭于當·오범동吳凡同, 녹도이선二船 군관 성길백成吉伯, 신선新選 김덕수金德壽, 수군 강영남姜永男·주

3　바다에서 물고기를 잡아 소금에 절이는 일에 종사하는 사람.

필상朱必尙·최영안崔永安, 토병 사노 모노손毛老孫, 사부射夫 장흥군
사장興軍士 민시주閔時澍, 격군 홍양수군 이언정李彦丁, 낙안일선 격
군 포작 업동業同·세천世千·이담李淡·손망룡孫望龍, 동군이선同郡二
船 사부 김봉수金鳳壽, 포작 화리동禾里同, 장군壯軍 박어산朴如山, 사
노 난손難孫, 보성선寶城船 무상無上 오흔손吳欣孫, 격군 노奴 부피孚
皮, 홍양일선 포작 고읍동高邑同·남문동南文同·진동進同, 관노官奴
지남之南, 동현이선同縣二船 방포장放砲匠 정병 이난춘李爛春, 사군射
軍 사노 오무세吳茂世, 격군 사노 풍자동風自東, 노奴 대복大福, 노 김
손金孫, 보인保人 박천매朴千梅, 사노 팔련八連, 노 흔매欣每, 노 매손
每孫, 노 극지克只, 보인 박학곤朴鶴鯤, 광양선光陽船 도훈도都訓導 김
온金溫, 무상無上 김담대金淡代, 격군 선동先同, 영귀선營龜船 격군 토
병 김연호金延浩, 노 억기億基·홍윤세洪允世·정걸丁傑·장수張水·최
몽한崔夢漢, 수군 정희종鄭希宗·조언부趙彦孚·박개춘朴開春·전거지
全巨之, 영삼선營三船 진무 이자춘李自春·조득趙得·박선후朴先厚·장
매년張梅年, 격군 포작 이문세李文世, 토병 김연옥金年玉, 노 학매鶴
梅, 노 영이永駬·박외동朴外同, 발포일선一船 토병 이노랑李老郞·이
구련李仇連, 수군 조도본趙道本, 동포이선同浦二船 수군 최기崔己·김
신말金信末·최영문崔永文, 홍양삼선興陽三船 사노 풍세風世, 포작 마
구지馬仇之·망기望己·흔복欣福 등은 탄환에 맞았지만 중상에 이르
지는 않았습니다.

    그들은 화살과 돌을 무릅쓰고 죽음을 각오하고 나아가 싸워 죽
기도 하고 다치기도 했는데, 전사한 사람의 시신은 그 장수들에

게 명령해 소선에 따로 실어 고향으로 돌아가 장사하게 하고 아내와 자녀는 구휼하는 법에 따라 시행하게 했습니다. 중상에 이르지 않은 사람들은 약품으로 충분히 치료하도록 각별히 지시했습니다.

녹도만호 정운이 생환시킨 거제 오양포烏陽浦 포작 최필崔弼은 다음과 같이 아뢨습니다. "포로가 된 지 얼마 되지 않고 말이 달라 그들이 말하는 것을 알아듣지 못했습니다. 전라도 군사가 앞서 배를 불태우고 목 베 죽였을 때의 이야기를 가끔 하면서 칼을 빼 위협했는데 그들의 말과 표정과 행동을 관찰하니 전라도로 곧장 갈 계획으로 거제도에 와서 정박했다가 견내량에서 패배했습니다."

순천부사 권준이 생환시킨 서울에 거주하는 보인 김덕종金德宗은 다음과 같이 아뢨습니다. "날짜는 기억하지 못하지만 지난 6월 숫자를 알 수 없는 왜적이 4개 부대로 나눠 저와 제 식구를 데리고 서울에서 내려왔습니다. 2개 부대는 부산의 강변에, 1개 부대는 양산 근처의 강에 진 치고 1개 부대는 전라도로 나아가 싸웠습니다. 왜인의 말을 알아들을 수 없었지만, 1개 부대는 서울에 주둔하면서 피란해 은신한 사람들에게 모두 들어와 살라고 방을 붙여 알리고 종처럼 부렸습니다. 소인을 데리고 오던 왜장은 전투에서 죽었습니다."

오영장五領將 최도전이 생환시킨 서울에 거주하는 사노 중남仲男과 사노 용이龍伊, 경상도 비안比安에 사는 사노 영락永樂 등이 진술한 내용은 다음과 같습니다. "왜적은 내려오면서 용인에 이르러 우리나라 기병과 마주쳐 접전했는데 우리 군이 물러났습니다. 김해 근처의 강에 이르러 왜장은 글을 보내 여러 왜장에게 알렸는데, 우리나라 장수들이 약속하는 모습과 같았습니다. 왜적들은 손을 들어 서쪽을 가리키면서 매번 전라도를 얘기했으며, 칼을 뽑아 물건을 치기도 했는데 모두 목 베 죽이는 모습과 같았습니다."

광양현감 어영담이 생환시킨 경상도 인동현仁同縣에 사는 소년 우근신禹謹身이 아뢴 내용입니다. "소인과 누이동생은 함께 난리를 피해 산으로 들어갔다가 모두 사로잡혀 서울로 보내졌습니다. 누이동생은 왜장에게 범해졌습니다. 날짜는 기억하지 못하지만 내려올 때 우리나라 기병과 마주쳤습니다. 첫날은 왜적이 이겼습니다. 둘째 날은 이기지 못하고 물러났으며 셋째 날은 우리나라 군사가 모두 퇴각했기 때문에 곧장 김해 근처의 강으로 내려왔습니다. 탄 배는 어디서 왔는지 모르겠고 다른 곳으로 갔다가 어디로 간다는 말은 알아들을 수 없었습니다. 다만 손으로 서쪽을 가리키기에 전라도로 간다는 말이 분명하다고 생각했습니다. 왜장은 그날 싸울 때 우리나라 군마를 쏘아 죽였습니다. 접전할 때 우리 군이 맞서 싸우지 않으면 칼을 휘두르며 달려나왔고, 우리 군이 승기를 타고 추격하면서 활을 쏘고 돌격하면 모두 뒷걸음쳐 후퇴했으며 왜장이 엄중히 독전해도 두려워하며 감히 나오지 못했습니다."

웅천熊川현감 허일許鎰이 거느린 그 현의 기록관 주귀생朱貴生은 다음과 같이 말했습니다. "김해부金海府에 사는 내수사內需司 노奴 이수李水는 7월 2일 웅천현에 사는 부모를 보러왔다가 이렇게 말했습니다. '김해부 불암창佛巖滄에 주둔하고 있는 왜인들은 전라도에서 싸울 것이라고 했습니다. 배는 방패 외에 느티나무 판자 서너 개로 덧붙여 튼튼히 만들었고 세 부대로 나눠 김해성 인樓에 주둔하기로 약속했습니다. 주둔한 왜적은 어느 날 밤 고기잡이하는 불漁火을 보고 전라도의 군사가 쳐들어온 것으로 생각해 크게 놀라 떠들어대며 어쩔 줄 몰라 하면서 이리저리 도망가다가 한참 만에 진정됐습니다.'"

각 사람이 진술한 것을 다 믿을 수는 없지만 3개 부대로 나눠 배를 정돈해 전라도로 향한다는 말은 근거가 있는 것 같습니다. 한 부대의 왜선 73척은 거제도 견내량에 정박했고 이미 신 등이 섬멸했습니다. 2개 부대의 왜선 42척은 안골포 선창船滄에 진을 쳤지만 역시 신 등에게 져 수없이 죽고 다쳤습니다. 그들은 밤을 틈타 도망쳤는데, 다시 제 무리를 이끌고 연합해 침범하면 앞뒤로 공격을 받게 될 것이니 군사를 나눠야 하고 세력이 약해질 것이므로 참으로 우려됩니다.

군사를 정비해 무기를 가지고 변란에 대비하면서 연락이 오는 즉시 수군을 거느리고 달려오기로 본도 우수사 이억기와 약속하고 해산했습니다. 포로가 됐다가 구출된 사람은 구출한 관원이 구휼해 편안히 있도록 하고 일이 안정된 뒤 고향으로 돌려보내라고 지시했습니다. 여러 장수와 군사와 서리가 몸을 돌아보지 않고 떨쳐 일어나 처음부터 끝까지 힘써 싸워 여러 번 승리했지만, 행재소는 멀리 떨어져 있고 길은 막혀 조정의 명령을 기다린 뒤 군공의 등급을 결정하면 군사들의 마음을 감동시킬 수 없기 때문에 먼저 공로를 참작해 1, 2, 3등으로 별지에 기록했습니다. 처음의 약속에 따라 목을 베지 않았더라도 온 힘을 다해 싸운 사람들은 신이 직접 본 것에 따라 등급을 나눠 함께 기록했습니다.

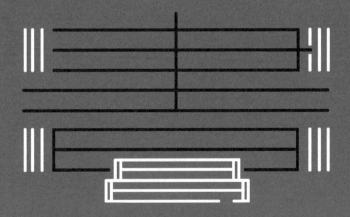

곽
재
우

임진왜란의 대표적 의병장, 홍의장군

곽재우郭再祐(1552~1617)는 임진왜란을 극복하는 데 중요하게 공헌한 장수의 한 사람이다. 그를 대표하는 수식어는 '의병'과 '홍의장군紅衣將軍'일 것이다. 그 표현대로 곽재우는 가장 먼저 의병을 일으켜 여러 전투에서 홍의를 입고 지휘해 뛰어난 무공을 세웠다.

그러나 29세의 젊은 나이로 억울하게 옥사한 김덕령金德齡(1567~1596)의 사례가 대표하듯, 전란이 끝난 뒤 의병장들은 대체로 공훈에 합당한 포상이나 예우를 받지 못했다. 선무宣武공신에 책봉되지 못했고, 이런저런 관직을 거치기도 했지만 끝내는 은둔하면서 "익힌 곡식을 끊고 솔잎만 먹다가(벽곡찬송辟穀餐松)" 세상을 떠났다는 사실이 보여주듯 곽재우도 그런 사례에서 크게 벗어나지 않았다. 의병장에게는 죽고 죽이는 처절한 살육이 난무한 전

장보다 현실의 정치적 상황이 좀 더 가혹했는지도 모른다.

가문과 성장

곽재우는 명종 7년(1552) 8월 28일 경남 의령현宜寧縣 세간리世干里
에서 태어났다. 자는 계수季綏, 호는 망우당忘憂堂, 시호는 충익忠翼
이다. 할아버지는 부사府使(정3품 또는 종3품)를 지낸 곽지번郭之藩이
고, 아버지는 승지(정3품)·관찰사(종2품)를 역임한 곽월郭越(1518~
1586)이며, 어머니는 진주 강씨晉州姜氏다. 본관은 현풍玄風(지금 경북
대구시 달성군)으로 그곳에서 세거한 명문이었다.

그가 태어난 의령은 외가인데, 그 뒤 그가 의병장으로 활동한
주요 지역이었고 그래서 지금 그를 대표하는 지역이 됐다. 이것
또한 당시 남귀여가혼의 흔적을 보여주는 측면이다.

그는 명종 20년(1565. 13세)부터 숙부 곽규郭赳에게 『춘추』를 배
우면서 학문을 닦기 시작했고, 이듬해부터는 성여신成汝信 등과
함께 제자백가서를 널리 읽었다. 그가 나중에 도교와 깊은 친연
성을 갖게 된 것은 이런 배경이 작용했다고 판단된다.

곽재우는 명종 22년(1567) 15세의 나이로 만호萬戶 김행金行(본관
상산)의 둘째 딸과 혼인했다. 예나 지금이나 많은 혼사가 그렇지
만, 이 혼사도 그의 자질과 그것에 관련된 인정을 보여주는 중요
한 증거다. 장인 김행은 당시의 중요한 학자인 남명南冥 조식曺植
(1501~1571)의 사위였고, 따라서 곽재우는 조식의 외손사위가 된

것이다. 12세 연상의 손위 동서도 저명한 성리학자로 대사헌·대사성 등을 역임한 동강東岡 김우옹金宇顒(1540~1603)이다. 조식은 두 외손사위를 직접 선택했다고 기록돼 있다(『망우집忘憂集』「연보」). 인물을 보는 그의 안목은 정확했다.

곽재우는 18세 때인 선조 3년(1570)부터 활쏘기와 말타기·글쓰기 등을 고루 익히고 병서도 공부했다. 선조 8년(1575)~9년에는 의주목사에 임명된 아버지를 따라 의주에서 살았으며, 선조 11년(1578)에는 명에 사신으로 파견된 아버지를 수행해 북경에 다녀왔다. 이때 중국에서 가져온 비단은 그 뒤 임진왜란에서 그의 상징이 된 홍의의 재료가 됐다.

10대 후반부터 문무를 함께 연마하던 곽재우는 32세 때인 선조 18년(1585) 별시에서 2등이라는 우수한 성적으로 합격했다. 그러나 선조는 그의 답안에 불손한 내용이 있다고 판단해 그 별시의 합격을 모두 취소시켰다. 기록에 나와 있지는 않지만, 그는 크게 낙망했을 것이다.

불행은 거듭 찾아왔다. 이듬해 8월 6일 아버지가 돌아가신 것이다. 곽재우는 선산인 현풍 신당新塘에서 삼년상을 치르고 선조 21년(1588)에 탈상했다. 당시로서는 적지 않은 나이인 36세였다.

그 뒤 그는 과거를 포기하고 남강南江과 낙동강이 합류하는 의령 동쪽 기강岐江 근처 둔지遁池에 정자를 짓고 낚시를 하면서 지냈다. 그의 문집인 『망우집』에 실린 「연보」에는 그 2년 동안 "강가의 정자에 있었다在江亭"고만 짧게 기록돼 있다.

그의 처사적 삶은 세속과 어느 정도 절연한 것이었지만, 일정한 경제적 기반 없이는 영위하기 어려운 것이 사실이다. 『광해군일기』에 실린 그의 졸기에서는 이때 그가 그냥 은둔한 것이 아니라 농업경영에 힘써 상당한 재산을 모았다고 기록했다(광해군 9년 (1617) 4월 27일).

곽재우의 재력은 실제로 작지 않은 규모였을 것으로 추정된다. 임진왜란 이후 곽재우의 전공을 보고한 장계에서 초유사招諭使 김성일(1538~1593)은 그의 집안이 매우 부유했는데 의병을 모집하는 데 재산을 모두 희사했다고 기록했다. 한 연구에 따르면 당시 의병활동에 참가한 양반들은 대부분 수백~수천 마지기斗落의 토지와 200~300명의 노비를 소유했다. 이런 측면들을 고려하면 곽재우도 그것과 비슷한 경제력을 가졌을 것으로 추정된다.

부정한 방법이 아니라면 축재는 나쁜 일이 아니다. 김성일이 지적한 대로 중요한 사실은 그런 재산을 창의倡義하는 데 쾌척했다는 것이다. 조선 최대의 국난은 곽재우가 은거한 지 4년 만인 선조 25년(1592) 4월에 일어났다. 그때 곽재우는 40세의 장년이었다. 나라가 누란의 위기에 빠지자 그는 지체 없이 행동에 나섰다.

기의와 승전

곽재우는 임진왜란이 일어난 지 열흘도 안 된 4월 22일 고향인 의령현 세간리에서 의병을 일으켰다. 그의 기의는 호남·호서의 의병보다 한 달, 김면金沔·정인홍鄭仁弘 부대보다 50일 정도 빠른 최초의 의병이었다. 이런 정황에는 그가 살던 의령이 일본군의 초기 침략지역과 가까웠다는 까닭도 작용했겠지만, 가장 중요한 원인은 역시 그의 애국심과 실천력이었을 것이다.

처음에 그의 부대는 거느리던 노비 10여 명으로 출발했지만, 이웃 양반들을 설득해 이틀 만에 50여 명으로 불어났다. 그 뒤 그의 의병은 2천 명 정도로 유지됐다(선조 26년 〔1593〕 1월 11일).

시작은 순탄치 않았다. 전황이 불리했기 때문이 아니라 조정과 갈등을 빚었기 때문이다. 물자가 모자랐던 그의 부대는 관군이 도주해 버려졌던 초계성草溪城(지금 경상남도 합천)으로 들어가 그곳의 무기와 군량을 확보해 사용했는데, 합천군수 전현룡田見龍, 우병사 조대곤曹大坤 등이 이런 행동을 오해해 그들을 토적土賊으로 고발한 것이다.

그러나 초유사 김성일의 해명으로 위기를 넘긴 곽재우 부대는 그 뒤 의령을 거점으로 현풍·영산靈山(지금 경상남도 창녕)·진주 등 낙동강 일대에서 여러 전공을 세웠다. 우선 영남에서 호남으로 들어가는 길목인 정암진鼎巖津(경남 의령 소재. 의령과 함안 사이를 흐르는 남강의 나루)을 지키는 데 성공했다. 이것은 육지에서 일본군과 싸워 조선군이 이긴 최초의 전투로 일본군의 호남 진출을 막는 데 중요한 계기가 됐다.

7월에는 현풍·창녕 등지에서 승리해 경상우도에서 왜군의 진격을 차단했고, 왜군에 항복해 길잡이 노릇을 하던 공위겸孔撝謙

을 매복작전으로 체포해 처형했다. 10월에는 왜란 초반의 가장 중요하고 규모가 큰 전투였던 1차 진주성 전투에 참전했다. 곽재우 부대는 진주성 외곽에서 일본군을 교란해 승전에 기여했다.

곽재우가 구사한 전술은 기본적으로 유격전이었다. 그는 홀로 적진에 돌진하거나 위장·매복전술 등의 변칙적 방법으로 적을 교란하고 무찔렀다. 이것은 전력과 물자에서 열세일 수밖에 없던 의병이 선택할 수 있는 최선의 전술이었을 것이다.

곽재우는 이런 전공으로 벼슬을 받았고 계속 승진했다. 그는 유곡찰방幽谷察訪(선조 25년〔1592〕6월. 종6품)·형조정랑(같은 해 8월. 정5품)을 거쳐 경상도 조방장助防將(정3품)에 임명됐고, 선조 26년 (1593) 4월에는 성주목사에 제수됐다. 왜란이 발발한 지 1년 만에 그는 경상우도 방어에 핵심적 역할을 담당하는 군사 지휘관에 올랐다.

불화와 낙향

일본군의 일방적인 승리로 금방 끝날 것 같던 왜란은 내륙의 의병과 해전의 이순신이 활약하면서 선조 26년 후반부터 장기전의 양상을 보이기 시작했다. 이런 전황의 변화에 따라 곽재우의 역할도 바뀌었다. 그동안도 그는 왜군의 대규모 공격을 효과적으로 막으려면 산성을 거점으로 방어전을 펼쳐야 한다고 주장했는데, 이런 주장이 받아들여져 선조 27년(1594)부터 삼가三嘉(지금 경남 합천 부근)의 악견岳堅산성, 가야산의 용기龍起산성, 지리산의 구성龜城산성 등 경상도 일대의 산성을 정비하는 데 주력했다. 같은 해 10월에는 이순신·원균 등과 함께 거제도를 탈환하는 작전에 참여했지만, 왜군이 대응하지 않아 성공하지 못했다. 12월에는 격전지 가운데 한 곳인 진주목사에 임명됐고, 경상도 관찰사·경상우수사 같은 요직의 물망에 오르기도 했다.

그러나 곽재우는 명과 일본의 강화협상이 본격화되던 선조 28년(1595) 가을에 관직을 버리고 본관인 현풍으로 낙향했고, 거기서 2년 동안 칩거했다. 승전을 거듭해 계속 중용되던 의병장이 갑자기 낙향한 이례적인 사태의 가장 큰 까닭은 조정과의 불화였다.

앞서도 그랬지만 그 뒤 처사로 은둔해 곡기를 끊고 생활하다가 세상을 떠난 행적에서 유추할 수 있듯 곽재우는 좀처럼 타협하지 않는 곧은 성격이었던 것 같다. 그런 성격이 세상과 불화하는 것은 드문 일이 아니다.

첫 사례는 전란이 일어난 직후 경상도 관찰사 김수金粹와 관련된 것이었다. 선조 25년(1592) 6월 김수가 패전하자 곽재우는 그를 패장으로 처형해야 한다고 주장했다. 김수도 곽재우가 역심을 품었다고 맞섰다. 이 대립은 김성일의 중재로 무마됐다. 이듬해(1593) 2차 진주성 전투와 그 이듬해(1594) 거제도 작전에서도 곽재우는 전략에 문제가 있다고 지적해 다른 장수들과 마찰을 빚었다. 나중에 두 사안 모두 곽재우의 판단이 옳았던 것으로 밝혀졌지만, 자신의 견해를 굽히지 않은 그의 자세는 상당한 반발을 가져왔다.

이런 마찰로 형성된 가장 치명적인 결과는 국왕 선조가 그를 비판적으로 보게 됐다는 것이다. 곽재우가 낙향한 뒤 조정에서는 병조판서 이덕형李德馨을 중심으로 그를 다시 기용해야 한다는 의견이 제시됐지만, 선조의 반응은 싸늘했다.

> 나는 이 사람을 전혀 알지 못한다(선조 28년 12월 5일). …… 곽재우가 어떤 사람인지는 알지 못하지만, 그의 처사를 보니 참으로 이치에 어긋나는 것이 많다. 도체찰사가 격서를 보내 불렀지만 고압적인 자세로 나아가지 않은 것은 무슨 뜻인가? 그의 사람됨을 알 수 있으니 함부로 병권을 맡길 수 없다(선조 29년 2월 18일).

왕명을 대행하는 도체찰사의 부름을 곽재우가 따르지 않자 선조는 그가 왕명을 무시한 것으로 판단한 것이다.

이런 불신은 이때 갑자기 형성된 것이 아니었다. 그 발원은 앞서 말한 김수와의 충돌이었다. 그때 국왕은 "곽재우가 김수를 죽이려고 하는데, 자신의 병력을 믿어서 그런 것은 아닌가(선조 25년 8월 7일)"고 물었고, 나아가 "이 사람이 함부로 감사를 죽이려고 하니 도적이 아니고 무엇인가? 없애지 않으면 후환이 있을 것"이라고까지 말했다(『연려실기술』 권16, 「선조조 고사본말」 임진의병 곽재우).

권력자의 한 속성은 의심이고, 그런 성향은 위기 때 더욱 짙어지곤 한다. 그러나 대표적으로 이순신에게 그랬듯, 뛰어난 무공을 세운 의병장을 보는 국왕의 이런 태도는 심각한 문제였다고 지적할 수 있을 것이다.

그 뒤 정유재란의 조짐이 뚜렷해지자 곽재우는 다시 경상좌도 방어사(종2품)에 기용됐다. 일단 그는 현풍의 석문石門산성을 수축해 주둔하다가 창녕의 화왕火旺산성으로 옮겼다. 그러나 왜란에서 곽재우의 활약은 여기서 끝났다. 복상服喪 때문이었다. 선조 30년(1597) 8월 계모 허씨가 별세하자 그는 현풍의 선영에 장사지낸 뒤 강원도 울진蔚珍으로 피신해 삼년상을 치렀다. 복상 중에도 기복起復하라는 명령이 몇 차례 내려졌지만 그는 상중이라고 거절했다.

그동안 거대한 전란은 끝났다. 탈상한 곽재우는 선조 32년(1599) 10월 다시 경상좌도 병마절도사(종2품)에 임명돼 그 지역의 군무를 총괄했다. 당시로서는 노년의 초입에 접어든 48세였다.

당쟁과 은거

조선 후기 주요 인물들의 삶을 규정한 기본 조건은 당쟁이었다. 그것은 표면적으로는 정치적 갈등이었지만, 그 아래는 학문과 혈연관계가 복잡하고 견고하게 얽혀 있었기 때문에 그 영향과 파괴력은 넓고 깊었다.

곽재우도 당쟁에서 자유롭지 않았다. 그는 조식의 외손사위라는 혼인관계가 보여주듯 북인으로 평가됐지만, 임진왜란을 거치면서 남인과 더욱 가까워졌다. 전란 동안 그를 계속 추천하고 인정한 인물도 김성일(초유사. 선조 25년 [1592]~26년)·유성룡(영의정. 선조 26년 [1593]~29년)·이원익李元翼(체찰사. 선조 30년 [1597]~31년) 등 남인계 중신들이었다.

곽재우의 정치적 시련은 전란이 끝난 뒤에 닥쳤다. 그때 대부분의 인물과 비슷하게, 그 시련은 자신의 의견을 과감하게 개진해 스스로 초래한 것이었다. 첫 번째 사건은 선조 33년(1600) 2월 붕당의 대립과 거기서 발생한 영의정 이원익의 파직을 강력히 비판하면서 사직한 것이었다. 그는 국왕의 재가를 받지도 않고 고향으로 내려왔다. 선조는 "장 1백 대에 멀리 유배 보내도 모자란다"면서 대로했다. 결국 곽재우는 대북계 중진인 대사헌 홍여순洪汝諄의 탄핵으로 전라도 영암靈巖에 3년 동안 유배됐다. 이 사건은 그가 처음 겪은 주요한 정치적 시련이라는 측면에서도 주목되지만, 자신의 당색을 남인으로 자정自定했다는 사실도 중요하다.

그는 선조 35년(1602)에 해배解配돼 현풍으로 돌아온 뒤 익힌 밥을 멀리하고 솔잎만 먹었다. 그리고 영산 창암滄巖에 망우정忘憂亭을 짓고 은거했다. 「연보」에서는 이때 그의 생활을 "쓸쓸한 도인 같았다蕭然若一道人也"고 적었다.

국왕의 분노를 산 그가 공로를 제대로 평가받지 못한 것은 자연스러웠다. 이듬해 공신도감에서는 "경상우도가 보전된 것은 참으로 그의 공로"라면서 공신 책봉을 건의했지만, 선조는 곽재우의 공로뿐만 아니라 장수들의 활약을 전체적으로 각박하게 평가했다. "우리나라의 장수와 군사가 왜적을 막은 것은 양¥을 몰아 호랑이와 싸운 것과 같았다. 이순신과 원균이 수전에서 세운 공로가 으뜸이고, 그 밖에는 권율權慄의 행주전투와 권응수權應銖의 영천 수복이 조금 기대에 부응했으며 그 나머지는 듣지 못했다. 그 가운데 잘했다는 사람도 겨우 한 성을 지킨 것에 지나지 않는다(선조 36년 (1603) 2월 12일)." 끝내 곽재우는 선무공신에 책봉되지 못했다.

2년 뒤인 선조 38년(1605) 2월 그는 동지중추부사·한성부 우윤(종2품)에 임명돼 처음으로 서울에 올라왔다. 그러나 두 달 만에 병으로 사직한 뒤 줄곧 망우정에서 지냈다. 선조 40년(1607) 1월에는 영남 남인을 대표하는 한강寒岡 정구鄭逑(1543~1620)와 여헌旅軒 장현광張顯光(1554~1637)이 방문해 함께 뱃놀이를 즐기기도 했다. 노년에 접어든 56세 때의 일이었다.

해평海平부원군으로 좌찬성 등을 역임한 당시의 주요한 대신인 윤근수尹根壽(1537~1616)는 그가 곡기를 끊은 까닭을 이렇게 짚었다. "곽재우가 솔잎만 먹는 까닭을 도술을 닦으려는 것이라고 말하지만, 그를 아는 사람들은 김덕령이 뛰어난 용력으로도 모함에 빠져 억울하게 죽자 자신도 화를 당하지 않을까 하는 두려움에서 이것을 핑계로 세상을 도피하려는 것이라고 한다(선조 41년 (1608) 8월 13일)."

낙향과 별세

관계가 불편했던 선조가 붕어하고 광해군(재위 1608~1623)이 즉위하면서 곽재우에게는 새로운 전기가 찾아왔다. 광해군은 즉위하자마자 그를 경상좌도 병마절도사로 임명하고 상경을 재촉했다.

그때 곽재우의 삶은 청빈함을 넘어 곤궁한 지경에 이르렀던 것 같다. 교지를 갖고 찾아갔던 금군禁軍은 "인적이 아주 끊어진 영산의 산골에 두어 칸의 초가를 짓고 두 아들과 함께 살고 있었는데 생계가 아주 초라했고, 병들어 누워서 나오지도 못했다"고 보고했다. 곽재우의 아들은 아버지가 상경하려는 마음은 간절하지만 타고 갈 말과 종자가 없을 뿐 아니라 단벌옷도 다 해져 날씨가 추우면 길을 떠나기가 어렵다고 말했다. 국왕은 즉시 의복을 지급하라고 하명했다(광해군 즉위년 〔1608〕 9월 14일).

그 뒤 광해군 2년(1610) 곽재우는 오위도총부 도총관(정2품)·한성부 좌윤(종2품)으로 임명돼 잠깐 상경했지만, 역관譯官과 원접사遠接使가 왕명을 무시했다고 비판한 의견이 받아들여지지 않자 다시 낙향했다.

20여 년에 가까운 세월이 흘렀지만 용맹하고 고결한 의병장의 명성은 높았다. 서울에 있는 동안 이원익·이덕형 같은 중신들이 자주 찾아왔고, 사대부들도 그를 만나려고 몰려들어 집에 자리가 모자랄 정도였다. 아이들까지도 그를 보려고 거리를 메웠다(「연보」).

그 뒤 세상을 떠날 때까지 곽재우는 계속 망우정에 머물렀다.

앞서 말한 빈한한 환경이 갑자기 좋아지지는 않았을 것이다. 앞서처럼 "강가의 정자에 있었다"는 이 시기 「연보」의 짧은 표현은 그런 쓸쓸함을 담고 있는 것 같다.

타협하지 않는 곽재우의 곧은 성품은 별세하기 전에 한 번 더 표출됐다. 그때 조정의 가장 큰 논란이었던 영창대군永昌大君을 사사하는 문제와 관련해 곽재우는 그를 옹호하는 상소를 올린 것이었다(광해군 5년 (1613) 5월). 이 때문에 그는 대북의 탄핵을 받아 사사될 뻔했지만, 장령 배대유裵大維의 변호로 목숨을 구했다.

노쇠한 의병장은 4년 뒤 세상을 떠났다. 광해군 9년(1617) 3월 그는 병이 깊어지자 "생사에는 천명이 있는 것"이라면서 치료를 중단했고, 4월 10일 망우정에서 별세했다. 65세였다. 곽재우는 지금 대구시 달성군 구지면求智面 신당리新塘里에 안장됐고, 그를 모신 사우祠宇에는 '예연서원禮淵書院'이라는 현판이 내려졌으며, 숙종 35년(1709) 병조판서 겸 지의금부사로 추증됐다. 문집은 『망우집』이다.

같은 시대를 살면서 좌찬성을 지내고 호성扈聖공신에 책봉된 이호민李好閔(1553~1634))은 이런 시를 지어 곽재우를 칭송했다.[1]

들으니 홍의장군은   聞道紅衣將

---

1   『망우집』, 「망우선생전」 및 『연려실기술』 권16, 「선조조 고사본말」 임진의병 곽재우.

왜군을 노루 쫓듯 한다고 하네	逐倭如逐獐
그대를 위해 말하니 끝까지 힘을 다해	爲言終戮力
곽분양처럼 되소서	須似郭汾陽

곽분양은 당 현종 때의 곽자의郭子儀(697~781)로 안록산安祿山의 난을 평정하는 데 공로를 세워 분양왕汾陽王에 책봉된 인물이다. 그는 관원으로 성공했고 장수를 누렸으며 자손들도 번창해 세속에서 지복至福을 누린 인물의 상징이 됐다. 그가 노년에 호화로운 저택에서 자손들과 함께 연회를 즐기는 모습을 그린 「곽분양 행락도行樂圖」는 성공과 행복의 상징으로 자주 그려졌다.

추측일 뿐이지만, 이호민은 두 사람이 같은 성씨의 무장이라는 사실에 착안해 곽재우의 무운과 성공을 기원했던 것 같다. 그러나 앞서 본 대로 전란 이후 곽재우의 삶은 곽분양과 크게 달랐다.

화려한 출세가 행복의 필수적 조건은 아닐 것이다. "쓸쓸한 도인 같던" 곽재우의 벽곡과 은거가 불행했는지, 아니면 탈속의 자유로 충만했는지 정확히 알기는 어렵다. 그러나 우리가 아는 조선 후기의 주요 인물이 대부분 당쟁의 여파로 삶을 마감했다는 사실은 그 시대의 복잡성과 함께 착잡한 감정을 느끼게 한다.

맨 끝에 나오는 대로 이 편지는 임진왜란이 일어난 지 2년째 되던 해 김덕령에게 보낸 것이다. 널리 알듯 김덕령은 임진왜란의 대표적 의병장 가운데 한 사람이다. 그는 본관이 광산光山이고 광주光州에서 태어났으며, 이런 지역적 배경 때문에 전라도를 중심으로 의병활동을 펼쳐 큰 공훈을 세웠다. 그러나 선조 29년(1596) 홍산鴻山(지금 충남 부여 서쪽)에서 난을 일으킨 이몽학李夢鶴과 내통했다는 모함을 받아 고문을 받은 끝에 29세의 젊은 나이로 억울하게 옥사했다.

곽재우는 김덕령보다 15세 위다. 적지 않은 연상이지만 이 편지는 매우 정중하다. 마치 상당한 손윗사람에게 보내는 편지처럼 느껴진다. 영남과 호남을 대표한 두 의병장은 도원수 권율의 지휘 아래 함께 싸운 적이 있었고(선조 27년 10월) 그것을 계기로 나이를 잊고 서로를 깊이 인정하고 존경한 것 같다.

김덕령은 전공뿐 아니라 죽음으로도 곽재우에게 큰 영향을 준 것으로 생각된다. 본문에서 언급한 윤근수의 짐작이 옳다면, 곽재우는 김덕령의 억울하고 비참한 죽음을 보고 자신의 거취를 결정했기 때문이다. 김덕령은 곽재우가 이 편지를 쓴 지 8개월 만에 형장刑杖을 맞아 세상을 떠났다.

곽재우가 김덕령에게 보낸 답신答金將軍德齡書[2]

겸조방장兼助防將 곽재우는 삼가 두 번 절하고 충용장군忠勇將軍에게 회신을 보냅니다. 아, 시대의 운수가 불행해 나랏일이 이 지경에 이르렀으니 애통해 무슨 말을 하겠습니까? 3년 동안 참전한 명군은 오래 머무르기 어려운 형세고 우리나라의 군량도 이미 떨어졌습니다. 이런 때 하늘이 재난을 내린 것을 후회하는 마음으로 우리나라를 말없이 도와주지 않는다면 누가 백성을 수습해 숨결을 불어넣겠습니까?

장군은 난리를 평정할 재능을 갖고 나라가 위기에 빠지자 충성을 바쳐 떨쳐 일어나니 머리카락과 치아가 있는 사람은 모두 그

---

2   곽재우, 『망우선생문집』 1권 수록.

소식을 듣고 손뼉을 치며 환호하면서 적을 깨끗이 쓸어버리고 나라를 다시 일으킬 수 있다고 생각했습니다. 참으로 하늘이 재난을 내린 것을 후회하는 마음으로 말없이 돕고 있는 것이 아니겠습니까?

재우는 장군의 위엄과 명성을 듣고 기뻐 며칠 동안 잠을 이루지 못하고 발돋움하면서 기다렸는데, 뜻밖에도 멀리서 서신을 받고 두세 번 읽으니 지극히 감격스럽고 송구한 마음이 교차합니다.

재우는 미련하고 둔한 사람입니다. 쓸모없다는 것을 스스로 알고 시골에서 낚시하면서 태평한 시절에 그저 한가롭게 지내고 있었는데, 하늘을 뒤덮은 재앙을 오늘 직접 볼 줄 어찌 생각했겠습니까?

왜란 초기 지방에서 의병을 모집해 일어난 것은 시대에 분노한 어리석은 계책에서 나온 것일 뿐 적을 물리칠만한 지혜로운 계책이나 뛰어난 무술이 있던 것은 아니었습니다. 보잘것없는 숫자의 적과 한번 싸운 것이 저들에게 무슨 영향을 줬겠으며, 보잘것없는 숫자의 적을 벤 것이 우리나라에 무슨 이익을 줬겠습니까? 그러나 지난해 진주성이 함락됐을 때 제가 있는 마을 역시 지키지 못했으니, 패전해 부끄러운 마음이 어찌 끝이 있겠습니까?

지금 장군은 귀신처럼 자유롭게 출몰하는 지혜와 하늘과 땅을 움직일만한 힘이 있으니 화살 세 대로 천산을 평정한 것三箭天山[3]도 대단한 일이 아니며 한 번 군사를 일으켜 나라를 일으킨 것도 충분히 할 수 있는 일입니다. 그런데도 보잘것없는 사람을 업신여기지 않고 사람을 시켜 고마운 편지를 보내주시니 장군에게 알려진 제 소식이 실제보다 과장됐을 뿐 아니라 장군이 묻기를 좋아하는 정성이 평소의 성품에서 나온 것임을 알겠습니다. 감사하고 감사합니다.

재우는 묘책의 핵심을 도울만한 지혜와 사려도 없고 번개 같은 공격을 뒤따라갈 재주와 용기도 없으니 어찌 조금이라도 도움이 되겠습니까? 바라는 것은 시간을 아끼고 먼 길을 재촉해 흉악한 왜적을 한 번에 쓸어버리고 왕실을 다시 일으키고 우리 동방의 임금과 백성이 다시 태평한 세상에서 살 수 있게 하는 것이니, 그렇게 된다면 저처럼 쓸모없는 사람도 예전에 낚시하면서 노닐던 곳으로 물러나 평생의 바람을 이룰 수 있을 것입니다.

병이 오래가고 오른팔이 불편한 것이 벌써 한 달째여서 장군의 군영으로 속히 나아가지 못하고 진문의 깃발만 앉아서 바라보고 있으니 황송하고 황송합니다. 갑오년(선조 27년 (1594)) 정월에 보냅니다.

---

3 『신당서』「설인귀전薛仁貴傳」에 나오는 내용. 정인태鄭仁泰는 철륵도鐵勒道 행군
   총관行軍摠管이 돼 출전했는데, 적군은 10여 만 명이었고 날랜 기병 수십 기가
   덤볐다. 설인귀가 나아가 화살 세 대를 쏘니 그때마다 한 사람씩 죽었고, 적
   은 겁을 먹고 항복했다. 그 뒤 대장이 뛰어난 무술로 적을 제압하는 것을 이
   르는 성어가 됐다.

안

용

복

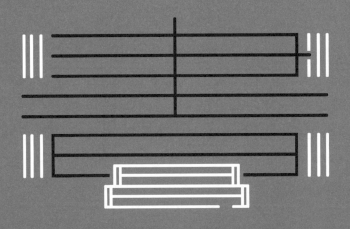

희생과 고난으로 독도를 지킨 조선의 백성

"과거를 지배하는 자가 미래를 지배하고, 현재를 지배하는 자가 과거를 지배한다"는 조지 오웰George Orwell의 유명한 경구는 역사의 현실적·정치적 의미를 날카롭게 압축하고 있다. 허황된 망상이나 도착倒錯 같은 드문 예외를 빼면—어쩌면 그것조차도—인간의 모든 삶은 현실 안에서 이뤄진다. 역사를 비롯한 모든 학문도 어떤 방식으로든 궁극적으로 현실과 관련돼 있는 것은 당연하다. 그러나 정치나 경제처럼 현실을 직접 강력하게 지배하는 분야와 견주면, 역사의 영향력과 범위는 상당히 축소되는 것이 사실이다. 그리고 그런 제한된 영역 안에서 움직이는 것이 역사를 비롯한 학문의 본연에 좀 더 가깝다고 생각한다.

지금 우리 사회에서 현실과 가장 민감하게 얽혀 있는 외국과의 과거사 가운데 하나는 독도의 영유권을 둘러싼 일본과의 분쟁일 것이다. 중국의 '동북공정'이나 일본의 '역사교과서 문제' 등도 주요한 현안이지만, 현실의 영토 주권이 걸려있다는 측면에서 독도 문제는 그 차원을 달리할 것이다.

아호에서 자주 나타나듯 어떤 인물과 지명은 서로 깊은 상관관계를 갖고 있는 경우가 많다. 한국사에서 안용복安龍福(1658?~?)과 독도는 그런 관계가 가장 밀접한 사례 가운데 하나다. 그러나 독도가 한반도에서 가장 멀리 떨어진 외딴 섬인 것처럼 그 섬과 가장 중요하게 관련된 인물인 안용복도 자세한 사항은 흐릿하다.

개인적 사항들

방금 말한 대로 안용복의 인적 사항은 그 이름을 빼면 정확한 것이 드물다. 우선 가장 기초적인 생몰년부터 확정하기 어렵다. 사망한 해는 전혀 알 수 없지만, 태어난 해는 효종 3년(1652)과 효종 9년(1658)의 두 학설이 제시되고 있다. 두 근거 모두 돗토리 번鳥取藩의 번사藩士 오카지마 마사요시岡嶋正義가 지은 『죽도고竹島考』(순조 28년 (1828))에서 나온 것이다.

우선 효종 3년설은 안용복 자신이 1차 도일(숙종 19년 (1693)) 당시 42세라고 진술했다는 기록에 따른 것이다. 효종 9년설은 같은 책에 실려 있는 안용복의 호패에서 추산한 결과다. 경오년(숙종 16년 (1690))에 발행된 그 호패에는 그가 33세로 적혀있다. 그러니까 안용복은 효종 9년에 태어난 것이며 1차 도일 당시 36세였다.

자신의 진술과 호패의 기록이 달라 선뜻 확정하기는 주저되지만, 엄밀하지 않았던 당시의 시간관념과 특히 안용복처럼 신분이 높지 않은 부류는 자신의 나이를 정확히 알기 어려웠을 것으로 생각된다. 그런 판단에 따라 기억보다는 호패라는 공식 자료에 기록된 효종 9년설이 좀 더 많은 지지를 받고 있다.

그 양식 덕분에 호패에는 안용복에 관련된 기초적 사항이 몇 가지 더 담겨 있다. 우선 "주인은 서울에 거주하는 오충추主京居吳忠秋"라는 부분은 그의 신분이 사노비였음을 알려준다. 이익의 『성호사설星湖僿說』(3권 「천지문天地門」 울릉도) 등 안용복에 관련된 다른 자료에서는 그가 동래부 전선戰船의 노군櫓軍이었다고 기록했다. 이 부분도 확정하기는 어렵지만, 안용복이 평민 이하의 신분이었다는 사실은 분명하다.

그는 얼굴이 검고 검버섯이 돋았지만 흉터는 없었다. 키는 4척 1촌으로 기재돼 있는데, 환산하면 너무 작아(123센티미터 정도) 오기로 보고 있다. 호패에는 이름도 '用卜'으로 다르게 표기돼 있다. 거주지는 '부산釜山 좌자천佐自川 일리一里 십사통十四統 삼호三戶(지금 부산시 동구 좌천동 부근)'로 적혀 있는데, 이곳은 왜관·경상 좌수영과 가까웠다. 이런 사실은 그가 "동래부의 노군으로 왜관을 드나들어 일본어를 잘했다"는 『성호사설』 등의 기록과 부합된다.

그의 어학능력과 일반적 지식이 어느 정도였는지는 정확히 알기 어렵다. 그러나 일본에 두 번이나 다녀왔다는 사실로 볼 때 그는 일정 수준이 넘는 일본어를 구사했다고 여겨진다. 신분의 제약이 주요한 원인이었다고 추정되는데, 그러나 한자는 그만큼 알지 못했던 것 같다. 그가 일본에서 전남 순천順天의 한자를 몰라 가타카나로 표기한 사실은 한자보다 일본어에 더 능숙했다는 측면을 보여주는 증거로 거론된다.

두 번에 걸친 도일 행적을 볼 때 그는 기민한 지력과 대담한 실천력을 가진 인물이었다고 생각된다. 그러나 더욱 중요한 측면은 뜨거운 애국심과 용기를 가진 사람이었다는 것이다.

1차 도일(숙종 19년 [1693] 3월~12월)

방금 말한 대로 안용복은 두 번 일본에 다녀왔다. 사건의 성격은 달랐다. 처음은 납치된 것이고, 나중은 계획에 따른 자발적 방문이었다. 건국 이래 울릉도·독도에 관련된 조선의 방침은 섬을 비워 분쟁의 소지를 없애는 공도空島 정책이었다. 태종은 두 번(재위 3년 [1403]과 16년 [1416]), 세종은 세 번(재위 1년 [1419], 7년 [1425], 20년 [1438])에 걸쳐 울릉도 주민을 본토로 쇄환刷還했다. 그러니까 조선 전기 이후 독도는 물론 울릉도에도 조선인은 살지 않았으며, 가끔씩 어업만 이뤄지던 상태였다.

당시 일본에서는 울릉도에 대나무가 많다고 해서 '다케시마竹島'라고 불렀다. 일본 어민들은 인조 3년(1625. 일본 간에이寬永 2년) 무렵부터 막부에서 울릉도 도해渡海를 허가받은 뒤 이곳에서 전복·물개 등을 잡아왔다.

안용복의 1차 도일은 숙종 19년(1693) 3월에 일어났다. 그때 안용복은 울산 출신 어부 40여 명과 울릉도에서 고기를 잡다가 호키주伯耆州 요나코무라米子村에서 온 일본 어부들과 마주쳤고, 조업권을 놓고 실랑이를 벌였다. 결국 인원 부족으로 안용복은 박어둔朴於屯과 함께 일본으로 끌려갔다. 박어둔은 안용복보다 8세 아래로, 역시 정확한 신상은 알 수 없지만 비슷한 신분의 인물로 추정된다.

이것은 그의 삶에서 예기치 않은 수난이었을 것이다. 그리고 그의 삶을 결정적으로 뒤바꾼 변곡점이 됐다. 안용복은 인질이 됐지만 대담하고 논리적으로 대응했다. 그는 조선 영토인 울릉도에 조선 사람이 갔는데 억류하는 까닭이 무엇이냐며 호키주 태수에게 강력히 항의했다. 안용복의 거세고 논리적인 반발에 밀린 태수는 그의 주장을 문서로 작성해 막부에 판단과 신병 처리를 물었다.

막부의 회신은 5월에 도착했다. 막부는 안용복 등을 나가사키長崎로 이송해 돌려보내라고 지시하면서 "울릉도는 일본의 영토가 아니다鬱陵島非日本界"라는 내용의 서계書契를 써주게 했다. 이것은 17세기 무렵 일본이 울릉도(와 그 부속 도서인 독도)가 자신의 영토가 아니라고 판단했다는 매우 중요한 증거다. 처음부터 의도한 것은 아니었지만, 결과적으로 이런 중대한 결정을 어부인 안용복이 이끌어낸 것이다.

9월 초 안용복은 대마도에 인계됐고 50일 정도 억류된 뒤 사신

타다 요자에몽多田與左衛門(조선 기록에는 귤진중橘眞重으로 표기)을 따라 부산 왜관으로 송환됐다. 9개월 만의 귀국이었다. 그는 왜관에서도 40일 넘게 갇혀 있다가 12월에야 동래부사에게 인도됐다. 그러나 적지 않은 고초를 겪으면서 중요한 영토 문제를 논의하고 돌아온 그에게 내려진 것은 포상이 아니라 처벌이었다. 그와 박어둔은 허가 없이 국경을 넘었다는 죄목으로 각각 곤장 100대와 80대를 맞았다.

그러나 이때 울릉도·독도 문제는 획기적인 전환을 맞았다. 숙종 20년(1694) 4월 갑술환국으로 남구만南九萬·윤지완尹趾完 등 소론 정권이 들어선 뒤 조선의 대일노선은 강경책으로 바뀌었다. 조선 조정은 "일본인의 울릉도 도해渡海 및 채어採漁를 금지한다"고 결정했고(숙종 20년 8월), 삼척첨사 장한상張漢相을 보내 울릉도를 수색케 했다(같은 해 9월 10일~10월 6일). 장한상은 돌아와 『울릉도 사적鬱陵島事蹟』이라는 보고서를 작성하면서 "독도는 울릉도 동남쪽 아득한 바다에 있는데, 크기는 울릉도의 3분의 1이며 거리는 300리밖에 되지 않는다"고 적었다.

그 뒤 1년 넘게 조선 조정은 일본 막부를 대행한 대마도와 울릉도·독도의 영유권과 어업권을 둘러싸고 복잡한 논의를 벌였다. 그 결과 숙종 22년(1696) 1월 일본 막부는 울릉도·독도를 조선의 영토로 인정하고 일본 어민의 도해와 어업활동을 금지하기로 결정했다. 이것은 17세기 후반 울릉도와 독도가 조선의 영토임을 확인하는 중요한 결정이었다. 앞서 말한 대로 이런 결정은, 스스로 의도하지는 않았지만, 예기치 않은 사건에 효과적으로 대응한 안용복의 행동에서 발원한 것이었다.

2차 도일(숙종 22년 (1696) 5월~8월)

2차 도일은 안용복의 자발적인 결행이었다. 숙종 22년 1월 막부는 울릉도·독도를 조선의 영토로 인정하고 일본 어민의 도해·어업을 금지하기로 결정했지만, 대마도가 서계 접수를 미루는 바람에 시행이 계속 늦춰지고 있었다.

그러자 안용복은 자신이 이 문제를 선제적으로 해결하기로 마음먹었다. 그는 관원으로 자칭해 도일하는 대담한 계획을 추진했다. 그의 준비는 치밀했다. 그는 울릉도·독도가 강원도에 소속된 것으로 그려진 「조선팔도지도朝鮮八道之圖」와 자신이 입을 푸른 철릭靑帖裡(무반 당상관의 공복), 검은 갓, 가죽신 같은 증빙 자료와 물품을 마련했다.

그해 3월 안용복은 조선 어민을 대거 이끌고 울릉도로 갔다. 그 뒤 일본에서 안용복은 배 32척을 동원했다고 진술했는데, 1척에 5명씩만 잡아도 160명이나 되는 규모다. 울릉도에 도착했을 때 일본 어민들은 예전처럼 조업하고 있었다. 양국의 협약이 지켜지지 않았으리라는 안용복의 예상이 적중한 것이다.

안용복은 그들의 월경죄를 꾸짖고 다시 호키주로 갔다. 그는 대담하게 행동했다. 그는 '울릉·우산 양도감세관鬱陵于山兩島監稅官'

이라는 깃발을 내걸고 준비한 관복을 입어 정식 관원처럼 차린 뒤 호키주의 수석 가로家老 아라오 오오카즈荒尾大和와 담판했다. 안용복은 대마도주의 죄상을 고발하는 문서를 작성해 제출했고, 호키주에서는 그것을 막부에 전달했다.

이때까지는 순조롭게 진행되던 안용복의 계획은 그러나 난관에 부딪쳤다. 그동안 조선과의 대일 통교를 담당해온 대마도가 개입했기 때문이었다. 막부의 연락으로 안용복이 입국해 규정된 절차를 밟지 않고 상급 관청에 직접 호소했다는 사실을 알게 된 대마도는, 안용복이 조선의 관원이 아니더라도, 그동안의 관례와 달리 자신을 거치지 않고 막부와 직접 접촉하도록 허락한(좀 더 정확히는 그렇게 했다고 판단한) 조선 조정의 의도를 의심했다. 대마도에서는 안용복의 고소장을 물리치도록 막부에 요청하고 그 일행을 표착민漂着民으로 처리해 자신들을 거쳐 송환하도록 요청했다. 그 결과 안용복 일행은 목표했던 울릉도·독도의 조선 영속 문제를 해결하지 못한 채 그해 8월 조선으로 송환됐다.

앞서 말한 대로 막부의 결론은 숙종 22년(1696) 1월에 이미 나와 있었다. 조선은 역관이 귀국한 뒤인 숙종 23년(1697)에야 그런 사실을 알았고, 이듬해 4월 막부의 결정을 확인한다는 서계를 회신했다. 석 달 뒤인 7월 막부는 이 서계를 인정하고 그 사실을 이듬해 1월 대마도에 알렸다. 이로써 안용복 사건을 발단으로 불거진 울릉도·독도의 조선 영속과 어업권을 둘러싼 분쟁은 6년여 만에 일단 마무리됐다.

이번에도 안용복은 가혹한 처벌을 받았다. 관리를 참칭하고 자발적으로 국경을 넘었다는 사실 때문에 죄목은 더 무거워졌다. 안용복은 숙종 22년 8월 하순 강원도 양양襄陽에 도착했지만 현감에게 구금됐다가 며칠 뒤 탈출해 그동안 주로 거주한 동래부로 갔다. 그러나 9월 12일 체포돼 한양으로 이송됐고 비변사에 구금돼 국문을 받기에 이르렀다.

대신들의 의견은 둘로 나뉘었다. 유상운柳尙運(영의정)·유지선尹趾善(좌의정)·서문중徐文重(우의정)·유집일兪集—·민진장閔鎭長(병조판서)·최석정崔錫鼎(이조판서)·김진구金鎭龜·오도일吳道— 등 노론 대신들은 처형을 주장했다. 안용복의 도일은 건국 이래의 공도정책을 어긴 범경犯境 행위이며, 대마도가 아닌 호키주를 거쳐 막부와 접촉하고 정부문서를 위조한 것은 외교적 범죄라는 논거였다.

남구만(영중추부사)·윤지완(영돈녕부사)·신여철申汝哲(지중추부사) 등 소론 대신들의 의견은 달랐다. 그들은 범죄행위는 인정되지만 호키주 태수를 직접 만나 울릉도·독도의 영유권과 어업권을 막부에 주장한 것은 국가에서도 제기하기 힘든 문제라고 높이 평가하면서 그런 공로를 감안해 감형을 주장했다. 직책과 당파에서 짐작할 수 있듯 사형이 우세한 견해였지만, 격론 끝에 안용복은 결국 유배형으로 감형됐다(숙종 23년 (1697) 3월). 효종 9년(1658)에 태어난 것으로 계산하면 40세 때의 일이었다. 유배형에 처해진 뒤 그의 행적은 알 수 없다.

평가와 추숭

지금 일정한 나이를 넘은 한국인 가운데 '독도'라는 지명을 모르는 사람은 거의 없을 것이다. 그런 상황과 맞물려 안용복의 이름 또한 웬만한 역사적 인물보다 훨씬 널리 알려져 있다.

안용복의 활동이 당시에 끼친 영향은 크게 두 가지로 지적된다. 하나는 그동안 공도정책이 보여준 대로 울릉도·독도와 관련해 희박했던 조선의 영토의식을 높였다는 것이다. 두 번에 걸친 안용복의 도일로 조선 조정은 두 섬의 영유권과 조업권이 분쟁의 대상이라는 사실을 명확히 인식했고, 뒤늦게나마 적극적으로 대응해 권리를 확보했다.

다음은 일본(대마도)의 교섭 태도가 변화했다는 것이다. 그동안 일본은 주로 억지와 기만에 근거한 외교를 유지해왔지만, 이 사건을 겪으면서 조선의 강경노선을 인식한 결과 유화적이고 합리적인 태도로 바뀌었다고 평가된다.

안용복보다 조금 늦은 시기를 살았던 성호星湖 이익李瀷(1681~1763)은 그를 이렇게 평가했다.

안용복은 영웅호걸이라고 생각한다. 미천한 군졸로서 죽음을 무릅쓰고 나라를 위해 강적과 겨뤄 간사한 마음을 꺾어버리고 여러 대를 끌어온 분쟁을 그치게 했으며 한 고을의 토지를 회복했으니, 영특한 사람이 아니면 할 수 없는 일이다. 그런데 조정에서는 포상하지 않았을 뿐만 아니라 앞서는 형벌을 내리고 나중에는 귀양을 보냈으니 참으로 애통한 일이다.

울릉도는 척박하다. 그러나 대마도는 한 조각의 농토도 없고 왜인의 소굴이 돼 역대로 우환이 돼왔는데, 울릉도를 한번 빼앗기면 이것은 대마도가 하나 더 생겨나는 것이니 앞으로의 재앙을 이루 말하겠는가? 그러니 안용복은 한 세대의 공적을 세운 것만이 아니었다. …… 그런 사람을 나라의 위기 때 병졸에서 발탁해 장수로 등용해 그 뜻을 펴게 했다면, 그 성취가 어찌 여기서 그쳤겠는가?(『성호사설』 3권 「천지문」 울릉도)

안용복은 독도 문제가 다시 불거진 현대에 와서 더욱 높이 평가됐다. 1967년 1월 대통령 박정희는 "國土守護, 其功不滅(국토를 수호한 공로는 사라지지 않을 것)"이라는 휘호를 기증했고, 같은 해 10월 안용복장군 기념사업회에서는 부산 수영 사적공원[1] 안에 그의 충혼탑을 세웠다.

우리 역사와 인물에 특히 많은 관심을 기울였던 시인 노산鷺山 이은상李殷相은 이런 시를 지어 안용복을 기렸다.

동해 구름 밖에 한 조각 외로운 섬
아무도 내 땅이라 돌아보지 않을 적에
적굴 속 넘나들면서 저 님 혼자 애썼던가

---

1 지금 수영구水營區 수영동으로 안용복이 근처에 살았던 경상좌수영이 있던 곳이다.

상이야 못 드릴망정 형벌 귀양 어인 말고

이름이 숨겨지다 공조차 묻히리까

이제 와 군 봉하니 웃고 받으소서

수영 사적공원에는 2001년 3월 수강사守彊祠라는 사당과 동상이 추가로 세워졌다.

전근대의 교통·통신 환경은 지금과는 비교할 수 없이 낙후됐다. 소식을 주고받고 거리를 이동하는 데 드는 시간과 노고는 대단히 컸다. "기술이 발달할수록 인간의 인내심은 줄어든다"는 지적은 문명의 부정적 측면을 날카롭게 짚었다.

지금도 바다에서의 이동과 생활은 육지보다 훨씬 어렵다. 그러니 안용복의 시대는 말할 것도 없을 것이다. 시야를 넓히면 지구를 누빈 대항해 시대의 위대한 탐험가들도 있지만, 동해와 남해를 두 번씩이나 오간 안용복의 역정도 무척 힘들었을 것이다. 더구나 그는 그런 희생과 헌신을 보상받기는커녕 간신히 사형을 모면할 정도로 박대받았다. 그가 유배지에서 가졌을 마음은 쉽게 짐작되지 않는다.

그때 안용복이 훗날 자신의 행동이 다시 평가되리라고 생각했을지는 알 수 없다. 그러나 역사는 현실의 시련과 시간의 풍화를 이겨내고 그와 그의 업적에 더 큰 보상을 했다. 현실에서 행복하고 싶은 것은 모두의 자연스러운 바람이다. 그러나 그렇지 않을 때 그것을 견딜 수 있는 힘은 미래에 대한 희망과 의지일 것이다.

경륜이 담긴 판단

안용복에 관련된 사료는 그의 운명에 중요한 영향을 준 다른 사람의 서신을 골랐다. 본문에서 서술한 대로 숙종 22년(1696) 안용복은 두 번째 일본을 다녀왔는데, 체포돼 구금된 사실이 알려주듯 조선 조정은 그의 행위를 엄중한 범죄로 판단했다. 그가 '울릉·우산 양도감세관'이라는 관원을 사칭하고 국경을 넘었기 때문이다.

조정 대신들의 의견은 둘로 갈렸다. 대체로 노론은 그런 범죄를 중시해 중벌을 주장했고, 소론은 울릉도·독도의 영유권과 어업권을 보호한 그의 공로를 인정해 감형해야 한다고 판단했다.

이 편지는 제목에서 알 수 있듯 남구만(1629~1711)이 유상운(1636~1707)에게 보낸 회신이다. 나이와 경력에서 두 사람은 당시 소론과 노론을 대표한 인물이었다. 67세의 남구만은 이미 9년 전

(숙종 13년) 영의정을 지낸 뒤 명예직에 가까운 영중추부사로 물러난 상태였고 60세의 유상운은 현직 영의정이었다. 유상운이 남구만에게 의견을 물었고 남구만이 회신한 이 편지의 내용은 『숙종실록』 22년 10월 13일 자에도 약간 축약돼 거의 비슷하게 실려 있다. 실록에는 좌의정 윤지선이 어전에서 여러 중신의 견해를 소개하는 것으로 나온다. 그러니까 먼저 유상운이 남구만에게 의견을 물어 회신을 받고 그것을 윤지선에게 전달해 그가 회의에서 종합해 말한 것이라고 추론할 수 있다. 이런 측면은 당시 신하들의 의견 수합과 개진 과정을 보여주는 흥미로운 편린 같기도 하다.

지위가 올라갈수록 중요한 덕목은 구체적 지식보다 종합적 판단력일 것이다. 물론 종합적 판단력은 폭넓은 구체적 지식을 바탕으로 형성되고 깊어지는 것이니 둘은 대립보다는 상보적 연결 관계다. 그러나 어떤 사안에 구체적 지식이 부족하더라도 상황과 맥락 등을 종합적으로 감안해 판단하는 태도를 우리는 경륜이나 안목이라고 부른다.

남구만의 이 편지는 그런 경륜이나 안목을 담았다고 평가할 만하다. 그는 상·중·하 세 가지 방책을 제시하면서 안용복이 잘못도 있지만 궁극적으로는 통쾌한 행동이었고 등용할만한 인물이라고 평가했다. 노재상의 원숙한 안목은 안용복의 개인의 목숨은 물론 조선의 소중한 국토를 지키는 데도 중요하게 공헌했다.

전 영의정 남구만이 영의정 유상운에게 보낸 답변答柳相國[2]

지금 안용복을 처리하는 데는 상·중·하 세 가지 방책이 있습니다. 갑술년(숙종 20년 (1694)) 접위관接慰官 유집일이 동래에 내려갔을 때 안용복은 소지所志를 올려 이렇게 말했습니다.

> "계유년(1693) 울릉도에 갔다가 왜인에게 잡혀 호키주에 들어가니 본주
> 本州에서 울릉도는 영원히 조선에 소속된다는 공문을 만들어주고 선물
> 도 많이 줬지만 돌아올 때 쓰시마를 거치면서 공문과 선물을 모두 쓰시
> 마 사람에게 빼앗겼습니다."

---

2   남구만, 『약천집藥泉集』 31권 수록.

그 말을 반드시 믿을 만하다고 생각하지는 않았지만 지금 안용복이 호키주에 다시 가서 글을 제출한 것을 보면 앞서의 말은 사실인 것 같습니다.

안용복이 금지령을 어기고 울릉도에 다시 가고 다른 나라에 표착한 뒤 감세장監稅將이라고 거짓되게 부르면서 정문呈文(외국에 파견된 사신이 올린 글이나 그런 글을 올리는 행위)을 올리기까지 해 사건을 일으킨 죄는 참으로 사형으로도 용서되지 않습니다. 그러나 쓰시마의 왜인들이 울릉도를 죽도라고 거짓되게 부르면서 에도江戸의 명령이라고 속여 우리나라에서 사람들이 울릉도로 왕래하는 것을 금지하게 만들려고 하면서 그 사이에서 기만하고 농간을 부린 정황이 이제 안용복 덕분에 모두 드러났으니 이것은 또한 하나의 통쾌한 일입니다.

안용복이 죄가 있는지 없는지, 죽여야 하는지 말아야 하는지는 우리나라가 천천히 의논해 처리해야 합니다. 쓰시마에 주는 쌀·베·종이를 줄이는 자잘한 일은 다 거론할 필요가 없지만, 울릉도와 관련해 종잡을 수 없이 기만한 행위는 이 기회를 이용해 동래부東萊府에서 쓰시마로 글을 보내 조목조목 따져 물어 명확하게 분별하고 엄중하게 배척하게 하지 않을 수 없습니다.

만약 저들이 다시 교묘히 꾸며 승복하지 않는다면 우리는 다시 글을 보내 물어야 합니다. "너희는 두 나라 사이에 있으면서 모든 일에 이렇게 신의가 없다. 안용복은 풍랑에 표류한 보잘것없는 백성인데 국서國書 없이 스스로 정문을 만들었으니 일본이 믿지 않은 것은 당연하다. 우리 조정은 장차 일본에 사신을 따로 보내 그 허실을 살피려고 하는데, 너희는 어떻게 하겠는가?"

이렇게 하면 쓰시마의 왜인은 반드시 크게 두려워하면서 죄를 자백하고 애걸할 것입니다. 그런 뒤 안용복의 죄는 우리가 그 경중을 의논해 처리하고 울릉도의 일은 왜인이 감히 다시 입을 열지 못하게 하면 교활한 왜인이 우리를 시험해 보려는 계획을 조금 줄일 수 있을 것입니다. 이렇게 되면 상황을 좌우하는 권한이 우리에게 있어 훗날의 근심을 막을 수 있을 것입니다. 이것은 참으로 놓쳐서는 안 되는 기회이니 이것이 상책입니다.

그렇게 할 수 없다면 동래부에서 도주島主에게 글을 보내 안용복이 멋대로 문서를 올린 죄를 먼저 말하고 쓰시마가 안용복의 공문을 탈취한 사실과 죽도라고 거짓 일컫은 잘못을 조목조목 지적하고 곡진히 서술해 그들이 회답하기를 기다린 뒤 처리하는 것이 좋습니다. 안용복을 단죄하겠다는 뜻은 서계書契 안에서는 말해서는 안 되니 이것이 중책입니다.

쓰시마가 간사한 술책으로 우리를 속인 정황은 묻지 않고 버려두고 안용복이 정문을 만들어 변정辨正한 죄를 먼저 논의해 그를 죽이면 도주의 원망을 피하려는 것일 뿐 큰 약점을 보이는 것입니다. 또 도주의 뜻은 속으로는 원한을 푼 것을 다행스럽게 여기더라도 겉으로는 우리에게 명확히 감사하려고 하지 않을 것이 분명합니다. 앞으로 모든 일에 조금이라도 뜻대로 되지 않으면 반드시 안용복을 핑계로 삼아 우리나라를 모욕하고 협박할 것이며,

오래지 않아 울릉도를 자신들의 영토라고 고집하면서 계속해서 사람을 보낼 것이니 우리가 어떻게 감당하겠습니까? 이것은 하책 일 것입니다.

또 외방의 오랑캐를 대접하는 방법은 분쟁의 단서를 줄이고 정 성을 보이는 것이라고 하지만 드러나게 속이는 일까지 끝내 한마 디 말도 따지지 못한다면 어찌 이치에 맞겠으며 끝내 아무 일 없 을 것을 보장할 수 있겠습니까? 또 안용복의 상소가 이미 일본에 들어갔으면 관백關伯에게 바쳐지지는 않았다고 해도 곧 이 때문 에 일이 발생할 수도 있으니 그렇게 되면 반드시 안용복을 대질 시켜야만 문제가 해결될 것입니다. 그러니 안용복을 섣불리 먼저 처단해서는 절대 안 됩니다. 일단 가두고 상황을 지켜보는 것이 어떻겠습니까? 또 이것은 서로 다투고 비난하는 단서니 우리 조 정은 먼저 손을 대서는 안 됩니다. 어떤 계책이든 상관없이 모두 동래부사가 서계로 시행하는 것이 좋을 것 같습니다.

안용복은 외람되게 문제를 일으켰다고 할 수 있지만 그 사람됨 은 어리석은 것 같지 않으니 적절히 사용하면 쓸 만한 인물로 생 각됩니다. 장준張俊의 화원花園에 있던 늙은 병사도 대송회역사大宋 回易使라는 칭호를 달고 해외의 여러 나라에 파견된 사례가 있으 니[3] 그 일이 나라에 해가 없다면 죽일 필요까지 있겠습니까?

---

3   장준은 남송 초기의 장수인데, 한 늙은 병사가 화원에서 낮잠 자는 것을 보고 꾸짖었다. 그 병사는 할 일이 없어 낮잠이나 잔다고 대답했다. 장준은 그에게

또 이 사람은 울릉도가 우리나라에 속한다는 사실을 두 번이나 일본에 분명히 알렸는데, 우리가 그를 죽이면 쓰시마 사람들의 마음을 통쾌하게 해주고 그들의 기세를 키워주어 더욱 간악하게 만들 것입니다. 울릉도가 우리 영토라는 것을 우리가 반드시 밝히려고 하면 이 일 때문에 방해되지 않을 수 없을 것이니 어떻겠습니까? 이 일 때문에 온 비변사 낭관에게 들으니 비변사 재신宰臣들도 그를 죽일 필요는 없다고 한다고 했습니다. 바라건대 다시 물어 조처하시는 것이 어떻겠습니까?

무슨 재능이 있느냐고 물었고, 그는 무역을 잘할 수 있다고 했다. 장준은 그에게 많은 돈을 주면서 무역을 해보라고 했다. 그 병사는 그 돈으로 큰 배를 만들어 온갖 보물과 비단, 과일 등을 싣고 대송회역사라고 이름한 뒤 해외로 갔고, 좋은 말을 많이 사 왔다. 그 말을 군마로 쓴 덕분에 장준의 부대는 전력이 강화돼 많은 군공을 세웠다. 『송패류초宋稗類鈔』 권10.

최
영
의

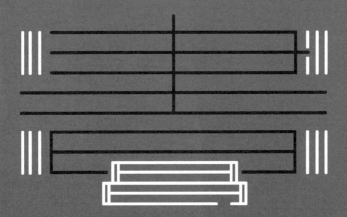

극진 가라테를 창시한 '바람의 파이터'

─────────

자기방어가 인간의 본능이듯 공격성도 그럴 것이다. 실제로 공격과 방어는 또렷이 구분되지 않는다. '무도武道'나 '무예武藝'라는 단어가 보여주듯, 육체와 정신을 단련해 수준 높은 공격과 방어를 전개하는 행위는 단순한 완력과 기술을 넘어 도예道藝의 경지로 승화됐다. '최배달'이라는 이름으로 더욱 익숙한 최영의崔永宜 (1923~1994)는 그런 무도의 세계를 보여주고 보급한 대표적 인물이다.

출생과 도일

최영의는 1923년 6월 4일 전라북도 김제에서 최승현과 김부용의 6남 1녀 가운데 넷째로 태어났다. 아버지가 소학교와 중학교를 설립해 운영할 정도로 그의 집안은 유복하고 사회적 의식이 높았다.

최영의는 어려서부터 무도에 관심을 가졌다. 1932년 아버지가 세운 김제의 용지龍池소학교에 입학한 그는 택견·씨름 같은 고유 무술을 알게 됐다. 5년 뒤인 1937년에는 서울로 올라와 영창중학교에 입학했는데, 거기서도 계속 무술을 연마했다.

그의 일생에서 큰 전기는 1939년이었다. 그해 3월 16세의 소년 최영의는 홀로 군산에서 나가사키長崎로 도일했다. 그는 어려서부터 힘이 세고 의협심이 강해 일본 아이들과 크고 작은 충돌을 빚었는데, 아버지는 그런 그를 늘 나무랐다. 소년의 불만은 점차 커졌고 아버지 품을 벗어나 비행기 조종사가 되기로 결심했다. 그 뒤 자신의 삶의 주된 무대를 선택한 큰 결단이었다. 지금과는 비교할 수 없이 불편한 교통·통신 때문에 무척 멀고 외로웠을 여정을 어린 나이에 홀로 떠났다는 사실은 그의 견고한 마음을 보여준다. 최영의는 야마나시山梨 소년항공학교에 들어갔고, 거기서 앞으로 자신의 삶을 지배할 가라테空手道를 처음으로 배웠다.

수련과 도약

최영의가 일본으로 건너간 1939년은 2차 세계대전이 일어난 해였고, 동아시아를 넘어 동남아시아까지 삼켜가던 일본이 태평양전쟁을 도발하기 2년 전이었다. 다시 말해 전 세계는 그야말로 죽고 죽이는 참혹한 전란에 휩싸여 있던 것이다. 전범국으로 건너간 소년의 삶은 당연히 위험하게 요동칠 수밖에 없었다.

최영의는 1941년 학도병으로 차출될 뻔한 위기를 겪기도 했지만, 곧 일본이 패전하면서 본격적으로 무도를 수련하기 시작했다. 그는 1945년 8월 도쿄에 가라테 연구소를 열었고, 이듬해 4월에는 와세다早稻田대학 체육과에 입학했다.

그의 무도 인생에서 중요한 전기는 23세 때인 1946년이었다. 그해 9월 최영의는 미야모토 무사시宮本武藏(1584~1645)의 『오륜서五輪書』를 읽고 큰 감동을 받았다. 미야모토 무사시는 쌍검을 사용하는 니토류二刀流를 창시해 60여 번의 결투에서 모두 승리한 에도 시대 초기의 전설적 무사고, 『오륜서』는 그가 무도의 비법을 기록한 책이다. 최영의는 "힘없는 정의는 무능하고 정의 없는 힘은 폭력"이라는 무사시의 말에 깊이 감동했다.

젊은 무도인의 감동은 결단과 정진으로 이어졌고, 지금 우리가 아는 놀라운 결과를 낳았다. 한 달 뒤 그는 미노분산身延山(일본 혼슈 중남부 야마나시현山梨県에 있는 산. 해발 1,153미터)에 들어가 무도 연마에 정진했다. 첫 번째 입산수도였다. 명문 와세다대학을 중퇴한 사실은 그의 결심이 얼마나 굳었는지 웅변해준다. 자신의 무도를 '극진極眞가라테'로 명명한 것도 이때였다. 무사시가 그랬듯 그도 실전에 사용할 수 있는 무도를 중시했고, 그런 생각을 '극진'이라는 단어에 담았다고 생각된다.

1년여에 걸친 혹독한 수련의 결과는 놀라웠다. 최영의는 1947년

9월 종전 뒤 처음 열린 전소 일본 가라테 선수권대회에서 우승했다. 그러나 그는 만족하지 않았고, 곧바로 다시 두 번째 입산수도를 시작했다. 1948년 4월부터 지바현千葉県 기요즈미산清澄山에서 18개월 동안 훈련한 성과는 더욱 컸다. 최영의의 무도에서 가장 극적인 장면은 맨손으로 소를 쓰러뜨리고 뿔을 부러뜨렸다는 사실일 것인데, 그런 가공할 능력을 이때부터 보여주기 시작한 것이다. 1950년 11월 최영의는 지바현 다테산館山 근처의 소 도축장에서 맨손으로 소 47마리를 쓰러뜨리고 26마리의 소뿔을 부러뜨렸으며(정확히는 소뿔의 이음새 부분을 부러뜨린 뒤 뽑아낸 것이다), 그 가운데 4마리는 즉사시켰다. 27세의 청년은 범접하기 어려운 무도의 고수로 성장해 있었다.

대결과 승리, 그리고 세계화

1951년 3월 도쿄에서 유도·검도의 고수와 대결한 것을 시작으로 그는 세계를 돌며 사바트Savate(프랑스 무술)·복싱·타이복싱·레슬링·카포에이라Capoeira(브라질 무술)·쿵푸 등 여러 종류의 무술·격투기 고수들과 100번이 넘는 대결을 펼쳤다. 톰 라이스(미국 레슬러, 1954년)·보몬(프랑스 사바트 고수)·무이슈킨(무체급 레슬러)·블랙코브라(태국 무에타이 웰터급 챔피언. 이상 1957년) 등이 그 대표적 상대로 손꼽힌다. 1954년 현풍관 도장에서 유도 고단자 100명과 대결한 것도 유명한 일화다. 그것은 모두 격투에 가까운 실전이었고, 그는 한 번도 패배하지 않는 신화를 남겼다.

맨손으로 소뿔을 부러뜨리는 놀라운 힘과 기술도 여러 차례 선보였다. 실전에서 사용할 수 있는 무도를 지향한 극진 가라테의 창시자답게 그는 위대한 실전의 고수로 평가된다. '신의 손God's Hand'이라는 칭호는 그런 평가를 집약하고 있다.

최영의는 극진 가라테를 세계에 보급시켰다. 그의 일본 이름은 오야마 마스다츠大山倍達인데, 1955년 5월 도쿄에 자신의 이름을 딴 오야마 도장을 개설해 본격적인 교육과 전파에 나섰다. 그때 수련생은 300명 정도였다.

세계화의 출발은 미국이었다. 1953년 3월 최영의는 처음으로 미국을 방문해 시카고를 비롯한 30여 개의 도시에서 극진 가라테를 선보였다. 1958년에는 FBI와 미국 육군사관학교인 웨스트포인트The U.S Military Academy at West Point에서 가르쳐 큰 명성을 얻었다.

선수권 대회도 확대됐다. 1959년부터는 하와이·북미·이스라엘·호주·남미·동남아시아·파키스탄·헝가리 등 세계의 거의 모든 대륙에서 지역 선수권대회를 개최했다. 1969년 9월에는 '1회 오픈 토너먼트 전 일본 가라테 선수권대회'를 시작했다. 그 대회는 다른 종목의 선수도 참가해 실전에 가까운 직접 타격을 펼치는 방식이었는데, 이것은 격투기 역사에서 획기적인 변화로 평가된다.

6년 뒤에는 세계대회로 확대됐다. 1975년 11월에 개최된 1회 세계대회에는 36개국 120여 명의 선수가 출전했다. 4년마다 열리는 세계대회는 횟수를 거듭하면서 참가자와 관중이 계속 늘어났고, 최강의 선수를 배출하는 산실이 됐다. 1994년 최영의가 타계한 뒤 2대 관장으로 지명된 문장규文章圭(일본 이름 마쓰이 쇼케이松井章圭(1963~). 당시 32세)는 1987년 3회 세계대회의 우승자였다.

지부도 많아졌다. 1960년대 후반부터 북미·유럽·중동·남미·동남아시아 등에 지부를 열고 1964년 6월 도쿄에 극진회관 총본부를 설립한 뒤 지금은 세계 20여 개국 80여 개 지부로 성장했다. 현재 극진 가라테는 세계 140개국에서 2천만 명이 수련하고 있으며, 한국에도 여러 도장이 개설돼 있다. 최영의는 요르단 왕실과 브라질 정부에서 각각 훈장(1979)과 문화 공로상(1984)을 받기도 했다.

다른 도구를 전혀 쓰지 않고 오직 몸과 정신의 힘으로 가공할 위력을 발휘한 극진 가라테를 개발하고 세계에 보급한 무도인은 1994년 4월 26일 도쿄에서 폐암으로 별세했다. 향년 71세였다.

기록과 평가

수많은 고수와 실전으로 대결했지만 한 번도 패배하지 않은 전설적 무도인의 삶은 자연히 많은 관심과 흥미를 끌었다. 최영의 스스로 『나의 가라테 인생私の空手道人生』(講談社, 1973)을 비롯한 여러 저서를 집필했고, 『What is KARATE』(1958)라는 영문 서적은 50만 부를 찍은 세계적인 베스트셀러가 됐으며 〈지상 최강의 가라테〉(1976)라는 다큐멘터리 영화가 만들어지기도 했다.

지금 많은 한국인이 그를 잘 기억하는 가장 중요한 고리는 두 개의 만화일 것이다. 그것은 고우영의 『대야망』(1970)과 방학기의 『바람의 파이터』(1989. 8. 11~1993. 7. 20 「스포츠 조선」 연재)다. 한국을 대표하는 뛰어난 두 만화가의 장편은 큰 반향을 일으킨 수작이었다. 『바람의 파이터』는 영화로 만들어지기도 했다(양윤호 연출, 양동근 주연, 2004).

고우영의 『대야망』은 1970년 『새소년』에 연재되고 소년 클로버문고로 출간된 작품이다. 그때 그 만화는 특히 남자 어린이들에게 폭발적인 인기를 끌었다. 나도 어렸을 때 『대야망』을 읽으면서 흥분에 가까운 감동을 느꼈던 기억이 아련하게 남아 있다. 한 10년 전부터 어렸을 때 읽었던 만화를 다시 보고 싶다는 생각을 가끔 했는데, 『대야망』이 복간됐다는 소식을 들었다. 서둘러 구해 들춰본 그 책에는 한 평자의 말대로 "고우영 초기의 굵은 선과 역동적인 질감"이 넘쳤다. 그 책은 어린 시절의 흥분과 감동을 고스란히 다시 전해줬다.

최영의는 "모든 무도는 공존하면서 발전하는 것이지 적대관계의 무도는 존재하지 않는다"고 생각했다. 그는 "실천이 없으면 증명이 없고, 증명이 없으면 신용이 없으며, 신용이 없으면 존경이 없다", "머리는 낮게, 눈은 높게, 입은 좁게, 마음은 넓게 하며, 효孝를 원점으로 삼아 타인을 이롭게 한다"는 말을 자주 했다고 한다. 단순한 격투기가 아닌 진정한 무도를 지향했다는 사실을 깊이 느낄 수 있다. 일본 유도 영웅 기무라 마사히코木村政彦(1917~ 1993)는 "최배달 앞에 최배달 없고, 최배달 뒤에 최배달 없다"고 평가했는데, 분야를 떠나 받을 수 있는 최상의 헌사일 것이다.

한일 관계 때문이겠지만, 그와 관련해서 가장 논쟁적인 부분은 국적에 관련된 문제가 아닐까 싶다. 최영의는 자신을 "조선에 뿌리를 둔 국제인"으로 생각했다고 그의 둘째 아들 최광수 씨는 증언했다. 타계할 때 당시 32세의 젊은 재일 한국인 문장규를 후계자로 선택한 사실이나 늘 자신이 조선인이라고 밝혔다는 일화 등을 볼 때 그 말이 맞을 것이다. 무엇보다도 '배달倍達'이라는 그의 이름이 그런 생각과 의지의 가장 뚜렷한 증거일 것이다.

고향 산천을 잊을 수 없다

최영의와 관련된 사료는 그의 말과 글을 하나씩 골랐다. 거기서 거듭 강조되는 표현은 '조국'과 '잊을 수 없다'는 두 가지다. 그의 마음이 깊이 느껴지는 대목이었다.

흔히 "사료는 비판적으로 봐야 한다"고 말하고 그렇게 훈련받았다. 그러나 언젠가부터—40대 중반쯤인 것 같다—꼭 그렇지도 않다는 생각이 들었다. 어느 뛰어난 문필가는 "논쟁이나 비평에서 핵심을 찌르려면 일단 상대방의 말과 글을 최대한 선의로 받아들여야 한다"고 지적했다. 고개가 깊이 끄덕여지는 인상적인 권고였다.

무턱대고 비판과 의심의 칼날을 들이대면 서로에게 상처만 입히기 쉽다. 그런 설익은 비판은 일단 그 대상이 수긍하기 어렵고, 그가 제기하는 반론은 나를 더 깊이 찌를 것이다. 상대의 언어와 태도를 일단 되도록 깊이 이해하려고 노력하고, 그렇게 받아들이다가 그래도 걸리는 부분을 곰곰이 되씹어 질문할 때 논리와 날카로움이 살아있는 섬세한 비판이 된다고 생각한다.

문득 셜록 홈스가 떠올랐다. 그는 맨 마지막에 사건을 해결할 때 '연극적 기법'을 즐겨 사용한다고 읽었다. 사건에 관련된 사람들을 한데 모아놓고 자신의 추리를 이야기하는 것이다. 물론 범인도 그 자리에 있다. 그때 그는 이런 취지의 말을 자주 하는 것으로 기억됐다. "그래요. 처음엔 나도 당신의 말을 믿었습니다. 그런데 하나하나 따져보니 조금씩 의문이 들기 시작했어요." 명탐정은 의심부터 앞세우지 않고 상대의 진술을 일단 선의로 받아들여 믿은 것이다.

뛰어난 학자의 사료 비판도 비슷하지 않을까 싶다. 주어진 사료를 일단 믿고 출발해 조금씩 거짓과 과장을 걷어내고 진실에 되도록 가까이 다가가는 것. 일본에서 삶의 대부분을 보낸 뛰어난 무도인이 힘주어 되풀이한 두 표현은 내게 깊은 울림을 줬다.

최영의의 말과 글

고향 산천을 어떻게 잊어요? 자기 아버지를 어떻게 잊어요? 자기 어머니를 어떻게 잊는단 말이야? 고향 산천에 할 말이 없지만 내가 하는 일은 나로서는 아주 자존심이 있어요.[1]

『세계무림고수 결투기—바람의 파이터 최배달』의 머리말[2]

몸은 비록 만리타국에 있지만 마음은 내가 태어난 조국을 한시라

---

1 KBS 수요기획 〈전설의 승부사〉(2003. 9. 3. 방송). 김용호, 「바람의 파이터 최영의의 무도활동에 관한 연구」, 중앙대 교육대학원 석사논문, 2012, 20쪽에서 재인용.
2 최영의 지음, 최영종 옮김, 한누리 미디어, 2004, 5쪽.

도 잊을 수가 없다.

이번에 내 조국에서 이 책을 펴내어 여러 사람이 읽게 된다 하니 기쁜 마음 한량없거니와 내 평생 잊을 수 없는 영광으로 생각한다.

나는 청춘기를 일본에서 보내왔기 때문에 여러모로 일본의 영향을 많이 받아온 것은 사실이며, 독자 여러분의 많은 이해를 바란다.

이 책은 일본에서 유명한 가와데 출판사河出書房의 베스트셀러 시리즈로 간행된 것으로 출판 관계자의 권유에 따라 1952년부터 1968년까지 태권 홍보차 세계 곳곳을 다니면서 실전 체험한 필생의 혈투를 옮겨 놓은 것이다. 상대방을 쓰러뜨리지 못하면 곧바로 내 목숨을 내놓아야 하는 절박한 상황에서 기어코 이길 수밖에 없었던 체험담을 적나라하게 이야기한 것이 뜻밖에도 많은 독자를 얻게 된 것이다.

아무튼 막내 동생 영종의 번역으로 조국에서도 펴내게 된 것을 기쁘게 생각하며, 조국에서 보다 많은 사람들에게 읽히우고, 특히 태권도인들에게 희망과 의욕을 안겨준다면 더 이상 바랄 것이 없겠다.

1973년 봄

최영의

3부

사람과 사람 사이의 갈등

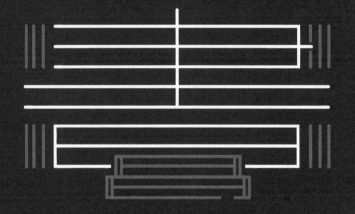

윤선거

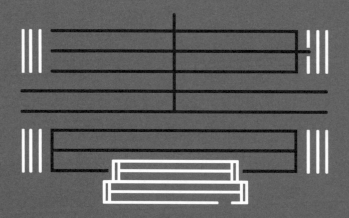

윤증의 아버지, 조선 후기 소론의 태동

한국사에서 윤선거尹宣擧(1610~1669)라는 이름은 그 인물 자체보다도 아들 때문에 더욱 널리 알려졌다고 말할 수 있다. 잘 알듯 그 아들은 명재明齋 윤증尹拯(1629~1714)이다. 윤선거의 생몰년은 그가 두 차례의 호란과 기해예송己亥禮訟(효종 10년 (1659))을 통과했음을 알려준다. 실제로 그의 현실적 삶과 역사적 평가를 지배한 사건은 병자호란과 기해예송이었다. 거기서 보여준 그의 행동과 생각은 그 뒤 아들 윤증이 개입되면서 논란이 증폭됐고, 노론과 소론의 분기를 가져오는 거대한 사건의 도화선으로 작용했다.

가문적 배경

윤선거는 자가 길보吉甫, 호는 미촌美村·노서魯西 등이고 시호는 문경文敬이다. 본관은 유서 깊은 명문인 파평이다. 그 가문의 시조는 고려 태조를 도와 벽상삼한익찬공신壁上三韓翊贊功臣 태사太師 삼중대광三重大匡에 책봉된 윤신달尹莘達이다. 파평 윤씨는 그 뒤 윤선지尹先之(벽상공신壁上功臣)·윤금강尹金剛(상서성尙書省 좌복야左僕射)·윤집형尹執衡(검교소부소감檢校少府少監) 등을 거치면서 위상을 높여오다가 유명한 윤관尹瓘(?~1111)에 이르러 명문으로 자리를 굳혔다.

윤관은 '동북 9성 개척'이라는 업적과 추충좌리 평융척지 진국공신推忠佐理平戎拓地鎭國功臣(여기도 그런 업적이 표현돼 있다) 수태사 문하시중 판상서이부사 지군국중사守太師門下侍中判尙書吏部事知軍國重事 상주국 영평현 개국백上柱國鈴平縣開國伯이라는 긴 관직이 보여주듯 고려 중기를 대표하는 인물이었다. 그의 아들 윤언이尹彦頤도 재상(정당문학 판형부사政堂文學判刑部事)에 오르는 뛰어난 경력을 이뤘다.

파평 윤씨는 조선에 들어와 윤곤尹坤(좌명 3등공신·이조판서)·윤희제尹希齊(판한성부사)·윤배尹培(홍문관 교리)·윤사은尹師殷(곡성현감谷城縣監)·윤탁尹倬(한성부좌윤·동지성균관사)·윤선지尹先智(충청도 병마절도사) 등을 거치면서 일정한 위상을 유지했다.

윤선거의 직접적인 계보는 증조 윤돈尹暾(좌승지에 추증)·조부 윤창세尹昌世(이조참판에 추증)를 거쳐 부친 윤황尹煌으로 내려왔다. 윤황은 대사간을 지내고 문정文正이라는 시호를 받은 비중 있는 인물이었는데, 좀 더 중요한 측면은 율곡 이이와 함께 문묘에 배향되고 조선 중기의 대표적 학자로 추앙받은 우계 성혼(1535~1598)의 사위였다는 사실일 것이다.

윤황은 세 아들을 두었는데, 윤순거尹舜擧(1596~1668)와 윤문거尹文擧(1606~1672) 그리고 이 글의 주인공인 윤선거다. 맏아들 윤순거는 소과에 합격했지만 병자호란 때 아버지가 척화를 주장해 영동永同으로 귀양 가자 벼슬에 나아가지 않고 고향에서 학문에 전념했다. 그는 노년에 가까운 49세(인조 23년 [1645])부터 15년 정도 형조좌랑·공조정랑·영월군수 같은 중급 관직을 지내다가 삶을 마쳤다.

둘째 아들 윤문거의 삶도 비슷했다. 그는 27세(인조 11년 [1633]) 때 문과에 급제해 순조롭게 경력을 시작했다. 그러나 형 윤순거, 동생 윤선거와 마찬가지로 그의 삶에 끼어든 거대한 걸림돌은 병자호란이었다. 윤문거도 형과 함께 아버지를 모시고 향리에서 머물렀으며, 30대 중반부터 세상을 떠날 때까지 대사헌·대사간·부제학·이조참판 등 수많은 관직에 임명됐지만 모두 나아가지 않았다. 그와 관련해 주목할 사실은 아들 윤박尹博이 송시열의 차녀와 혼인한 것이다(인조 22년 [1644]). 그러니까 윤선거의 집안은 서인 그리고 그 뒤 노론을 대표하는 인물인 성혼·송시열과 중요한 혈연관계를 형성한 것이다.

병자호란과 생환

윤선거는 광해군 2년(1610) 5월 28일 부친이 외직으로 근무하던 전남 영광靈光의 관아에서 태어났다. 그는 16세 때 공주公州 이씨

(생원 이장백李長白의 딸)와 혼인했고(인조 4년 〔1626〕), 23세 때 소과에 급제했다(인조 11년 〔1633〕).

개인으로서는 순조로운 과정이었지만, 나라에는 또 한 번의 전란이 다가오고 있었다. 정묘호란을 겪은 뒤에도 조선의 국왕과 대부분의 지식인은 이념의 선명성과 역사의 정통성에 집착해 국제정세를 제대로 파악하지 못했다(어쩌면 외면했다는 표현이 좀 더 정확할지도 모른다). 윤선거도 예외는 아니었다. 성균관에 입학한 그는 병자호란 직전에 후금의 사신을 목 베고 화의를 거부해야 한다고 주장하는 상소를 올렸다(인조 14년 〔1636〕).

나라 전체가 혼란에 빠졌지만, 그의 일생에 결정적인 영향을 준 사건도 병자호란과 함께 일어났다. 인조 14년 12월 병자호란이 발발하자 윤선거는 어머니·부인 등과 함께 강화도로 피난했다. 그는 거기서 권순장權順長·김익겸金益兼·김상용金尙容 등과 순절殉節하기로 약속했다. 이듬해 1월 실제로 그들과 윤선거의 부인 이씨는 강화도에서 순절했다.

그러나 윤선거는 처음의 계획을 바꿨다. 남한산성에 포위돼 있는 부친과 함께 죽기로 한 것이다. 그는 어머니와 함께 강화도를 빠져나오는 데는 성공했지만, 남한산성에는 들어가지 못했다. 결과적으로 그는 살아남았고 절개를 꺾은 것이 됐다.

모든 사실의 내면은 복합적이다. 현실에서 벌어지는 수많은 법정의 공방은 그런 측면을 보여주는 가장 대표적인 사례일 것이다. 어떤 판단과 행동을 명료하게 비판하기는 어렵지 않다. 그러나 그 원인과 동기를 깊이 알거나 오래 생각할수록 그런 일은 점점 조심스러워진다.

그때 27세의 윤선거의 판단과 동기는 매우 복잡했을 것이다. 그러나 어떤 개인적 사정과 역사적 명분이 있었든지, 적어도 외형적으로 그것이 그때 조선을 지배하던 이른바 '의리'와 어긋났다는 사실은 움직일 수 없었다. 이때의 행동은 그 뒤 윤선거의 일생을 지배했다. 그리고 거기서 빚어진 갈등은 그를 넘어 아들 윤증까지 이어졌고, 윤증의 위상 때문에 마침내는 조선의 지식인 사회 전체에 길고 넓은 영향을 줬다.

은거와 학문 연구

인조 15년(1637) 3월 윤선거는 아버지 윤황이 충청도 영동으로 유배 가자 모시고 갔다. 이듬해 그는 과거를 포기하고 충청도 금산錦山에 은거했다. 28세의 젊은 나이에 내린 결정이었다. 그 이듬해(인조 17년 (1639)) 아버지가 세상을 떠나자 그는 삼년상을 치렀다(인조 19년 (1641)).

그 뒤 윤선거는 충청도 일대에서 학문, 주로 예학 연구에 남은 삶을 바쳤다. 호란 이후 조선의 사상계를 주도한 학문은 예학이었다. '예악禮樂'으로 병칭되는 분야에서 음악이 화합의 도구라면 예학은 엄격하고 정교한 질서와 차별의 논리다. 이 시기에 예학이 발달한 까닭은 규모가 커지고 그만큼 복잡해진 조선 사회를 성리학적 논리에 따라 편제할 필요성도 크게 작용했지만 '오랑캐'에게 무너진 현실과 정신의 질서를 바로잡아야 한다는 동기도 중요했다.

윤선거는 인조 20년(1642) 마하산麻霞山(지금 충청남도 금산군 소재)에 산천재山泉齋를 짓고 예학을 연구하기 시작했다. 이때부터 그는 당대의 뛰어난 학자들과 교류했다. 스승으로는 신독재愼獨齋 김집金集(1574~1656)이 있었고, 비슷한 연배로는 권시權諰(1604~1672)·송시열宋時烈(1607~1689)·유계兪棨(1607~1664)·이유태李惟泰(1607~1684)·윤휴尹鑴(1617~1680) 등이 있었다. 가장 중요한 인물은 세 살 위의 송시열이었다.

이 시기 10여 년 동안 윤선거의 주요한 학문 활동은 유계와 『가례원류家禮源流』를 편찬하고(인조 20년), 송시열·이유태·유계와 고례를 연구했으며(인조 22년 (1644)), 서인의 대표적 인물이었던 성혼·정철의 연보를 편찬하거나 교정한 것 등이었다(각 인조 26년 (1648), 효종 1년 (1650)). 그동안 윤선거는 세자 사부, 사헌부 지평(정5품)·장령, 시강원 진선, 성균관 사업司業(이상 정4품), 상의원 정(정3품) 같은 관직에 천거됐지만 모두 나아가지 않았다. 비교적 평온하게 유지되던 윤선거의 은거 생활과 학문 연구는 중요한 고비를 맞았다. 그것은 조선의 정치와 학계를 뒤흔든 예송이었다.

기해예송과 송시열과의 갈등

현종 1년(1660) 이른바 기해예송이 일어났을 때 윤선거는 50세였다. 널리 알려진 대로 그 예송은 효종이 붕어하자 인조의 계비인 장렬왕후莊烈王后(자의대비慈懿大妃) 조씨가 입어야 하는 복제服制를 두고 발생한 사건이었다.

그것은 단순한 의례의 문제가 아니라 효종을 적장자로 볼 것인지, 차자로 간주할 것인지 하는 중대한 판단에 관련된 것이었다. 송시열을 중심으로 한 서인은 효종이 종통을 이었지만 차자라는 사실을 중시해 1년복을 주장했고, 허목·윤휴를 비롯한 남인은 효종이 왕위를 계승했으므로 적장자로 인정해야 한다는 논지에서 3년복을 주장했다. 결과는 서인의 승리였다.

이때 서인에게 가장 강력히 도전한 인물은 윤휴였다. 그는 이전부터 서인과 갈등을 빚어왔는데, 절대적 위상을 갖고 있던 주희의 주석 대신 독자적인 견해를 제시했기 때문이었다. 송시열은 그를 '사문난적斯文亂賊'으로 지목했다. 예송에서도 윤휴는 종통설에 입각해 송시열의 주장을 강력히 비판했다. 송시열은 그동안 윤휴와 좋은 관계를 유지하던 윤선거에게 그와 절교하라고 종용했다.

사실 윤휴를 둘러싼 윤선거와 송시열의 견해 차이는 이미 몇년 전부터 나타났다. 윤선거는 효종 4년(1653) 황산黃山서원(충청남도 옛 연기군 〔지금 세종시〕 소재)에서 송시열을 만났을 때도 윤휴를 배척하는 문제로 논란을 벌였다. 결국 이 사안은 깔끔하게 해결되지 않았고, 윤증 때 노론과 소론이 갈라지는 중요한 원인으로 작용했다.

그 뒤 윤선거는 앞서처럼 공부하고 저술하는 삶으로 돌아왔다. 정철의 묘를 옮길 때 만사輓詞를 지었고 민유중閔維重의 부탁으로 중봉重峯 조헌趙憲의 유고를 교정했으며(현종 6년 [1665]), 『우계속집牛溪續集』을 편찬하고 창랑滄浪 성문준成文濬의 문집을 교정했다(현종 8년 [1667]). 저술의 대상이나 청탁한 인물로 미뤄볼 때 이런 활동은 윤선거가 서인의 주류와 상당히 긴밀한 관계를 유지하고 있었음을 보여준다.

「기유의서」와 별세 이후의 부침

윤선거는 기해예송이 일어난 10년 뒤인 현종 10년(1669) 4월 세상을 떠났다. 별세하기 몇 달 전 그는 한 통의 편지를 작성했다. 송시열에게 보내는 편지였고 "남인 윤휴와 허적許積을 '참람한 무리'로 단정하기는 어려우며 지나치게 경직된 태도를 버리고 폭넓게 생각하라"는 우회적인 충고를 담고 있었다(기유년에 썼고 실제로 보내지는 않았기 때문에 '기유의서己酉擬書'라고 부른다). 그 뒤 이 편지는 윤증이 송시열에게 부친의 묘갈명墓碣銘을 부탁하면서 전달해 알려졌고(현종 14년 [1673]), 송시열과 윤증이 결별하는 한 원인으로 작용했다.

별세한 뒤 윤선거는 영의정에 추증되고(숙종 36년 [1710]) 문경이라는 시호를 받았다(숙종 37년). 그러나 당쟁이 격화되면서 사후의 지위도 급격하게 부침했다. 첫 하락은 문집 때문이었다. 숙종 40년(1714) 1월 문집인 『노서유고魯西遺稿』가 세상에 나왔는데, 그해 7월 신구申球라는 인물이 거기에 효종을 무함한 내용이 있다고 고발했다. 치열한 논란 끝에 결국 문집을 훼판毁板하고 서원의 사액을 철거하며 선정先正의 칭호를 금지하라는 숙종의 '처분'이 내려졌다(병신처분丙申處分. 숙종 42년〔1716〕).

그러나 정치적 변화에 따라 지위는 곧 회복됐다. 소론이 지지한 경종이 즉위하자 관작은 회복되고 서원도 다시 설치됐다(경종 2년〔1722〕). 50여 년 뒤 윤선거의 지위는 다시 한번 앞서와 동일하게 추락했다가(정조 즉위년〔1776〕) 곧 회복돼 그대로 유지됐다(정조 6년〔1782〕).

첫머리에서 말한 대로 그는 장남 윤증이 개입하면서 노·소 분당의 한 원인을 제공한 인물이 됐다. 대립과 갈등, 상처와 분열이 없는 개인이나 사회는 없다. 관건은 그것이 어떤 이유 때문에 일어났고, 그 뒤 어떤 결과를 가져왔는가 하는 측면일 것이다. 예송이 단순한 복제의 논란이 아니었듯, 노·소의 분당도 복잡하고 심층적인 문제가 개입한 사건이었다고 생각한다. 그러나 거기에는 구체적이고 절실한 정책이나 현안에 관련된 논쟁보다 사람에 관련된 평가와 대립이 적지 않은 부분을 차지했던 것도 부인하기 어렵다. 그 시대와 인물의 내면을 깊이 알지 못하지만, 짧은 글을 쓰면서 그런 아쉬운 마음을 지우기 어려웠다.

원칙적으로 편지는 사적인 소통 수단이지만 유명한 인물의 서신은 널리 알려지는 경우가 적지 않다. 이를테면 사마천司馬遷이 친구 임안에게 보낸 편지(「보임안서報任安書」)나 로마시대 키케로의 편지처럼 그런 일은 동·서양 모두 오래전부터 있었다.

고려·조선시대에 주요 인물의 서신을 공개하는 것은 하나의 관행으로 자리 잡았다. 대부분의 문집에서는 '서書'라는 항목을 두어 그 문집의 저자가 쓴 편지를 수록했다. '서간문학'이라는 단어가 보여주듯 비중 있는 인물들의 편지는 하나의 공식적 자료로 다뤄졌다.

윤선거와 윤증이 송시열에게 쓴 두 편지는 한국사에서 가장 유명하고 큰 영향력을 남긴 글들에 들어갈 것이다. 이 편지에 담긴 윤선거의 마음을 보여주는 가장 뚜렷한 증거는 세상을 떠나기 겨우 몇 달 전 이렇게 불편한 내용의 긴 서신을 썼다는 것이 아닐까 싶다. 말하자면 그는 작정하고 이 편지를 쓴 것이다.

"다시는 세상일에 관여하지 않겠다고 마음먹은 지 오래입니다. 이제 위로는 높은 은혜를 느끼고 아래로는 알아주심에 부끄러워 말을 삼키려고 했지만 도로 토해 끝내 다시 망발을 했습니다." 이 편지의 마지막 구절은 그런 결심과 갈등을 보여준다. 아버지의 편지는 12년 뒤 아들의 편지로 이어졌다.

기유년 송영보에게 보내려던 답신擬答宋英甫 己酉[1]

좋지 않은 일이 자주 일어나니 베는 듯 고통스럽습니다. 얼마 전
편지를 받고 저희 부자는 황송해 몸 둘 바를 몰랐습니다. 돌이켜
생각하면 저는 선왕께서 부르셨을 때 충성을 바치지 못해 하늘 같
은 은덕을 저버렸으니 이제 다시 무엇을 바라겠습니까? 오직 선
생께서 저를 멀리하지 않으시어 제갈공명의 벗인 최주평崔州平[2]처
럼 되고 싶은 것이 제 평소의 바람이었습니다.

불행히 예송이 생겨 제 비루한 견해를 제시할 수 없어 10년 동

---

1   윤선거, 『노서유고』, 「노서선생유고 별집」 수록. 영보는 송시열의 자字.
2   최주평은 제갈량의 친구다. 제갈량은 스스로를 관중管仲이나 악의樂毅에 견줬
    는데, 사람들은 인정하지 않았고 최주평만 그 말을 믿었다. 유비는 최주평의
    천거로 삼고초려 끝에 제갈량을 초빙했다.

안 이리저리 생각만 할 뿐 답답한 이 마음을 풀 길이 없어 늘 한 집안 형제들만 만나 개탄할 뿐이었습니다. 이제 두 원로(송시열과 송준길)가 다시 대궐에 들어가 세상의 도리를 거듭 새롭게 하니 주상께서 선비를 부르시는 요청이 낮은 관원에게까지 두루 미쳤습니다. 또 조 주서趙注書가 이곳을 지나면서 혜문惠問하신 편지를 전해줘 받았는데, 위로하고 깨우쳐주셨을 뿐 아니라 따로 서신을 보내 누루 살펴주시니 분수에 넘침을 더욱 깨달아 충심이 다시 높아집니다. 이제 속마음을 모두 털어놓으니 공적으로나 사적으로나 조금이라도 도움이 되길 바랍니다. 선생께서 가르침을 주시면 무척 다행이겠습니다.

일찍이 주자의 무신봉사戊申封事[3]를 읽어보니 천하의 큰 근본은 하나지만 시급히 해야 할 일은 여섯 가지라고 말했습니다. 천하의 큰 근본은 참으로 임금의 마음에 있으니, 지금 임금을 바로 잡아야 할 책무는 바로 선생께 있습니다. 선생은 상소에서 "세상에 드문 큰 공은 세우기 쉽지만 지극히 미세한 본심은 지키기 어렵고 중원의 오랑캐는 쫓아버리기 쉽지만 한 몸의 사사로운 뜻은

---

3 남송南宋 효종孝宗 무신년(1188)에 주자가 시급히 시행해야 할 일 여섯 가지를 황제에게 올린 글. 첫째 태자를 보좌해야 한다는 것, 둘째 대신을 양성해서 임명해야 한다는 것, 셋째 국가의 법도를 진작시켜 거행해야 한다는 것, 넷째 풍속을 변화시켜야 한다는 것, 다섯째 백성의 힘을 아끼고 배양해야 한다는 것, 여섯째 군정軍政을 올바르게 해야 한다는 내용이다.

없애기 어렵다"는 말을 인용하셨는데, 이 말이 어찌 군주에게만 해당되겠습니까? 국왕의 스승의 직책을 맡은 사람은 더욱 유의하지 않을 수 없는 것입니다.

우리 임금이 사사로운 뜻이 없기를 바란다면 내 사사로운 뜻을 먼저 없애야 하고 우리 임금이 언로를 열기 바란다면 내 언로를 먼저 열어야 하니 먼저 이 두 가지에 관련된 제 생각을 모두 말씀 드려보겠습니다. 예전 우리 시남市南[4]은 "선생이 친구에게는 성실하고 인정이 두텁기 때문에 정이 넘치는 폐단이 있고 군셈은 악을 지나치게 미워하기 때문에 국량이 좁은 병통이 있다"고 늘 말했습니다. 사랑하는 대상에게는 그의 나쁜 점을 알지 못하고 이끌려 따라가며, 미워하는 대상에게는 그의 좋은 점을 알지 못하고 지나치게 살펴 의심한다는 뜻입니다. 마음에 드는 사람은 무릎에 앉혀놓고 귀여워하지만 그렇지 않은 사람은 연못에 빠뜨리는 것처럼 언행이 법도에서 벗어나며, 주고 빼앗고 높이고 낮추는 것을 모두 자기 뜻대로만 해서 총명이 가려지고 호오好惡가 뒤바뀌어도 깨닫지 못하기도 합니다. 사람들의 평가가 좋지 않은 까닭은 모두 여기에 있습니다. 그러므로 이것은 마땅히 없애야 하는 사사로운 뜻입니다.

---

4 유계俞棨(1607~1664)의 호. 예학에 정통했으며 송시열·송준길·윤선거·이유태와 함께 충청도를 대표하는 학자로 평가됐다. 『가례원류』, 『여사제강麗史提綱』, 『시남집』 등의 저서가 있다.

일찍이 제 형 석호石湖(윤선거의 둘째 형 윤문거의 호)는 "유자는 출세하면 먼저 왕형공王荊公을 앞 시대의 보기로 생각해야 한다"고 말했습니다. 유자는 반드시 제 뜻을 시행하려고 하기 때문에 자신과 같은 사람은 어질다고 여기지만 자신과 다른 사람은 그렇지 않다고 여기며, 걸핏하면 옛일을 인용하기 때문에 자신의 뜻을 따르는 사람은 나를 안다고 생각하지만 의심하고 반대하는 사람은 나를 알지 못한다고 생각하기 때문입니다. 이렇게 되면 자신의 뜻이 의리에 반드시 합치하지 않고 옛일이 지금과 반드시 들어맞지 않아도 반성하지 못하는 지경에 이르게 됩니다.

마치 의서에 약 처방이 있지만 예전부터 사용해온 처방이 아닌데, 그것을 사용해 증세에 맞지 않는다고 해서 잘못된 처방이라고 말할 수는 없는 것과 같습니다. 이제 약을 썼는데 증세에 맞지 않아 잘못된 처방이라고 비난하는 사람이 있으면 "이것은 예전부터 사용해온 처방"이라고 물리치는 것이 옳겠습니까? 우리 당의 선비들에게는 이런 폐단이 많으니 살피지 않아서는 안 됩니다.

그러므로 뻐기는 태도가 있는 사람은 남을 받아들이지 않고, 이치에 맞지 않는 말을 억지로 끌어다 붙이는 풍조가 있으면 아부하는 것을 부끄러워하지 않습니다. 선생처럼 밝게 성찰하고 부지런히 묻지만 남의 말을 너그럽게 받아들이지 못하는 병통을 지닌

---

5 중국 북송의 정치가·문장가인 왕안석王安石(1021~1086). 형국공에 책봉됐기 때문에 '왕형공'이라고도 부른다.

사람이 간혹 있는 것은 타당한 수준을 넘어선 주장이 가끔 있기 때문입니다. 이것은 언로를 열어야 할 부분입니다.

요즘 선생이 주상 앞에서 말씀하신 7~8가지 조목은 모두 인욕을 막고 천리를 보존하는 문제와 관련된 것이라고 들었습니다. 선생께서 지적한 사항은 모두 참으로 중요한 것이니, 태평할 것이라는 칭송을 온 세상 사람은 보고 들을 수 있을 것입니다. 그러나 "내 잘못을 부지런히 비판하라"는 무후武侯[6]의 말을 문인과 제자는 들을 수 없으니 어찌된 일입니까? 어리석은 생각으로는 천리의 먼 곳에서 개탄하지 않을 수 없습니다. 일찍이 초려草廬(이유태의 호)의 말을 들으니 선생은 자신과 다른 견해를 제기하는 것을 완전히 금지했다고 합니다. 무릇 사람은 각자 생각이 있으니 어찌 안자顔子가 공자에게 그랬던 것처럼 모두 합치될 수 있겠습니까? 비판하고 의심하고 대답하고 물으면서 서로 발전하는 것이지만 자신과 의견이 다르다고 배척하면 편협해지지 않겠습니까? 천하에 다른 의견이 없다는 것은 참으로 평안한 방법이 아닙니다. 어떻게 생각하시는지 모르겠습니다.

지금은 이 두 가지를 먼저 실천해야 사사로운 뜻이 물러가고 공론이 분명히 시행되며, 아첨하는 사람이 사라지고 곧은 말이 거침없이 나와 내 한 몸은 늘 정대하고 광명한 곳에 서게 되고 임금을 바로잡고 나라를 안정시키는 공로가 있게 될 것입니다.

---

6 제갈량. 무향후武鄕侯에 책봉됐기 때문에 그렇게 부른다.

이른바 시급히 해야 할 일과 관련해 말씀드리면, 선생께서는 지금 시급히 해야 할 일이 무엇이라고 생각하십니까? 천하의 형세는 모이면 강해지고 나뉘면 약해지는 것이 바뀌지 않는 이론이라고 저는 생각합니다. 서인·남인이라는 치우친 논의가 깨지지 않으면 양주梁州와 익주益州[7]의 절반으로 오吳·위魏 전체를 도모할 수 없으며, 사천泗川과 낙양洛陽이라는 표방[8]을 없애지 않으면 나라 안의 변고 때문에 외침의 화란을 막을 수 없게 될 것입니다. 이것이 오늘의 고질적 폐단임을 모르는 사람이 없지만 해결책을 아는 사람은 없습니다.

일에는 근본과 말단이 있으니 근본을 먼저 정하면 말단은 거기에 따르지 않을 수 없습니다. 참람되지만 말씀드리건대 두 현인의 의견이 정해지면 이단이 스스로 일어날 수 없어 선비의 습속이 정론을 싫어하는 것에 빠지지 않고 인재를 그 능력에 맞게 쓸 수 있어 치우친 논의가 점차 사라질 것입니다.

치우친 논의가 나뉜 근원은 이미 오래됐지만 지금의 가장 큰 쟁점은 문묘종사 문제입니다. 서로 상대가 그릇되고 자신이 올바르다고 주장하면서 흑백논리로 공격하고 있습니다. 요즘 선비들의 논의에서 배척된 사람은 정론正論을 비판하니 종사문제는 나라를 가르는 하나의 경계가 됐

---

7 양주는 지금 중국 산시성陝西省 한중漢中 일대고 익주는 쓰촨성 충칭 일대다.
8 사천 출신인 주희와 낙양 출신인 정이程頤를 중심으로 두 파벌이 형성된 것을 말한다.

습니다.

선생께서는 처음에 종사는 주 부자가 옛 도성으로 돌아가 소목昭穆[9]을 바로잡은 의리처럼 해야 한다고 생각하셨습니다. 이것은 정당하지 않은 것이 아니지만 일이 닥치자 정론을 비판하는 상소를 분별하시 않을 수 없고 현인을 모욕하는 무리를 물리치지 않을 수 없으니 일단 훗날을 기다리려고 했지만 그럴 수 없는 형세였습니다. 옛날 도학과 위학僞學을 둘러싼 비방이 200년을 끌다가 단평端平[10]의 종사從祀에서 크게 정해졌습니다. 지금 위로 국왕 앞에서 아뢰고 아래로 많은 선비를 깨우쳐 즉시 성대한 법도를 들어 단호히 시행하면 선비들의 의론이 하나로 모이고 사악한 논의가 영원히 사라질 것입니다. "군자는 항상된 도리로 돌아갈 뿐이다"라는 맹자의 말은 어찌 이단을 물리치는 근본이 아니겠습니까? 예전 시남은 "일찍이 대감의 뜻을 살펴보니 선왕의 교훈을 깊이 유념해 등용과 승진의 기준으로 삼았다"고 말했는데, 저는 그것이 높고 밝은 생각이라고 생각해 중시했지만 반드시 이뤄지리라고 여기지는 않았습

---

9 사당에 조상의 신주를 모시는 차례로 왼쪽 줄을 소昭, 오른쪽 줄을 목이라고 한다. 시조를 가운데 모시고 2·4·6세를 소에, 3·5·7세를 목에 모신다.

10 '단평'은 중국 남송의 5대 황제 이종理宗 조윤趙昀(재위 1224~1264)의 세 번째 연호로 1234년부터 1236년까지 3년 동안 사용됐다. 이종은 1234년 몽골제국과 동맹을 맺어 금을 멸망시키고 1259년에는 몽골군도 몰아내는 데 성공했다. 내정에서는 주자학을 신봉해 진덕수眞德秀 같은 유학자를 등용해 개혁을 추진했다. 그러나 그의 개혁은 지나치게 이상에 치우쳐 결국 몽골의 침입에 대응하지 못하고 실패했으며 궁궐 건축으로 경제도 악화됐다.

니다. 지금 문묘종사 한 가지 일이 참으로 중요하니 백 년 뒤를 기다려야지 서둘러 강행해서는 안 된다고 생각한다면 그다음에는 또 한 가지 드릴 말씀이 있습니다. 사론과 정론의 변별과 관련해 을해년(인조 13년〔1635〕)부터 지금까지 나오지 않은 말이 없고 드러나지 않은 일이 없지만, 저쪽에서는 유직柳稷[11]의 상소보다 상세한 것이 없고 이쪽에서는 선생이 작성하려고 했던 변론보다 상세한 것이 없습니다. 이 두 상소를 하나하나 대조해 살펴보고 흐름을 따라 근원으로 거슬러 올라가 공개적으로 논의해 한 시대의 큰 공론으로 삼았습니다.

불교에 귀의했다고 저들이 지적한 일[12]은 퇴계가 인용한 장자張子[13]와 주자의 일로 변론했습니다. 퇴계가 이미 장자와 주자의 일로 비겼으니 인륜에 용납되지 않는다는 비판은 저절로 깨진 것입니다. 저들이 말한 국난에 달려가지 않았다는 일은 양윤호楊尹胡의 일로 변론했습니다. 저들의 말이 옳다면 양현(이이와 성혼)을 종사하면 안 될 뿐 아니라 서원도 설립해서는 안 되는 것입니다. 이쪽 말이 옳다면 그동안 양현을 모욕한 무리는 모두 금고 해야 합니다.

그러나 오윷·민용閔鬂의 무리가 그 욕한 입을 뉘우친다면 이미 지난 일을 탓해 스스로 새로워지려는 길을 허락하지 않겠습니까? 이렇게 하면 저들 가운데 정말 소인인 몇 사람을 제외하고는 반성해 스스로 뉘우치지

---

11 1602~1662. 조선 광해군·인조 때의 학자. 호는 백졸암百拙庵.
12 이이가 젊은 시절 불교에 관심을 보인 일을 말한다.
13 1020~1077. 중국 북송의 성리학자. 이름은 장재張載, 호는 횡거橫渠.

않을 수 없을 것이라고 생각됩니다. 그런 뒤 고치지 않고 너무 심한 사람은 버려 아예 고려하지 말고 그 나머지는 차별하지 않는다면 누가 기꺼이 따르지 않겠습니까? 식자들의 논의가 하나로 모이면 탄옹炭翁[14] 일파의 견해가 식자의 주류라고 할 수 있으니 어리석은 자들의 바르지 않은 생각을 점차 볼 수 있을 것입니다. 헐뜯고 속이는 말을 이어받아 실천하는 무리가 스스로 부끄러움을 알게 되면 사람들의 마음이 저절로 맑아지고 세상의 도리가 저절로 변해 화평의 복을 볼 수 있고 대동大同의 풍속이 이뤄질 것입니다.

계해년(광해군 15년이자 인조 1년 〔1623〕)에 여러 사람이 시비의 본원을 분별하지 않고 통용되던 잘못된 사례를 그저 따랐기 때문에 끝내 을해년(인조 13년〔1635〕)에 시끄러운 문제가 발생한 것이니 안타까움을 이길 수 있겠습니까? 국론이 통일돼 서로 협력하고 존중하면 문묘에 종사하는 일은 조금 늦어져도 무슨 문제겠습니까? 이것은 제 어리석은 생각이며 앞서 이미 여러 번 말씀드린 것입니다. 사론과 정론의 변별을 확정하고 저쪽과 이쪽의 의견을 통일하는 것은 위의 두 사항을 벗어나지 않습니다. 어떻게 생각하시는지 모르겠습니다.

예송의 금제가 풀리면 우리 도는 저절로 공평해질 것이고 의심받던 사람은 용서받아 오해가 풀릴 것이며, 다른 의견을 제기하던 사람은 변론하고 질의해도 아무런 해가 없을 것이고 내세우던

---

14 인조·효종·현종 때의 예학자 권시權諰(1604~1672)의 호.

주장도 곧 사라질 것입니다.

당론이 나라를 멸망시키는 재앙을 낳는다는 것은 선현의 말씀입니다. 나라를 맡은 사람은 반드시 당론을 먼저 없앤 뒤에야 일을 처리할 수 있으니 당론을 없애려고 하지 않는 선비가 어디 있겠습니까? 그러나 『대학』에서 말한 마음을 바르게 하는 공부가 미진한 부분이 있으면 지나침과 미흡함의 사이에서 자신도 모르는 사이에 당론으로 돌아가고 맙니다. 지금 이 예송의 논의는 다시 당론 중의 당론이 돼 처음에는 옳고 그름을 다투는 것이었지만 사론과 정론을 판별하는 것으로 바뀌었습니다. 저쪽에서는 자신들이 딴 마음이 없다고 하지만 이쪽에서는 틀림없이 사악한 뜻이 있다고 하고, 공격받는 사람은 자신이 억울하다고 하지만 공격하는 사람은 통쾌하게 보복하지 못할까 염려합니다. 옆에서 지켜보는 사람은 공격이 너무 심하다고 생각하지만 가파른 주장을 펴는 사람은 모두 연좌율로 다스려야 한다고 해 겹겹이 더해지고 이리저리 퍼져나가 선비들의 주장이 된 것이 이제 10년이 됐습니다. 그사이에 참으로 다른 마음이 없던 사람이 어찌 없고, 참으로 억울한 사람이 어찌 없고, 참으로 너무 심한 사람이 어찌 없었겠습니까?

선생께서 도성에 들어가신 뒤 방문하지 않은 사람이 없고 풀지 않은 원수가 없어 기뻐하며 복종하지 않은 사람이 없다고 들었습니다. 저 해윤海尹[15]은 참으로 탐욕스럽고 간사한 인물이니 질투하는 성품은 아니지

---

15 해남의 윤선도尹善道(1587~1671)를 가리킨다.

만 정말 등용해서는 안 됩니다. 그렇다고 해도 그가 탐욕스럽고 간사한 행동과 질투하는 마음을 고친다면 재주에 따라 거둬 써야지 3년복을 입어야 한다는 다른 주장을 폈다고 해서 영원히 배척해서는 안 됩니다. 그 밖에 조趙·홍洪 등 몇 사람은 논리에 근거가 없고 마음 씀이 치우쳤지만 벌 받을 때가 이미 지났고 금고 된 지가 이미 오래됐으니 용서해 등용해야 합니다.

하물며 윤휴·허적 두 사람은 본디 선비의 무리였으니 잘못된 실수가 있었다고 해서 어찌 참람된 도적과 독 있는 벌레 같은 인물로 끝내 단정해 용납하지 않을 수 있겠습니까? 김하보金夏甫[16]가 이미 너그럽게 용서받았다고 들었으니 윤휴·허적과 김하보가 어떤 차이가 있는지 모르겠습니다. 주장으로 말하면 윤휴·허적은 김하보보다 지나치지 않고 인품으로 말하면 김하보는 윤휴·허적에 미치지 못합니다.

지금 참으로 예송을 둘러싼 갈등의 흔적을 씻으려면 이 두 사람부터 시작해 내가 사사롭고 인색한 마음이 없다는 것을 보여줘야 합니다. 비유하면 세 길 되는 나무를 도성 문 앞에 세워놓은 뒤 정성을 다해 남을 후히 대접하고 적게 나무라면 안으로는 내 도량을 넓힐 수 있고 밖으로는 남의 마음을 감복시킬 수 있으리니 저 두 사람도 어찌 감동해 기뻐하지

---

16 인조~효종 때의 신하 김수흥金壽弘(1601~1681). 하보는 그의 자이다. 본관은 안동으로 우의정 김상용金尚容의 손자며 호조정랑 김광환金光煥의 아들이다. 2차 예송 때 자의대비 조씨의 복상문제에서 같은 서인 송시열에 반대하면서 남인이 주장하는 복제에 동조하여 논란을 일으켰다.

않겠습니까?

앞서 선생의 귀에 거슬린 말을 한 것은 융성한 덕을 우러러 도우려는 것이었지 담론하는 선비를 억누르거나 찬양하려는 뜻이 아니었습니다. 하물며 지금 선생께서 다시 일어나 국정을 맡아 전날 한가하게 계시던 때와는 다르니 참으로 큰 변화를 가져올 수 있는 기회입니다. "하루 자신을 이기면 천하가 어진 데로 돌아온다—日克己, 天下歸仁"고 했으니 선생께서는 어떻게 생각하십니까?

○ 그리고 또 들으니 선생께서 자신과 견해가 다른 사람을 버리거나 용납하는 기준은 자신에게 항복했는지 그러지 않았는지에 있다고 하는데, 정말 그렇다면 거짓되고 속이는 풍조가 더욱 커질 것입니다. 그것이 세상의 도리를 해치는 것은 이루 말할 수 없습니다. 사사로움 없이 어진 이만 등용한다는 의리는 선생께서 틀림없이 생각하셨을 것이지만 국정을 맡은 사람은 왕문정王文正이 장사덕張師德을 배척하고 사마광司馬光이 유안세劉安世를 천거한 것처럼 한 뒤에야 언행을 조심하고 염치를 아는 인물을 등용할 수 있다고 저는 생각합니다. 그렇지 않으면 얻는 사람은 비루하고 아첨하고 추종하는 무리일 뿐이며 식견 있는 사람은 동참하기를 부끄러워할 것이니 그들이 즐겨 문하에 나오기를 기대할 수 있겠습니까? 어떻게 생각하시는지 모르겠습니다.

이 두 가지를 융화하고 보합保合한 뒤에야 함께 공경하고 협동해 정신을 모으고 조정이 바로잡혀 여러 일이 밝아질 것이며, 하나의 중심綱이 서면 만 가지 세목이 거행될 것입니다. 저는 이것이 지금 가장 시급한 일이라고 생각합니다.

정치에 시행해야 할 것을 말씀드리면 백성을 보호하는 것이 먼저입니다. 석호의 생각으로는 지금 포布를 내는 백성의 처지는 거꾸로 매달린 것 같은 정도가 아닙니다. 일을 맡은 사람이 이것이 시급하다는 것을 먼저 이해해야만 백성이 편안해지고 군정이 처리될 수 있습니다. 이것이 시급하다는 것을 이해하지 못하고 백성을 편안하게 하려면 헛된 말이 될 것이며, 이것이 시급하다는 것을 이해하지 못하고 군정을 처리하려면 지엽적인 일만 할 뿐이어서 성취가 없을 뿐 아니라 그 해악이 빠르게 닥칠 것입니다.

더 말씀드리면 사사로운 뜻을 없애고 언로를 여는 것이 임금의 마음을 바로잡는 근본이고, 붕당을 깨뜨리는 것이 조정을 바르게 하는 근본이며, 군포를 각박하게 걷지 않는 것이 민생을 보호하는 근본입니다. 성실하게 실천하고 오래 지속하면 이른바 참된 공로와 효과를 신속히 이룰 수 있으며 성공과 실패, 이로움과 불리함은 참으로 하늘의 명령에 달려 있습니다. 어떻게 생각하시는지 모르겠습니다.

임오봉사壬午封事[17]에서는 방침을 확정하는 것이 중요하다고 지적했는데, 이것은 참으로 늦출 수 없는 것입니다. 아, 지금 천하가 왼쪽으로 옷깃을 여미고 있지만 우리나라만 머리를 깎지 않고 있으니 이것은 척화한 여러 사람의 공로이며, 큰 의리가 어두워

---

17 1162년 남송의 두 번째 황제 효종이 즉위한 뒤 내린 구언조서에 부응해 주희가 올린 봉사로 금에 대한 척화와 북벌을 주장했다.

지고 막혔지만 우리나라만 한 줄기를 붙들고 있으니 이것은 오늘 사림의 힘입니다.

이것이 어찌 사람의 모략일 뿐이겠습니까? 아마 하늘의 뜻일 것입니다. 문왕이 곤이昆夷(중국 서쪽의 이민족)를 섬긴 일과는 의리가 다르지만 그 시대를 살펴보면 정말 비슷합니다. 나라를 개창해 왕통을 이은 것은 이미 선왕 때 있었지만 뜻을 잇고 사업을 계승하는 것은 참으로 성상께 있습니다. 구천句踐은 거짓되고 연광延廣[18]은 미쳤으니 인仁은 문왕의 정치를 본받고 의義는 춘추의 계책을 연구해야 우리나라에서 주나라의 도를 일으킬 수 있을 것입니다.

옛날 참람되고 망령됨을 헤아리지 못하고 변명하는 말과 주역의 의리로 경계해 헛된 명성이 앞서는 잘못이 있어 선생의 인정을 받지 못했습니다. 작은 일도 헛된 명성으로 실제적 공로를 요행으로 기대할 수 없는데, 하물며 이렇게 큰 사업은 어떻겠습니까? 호랑이를 맨손으로 때려잡고 황하를 맨몸으로 건너는 사람과는 함께 일을 성취할 수 없으며, 큰소리만 치고 영합하는 사람은 심복으로 삼을 수 없습니다. 앞서 보낸 편지를 혹시 살펴보고 기억하고 계신지 모르겠습니다. 자세한 말씀은 드리지 않겠지만 깊이 살펴주시면 다행이겠습니다.

이것은 이른바 계획을 확정할 때 살피지 않으면 안 된다는 것이니 선생께서는 어떻게 생각하시는지 모르겠습니다. 선생께서

---

18 중국 오대 후진後晉의 관원 경연광景延廣(892~947). 거란에 맞서 싸울 것을 무모하게 주장하다가 거란에 잡혀갔고 그 뒤 자살했다.

지금 도성에 들어가신 것은 정말 제가 처음에는 생각하지 못한 일이었지만 들어가신 뒤에도 방문을 허락하지 않는 사람이 있다고 합니다. 기해년(효종 10년이자 현종 즉위년 (1659)) 이후 또 한 번의 시작이니 공적으로나 사적으로나 수많은 좋은 일과 걱정스런 일이 모두 그 안에 있을 것입니다.

앞서 제 생각이 선생의 높은 뜻과 맞지 않아 융성한 덕에 도움을 드리지 못하고 사사로운 정에 해만 끼쳐 손가락을 깨물고 싶도록 후회했습니다. 다시는 세상일에 관여하지 않겠다고 마음먹은 지 오래입니다. 이제 위로는 높은 은혜를 느끼고 아래로는 알 아주심에 부끄러워 말을 삼키려고 했지만 도로 토해 끝내 다시 망발을 했습니다. 편지로는 말을 다하지 못하고 말로는 뜻을 다하지 못하니 특별히 더욱 마음 써 헤아려 주시기 바랍니다. 괜찮다고 생각하시면 그 가운데서 선택해주시고 아니라고 생각하시면 보고 내버려 이전처럼 바깥의 어지러운 구설에 오르지 않게 해주시면 매우 다행이겠습니다.

윤

증

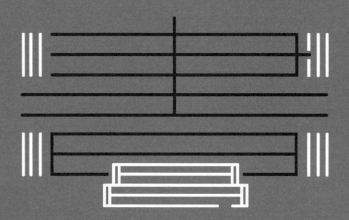

노론과 소론의 갈라섬, 그 기점에 있던 인물

윤증尹拯(1629~1714)은 조선 후기 정치사에서 매우 중요한 위치를 차지하는 인물이다. 그를 그렇게 만든 가장 큰 요인은 노론과 소론의 갈라섬이었다. 윤증의 아버지 윤선거(1610~1669)에서 비롯된 송시열(1607~1689)과의 이런저런 갈등으로 서인은 노론과 소론으로 갈라졌고, 조선 후기의 정치사는 새로운 국면으로 접어들었다.

윤증은 송시열과 함께 조선 후기 '산림'의 전형적 삶을 보여줬다고 말할 만하다. 송시열은 드문드문 관직에 나아갔지만, 그는 평생 벼슬하지 않았고 거의 모든 시간을 충청도 일대에서 머물렀다.

역사에 굵은 글씨로 기록된 인물들의 삶을 짧은 지식과 얕은 생각으로 재단하거나 평가하는 것은 어리석고 위험한 일이다. 한 사람에게 깊은 상처를 주는 것은 가까운 이의 배신이라고 한다.

그때 그 상처를 치유할 수 있는 가장 효과적인 방법은 솔직한 사과일 것이다. 윤증과 송시열이 주고받은 상처의 크기와 그 책임의 소재를 가리는 것은 여러 권의 책으로도 할 수 없을지 모른다. 궁극적으로 그것은 논증이나 설득의 대상이 아니라 신념의 문제일 수도 있기 때문이다. 그러니 여기서는, 이미 수많은 글에서 그 논쟁의 과정과 영향을 자세히 서술했지만, 그것을 다시 한번 간략하되 차분하게 되짚어 볼 수밖에 없다.

출생과 성장

윤증은 자가 자인子仁, 호는 명재明齋, 시호는 문성文成이다. 명재라는 호는 큰아버지 윤순거가 지어준 것이다. 윤증의 선대는 아버지 윤선거에 관련된 내용과 당연히 동일하다.

윤증은 인조 7년(1629) 5월 28일 한양 정선방貞善坊(지금 종로 3가 일대)의 외가에서 장남으로 태어났다. 어릴 적 그의 자질을 보여주는 일화가 몇 개 있다. 7세 무렵 할머니 성씨 부인(성혼의 딸)이 손자들에게 가묘家廟에 참배하도록 했는데, 끝나자마자 다른 아이들은 웃고 떠들어댔지만 윤증은 두 손을 단정히 모으고 태도를 바꾸지 않았다. 성씨 부인은 남편 윤황에게 "이 아이는 특별하다"고 말했다.

10세 무렵에는 「거미를 읊다詠蜘蛛」라는 시를 지었다.

거미가 매달려 그물을 치니	蜘蟵結網罟
가로지른 다음엔 위로 아래로	橫截下與上
잠자리에게 부탁하노니	爲語蜻蜓子
조심해서 처마 밑엔 가지 말기를	愼勿簷前向

좌의정을 지낸 조익趙翼(1579~1655)은 이 시를 보고 "이 아이가 뜻을 채워나가면 어짊을 다 쓸 수 없을 것"이라고 말했다.

높아지는 명망

윤증의 외형적인 삶의 방향은 매우 일찍 결정됐다. 병자호란 때 생환한 아버지 윤선거의 행동 때문이었다. 인조 20년(1642) 윤선거는 충청도 금산錦山에 정착했고, 윤증도 과거와 벼슬을 포기하고 아버지와 함께 거처했다. 13세의 어린 나이였다.

윤증은 18세 때 안동 권씨와 혼인했다(인조 25년 (1647) 10월). 장인은 저명한 예학자이자 한성부 좌윤을 지낸 탄옹炭翁 권시權諰(1604~1672)였다. 윤증의 주요한 스승은 권시를 비롯해 김집(1574~1656)·유계兪棨(1606~1664)·송시열·송준길宋浚吉(1606~1672) 등 당대의 명사들이었다. 이것은 그의 자질뿐 아니라 아버지 윤선거의 위상과 평판을 보여주는 지표일 것이다.

스승 가운데 유계는 윤증의 대책對策을 보고 "양한兩漢(전한과 후한)의 문장이자 정주程朱의 견해"라고 격찬했다. 윤증은 김집을 정성껏 모셨으며, 그가 별세하자 기일에는 항상 소식素食하고 특별한 일이 없으면 제사에 반드시 참석했다. 송준길과는 효종 3년 (1652) 1월 회덕懷德으로 찾아가 사제 관계를 맺었다.

윤증의 삶과 가장 큰 관련을 가진 인물인 송시열과 만난 것은 28세 때인 효종 8년(1657)이었다. 그는 김집의 권유로 회덕으로 가서 22세 연상의 송시열을 스승으로 섬겼다.

윤증은 일찍이 과거와 벼슬을 포기했지만, 이미 20대 후반 무렵 상당한 명망을 얻었다. 그는 효종 9년 학문과 행실이 뛰어난 선비를 천거하라는 왕명으로 세자익위사世子翊衛司와 세자시강원世子侍講院에 천거됐다. 「명재연보明齋年譜」에 따르면 "이때부터 윤증의 명망과 실덕實德이 점차 높아졌다."

그 뒤 윤증의 일생은 징소徵召(벼슬을 내리면서 부름)와 사직의 과정이었다고 말할 만했다. 그는 85세의 노령으로 별세할 때까지 공조좌랑·사헌부 지평·세자시강원 진선·사헌부 장령·집의·호조참의·대사헌·찬선·이조참판·우참찬·이조판서·좌참찬·좌찬성·우의정 등 수많은 관직에 제수됐지만, 한 번도 나아가지 않았다. 실제로 그의 문집인 『명재유고』에는 그가 이런 관직을 사양하면서 올린 수많은 상소가 실려있다(권 5~8 소장疏狀과 서계書啓).

징소가 시작된 뒤 40대 중반까지 윤증의 삶은 일반적인 모습으로 이어졌다. 두 아들 행교行敎(현종 2년 〔1661〕 5월)와 충교忠敎(현종 5년 〔1664〕 10월)를 얻었고, 부친(현종 10년 〔1669〕 4월)과 장인(현종 13년 〔1672〕 1월)을 여의었다. 스승 유계(현종 5년)와 송준길(현종

13년)이 별세하기도 했다.

　윤증의 삶에서 가장 중요한 갈등이 촉발된 것은 44세 때인 현종 14년(1673)이었다. '회니시비懷尼是非'라는 그 문제는 결국 노·소분당이라는 거대한 사건으로 이어졌다.

'회니시비'의 전개

널리 알려진 대로 '회니시비'는 송시열과 윤증이 살던 지명인 회덕懷德(지금 대전시 대덕구 일대)과 이성尼城(지금 충남 논산시 일대)에서 따온 명칭이다. 그 발단은 현종 14년 11월 윤증이 송시열에게 아버지 윤선거의 묘갈명을 부탁한 것에서 시작됐다. 그러나 근본적 원인은 좀 더 깊은 곳에 있었다. 그것은 윤휴(1617~1680)를 둘러싼 견해 차이에서 비롯된 것이었다.

　앞선 글에서 쓴 대로 윤휴가 주자의 주석과 다른 견해를 제시하자 송시열은 그를 '사문난적'으로 규정했고, 윤휴와 친분을 유지하던 윤선거에게도 그와 절교할 것을 요구했다. 송시열의 증언에 따르면 윤선거는 현종 6년(1665) 산사에서 만났을 때 "윤휴는 흑黑이고 음陰이고 소인小人"이라는 자신의 견해에 동조했다(「명재연보」).

　그러나 윤휴를 보는 송시열과 윤선거의 시각은 그 뒤에도 일치하지는 않았던 것으로 판단된다. 윤선거가 별세하기 직전에 쓴 「기유의서」는 그런 측면을 보여준다. 실제로 보내지는 않았지만,

윤휴와 허목을 너무 배척해서는 안 된다는 그 편지의 주요 내용은 이런저런 경로를 거쳐 송시열에게 알려졌을 것이다.

이런 사정은 당시 대체로 감지됐던 것 같다. 처음에 윤증이 송시열에게 묘갈명을 부탁하려고 하자 지인들은 말렸다. 그러나 윤증은 "평소에 서로 의견이 다 맞지는 않았어도 부친의 마음은 늘 간격이 없으셨다"면서 강행했다. 그러나 이런 판단은 결국 어긋났다.

윤증은 묘갈명을 의뢰하면서 참고 자료로 박세채가 지은 「행장」과 「기유의서」를 보냈다. 그 편지는 송시열이 보기에 불편한 내용이었지만, 윤증은 아버지가 간절하게 책선責善한 뜻을 끝내 묻어버릴 수는 없다고 판단했기 때문이었다.

그 뒤의 과정과 결말은 잘 알려져 있다. 송시열은 「기유의서」를 읽고 불쾌하게 생각했고, 「연보」에서 윤휴가 윤선거의 영전에 제문을 보낸 사실을 보고는 절교의 진위를 의심했다. 송시열이 작성해 보낸 묘갈명에는 그런 감정이 역력히 묻어 있었다.

송시열은 윤선거의 생몰년과 관력을 간단히 적고 "나는 공에게 견주면 뽕나무벌레와 고니 이상으로 현격한 차이가 있는 사람이어서 그 내면의 깊은 부분을 엿보기에 부족하다. 더구나 덕을 서술하는 글을 쓰려니 더욱 아득해 어떻게 말을 만들어야 할지 모르겠다"라고 전제한 뒤 박세채의 행장을 그대로 인용한 것이다. 마지막 부분에서는 "진실한 현석(박세채의 호)이 참으로 잘 선양했기에 나는 따로 서술하지 않고 그대로 따라 이 묘갈명을 지었다允

矣玄石, 極其揄揚, 我述不作, 揭此銘章"고 썼다.

　윤증은 당혹스러웠고, 그 뒤 거듭 송시열에게 개정을 부탁했지만(숙종 2년 (1676)과 숙종 4년) 별다른 진전은 없었다. 두 사람의 관계는 이것으로 그 대체가 결정됐다고 봐야 할 것이다. 그러나 그 관계를 완전히 확정하는 사건이 다시 한번 발생했다. 그것은 또 하나의 '의서'였다.

「신유의서」의 작성

당쟁의 새로운 모습은 환국이었다. 첫 번째 환국은 숙종 6년(1680)에 서인이 집권한 경신환국庚申換局이었다. 그때 윤증은 51세였고 송시열은 73세였다. 환국이 일어난 뒤 서인의 주요 대신인 김수항金壽恒·민정중閔鼎重 등은 윤증이 선비들의 큰 추앙을 받고 있으니 조정으로 불러 경연에 참석케 하라고 추천했다. 윤증도 송시열이 해배解配돼 회덕으로 돌아오자 찾아가 만났다. 이런 일들은 두 사람의 결별과 노·소의 분당이 아직 완전히 확정되지는 않았음을 보여준다.

　그러나 환국 이후 두 사람(과 그들이 주도한 당파)은 남인을 처리하는 정치적 문제에서 이견을 보였다. 송시열은 대의를 철저히 따라 엄격한 처벌을 고수한 반면 윤증은, 아버지 윤선거와 비슷하게, 온건하고 절충적인 대응을 선호했다. 이런 정치적 판단의 기저에는 주자학을 철저히 신봉하는 송시열과 양명학도 인정하는 윤증의 학문적 차이도 자리 잡고 있었다.

이듬해 윤증은 송시열에게 보내는 한 통의 편지를 썼다. 신유년(숙종 7년 〔1681〕)에 작성했고 역시 보내지는 않았기 때문에 「신유의서辛酉擬書」라고 불리는 편지다. 아버지가 「기유의서」를 쓴 지 12년 만의 일이었다. 뒤에서 전문을 옮겨 실었지만, 「명재연보」에 수록된 그 대체적인 내용은 다음과 같다.

> 선생님은 주 부자가 경계한 "왕도와 패술을 함께 쓰고 의리와 사리를 아울러 행사한다王覇竝用, 義利雙行"는 평가를 면하지 못할 듯합니다. 몇 년 전부터 마음속의 의심은 날로 더욱 깊어져 억지로라도 의심하지 않으려고 했지만 끝내 그렇게 할 수 없었습니다. …… 선생님의 기질을 살펴보니 굳센 성품剛德이 많지만 앞서 말한 대로 그 쓰임에는 천리에 순수하지 않은 것이 있기 때문에 도리어 자신의 덕성에 병통이 됐으니 참으로 자신이 이기기 어려운 것입니다. 자신이 이기지 못한 것이기 때문에 그 병통을 바로잡고 그 덕을 온전히 할 수 없던 것입니다. 겉으로 드러난 선생님의 문제점은 이 병통 때문에 생겨나지 않은 것이 없습니다.

「명재연보」는 "이 편지의 대의는 윤선거가 「기유의서」에서 충고하고 경계한 뜻을 거듭한 것으로 원인을 기질의 병통으로 보느냐 본원적인 문제로 보느냐 하는 차이가 있을 뿐"이라고 평가했다.

그러나 그 편지는 박세채의 만류로 결국 부치지 않았다. 「명재

연보」에 따르면 윤증은 매우 안타깝고 답답했지만 세도에 허물을 끼친다는 말에 공감해 결국 편지를 부치지 않았고, 그렇게 결정한 뒤에는 그 편지를 깊이 감춰두고 자손에게도 보이지 않았다.

그러나 그 편지는 3년 뒤 송시열에게 알려지게 됐다. 숙종 10년(1684) 송시열의 손자 송순석宋淳錫이 박세채의 집에서 몰래 베껴 조부에게 드린 것이다. 송시열의 답장은 대체로 다음과 같은데, 마지막 구절은 날카로운 여운을 남긴다(역시 「명재연보」에서 인용).

> 자네가 지적한 것은 모두 나의 실제 병통이지만, "의리와 사리를 아울러 행사하고 왕도와 패술을 함께 쓴다"는 대목은 더욱 지나치게 나를 인정해 관대하게 말한 것임을 알겠네. 그러나 편지를 읽은 뒤로는 마치 침으로 몸을 찌르는 것만 같네. 비유하자면 환자가 고질병이 악화돼 죽으려 할 때 갑자기 훌륭한 의원이 신단神丹의 묘약을 처방해줘 살길을 찾게 된 것과 같네. 그 훌륭한 의원의 본심이 과연 환자를 사랑하는 뜻에서 나왔는지는 모르겠지만, 그 은혜는 어찌 한량이 있겠는가?

같은 해 여름 최신崔愼이라는 인물은 「신유의서」를 근거로 윤증이 스승을 배반했다고 비판했고, 김수항·민정중 등 대신들도 윤증이 사사로운 감정으로 송시열을 헐뜯었으니 다시는 유현을 대우하는 예의를 적용해서는 안 된다고 주장했다. 숙종은 윤허했다. 「명재연보」에 따르면 "이때부터 시의時議가 시끄럽게 일어나, 위로는 대신과 삼사부터 아래로는 향촌의 어리석은 유생들에 이르기까지 모두 뜻을 받들고 눈치를 살펴 무리 지어 비난하고 헐뜯었다"고 기록했다. 「신유의서」가 세상에 알려졌을 때 윤증은 55세, 송시열은 77세였다. 당시 조선 정치의 중심에 있던 두 사람의 결별로 당쟁은 새로운 국면으로 접어들었다.

별세와 평가

이 사건이 일어난 5년 뒤 송시열은 기사환국己巳換局(숙종 15년〔1689〕)으로 사사됐지만, 윤증은 30년을 더 살았다. 노년의 삶에서 특기할 만한 사항은 숙종 26년(1700) 희빈禧嬪 장씨가 사사될 위험에 처하자 상소를 올려 동궁(뒤의 경종)을 보호해야 한다고 주장한 것이다.

윤증은 숙종 40년(1714년) 1월 24일 85세의 긴 삶을 마쳤다. 위독해지자 그는 상을 치를 때 중국(청)의 물품을 사용하지 말고, 무덤 앞의 비석에는 관직이나 재호齋號·선생이라는 표현 대신 '징사徵士'라고만 쓰라고 당부했다. 평생 동안 징소의 은혜를 입은 것을 잊지 않겠다는 뜻이었다.

그가 세상을 떠나자 숙종은 "유림은 도덕을 숭상하고儒林尊道德 / 소자도 일찍이 흠앙했네小子亦嘗欽. 평생 한 번 만나 보지 못했기에平生不識面 / 사후에 한이 더욱 깊어지네沒後恨彌深"라는 추모시를 내렸다. 그러나 2년 뒤 병신처분(숙종 42년〔1716〕)으로 윤증을 내쳤다. 소론이 지지한 경종이 즉위한 뒤 관작이 회복되고 문성이라는 시호가 내려짐으로써 윤증의 명예는 곧 회복됐다(경종 2년 〔1722〕).

윤증과 관련해 추가로 언급할 만한 사항은 그의 처신과 종가일 것이다. 그는 지나친 이익을 추구해서는 안 된다면서 후손들에게 양잠을 금지했다. 이런 태도는 고결한 선비정신의 실천으로 높이 평가된다. 이런 적선積善의 결과 그의 집안은 동학과 한국전쟁 때 도 피해를 입지 않았다고 한다. 그의 송택은 지금도 잘 보존돼 중 요한 문화재로 평가되며, 큰아버지 윤순거가 세운 교육시설인 종 학당宗學堂은 47명의 문과 급제자를 배출한 것으로 유명하다.[1]

바람직한 현상이라고는 생각하지 않지만, 학연과 혈연·지연이 아직도 강고하게 남아 큰 영향력을 발휘하고 있는 한국 사회에서 당쟁은 아직도 민감한 현재적 주제라고 여겨진다. 당쟁의 핵심적 국면을 형성한 윤증과 송시열의 관계는 더욱 그럴지도 모른다. 윤증을 다룬 이 글에서는 그의 문집인 『명재유고』에 실린 「명재 연보」를 주로 이용했으며, 송시열에 관련된 자료와 면밀히 대조 하지는 않았다. 그런 측면을 감안하고 읽어주시기를 부탁드린다.

---

1 종택과 종학당 모두 충남 논산시 노성면 소재. 각각 중요민속자료 제190호, 시도유형문화재 152호.

윤증의 이 편지를 읽으면서 우선 느낄 수 있는 사실은 아버지의 편지보다 길고 직설적이라는 것이다. 윤증은 날카로운 비판의 태도를 첫머리부터 감추지 않았다. "마음속으로 의심이 사라지지 않았습니다."

이 편지를 관통하는 비판의 핵심은 "왕도와 패술을 함께 쓰고 의리와 사리를 아울러 행사한다王覇竝用, 義利雙行"는 것이라고 여겨진다. 발신자는 이 언명을 되풀이 강조하면서 다양한 실제적 사례와 논리적 근거로 그것을 증명하려고 노력했다.

좋은 글은 사실과 의견이 정확히 구분된 것이라는 어느 뛰어난 작가의 말을 인상 깊게 기억한다. 끝까지 논리를 밀고 나가면 모든 '사실'에도 '의견'이 담겨 있으니 이 말은 끝내 실현할 수 없는 것일지도 모른다. 다만 설득력 있는 의견은 되도록 많은 사실을 바탕으로 구축되고 그래야 한다는 것은 자명하다.

이 긴 편지는 당시 52세의 발신인과 74세의 수신인의 위상 때문만으로도 주의 깊게 읽어볼 만한 가치가 있다. 그 독후감은 각자의 몫이다.

신유년 여름 회천에게 보내려던 편지擬與懷川書 辛酉夏[2]

선생님이 요즘 보내신 편지에서는 늘 세상의 도리를 근심하셨지만 그 끝은 말로 억누르거나 치켜세우거나 동의하거나 반대하는 것으로 귀결되지 않은 것이 없었습니다. 마음속으로 가만히 생각하니 의심이 사라지지 않았습니다.

주 부자는 "내가 먼저 좋아해야 당류黨類도 좋아하며 나아가 천하와 나라도 좋아할 수 있다"고 가르치셨다고 들었습니다. 이른바 좋아한다는 것은 그 실체가 모두 크고 오래 지속되는 것입니다. 나부터 좋아해 그것을 넓혀가지 않는다면 임시로 덮고 가려 한때 영합할 수는 있겠지만, 이른바 좋아한다는 것은 모두 훗날

2　『명재유고』 별집 3권 수록.

좋아하지 않는 병통의 원인이 될 것입니다. 참으로 이렇다면 세상의 도리를 책임진다는 것을 어찌 쉽게 말할 수 있겠습니까?

나부터 좋아할 수 없는데도 외면만 임시로 덮고 가리려고 한다면 자신의 처지가 넓고 좁은지에 따라 기준이 바뀌어 좋아하지 않는 것으로 모두 귀결될 것입니다. 하물며 그것을 말로 표현해 누르거나 치켜세우거나 동의하거나 반대해 공격하는 것은 어떻겠습니까? 그렇게 된다면 세상의 도리를 책임진다는 것은 세상의 도리를 해치는 것이 될 뿐입니다.

저는 외람되게 선생님의 문하에 있은 지 오래여서 선생님이 말로 표현하지 않은 것과 말로 표현한 것의 의미를 헤아릴 수 있습니다. 선생님은 주 부자가 경계한 "왕도와 패술을 함께 쓰고 의리와 사리를 아울러 행사한다王霸竝用, 義利雙行"는 평가를 면하지 못할 듯합니다. 처음에는 이런 제 마음을 수없이 반성하고 꾸짖으면서 제 생각이 참람하고 망령될 뿐이라고 생각했습니다. 그러나 몇 년 전부터 마음속의 의심은 날로 더욱 깊어져 억지로라도 의심하지 않으려고 했지만 끝내 그렇게 할 수 없었습니다.

가만히 생각해 보면 제가 선생님에게 배운 것은 회옹晦翁(주희의 호)의 글뿐입니다. 그러나 어째서 회옹의 글과 비슷하지 않은 것 같은지요? 제가 마음에 의심을 품고서도 선생님께 죄를 얻는 것이 두려워 여쭙지 않는다면 이것은 영원히 선생님을 저버리는 것이며 나아가 회옹까지도 저버리는 것입니다. 이제 감히 한번 속마음을 펴 보여 참람하고 망령됨을 용서받고자 합니다. 제 충심을 살펴주시면 무척 다행이겠습니다.

　　이런 생각을 품은 지 오래됐지만 전에 선생님께서 유배지에 계셨을 때는 제 말이 누설돼 참소하는 도적들을 도울까 봐 발설하지 않고 침묵한 채 지금까지 왔습니다. 그러나 진실되지 않게 미뤘다고 늘 스스로 책망했습니다. 또한 제 생각이 잘못 받아들여질까 봐 머물러두고 생각하느라 저 스스로 미루게 된 것입니다. 용서해 주시기 바랍니다.

　이른바 "왕도와 패술을 함께 쓰고 의리와 사리를 아울러 행사한다"는 것은 무엇입니까? 말로 드러낸 한두 가지 일로 먼저 증명한 뒤 말로 표현하지 않은 것을 논의해도 괜찮을지요?

　삼가 살펴보건대 선생님의 도학은 한결같이 회옹을 종주로 삼고 있으며, 선생님의 사업事業은 오직 대의大義에 바탕을 두고 있습니다. 처음에는 순수해 한결같이 하늘의 이치를 따르려고 했으니, 어찌 패술과 사리라고 할 만한 것이 있었겠습니까?

　선생님은 회옹의 도학을 스스로 떠맡고 대의의 명분을 스스로 심으셨기 때문에 주장이 지나치지 않을 수 없었고 자부하는 바가 높지 않을 수 없었습니다. 주장이 너무 지나쳤기 때문에 마음을 비우고 이로운 말을 받아들일 수 없었으며, 자부가 너무 높았기 때문에 사람들은 의문을 제기해 논박할 수 없었습니다. 그 결과 선생님께 동조하는 사람들은 가까워졌지만, 선생님을 비판하는 사람들은 멀어지게 됐습니다. 선생님의 잘못을 바로잡으려는 사람들은 환란을 만났지만, 선생님의 뜻에 순종하는 사람들은 재앙이 없었습니다. 이 때문에 큰 명성은 세상을 압도했지만 실제의 덕은 안으로 병들게 된 것입니다. 이것은 선생님의 행동에서 나타난 것입니다.

일찍이 "퇴도退陶(이황)의 학문은 한결같이 회옹을 본받았지만 그의 굳세고 우뚝한剛毅峻截 기상은 끝내 부족한 것 같다"고 가르치셨으니 이것을 퇴도의 부족함이라고 생각하신 것 같습니다. 그러나 스스로의 처신은 굳세고 우뚝한 것에 치우쳐 있다는 것을 깨닫지 못하신 것입니다.

무릇 의리를 주장하면 굳세지려고 하지 않아도 저절로 굳세집니다. 지금 선생님은 굳셈을 강조하기 때문에 도리어 굳셈이 사사로움이 됐으니, 간결하게 하는 데만 치중하면 지나치게 간결해지는 것과 같은 이치입니다.

자신을 이기는 것에 용감한 것이 굳셈剛이지만 지금은 다른 사람을 책망하는 데 사나운 것이 굳셈이 됐으며, 이치가 욕망을 이기는 것이 굳셈이지만 지금은 힘으로 다른 사람을 복종시키는 것이 굳셈이 됐으니 참다운 굳셈이 아닙니다. 이 때문에 선생님이 다른 사람과 교류하는 것을 보면 자신을 이기고 몸소 실천하는 것克己躬行처럼 실제로 힘써야 할 부분은 어쩌다 실천하는 것이 드물지만, 비웃고 꾸짖고 풍자하고 억누르고 배척하는 뜻은 입을 열면 나오고 붓을 들면 써집니다. 통렬하고 심각하게 다른 사람을 공격해 이기려는 말은 이야기에서 끊이지 않아 자신의 뜻을 따르는지 어기는지를 줄로 재듯 그어 한마디 말이라도 다르거나 한 가지 일이라도 차이가 있으면 나누고 또 나누며 쪼개고 또 쪼개 평생 쌓은 정과 의리를 버렸으니 박정薄情한 신불해申不害나 한비韓非와 비슷합니다. 이것은 다른 사람을 대하는 것에서 나타난 것입니다.

이렇기 때문에 선생님의 문하에 있는 사람들은 영합하고 추종하는 것을 어진 이를 높이는 것이라고 생각하며, 남의 허물을 들춰내고 사납고 박정하게 대하는 것을 악을 미워하는 것이라고 여깁니다. 윗사람은 명성을 바라고 아랫사람은 이익을 탐내 모두들 비판하는 것을 배울 뿐 본성과 몸과 마음의 늘 지켜야 하는 높은 윤리는 모두 멸시합니다.

『주자어류朱子語類』에서는 육상산陸象山[3]의 문인을 이렇게 평가했습니다. "자정子靜(육상산의 자)을 따르는 사람들은 하나같이 불손함을 배웠다. 그의 지난 잘못을 따를 뿐 아니라 오만하고 무례한 것까지 배웠다. 어른과 아이의 구분도 없으니 두렵고 두렵다." 또 이렇게 말했습니다. "육구연의 강서江西의 학문은 측은惻隱·사양辭讓의 마음은 없고 수오羞惡·시비의 마음만 있다. 그러나 부끄러워해야 할 것을 부끄러워하지 않고 미워해야 할 것을 미워하지 않으며, 그릇된 것을 옳다고 하고 옳은 것을 그르다고 한다." 이 두 부분은 바로 오늘을 두고 말한 것 같으니 참으로 괴이합니다.

---

3 1139~1192. 중국 남송의 유학자. 이름은 육구연陸九淵. '심즉리心卽理'라는 주관적 인식론을 주장했으며, 이런 이론은 그 뒤 양명학으로 이어졌다. 주희와 같은 시대에 살면서 대립적 사상을 주장했다.

이 때문에 선생님께서 조정에 계실 때는 같고 다름에 따라 가까이하거나 멀리했으며, 좋아하고 미워하는 것에 따라 내 편과 네 편이 돼 젊은 사람과 나이 든 사람이 서로 다투고 가는 곳마다 패를 지었습니다. 사대부의 풍습이 무너져 사사로운 의견이 넘쳐나는 데서 그치지 않았습니다.

율곡 선생은 이발李潑에게 보낸 편지에서 "사람을 뽑을 때는 인물의 본래 품성이 어떤지는 묻지 말고 의견이 나와 같은지 다른지만 따져 뽑을지 버릴지를 결정한다"고 하셨으니, 이것 또한 바로 오늘을 두고 한 말씀입니다.

선생님이 향촌에 계실 때는 문생들이 세력으로 사람들을 움직였고 위세로 사람들을 두렵게 했으며 말을 엮어 아첨하고 남을 헐뜯고 행적을 들춰내니 향촌의 풍속이 무너진 것은 영천태수潁川太守가 교묘한 술책으로 백성을 꾀어 실상을 알아내 처벌한 것과 같아졌습니다. 심지어 고을 수령들은 예절에 지나치게 선물을 보내고 문안하며 선비들은 상식에 어긋나게 뜻을 받들고 높입니다.

사람들은 선생님의 위세는 두려워하지만 선생님의 덕은 흠모하지 않으니, 선생님의 가문은 완연히 부귀한 집안이 돼 유자 가문의 기상은 사라졌습니다. 마침내 평생의 친구 가운데 처음부터 끝까지 우정을 유지한 사람은 하나도 없으며, 60~70년 동안 함께 학문을 닦던 곳이 하루아침에 서로 다투고 싸우는 장소로 변해 후세의 비웃음을 면하지 못할 것이니 형제끼리 싸우는 변고와 다를 바 없습니다. 그림자가 이와 같으니 그 형체를 알 수 있습니다. 이것은 또렷이 증명된 일입니다.

선생님의 문장과 언론은 회옹에게 근본을 두지 않은 것이 없습니다. 회옹의 말이 없다면 선생님의 학설은 믿을 근거가 없는 것입니다. 그러나 사실을 찬찬히 따져보면 회옹의 말을 따랐다는 명목이 있을 때도 있지만 의미가 같지 않은 때도 있으며, 자신의 주장을 먼저 세워놓고 회옹의 말을 인용해 무게를 실은 것도 있습니다.

심한 경우는 천자를 끼고 제후에게 명령하는 것과 비슷한 사례도 있었습니다. 이 때문에 사람들은 모두 겉으로는 대항하지 못하지만 속으로는 복종하지 않는 경우가 많은 것입니다. 문장에서 드러난 것은 이와 같습니다.

지난날 시남市南 선생(유계)이 선생님의 문장을 논하면서 "글마다 반드시 회옹을 인용하니 이것 또한 하나의 병통이다"라고 했습니다. 제가 일찍이 비슷한 말씀을 선생님께 드렸더니 웃으며 "이렇게 하지 않으면 내 마음에 흡족하지 않다"고 하셨습니다. 당시에는 선생님이 회옹을 독실하게 믿는 것에 깊이 감복했지만, 돌이켜 생각하니 성인의 말씀을 독실하게 믿는 것보다는 잘못된 원인을 자신에게서 찾는 것이 더 낫습니다. 그렇다면 시옹市翁(유계)의 말씀이 어찌 소견 없이 한 것이겠습니까? 또 회옹의 책이 우리나라에 들어온 뒤 퇴도退陶만큼 그것을 높이고 믿으며 따른 사람이 없었으며, 그 뒤는 바로 선생님이 있을 뿐입니다. 그러나 퇴도는 주자의 말씀을 그대로 본받는 데 주력했으므로 그 뜻이 성실했지만, 선생님은 그 말씀을 끌어와 자신의 견해를 보강하는 데 주력했으므로 그 명령이 거대했습니다. 이런 것들도 "왕도와 패술을 함께 썼다"고 말할 수 있습니다.

선생님께서 평생토록 세우신 것은 참으로 대의를 드러내는 것이었습니다. 그러나 이른바 대의는 말로 세울 수 있는 것이 아니며, 임금의 승낙을 얻었다고 반드시 성공하는 것은 아닙니다.

이를테면 효종 초에 선생님이 주상을 뵙기를 요청한 것 같은 일은 모두 임금의 승낙을 얻으려고 한 것이며, 벼슬에 나아가고 그만두는 명분에 기댔지만 진심으로 관직을 떠나고 직무를 맡는 뜻은 매우 부족했습니다.

선생님이 처음 조정에 나왔을 때는 사람들의 마음을 깨우치고 생각을 움직이는 효과는 참으로 있었지만 시간이 지나도 그런 효과를 뒤따르는 실천은 없었습니다. 이 때문에 국내를 다스려 외적을 물리치고 안정과 부강을 이뤄 복수할 것이라는 계획은 볼 만한 뚜렷한 실제적인 일이 없었습니다. 볼 수 있던 것은 녹봉이 많아지고 지위가 높아지며 명성이 넘치게 된 것뿐이었습니다. 일과 공로에서 드러난 것 또한 이와 같았습니다.

정자는 "명예를 얻으려고 하는 것과 이익을 얻으려고 하는 것은 청탁淸濁은 다르지만 이익을 추구하려는 마음은 한 가지다"라고 말했습니다. 이런 것 또한 이른바 "의리와 사리를 아울러 행사한다"는 것입니다.

이처럼 바깥에 드러난 것으로 살펴보면 선생님의 내면에 있는 한두 가지 사항을 추측해 말할 수 있습니다. 하나는 기질氣質을 변화시키지 못한 것이며 다른 하나는 학문을 성실하게 하지 않은 것입니다. 기질을 변화시키지 못했다는 것은 무슨 말입니까? 율곡 선생은 "기질을 바로잡는 방법은 극기克己에 있다. 극기하지 못하면 기질을 바로잡을 수 없다"고 말씀했습니다. 주자는 "나의 사욕은 세 가지다. 편벽된 성질과 육체의 욕망과 남을 시기하는 것이다"라고 말씀했습니다.

율곡 선생은 "극기 가운데 어려운 것은 분노와 욕망"이라고 하셨으며 사씨謝氏[4]는 이렇게 말했습니다. "굳셈剛과 욕망慾은 완전히 반대되는 것이다. 외물을 이길 수 있는 것을 굳셈이라고 하는데, 이길 수 있기 때문에 늘 만물의 위에 펼쳐 있다. 외물에 가려지는 것을 욕망이라고 하니, 가려지기 때문에 늘 만물의 아래에 굽혀 있다. 분노와 시기는 굳센 것 같지만 굳세지 않으니 다름 아니라 모두 인욕이기 때문이다."

선생님의 기질을 살펴보니 굳센 성품剛德이 많지만 앞서 말한 대로 그 쓰임에는 천리에 순수하지 않은 것이 있기 때문에 도리어 자신의 덕성에 병통이 됐으니 참으로 자신이 이기기 어려운 것입니다. 자신이 이기지 못한 것이기 때문에 그 병통을 바로잡고 그 덕을 온전히 할 수 없던 것입니다. 겉으로 드러난 선생님의 문제점은 이 병통 때문에 생겨나지 않은 것이 없습니다.

---

4 북송의 유학자 사량좌謝良佐(1050~1103). 채주蔡州 상채上蔡 사람. 자는 현도顯道, 시호는 문숙文肅. 정호·정이에게 배웠고 주자의 집주에 그의 학설이 많이 인용됐다. 그의 사상은 제자들이 편집한 『상채선생어록上蔡先生語錄』에 담겼으며 송대 성리학에 많은 영향을 줬다.

학문을 성실하게 하지 않았다는 것은 무슨 말입니까? 공자는 "충성과 믿음에 바탕을 두라主忠信"고 하셨고[5] 주자는 이렇게 해석 하셨습니다. "사람이 충성스럽고 미덥지 않으면 일이 모두 실체 가 없어 나쁜 일을 하기는 쉽고 좋은 일을 하기는 쉽지 않다. 그 러므로 학자는 충성과 믿음에 바탕을 두어야 한다." 또 "충성은 마음을 진실하게 하는 것이며 믿음은 일을 진실하게 하는 것"이 라고 말씀하셨습니다.

율곡 선생은 이 부분을 이렇게 부연했습니다. "하늘에는 진실 한 이치가 있고 사람에게는 진실한 마음이 있다. 사람에게 진실 한 마음이 없다면 하늘의 이치를 어기는 것이다." 한 마음이 진실 하지 못하면 모든 일이 거짓되고 한 마음이 진실하면 모든 일이 참됩니다. 그 때문에 주자周子(주돈이周敦頤)는 "성실함이 성인의 근 본"이라고 말한 것입니다. 지금 선생님의 기질의 병통이 이런데 도 고치지 못한다면 진실한 마음으로 학문하지 못할 것을 짐작할 수 있습니다.

무릇 진실한 마음이 있은 뒤에야 실제의 공로가 있고, 실제의 공로가 있 은 뒤에야 진실한 덕이 있으며, 진실한 덕이 있은 뒤에야 밖에 드러나는 것이 모두 진실하게 됩니다. 이른바 "천덕天德과 왕도王道는 홀로 있을 때 삼가는 것謹獨에 달려 있다"는 것입니다. 그렇지 않으면 그것과 반대

---

5 『논어』「자한子罕」 24장.

가 됩니다. 마음이 진실한지 그렇지 않은지는 자신만 아는 것이 아니며 모든 사람이 알게 됩니다. 지금은 사람들이 알지 못한다고 해도 후세에는 모두 알게 됩니다. 이것이 이른바 마음이 진실하면 겉으로 드러난다는 것이니 깊이 두려워해야 하지 않겠습니까?

무릇 의義는 하늘의 이치며 이利는 사람의 욕망입니다. 하늘의 이치에 따르는 것이 왕도며 사람의 욕망에 뒤섞이는 것이 패술입니다. 선생님의 마음속에 있는 것과 겉으로 드러난 것은 앞서 말한 대로 모두 순수하게 하늘의 이치에서 나왔다고는 말할 수 없으니 "의리와 사리를 아울러 행사하고 왕도와 패술을 함께 쓴다"고 어찌 말하지 않을 수 있겠습니까?

그러나 하늘의 이치와 사람의 욕망이 마음속에 자리 잡았다면 하늘의 이치는 늘 손님이 돼 밖에 있게 되지만 사람의 욕망은 반드시 주인이 돼 안에 있게 되기도 합니다. 이것은 이치의 형세상 반드시 그럴 수밖에 없는 것이니 어찌 더욱 두려워하지 않을 수 있겠습니까?

아! 선생님께서는 총명하고 강직한 자질과 확고하고 치밀한 학문으로 평생에 걸쳐 탁월한 업적을 이루셨지만 성실을 세우지 못하고 자신의 병통을 이겨내지 못해 끝내 이런 결과에 이르렀으니 문인과 후배가 의지할 곳을 잃어버린 것뿐이겠습니까? 삼가 생각건대 선생님의 총명함으로 스스로 반성하신다면 학문에서 첫 마음을 잃었다고 반드시 탄식하실 것입니다. 이 때문에 춘추의 대의와 회옹의 도학, 관원과 선비의 종장宗匠이 되는 책임이 모두 선생님 한 몸에 달려있지만 참으로 천하와 후세에 내세울 만한 실질이 없으니 어찌 너무 애통한 일이 아니겠습니까?

　이제 마지막 결단을 내리신다면 제가 한 가지 말씀을 드리고 싶습니다. 위 무공衛武公은 95세가 돼서도 나랏일을 조심스럽게 처리했고, 증자는 죽음을 앞두고도 대자리를 바꿨으니 자신을 바로 잡은 뒤 죽고자 한 것입니다. 한 무제는 68세 때 다시는 변방으로 출정하지 않겠다는 뜻을 담은 조서를 내리니 지난 잘못은 모두 사라지고 그 뒤의 훌륭한 업적이 환하게 기록에 빛났습니다. 참으로 선생님의 기질은 본래 굳세고 오래 학문을 쌓으셨으니 하루아침에 분발해 잘못을 씻어버리고 굳은 껍데기를 없앤다면 진실이 세워져 모든 뜻이 바르게 될 것입니다. 속마음부터 겉모습까지, 작은 일부터 큰일까지 모두 하늘의 이치에서 나와 이전의 계통을 후세에 실마리를 전해줄 것이니 선생님이 스스로 기약했던 처음의 뜻에 부응하는 것은 참으로 지도리 달린 문을 여는 것처럼 쉬울 것입니다. 선생님은 어떻게 생각하시는지 모르겠습니다.

　이런 말들이 아침에 알려지면 사방에서 저를 꾸짖고 욕하는 말이 저녁이면 들려올 것입니다. 그러나 스승과 벗의 의리에서 끝내 잠자코 있을 수 없어 제 진심을 모두 드러내 말씀드리는 것이며, 선생님께서 가르치신 세상의 도리에 관련된 말씀에 감동됐기 때문이기도 합니다.

　　지난날 제 아버님은 제게 말씀하셨습니다. "우옹尤翁의 우뚝한 기상은 다른 사람이 도달하기 어려우니, 너는 그것을 배워야 하지만 그 병통도 몰라서는 안 된다." 또 말씀하셨습니다. "우옹은 충고를 받아들이는 도량이 넓지 않다. 옛날 왕식王式이 『시경』으로 임금께 간쟁한 것처럼 너는 반드시 주자의 글을 가지고 일에 따라 판단해야 한다."

제 아버님은 선생님을 참으로 지성으로 대해 남으로 여기지 않았고 허물을 저지르지 않으려고 해서 선생님께서 듣기 싫어하셨지만 충고를 그치지 않은 것입니다. 또 제 아버님은 선생님이 회옹의 고사가 아니면 받아들이지 않는다고 생각했기 때문에 반드시 회옹의 고사를 찾아 일깨우는 자료로 삼았습니다. 저를 가르치고 경계하신 것도 이런 뜻이었습니다. 제 아버님은 자신의 충고가 선생님께 쉽게 받아들여져 일이 이뤄지기를 바랐을 뿐 그 나머지는 돌아볼 겨를이 없었습니다.

또 논의가 갈라져 자신과 선생님이 각자 학파를 세우면 후학에게 폐단이 흘러갈까 염려했기 때문에 선생님의 주장을 모두 받아들이고 비교하지 않아 사람들이 선생님과 이견이 생긴 것을 지적할 수 없게 하셨습니다. 제 아버님이 선생님께 너무 자주 충고한다고 의심하는 사람들도 있었고, 지나치게 자신을 굽힌다고 의심한 사람들도 있었지만 제 아버님의 마음은 처음부터 끝까지 바뀌지 않았습니다.

아! 제 아버님은 이렇게 지성으로 대하셨지만 살아계실 때는 선생님의 신뢰를 받지 못했고 돌아가신 뒤에는 의심을 면치 못했습니다. 그러나 귀에 거슬리는 충고는 다시는 선생님께 들리지 않았습니다. 그러나 제 아버님은 선생님의 병통을 오직 기질 때문이라고 여기셨지만 지금 제가 보기에는 기질과 함께 참으로 근본도 의심스럽습니다. 제 아버님이 지금의 상황을 볼 수 있다면 다시 무슨 말로 위로는 선생님을 이해하고 아래로는 저를 가르치실지 모르겠습니다.

가만히 생각건대 도를 간직하는 것은 마음이므로 늙고 젊음의 차이가 없지만 혈기는 나이가 들면 쇠약해지기 마련입니다. 지금 근본이 이미 이와 같으니 정신과 판단이 앞뒤를 정확히 헤아리지 못할 수도 있을 것입니다. 선생님을 진심으로 사랑하는 제자가 없어 부족한 부분을 보충하고 잘못된 부분을 바로잡지 못할 뿐 아니라 사실을 과장하고 이치에 맞지 않는 말을 억지로 끌어 붙여 도리어 누를 끼치니 참으로 애통해 마음을 가눌 수 없습니다. 이제 제 몸을 잊고 남김없이 말씀드리는 것은 제가 선생님을 저버리지 못하기 때문만은 아니며, 제 아버님이 평생 품은 지극한 정성을 끝내고 싶기 때문이기도 합니다.

관심을 갖고 잘 살펴주시기를 간곡히 부탁드립니다. 제 조그만 정성이 헤아림을 받아 가르치는 답신을 받는다면 제가 잘못 생각한 것이 있어도 깨우침을 받을 수 있을 것입니다. 간절한 마음으로 두 손 모아 기다립니다.

지난번 초려草廬[6]의 일을 논의할 때 선생님의 막내 동생 수보秀甫[7]는 제가 그 일을 선생님의 잘못이라고 주장하니 답장을 쓰지 말라고 선생님께 권유했다고 들었습니다. 지금 사실이 아닌 일로 이처럼 배척되니 "문을 닫고 사람을 만나지 않은 채 죽고 싶다"는 우계 선생의 말로 제

---

6 조선 후기의 학자·관원인 이유태李惟泰(1607~1684). 초려는 그의 호. 1차 예송(기해예송, 현종 1년 〔1660〕) 때 송시열의 기년설을 옹호했지만 숙종 초반 송시열과 결별했다. 사후 소론에 힘입어 이조판서에 추증됐다.

7 송시걸宋時杰. 군자감 판관, 순창군수 등 역임.

처신의 의미를 삼고 싶을 뿐입니다. 편지에 남김없이 제 마음을 쓰다 보니 저도 모르는 사이에 이런 말씀까지 드리게 됐습니다. 송구하고 송구합니다.

일찍이 육선공陸宣公[8]이 덕종德宗에게 아뢴 말씀을 읽었는데 다음과 같은 내용이 있었습니다. "술수를 써서 다른 사람을 부리면 그가 나를 속이고, 그를 의심하면 아랫사람이 교활해집니다. 참으로 자신은 최선을 다하지 않으면서 남이 최선을 다하길 바란다면 사람들이 태만해져 따르지 않을 것입니다. 윗사람이 이기기를 좋아하면 반드시 아첨하는 말을 좋아하고, 윗사람이 잘못을 부끄러워하면 반드시 곧은 간언을 꺼립니다. 이렇게 되면 아래에서 아첨하는 자들은 윗사람의 뜻에 순종해 충성되고 진실한 말은 들리지 않을 것입니다. 윗사람이 변론에 능숙하면 반드시 여기저기서 따온 말들로 아랫사람을 굴복시킬 것이며, 윗사람이 똑똑함을 자랑하면 반드시 억측해 아랫사람이 나를 속일까 걱정합니다.

이렇게 되면 아래에서 형세를 관망하는 사람들은 안일해져 학문과 덕행을 닦는 데 필요한 말을 곡진하게 올리지 않을 것입니다. 윗사람이 사납고 위엄이 있으면 반드시 마음을 낮춰 아랫사람을 대하지 못하며, 윗사람이 오만하고 너그럽지 못하면 반드시

---

8 중국 당唐의 관원·학자 육지陸贄(754~805). 한림학사翰林學士·병부시랑兵部侍郎 등을 지냈다. 저서로 『육씨집험방陸氏集驗方』 50권이 있다. 덕종에게 신임을 받았다. 시호는 선宣이다.

잘못을 남의 탓으로 돌려 충고를 받아들이지 못합니다. 이렇게 되면 두려움 많고 나약한 아랫사람들은 죄를 피하려고 사리에 합당한 말을 하지 않게 될 것입니다.

간언하는 사람이 많은 것은 자신이 간언을 좋아한다는 것을 나타내며, 간언하는 사람이 올곧은 것은 자신이 어질다는 것을 나타냅니다. 간언하는 사람이 강경하고 과장된 말을 하는 것은 자신이 용서해준다는 것을 드러내며, 간언하는 사람이 하기 어려운 말을 하는 것은 자신이 간언을 따른다는 것을 보여주는 것입니다. 이 가운데 하나만 있어도 크고 훌륭한 덕입니다."

아! 이 몇 단락은 임금이 마땅히 알아야 할 뿐 아니라 무릇 남의 위에 있는 사람은 더욱 유의하지 않으면 안 됩니다. 자신을 책망할 것인지, 잘못을 지적한 말을 책망할 것인지에 따라 흥망이 갈립니다. 자신의 허물 듣기를 좋아한 자로子路가 영원한 스승이 되는 까닭은 여기 있습니다. 선생님은 어떻게 생각하시는지 모르겠습니다.

일찍이 『퇴계집』에서 「노이재盧伊齋[9]에게 보내는 답장」을 본 적이 있는데 다음과 같은 내용이 있었습니다. "예전 정 선생(정이程頤)이 『역전易傳』을 완성해 놓고도 오랫동안 내놓지 않으면서 '조금 더 나아지도록 고쳐야 한다'고 했습니다. 주자는 『장구章句』와

---

9 조선 선조 때 영의정을 역임한 노수신盧守愼(1515~1590). 이재는 그의 호.

『집주集註』를 완성한 뒤에도 평생 스스로 고친 것이 얼마인지 모르며, 당시 문인과 친구들이 의문을 제기하고 질문해 고친 것 또한 적지 않았습니다. 자신의 견해를 내세우지 않고 여러 좋은 의견을 모았기 때문에 천하에 영원토록 흠잡을 수 없게 된 것입니다. 위대한 현인의 일이 빛나고 크게 된 까닭은 여기 있습니다.

공정한 시비라면 사람은 모두 같은 마음이니 어찌 자신의 사견으로 그것을 물리쳐 이길 수 있겠습니까? 옛사람은 참으로 의리가 무궁하다는 것을 알았기 때문에 자신을 비우고 도道로 나아가는 마음 또한 무궁했던 것입니다. 여러 의견 가운데 버리고 받아들이고 따르고 반대하는 데 의리가 있다는 것은 알았지만 남과 내가 있다는 것은 알지 못해 공평한 마음으로 판단했을 뿐 주저하고 고집하지 않았습니다. 옛부터 학문을 토론하며 서로 의견을 주고받을 때는 상대에게서 인정받기가 어려웠을 뿐 아니라 적이 돼 원수처럼 싸우는 경우도 많았습니다."

퇴옹의 이 편지는 저서를 두고 토론하면서 보낸 것이지만, 저서뿐 아니라 모든 일이 그럴 것입니다. 어느 것이 옳고 그른지 사람은 모두 같은 마음이니 자신의 사견으로 물리쳐 이길 수 있는 것이 아닙니다. 재주와 학식과 세력이 세상에서 맞설 사람이 없다면 당시에는 물리칠 수 있겠지만, 후세의 시비까지도 다시 살아나 물리칠 수 있겠습니까? 옛사람이 의리가 있는 것은 알았지만 남과 내가 있다는 것은 알지 못했다는 것은 참으로 여기서 알 수 있으니, 그들은 구차하게 자신을 속이고 남을 속이지 않은 것입니다.

　지금 이 망령된 제 생각은 참으로 여러 해에 걸쳐 얻은 것이지만 어찌 감히 스스로 옳다고 여기겠습니까? 만약 제가 잘못 생각해 이런 망령된 생각을 갖게 됐다면 어리석음을 깨우쳐주시고 막힌 것을 깨뜨려주셔서 안개를 헤치고 해를 보듯 환하게 일깨워주시기를 바라마지 않습니다. 선생님의 생각은 어떠신지 모르겠습니다.

숙
종

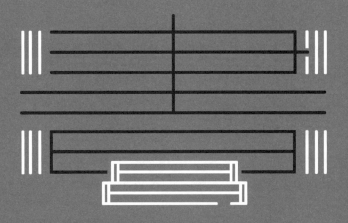

환국 정치의 명암

조선 후기의 역사를 관통하는 중요한 주제의 하나는 당쟁이다. 그것은 국정 운영은 물론 사상적 지향과 교유·혼맥 같은 인간관계에 이르는 여러 현상의 향배를 결정한 핵심 요소였다.

편가름과 거기서 기인한 갈등은 인간의 숙명에 가깝다. 그리고 거기에 부정적 요소만 있는 것은 아니다. 발전의 한 원동력은 차이와 논쟁이다. 순수하고 일치된 사회는 폭압적 전체주의와 멀지 않다. 그러므로 조선의 당쟁은 일단 자연스러운 현상으로 받아들일 수 있다. 핵심적 문제는 그런 편가름과 갈등이 어떤 요인으로 발생했고 어떤 과정과 결과로 이어졌는가 하는 측면일 것이다. 이런 측면을 고려하면 당쟁에 긍정적 평가를 내리기는 어렵지 않을까 싶다.

숙종 때의 정치사를 요약하는 단어는 '환국換局'이다. '정치적 국면의 전환'이라는 의미의 그 표현은 당파의 교체와 정책의 변화, 인명人命의 처분 등을 수반했다. 희빈 장씨禧嬪張氏와 관련된 익숙한 주제는 그 과정에서 발생한 대표적 사건이었다.

개인적 사항

조선의 19대 국왕 숙종肅宗(1661~1720, 재위 1674~1720)은 현종顯宗의 외아들로 모후는 청풍부원군清風府院君 김우명金佑明의 딸인 명성왕후明聖王后다. 휘는 이순李焞이고, 자는 명보明普다.

그는 현종 2년(1661) 8월 15일 경덕궁 회상전會祥殿에서 태어나 현종 8년(1667) 1월 왕세자에 책봉됐다. 현종 15년(1674) 8월 23일 13세의 나이로 창덕궁 인정전仁政殿에서 즉위해, 그때까지 국왕 가운데 가장 긴 기간인 46년 동안 재위한 끝에 1720년 6월 8일 경덕궁 융복전隆福殿에서 승하했다. 명릉明陵(경기도 고양시 서오릉 소재)에 모셔져 있다.

숙종에게는 인경仁敬왕후·인현仁顯왕후·인원仁元왕후로 이어지는 세 왕비가 있었다. 그러나 세 왕비는 모두 왕자를 낳지 못했고, 희빈 장씨와 숙빈 최씨가 각각 경종景宗과 영조英祖가 되는 왕자를 낳았다. 그 치세의 한 특징인 궁중의 복잡한 갈등은 이런 사실과 밀접히 관련된 결과였다.

경신환국―남인의 실각과 서인의 등용

앞서 말한 대로 숙종 때의 중심 사건은 세 차례의 환국이었다. 그해의 간지를 따라서 경신(숙종 6년 〔1680〕)·기사(숙종 15년 〔1689〕)·갑술환국(숙종 20년 〔1694〕)이라고 부르는 그 사건의 주체는 물론 국왕이었다. 이런 측면은 숙종의 왕권이 매우 강력했음을 보여주지만, 그의 판단력과 사건의 필요성에는 여러 견해가 엇갈리고 있다.

먼저 경신환국은 남인이 축출되고 서인이 등용된 사건이었다. 남인은 현종 15년(1674)에 일어난 갑인예송에서 승리해 조정을 장악한 상태였다. 바로 그해에 즉위한 숙종은 13세로 아직 어렸기 때문에 일단 부왕 때의 주요 신하들을 계속 신뢰했다. 아울러 김석주金錫胄(1634~1684)를 중심으로 한 외척을 중용하고, '삼복'으로 불리던 복창군福昌君·복선군福善君·복평군福平君과도 가깝게 지냈다. 그들은 인조의 셋째 아들인 인평대군麟坪大君의 세 아들인데, 복선군이 가장 촉망을 받았다.

숙종 초반 남인의 영수는 영의정 허적(1610~1680)이었고, 외척의 중심인물은 병조판서 김석주였다. 이 두 축을 중심으로 한 정국 운영이 급변한 것은 숙종 6년이었다. 표면적인 발단은 허적의 불경한 행동이었다.

그해 3월 허적은 조부 허잠許潛이 시호를 받은 것을 기념해 잔치를 열었는데, 그날 비가 내리자 궁궐의 유악油幄(기름 먹인 천막)을 무단으로 가져다 사용했다. 영의정이라는 지위와 국왕의 신임을 믿은 행동이었을 것이다.

그러나 예기치 않은 변수가 개입했고 엄청난 결과로 이어졌다. 숙종도 비가 오자 영의정에게 유악을 가져다주라고 지시했는데, 이미 그가 가져갔다는 사실을 알고 대로한 것이다. 이것이 유명한 허적의 유악 사건이다(이 사건은 야사에는 나오지만 실록에는 기록되지 않았다).

거대한 사건은 우연하고 사소한 계기로 촉발되는 경우가 적지 않다. 그때 그런 계기를 근본적 원인과 직결시키는 것은 표피적인 관찰이기 쉽다. 경신환국 또한 유악에 관련된 불경한 행위보다는 정권을 장악하려는 김석주의 의도와 그 과정에서 일어난 여러 사건, 그리고 그런 과정을 거치면서 형성된 숙종의 판단 등이 복합적으로 작용해 발생한 사건으로 봐야 할 것이다.

환국은 급속히 진행됐다. 첫 조처는 병권의 교체였다. 숙종은 국구國舅인 김만기金萬基를 훈련대장訓鍊大將에, 신여철申汝哲을 총융사摠戎使에, 김익훈金益勳을 수어사守禦使(이상 종2품)에 임명해 병권을 서인에게 넘겼다(3월 28일). 주요 관직도 대거 교체했다. 김수항金壽恒을 영의정에, 정지화鄭知和를 좌의정에, 남구만을 도승지에 임명하고 삼사도 대부분 교체했다(4월 3일).

경신환국을 파괴적 결과로 이끈 사건은 그 이틀 뒤에 발생했다. 이른바 '삼복의 변三福之變'이다. 허적의 서자인 허견許堅이 삼복(특히 복선군)과 결탁해 역모를 꾸미고 있다는 고변이 접수된 것이다(4월 5일). 남인과 종친이 연루된 중대한 사건이었다.

사건은 즉각 처리됐다. 두 주모자인 복선군과 허견은 사형에 처해졌다(4월 12일). 복창군도 사사됐고 복평군은 유배됐다(4월 26일). 좀 더 중요한 사실은 남인의 두 핵심 인물인 허적과 윤휴도 사사됐다는 것이다(각 5월 5일과 5월 20일). 훈련대장 겸 총융사로 병권을 장악했던 유혁연柳赫然도 얼마 뒤 사약을 받았다(9월 5일). 남인은 삼복의 변이 일어난 지 석 달도 안 돼 주요 인물이 대부분 제거되는 심대한 타격을 입은 것이다.

정국은 당연히 급변했다. 주요 관직은 서인으로 교체됐다. 국왕은 서인의 영수 송시열을 불러 최상의 예우를 베풀었다(10월 12일). 공교롭게 국혼의 변화도 비슷한 때 일어났다. 숙종 6년(1680) 10월 인경왕후가 별세하자 이듬해 5월 민유중의 딸을 계비(인현왕후)로 맞은 것인데, 그녀 또한 대표적인 서인 가문 출신이었다. 이로써 서인은 국혼과 주요 관직을 대부분 장악했다. 이런 상황은 10년 가까이 이어졌다.

기사환국─희빈 장씨의 등장과 남인의 집권

두 번째 균열은 세자 책봉을 둘러싸고 일어났다. 당시 숙종의 가장 큰 고민 가운데 하나는 아직 후사가 없다는 것이었다. 기사환국 전까지 국왕은 아직 서른 살도 되지 않았지만, 왕실이라는 특수한 상황은 국왕의 부담과 조바심을 가중시켰다.

그러나 문제는 곧 해결됐다. 숙종 14년(1688) 10월 27일 소의昭儀 장씨(뒤의 희빈 장씨)가 마침내 왕자(뒤의 경종)를 출산한 것이다.

27세였던 숙종의 기쁨은 지극했다.

그런 기쁨은 다소 성급한 조처로 이어졌다. 이듬해 1월 그 왕자를 원자로 삼고 장씨를 희빈에 책봉한 것이다. 세자의 책봉은 나라의 근본國本을 성하는 것이라고 불릴 정도로 중대한 의미를 가진 사건이었다.

서인은 당연히 강력하게 반대했다. 표면적으로는 국왕과 왕비가 아직 젊어 왕자를 충분히 생산할 수 있다는 이유였지만, 내면적 까닭은 희빈 장씨가 남인과 가까웠기 때문이었다. 서인의 영수 송시열은 그런 전례는 중국에도 없다면서 국왕의 조처에 정면으로 반대했다(2월 1일).

숙종은 다시 전격적이고 대대적인 숙청을 단행했다. 우선 바로 그날 송시열의 관직을 삭탈하고 지방으로 쫓아버렸으며(2월 1일) 그를 탄핵하지 않은 대간을 교체했다(2월 2일). 권대운權大運·목래선睦來善·김덕원金德遠을 삼정승에, 민종도閔宗道를 대사헌에 임명하는 등 주요 관직도 남인으로 교체했다(2월 10일).

서인의 주요 인물은 사사되거나 처벌됐다. 영의정을 지낸 김익훈金益勳과 김수항은 옥사하거나 사사됐고(각 3월 11일과 윤3월 28일) 남구만은 유배됐다(4월 13일). 앞서 처벌된 주요 남인의 신원도 이뤄졌다. 허적·윤휴·유혁연 등은 관작이 회복되고 제사가 내려졌다.

기사환국에서 서인에게 가장 충격적인 조처는 이이와 성혼을 문묘에서 축출하고黜享(3월 18일) 송시열을 사사한 사건(6월 3일)일 것이다. 그들은 서인을 상징하는 과거와 현재의 인물이었다. 특히 송시열을 유배지에서 도성으로 압송하다가 정읍에서 사사한 것은 숙종의 정치 운영 방식과 개인적 심리를 깊이 비춰주는 행동이라고 생각된다.

국왕은 사건의 원인이었던 왕실 문제를 처리함으로써 이 환국을 마무리했다. 숙종은 중전 민씨를 서인庶人으로 폐출해 사가로 내보낸 뒤(5월 2일) 희빈 장씨를 왕비로 삼고 종묘사직에 알렸다(5월 13일). 이로써 서인이 장악했던 국혼과 중앙 조정은 석 달 만에 남인으로 교체됐다.

갑술환국―희빈 장씨의 폐비와 서인의 재발탁

마지막 환국은 숙종 중반에 일어났다. 남인은 기사환국으로 정권을 장악했지만 집권 세력에 합당한 면모를 보여주지 못했다. 허적·윤휴처럼 무게 있는 대신도 없었고, 거듭된 환국의 경험 때문에 국왕의 뜻에 순종하는 자세로 일관했다.

기사환국이 그랬듯 갑술환국의 핵심적 요인도 궁중의 문제였다. 그때 궁궐의 중요한 변화는 숙종 19년(1693) 4월 숙원淑媛 최씨(그 뒤 숙의·귀인을 거쳐 숙빈이 됐다)가 총애를 받기 시작했다는 것이었다. 달리 말하면 중전 장씨의 입지는 그만큼 좁아진 것이었다.

숙종 20년(1694) 역시 고변으로 갑술환국은 시작됐다. 3월 29일 유학 김인金寅과 서리 박귀근朴貴根 등은 중전 장씨의 오빠 장희재

張希載가 숙의 최씨를 독살하려고 했다고 고변했다.

그 뒤의 과정과 결과는 기사환국을 그대로 뒤집은 것이었다. 우선 김익훈·김석주·송시열 등이 복관되고(4월 3일과 6일) 이이·성혼은 다시 문묘에 종사됐다(6월 23일). 영의정 권대운을 비롯한 주요 남인은 관직에서 쫓겨나거나 처벌됐다.

핵심적 문제였던 중전의 교체도 즉각 이뤄졌다. 장씨는 다시 희빈으로 강등되고, 민씨가 중전으로 돌아왔다(4월 12일). 그동안 총애 받았던 숙의 최씨가 얼마 뒤 왕자(뒤의 영조)를 생산했다는 사실도 중요했다(9월 20일).

권력을 둘러싼 궁중의 갈등은 7년 뒤 비극적으로 종결됐다. 숙종 27년(1701) 인현왕후가 승하했는데(8월 14일), 그동안 희빈 장씨와 그 일가가 주술 등의 방법으로 왕후를 저주했다는 사실이 드러났다. 숙종은 즉시 장씨를 사사하고(9월 25일) 장희재를 처형했다(10월 29일).

그 뒤 숙종의 치세는, 노론과 소론의 갈등은 있었지만, 서인이 주도하면서 종결됐다. 그러나 주도적인 당파를 일거에 교체한 환국이 보여주듯 가장 강력한 권력자는 숙종이었다. 그는 조선 후기의 한 정치적 특징인 군약신강君弱臣强의 두드러진 예외였다. 그러나 중요한 정치적 변화는 궁극적으로 궁중의 갈등과 밀접히 관련됐고, 감정적 요소가 개입해 돌발적이고 과격하게 진행됐다는 측면도 적지 않았다. 이것은 숙종의 치세를 평가할 때 중요하게 고려해야 할 부분으로 지적된다.

치적과 한계

46년에 걸친 긴 치세 동안 숙종은 여러 업적을 남겼다. 우선 대동법大同法을 경상도(숙종 3년 〔1677〕)와 황해도(숙종 43년 〔1717〕)까지 확대한 것이 주목된다. 강원도(숙종 35년 〔1709〕)와 삼남 지방(숙종 46년)의 양전量田을 실시해 서북 지역의 일부를 빼고는 전국의 토지를 측량한 것도 중요한 시책이었다.

동전 주조를 확대한 것도 의미 있는 업적이다. 숙종 4년(1678) 1월부터 사용된 상평통보常平通寶는 조선 후기의 대표적 화폐로 유통됐다. 이런 정책들은 조선 후기의 경제와 상업 발달에 상당히 기여했다고 평가된다.

국방과 군역 문제에서도 여러 변화가 나타났다. 우선 훈련별대訓鍊別隊와 정초청精抄廳을 통합해 금위영禁衛營을 신설함으로써 오군영 체제를 확립했다. 이것은 임진왜란 이후 추진된 군제 개편을 완료한 조처였다. 군포균역절목軍布均役節目을 마련해 1~4필로 균등하지 않았던 양정良丁의 군포 부담을 2필로 균일화한 것도 의미 있는 성과였다(숙종 30년 〔1704〕). 북한산성을 크게 개축해 도성 방어를 강화하기도 했다(숙종 38년 〔1712〕).

일본과도 활발하게 교류했다. 통신사를 파견하고(숙종 8년 〔1682〕 및 37년 〔1711〕) 왜관倭館 무역에서 사용하는 왜은倭銀의 조례條例를 확정했다. 특히 막부로부터 왜인의 울릉도 출입 금지를 보장받아 울릉도의 귀속 문제를 확실히 한 것은 주목된다(숙종 22년 〔1696〕~ 24년).

조선 후기 사상계의 중요한 특징은 중화인 명이 청에 멸망하면서 그 정통이 조선으로 옮겨왔다는 이른바 소중화 의식이 형성된 것이었다. 그것은 극한에 가까울 정도로 명분과 의리를 강조했으며 실천하려고 노력했다. 숙종은 명의 은혜를 갚는다는 대보단大報壇을 창덕궁에 설치하고 여러 민감한 사건의 피해자를 신원伸寃했다. 단종과 사육신·소현세자빈昭顯世子嬪을 복권한 것은 뒤쪽의 대표적 사례였다.

서원의 남설濫設도 이런 흐름과 밀접한 현상이었다. 숙종 때 서원은 300여 곳이 신설되고 131곳이 사액賜額됐는데, 지방의 학문 진흥이라는 긍정성보다는 당쟁과 경제적 특권의 온상이 됐다는 부정적 측면이 더욱 많았다고 지적된다.

숙종의 통치에도 일정한 비판이 제기된다. 가장 중심되는 부분은 환국의 타당성과 실효에 관련된 것이다. 전근대의 왕정에서 국왕의 독단에 따른 전면적인 정치변화는 그 정체政體의 원리상 항존하는 것이었다. 그러나 숙종 때의 환국은 본질적으로 정책의 대립보다는 궁중의 정쟁에서 기인한 측면이 컸고, 그 방식이 매우 돌발적이었으며, 그 결과 또한 파괴적이고 소모적이었다는 측면에서 부정적 성격이 더 컸다고 비판되기도 한다.

당시의 가장 큰 폐단인 양역良役 문제를 긴 치세 동안 끝내 해결하지 못했다는 것도 중요한 한계다. 모든 가호에 군포를 부과하는 호포제戶布制는 양반들의 반대로 결국 좌절됐다.

끝으로 널리 알려진 도적인 장길산이 이때 활동했다는 사실도 덧붙일 만하다. 장길산 일당은 처음에 황해도에서 출몰했지만, 숙종 18년(1692) 무렵에는 평안남도로 옮겨갔다. 조정에서는 그 도의 관찰사와 병사에게 체포하라는 엄명을 내리고 많은 상금을 걸었지만, 그들은 끝내 잡히지 않았다. 성호 이익은 그를 홍길동·임꺽정과 함께 조선의 3대 도적으로 꼽았다.

조선 후기의 당쟁을 살펴보면서 주요 사건의 구체적인 피화被禍 규모를 정확히 검증할 필요가 있다고 생각하게 됐다. 그것을 조선 전기의 정치적 숙청(대표적으로 사화)과 비교하면 두 시대를 휩쓴 폭력의 규모를 알 수 있을 것이다. 그런 자료는 두 시대의 전체적인 성격을 가늠하는 데 의미 있는 한 기준이 될 것으로 여겨진다.

이 세 사료는 세 환국이 시작된 기점에 실려있는 실록의 기록이다. 본문에서 말한 대로 어떤 사건은 돌발적으로 시작되는 경우가 적지 않지만 그렇게 시작되기까지는 상당한 과정이 숨겨져 있게 마련이다. 시작을 '남상濫觴'이라고 한다. 사전에는 '술잔이 넘칠 정도의 적은 물'이라고 설명돼 있다. '적다'는 데도 뜻이 있지만 '넘친다'는 데도 의미가 있을 것이다. 조금씩 쌓이다가 드디어 잔의 경계를 넘어 바깥으로 흘러나오는 것, 그것이 시작이니까.

이 책을 쓰려고 조선 후기의 인물들을 살펴보면서 자연적 수명을 누리지 못하고 정치적 격랑에 휩쓸려 목숨을 잃은 사람이 적지 않다는 사실을 알고 새삼 놀랐다. 갈등과 충돌은 인간 본성의 하나이기도 하지만, 이 세 사료의 뒤에는 그런 기록이 길게 이어질 것이다.

『숙종실록』의 기록들

1. 경신환국[1]

하교해 전 정승 김수항을 용서했다.

김수항은 이때 철원鐵原에 귀양 가 있었다.

또 하교했다. "아, 염파廉頗와 인상여藺相如[2]는 전국시대의 한 선비였을 뿐인데도 나라의 급한 일을 먼저하고 사사로운 복수를 나중해 지금까지 칭송받는다. 과인의 신하들은 사사로운 복수를 먼저하고 나라를 나중하고 있으니 전국시대의 선비만 못하다. 어찌크게 한심한 일이 아니겠는가? 요즘 공적인 도리는 몰락해 사라지고 사사로운 뜻은 크게 일어나 관원을 임용할 때 한쪽 당파의

---

1 『숙종실록』, 숙종 6년 3월 29일의 기사.
2 염파는 중국 전국시대 조趙의 명장이고 인상여는 같은 나라의 명신이다.

사람만 쓰게 되기 때문에 권력이 치우치고 교만하고 방종하는 습속이 짙어 잘못이 있어도 서로 바로잡는 도리가 적고 꺼리는 마음도 전혀 없다.

아, 남양南陽은 광무제의 고향인데 곽급郭伋은 황제가 남양 출신만 임용하는 것은 잘못이라고 지적했다. 그러니 하물며 한 나라의 사람은 국왕의 신하 아닌 사람이 없는데, 나라에서 사람을 등용하면서 어찌 이쪽과 저쪽을 구별한단 말인가? 당시의 의논에 구차하게 동조해 어지러워져 멸망하는 지경으로 스스로 들어가겠는가? 이것이 내가 늘 통탄하는 것이다.

그동안 면대할 때 '이쪽과 저쪽을 논하지 말고 공평하게 임용하라'는 뜻을 곡진하게 거듭 이르지 않은 것이 아니지만 그 뒤 후보자를 천거할 때 한두 사람을 추천해 책망을 모면하려는 데 지나지 않으니 매우 놀랍고 비판할 만한 일이 아니겠는가? 내가 비록 어둡고 용렬해도 태아太阿(중국 고대의 보검)를 거꾸로 주어 군주의 세력을 위에서 고립시키고 당파가 아래서 더욱 일어나게 하겠는가? 우선 이조판서 이원정李元禎의 관작을 삭탈하고 도성 밖으로 쫓아 보내라."

2. 기사환국[3]

소의 장씨를 희빈으로 삼았다. 그때 장씨에 대한 총애가 날로 커져 이항李杭과 장희재는 민암閔黯·민종도·이의징李義徵 등과 결탁

해 모든 일을 모의하니 나라의 화란이 눈앞에 있어 모든 사람이
두려워 떨었다.

3. 갑술환국[4]

밤 2고鼓(21~23시)에 임금이 비망기備忘記를 내렸다. "지난번 빈청
賓廳(궁궐에서 대신이나 비변사 당상들이 회의하던 건물)에서 회동하던 날
은 나라의 기일國忌(국왕이나 왕비의 기일)이었는데도 서둘러 와서 모
이기에 변방에서 어떤 일이 일어났거나 시끄러운 문제가 발생했
다고 생각했는데, 입시한 뒤 우의정 민암이 과연 함이완咸以完의
일을 아뢰면서 의금부에게 그를 체포해 가두고 심문하기를 주청
했다. 나는 윤허했지만 민암이 함이완을 홀로 만나 이야기한 일
이 있다는 것을 이상하게 생각했다.

   겨우 하루 뒤 의금부 당상은 방자하게 대면을 요청해 사건을
확대했고, 그 결과 예전에 갇혀 추국받던 사람이 지금은 도리어
옥사를 국문하고 예전에 죄를 정하던 사람이 지금은 도리어 극형
을 받게 됐다. 하루 이틀 만에 칼·수갑·차꼬를 찬 죄인이 의금부
에 가득 차게 하고, 서로 돌아가며 고발하면 그때마다 대질을 요
청하며 대질이 끝나자마자 거의 모두 처형하기를 주청한다.

---

3 『숙종실록』, 숙종 15년 1월 15일의 기사.
4 『숙종실록』, 숙종 20년 4월 1일의 기사.

이런 일을 멈추게 하지 않으면 그동안 연루시킨 사람들도 앞으로 차례대로 죄로 얽어맬 것이다. 그렇게 되면 공주의 집과 어느 한쪽 당파는 고문과 귀양의 처벌을 받지 않는 사람이 드물 것이다. 그들이 임금을 우롱하고 신하들을 마구 죽이는 행태가 지극히 통탄스럽다. 국문에 참여한 대신 이하는 모두 관작을 삭탈하고 도성 밖으로 내쫓고 민암과 의금부 당상은 모두 먼 섬에 안치하라."

　이때 영의정 권대운, 좌의정 목래선, 영중추 김덕원, 대사헌 이봉징李鳳徵, 승지 배정휘裵正徽, 사간 김태일金兌一, 장령 이정李楨, 정언 채성윤蔡成胤·심득원沈得元, 문사랑問事郎 민홍도閔興道·홍중하洪重夏·정시윤丁時潤·오상문吳尚文 등은 모두 관작을 삭탈하고 도성 밖으로 내쫓았다. 우의정 민암, 판의금判義禁 유명현柳命賢, 지의금知義禁 이의징李義徵·정유악鄭維岳, 동의금同義禁 목임일睦林一 등은 모두 먼 섬에 안치했다. 죄수의 진술 가운데 "익평益平·청평靑平·인평寅平 세 공주를 죽인 뒤에야 남인이 무사할 것"이라는 말이 있었으므로 '공주의 집'이라고 말한 하교가 있었다.

희

빈

장

씨

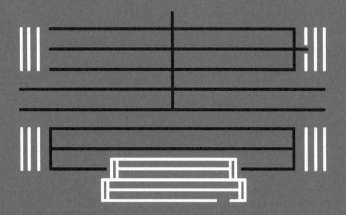

환국정치의 중심에 섰던 비극적 운명의 왕비

희빈 장씨(1659~1701)는 조선시대뿐 아니라 한국사에서도 가장 널리 알려진 여성의 한 사람일 것이다. 그런 명성의 확산에 크게 기여한 것은 소설·드라마·영화 같은 대중예술이었다. 그만큼 그녀의 삶은 극적이었다.

희빈 장씨를 다룬 텔레비전 드라마만 해도 〈장희빈〉(1971, MBC, 윤여정 분), 〈여인열전 장희빈〉(1982, MBC, 이미숙 분), 〈조선왕조 오백년—인현왕후〉(1988, MBC, 전인화 분), 〈장희빈〉(1995, SBS, 정선경 분), 〈장희빈〉(2002, KBS 2, 김혜수 분), 〈동이〉(2010, MBC, 이소연 분) 등 여러 작품이 만들어졌다. 그 배역은 당시의 주요한 여배우들이 맡았다.

역사와 대중예술에서 그린 희빈 장씨는 '권력을 지향한 요부妖婦' 정도로 요약할 수 있을 것이다. 모든 일이 그렇겠지만, 거기에는 사실과 왜곡이 섞여 있다. 유사 이래 권력의 핵심에는 언제나 음모와 암투가 넘실댔다. 그것은 권력의 한 속성일 것이다.

어떤 일과 사람을 선악의 구도로 재단하는 것은 명쾌하지만, 그만큼 단순화와 왜곡의 위험이 뒤따른다. 이미 깊이 있는 연구가 여럿 나왔고, 이 짧은 글은 상당 부분 거기에 의존해 작성됐다. 그녀가 남다른 권력 의지를 가진 것은 사실이었다고 생각된다. 그런 의지와 행동은 당쟁과 환국이라는 급박한 시대적 환경과 그것을 주도한 숙종의 처결과 맞물리면서 비극적인 결과를 낳았다.

출생과 가계

희빈 장씨의 가문은 비빈妃嬪의 지위와는 어울리지 않게 상당히 한미했다. 그녀는 효종 10년(1659) 장경張炯(본관 인동. 1623~1669)의 둘째 딸로 태어났다. 장경은 처음에 고씨(1625~1645. 본관 제주. 고성립高誠立의 딸)와 혼인했지만 그녀가 일찍 사망하자 윤씨(1626~1698. 본관 파평. 사역원 첨정 윤성립尹誠立의 딸)와 재혼했다. 그 사이에서 1남 2녀를 두었는데, 희빈 장씨는 막내였다. 그녀와 함께 널리 알려진 장희재(1651~1701)는 맏아들이자 희빈의 오빠다.

희빈의 가계에서 언급할 만한 사실은 숙부가 역관 장현張炫이었다는 것이다. 당시의 역관은 중인이었지만 상당한 부를 축적했고, 그것을 매개로 권력도 어느 정도 누릴 수 있었다. 장현은 거부였고, 남인의 영수 허적의 서자 허견이 결탁했던 복평군 등과도 친밀한 사이였다. 희빈이 남인과 가까웠던 데는 이런 사정이 적지 않게 작용했다. 아버지 장경은 희빈이 10세 때 세상을 떠났다(현종 10년〔1669〕).

앞서 말한 대로 이런 환경은 한미하며, 불우하기까지 하다. 안온한 환경이 여유와 평화를 준다면, 험난한 조건은 힘들지만 그것을 이겨낼 의지와 강단을 부여할 수도 있다. 그 뒤 나타난 희빈의 행동과 품성은 이런 환경과 연관됐을지도 모른다.

입궁과 총애

이런 배경을 가진 희빈이 입궁한 것은 상당히 이례적인 일이었다. 그런 행운을 제공한 사람은 동평군東平君 이항李杭(1660~1701)과 우의정 조사석趙師錫(본관 양주. 1632~1693)이었다.

동평군은 인조의 후궁 귀인 조씨의 아들인 숭선군 이징李澂의 아들인데, 그의 어머니가 조사석의 사촌누이였다. 조사석은 관직에서도 유추할 수 있듯 대단한 명문 출신이었다. 아버지는 형조판서 조계원趙啓遠이고 어머니는 영의정 신흠申欽의 딸이었으며, 아들은 영의정까지 오른 조태구趙泰耈다.

『숙종실록』에 따르면 희빈의 어머니 윤씨는 조사석 처가의 종이었는데, 조사석과 사통私通한 사이였다. 조사석은 동평군에게 정부情婦의 딸을 입궁시켜 달라고 부탁했고, 그런 요청에 따라 희빈은 나인으로 입궁했다. 희빈은 미모가 매우 뛰어났다고 기록돼 있다(숙종 13년 [1687] 6월 16일).

희빈의 일생에서 중요한 전기는 21세 때 찾아왔다(숙종 6년 [1680]). 그해 10월 26일 숙종비 인경仁敬왕후(1661~1680. 본관 광산光山. 김만기의 딸)가 승하했는데, 그 뒤에 처음 은총을 받은 것이다. 그러나 행운은 바로 현실화되지 못했다. 대비 명성明聖왕후는 당파적 색채가 강했는데, 희빈과 연결돼 남인이 진출할 수도 있다고 판단해 그녀를 내쫓았기 때문이었다. 이듬해인 숙종 7년(1681) 노론 핵심 가문 출신의 인현왕후(1667~1701. 본관 여흥. 민유중의 딸)가 계비로 책봉됐다. 나이는 희빈이 8세 위였다.

영광의 정점

기회는 숙종 9년(1683) 대비 명성왕후가 붕어하면서 찾아왔다. 거리낄 것이 없어진 숙종은 희빈을 총애했다. 희빈의 나이 25세였다. 숙종의 사랑은 매우 컸다. 그녀는 숙원(종4품. 숙종 12년 [1686])을 거쳐 소의昭儀(정2품. 숙종 14년 [1688])로 승급했다. 그동안 오빠 장희재와 그의 첩 숙정淑正은 남인과 연합하라고 희빈에게 계속 충고했다. 희빈은 남인과 더욱 가까워졌다.

가장 중요한 일은 숙종 14년 10월 28일 왕자 윤昀(뒤의 경종)을 낳은 것이다. 희빈의 나이 29세에 찾아온 거대한 행운이었다. 이듬해 1월 11일 왕자는 원자로 정호定號됐고 그녀도 희빈(정1품)에 책봉됐다.

그러나 숙종과 인현왕후는 아직 매우 젊었고(28세와 21세), 따라서 대군을 낳을 가능성은 충분했다. 그런데도 이렇게 빨리 국본을 확정했다는 사실은, 숙종의 총애를 보여주기도 하지만, 상당한 무리가 아닐 수 없었다.

이런 무리한 결정은 거대한 정치적 사건으로 번졌다. 기사환국이었다(숙종 15년 [1689]). 서인의 영수 송시열과 영의정 김수흥·영돈녕 김수항 등은 원자 책봉이 아직 이르다고 정면으로 반대했다.

그동안의 방식대로 이번에도 숙종의 대응은 성급하다는 느낌을 줄 정도로 신속하고 단호했다. 우선 권대운·목래선·김덕원을 삼정승에 임명한 것을 시작으로 남인을 대거 기용했다.

서인은 대부분 파직되거나 유배됐다. 송시열은 제주도로 유배된 뒤(숙종 15년 3월 6일) 전라도 정읍井邑에서 사사됐고(6월 8일) 김수항은 영암靈巖의 귀양지에서 같은 처분을 받았다(윤3월 28일). 이듬해에 김수흥도 유배지인 경상도 장기長鬐(지금 포항)에서 별세했다(숙종 16년 [1690] 10월 12일).

환국이 원자 정호 때문에 촉발됐으므로 왕실의 교체도 당연히 뒤따랐다. 인현왕후는 희빈을 투기했다는 죄목에 따라 서인庶人으로 폐출됐고(5월 2일) 나흘 뒤 희빈은 드디어 왕비에 올랐다(5월 6일). 원자의 외가, 그러니까 희빈의 친정은 3대가 의정에 추증돼 아버지 장경은 영의정, 조부 장응인張應仁은 우의정, 증조부 장수張壽는 좌의정의 직함을 받았다. 이듬해(숙종 16년 [1690]) 6월 경종은 왕세자로 책봉됐다. 희빈과 그 가문의 영광은 정점에 올랐다.

몰락과 사사

그러나 기사환국 뒤 숙종은 인현왕후를 폐출한 것을 점차 후회하게 됐다. 그 결과는 세 번째 환국으로 나타났다. 재위 20년(1694) 숙종은 서인이 꾸미던 왕비 복위 사건을 조사하던 우의정 민암이 국왕을 속여 옥사를 확대하고 있다면서 대대적인 인사교체를 단행했다. 그 결과 남인은 축출되고 남구만·박세채朴世采·윤지완 등 서인이 등용됐다.

기사환국의 본질이 원자 정호와 희빈의 중전 책봉이었듯, 갑술환국의 핵심은 인현왕후의 복위였다. 숙종은 이전의 조처를 뉘우치면서 인현왕후를 환궁시켰다. 장씨는 별당으로 쫓겨가고 희빈으로 다시 강등됐다. 아버지 장경의 부원군 교지와 그 아내의 부부인府夫人 교지는 불태워졌고, 장씨의 왕후 옥보玉寶도 파괴됐다(숙종 20년 4월 12일). 숙부 장현과 장찬張燦도 외딴 섬에 유배됐다(윤5월 13일). 희빈이 왕비가 된 지 5년 만의 일이었고, 그녀의 나이는 35세였다. 이때 일어난 또 하나의 중요한 일은 숙의 최씨가 왕자(뒤의 영조)를 출산했다는 것이었다(9월 20일). 희빈의 입지는 점점 더 좁아지고 있었다.

비극의 종막은 7년 뒤에 내려졌다. 숙종 27년(1701) 8월 14일 인현왕후가 승하했는데, 그 직후 희빈이 자신의 거처인 창경궁

취선당就善堂 서쪽에 신당神堂을 설치하고 왕비가 죽기를 기도한 일이 발각된 것이다. 숙종은 대로했다. 장희재는 참형됐고 희빈을 옹호하는 태도를 보인 남구만·최석정 등 소론도 몰락했다. 정계는 노론이 더욱 확고하게 장악했다.

끝내 희빈에게는 자진하라는 명령이 내려졌다(10월 8일). 죄목은 중전을 질투해 모해했다는 것이었다. 한미한 가문 출신으로 입궁해 원자를 생산하고 중전까지 올랐지만 결국 사사된 42년의 파란 많은 생애였다.

사후의 예우가 부실한 것은 당연했다. 희빈은 숙종 28년(1702) 1월 경기도 양주楊州 인장리茵匠里에 묻혔다가 숙종 44년(1718) 광주廣州 진해촌眞海村으로 옮겨졌다. 앞으로 빈은 왕비가 될 수 없도록 하라는 왕명도 내려졌다(숙종 27년 (1701) 10월 7일).

그나마 일정한 추숭이 이뤄진 것은 아들 경종이 즉위한 뒤였다. 경종은 모후의 사당을 건립하고(재위 2년 (1722) 1월 10일) 옥산부玉山府 대빈大嬪으로 추존했다(10월 10일). 대빈궁은 국왕이나 추존된 국왕을 낳은 일곱 후궁의 신위를 모신 칠궁七宮(지금 서울 종로구 궁정동 소재) 안에 있다. 묘소는 1970년 서오릉西五陵(지금 경기도 고양시 덕양구 소재)으로 옮겨졌다.

앞서 말한 대로 희빈이 남다른 정치적 야심과 감각을 가졌던 것은 사실이라고 생각된다. 사실 모략과 암투가 난무한 전근대의 궁중에서 그런 자세는 자연스러우며 필요했다고까지 말할 수 있다.

나이가 들수록 어떤 사람을 판단하고 이해하는 것이 점점 더 어려워진다는 생각을 하게 된다. 이 짧은 글에서 희빈과 관련해 어떤 의견을 제시하기는 어렵다. 다만 조선 후기로 갈수록 우리가 알만한 인물의 다수가 자연적 수명을 다하지 못하고 인위적 죽음을 맞이했다는 사실은 무겁고 착잡하다.

희빈 장씨의 마지막 순간

우리는 날마다 상처 주고 상처 받으면서 살아간다. 물론 기쁨도 주고받는다. 나쁜 일은 좋은 일보다 5배 정도 깊은 흔적을 남긴다는 말을 듣고 놀란 적이 있다. 그래서 안 좋은 기억에 그렇게 오래 얽매이는구나 이해도 됐다. 잊고forget 용서하는forgive 것이 좋은 삶을 사는 한 관건이라는 말은 무척 어렵지만 정말 중요하다.

아버지의 이 비망기로 어머니가 42세로 자진했을 때 아들 경종은 19세였다. 200여 년 전 성종이 연산군의 어머니인 폐비 윤씨를 사사한 뒤 반복된 비극이었다. 그날 성종은 이렇게 말했다. "윤씨가 흉험凶險하고 악역惡逆한 것은 이루 다 말할 수 없다. 처음에 죄를 줘야 했지만 일단 참으면서 스스로 새로워지기를 기다렸다. 기해년(성종 10년 (1479))에 이르러 죄악이 가득찬 뒤에야 폐비해 서인庶人으로 만들었지만 그래도 차마 법으로 처벌하지는 않았다. 지금 원자가 점차 커가는데 사람들의 마음이 이처럼 안정되지 못하니 지금은 걱정할 것이 없다고 하지만 훗날의 근심을 다 말할 수 있겠는가? 경들은 사직을 위한 계책을 각자 말해보라(성종 13년 〔1482〕 8월 16일)."

해 아래 새로운 것이 없다고 한다. 나이를 먹는다는 것은 이 말을 신뢰하게 되는 과정인 것 같기도 하다. 나도 이제 이 말을 많이 믿게 됐다. 이 말처럼 성종과 숙종의 판단은 비슷하다. 종사와 세자를 생각하고 훗날의 우려를 감안해 어쩔 수 없이 극단적인 처분을 내린다는 것이다. 사람과 그가 사는 삶은 그런 것 같다.

『숙종실록』의 두 기사[1]

밤에 주상이 비망기를 내렸다.

"옛날 한 무제가 구익부인鉤弋夫人[2]을 죽인 일은 결단할 것을 결단한 것이었지만 좋지 못한 부분도 있었다. 장씨가 자신의 운명을 알아 그렇게 처신하지 않았다면 『춘추』의 대의를 밝히고 법령으로 만들어 미리 화를 막을 수 있었을 것이니, 구익부인에게 한 것처럼 할 필요가 있겠는가? 이 경우는 그렇지 않다. 죄가 이미 밝게 드러났으니 잘 처리하지 않으면 훗날의 우려를 형언하기 어

1 각각 숙종 27년 9월 25일과 같은 해 10월 8일의 기사다.
2 한 무제의 후궁 조첩여趙婕仔로 소제昭帝의 어머니다. 무제는 소제를 후계자로 삼으면서 "어린 임금에게 젊은 어머니가 있으면 폐단이 있을 것"이라는 이유로 별다른 죄가 없는 구익부인을 죽였다.

러울 것이니 참으로 나라와 세자를 위한 데서 나온 것이다. 장씨를 자진케 하라."

승정원에 하교했다.

"희빈 장씨가 중전을 질투하고 원망해 모해하려고 몰래 계획해 궁궐 안팎에 신당을 설치하고 밤낮으로 기도하며 흉악하고 더러운 물건을 두 대궐에 묻은 것이 많을 뿐 아니라 그 의도가 모두 드러났으니 신령과 사람이 함께 분노하고 있다. 이 사람을 그대로 두어 훗날 뜻을 펴게 된다면 나라의 근심을 형언할 수 없을 것이다. 앞 시대의 역사를 보면 두려워하지 않을 수 있겠는가? 지금 나는 종사와 세자를 위해 어쩔 수 없이 이 조처를 실시하지만 어찌 즐겁겠는가? 앞의 비망기에 따라 장씨를 자진케 하라.

아! 세자의 마음을 내 어찌 생각하지 않겠는가? 최석정崔錫鼎의 상소처럼 말이 도리에 어긋나고 인용과 비유에 윤리가 없는 것은 논의할 가치도 없지만, 대신과 여러 신하가 동궁을 생각하는 간절한 충성 또한 어찌 모르겠는가? 생각하고 생각하고 다시 깊이 생각했지만 일이 이미 이렇게 됐으니 이 처분 외에는 참으로 다른 도리가 없다. 내 뜻을 좌우의 신하들에게 알린다."

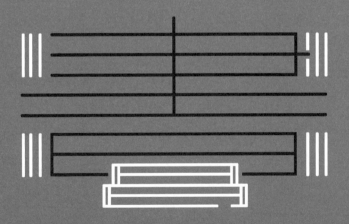

사
도
세
자

부왕에게 사사된 비극적 운명의 세자

흔히 "정치는 비정하다"고 말한다. "권력은 부자父子 사이에도 나눌 수 없다"는 짧은 문장은 그런 비정함을 압축하고 있다. 대체로 구체적 사실의 집적에서 추상적 개념이 도출되듯, 이 표현도 유사 이래 권력을 둘러싼 인간의 수많은 암투를 겪으면서 만들어졌을 것이다.

조선 왕실에서도 그런 사례는 드물지 않았다. 잠시만 생각해도 태조와 태종, 선조와 광해군, 인조와 소현세자昭顯世子, 대원군과 고종의 관계가 떠오르지만, 그 비극성과 구체성에서 가장 압도적인 사례는 사도세자思悼世子(1735~1762)와 영조英祖(1694~1776, 재위 1725~1776)의 경우일 것이다.

사도세자의 비극은 널리 알려져 있다. 다음 국왕을 예약한 세자의 지위에 있었지만, 친아버지의 명령으로 27세 때 죽음을 맞이했다는 사실은 그 비극의 객관적 외형을 구성한다. 그리고 그 죽음이 엽기적인 방식으로 집행됐다는 측면은 그 비극을 더욱 끔찍하게 만들었다.

전근대 왕조국가에서 국왕은 그야말로 지존의 존재였다. 이론적으로는 자신을 제외한 그 국가의 모든 사람의 생사를 결정할 수 있었다는 사실은 왕권의 절대성을 가장 잘 상징할 것이다. 현실의 크고 작은 수많은 사건들도 그 원인과 과정에 관련된 주장과 해석이 어지럽게 충돌한다. 그러니 전근대 왕조국가에서 가장 중요한 존재들이 개입된 사건의 내면은 더욱 복잡할 것이다. 이 짧은 글에서는 신뢰할 수 있는 기록을 따라가면서 될 수 있는 대로 그 과정을 객관적으로 보여주려고 노력했다.

출생과 성장

사도세자는 조선의 21대 국왕 영조의 두 번째 왕자로 휘는 선愃, 자는 윤관允寬, 호는 의재毅齋다. 영조는 조선의 국왕 가운데 가장 오래 살았고 재위했다(82세, 52년). 영조는 정성貞聖왕후(1692~1757)·정순貞純왕후(1745~1805) 등 왕비 2명과 정빈靖嬪 이씨(1694~1721)·영빈暎嬪 이씨(1696~1764)·귀인 조씨·후궁 문씨 등 후궁 4명을 두었다. 왕비에게서는 후사를 보지 못했고, 후궁에게서만 2남 12녀가 태어났다(그 가운데 5녀는 일찍 사망했다).

영조의 첫아들인 효장孝章세자는 즉위하기 전 정빈 이씨와의 사이에서 태어났지만(숙종 45년 (1719) 2월 15일) 9세로 요절했다(영조 4년 (1728) 11월 16일). 영조의 둘째이자 마지막 아들인 사도세자는 그 7년 뒤 영빈 이씨와의 사이에서 출생했다(영조 11년 (1735) 1월 21일).

그때 영조는 41세였다. 당시로서는 적지 않은 나이였던 국왕의 기쁨은 당연히 매우 컸다. "삼종三宗(효종·현종·숙종)의 혈맥이 끊어지려고 하다가 비로소 이어지게 됐으니, 돌아가서 여러 성조聖祖를 뵐 면목이 서게 됐다. 즐겁고 기뻐하는 마음이 지극하고 감회 또한 깊다"고 그는 말했다.

그런 기쁜 마음은 즉각적인 조처로 반영됐다. 영조는 즉시 왕자를 중전의 양자로 들이고 원자로 삼았으며, 이듬해에는 왕세자로 책봉했다(영조 12년 3월 15일). 원자 정호定號와 세자 책봉 모두 조선의 역사에서 가장 빠른 기록이었다.

그 결과의 참혹함과 파괴력은 특별했지만, 사도세자와 영조의 관계도 기본적으로는 일반적인 과정을 밟으면서 진행됐다. 처음에는 재능과 총애가 넘쳤지만 점차 서로의 생각이 어긋나기 시작했고, 결국 돌이킬 수 없는 비극으로 귀결된 것이다.

그런 과정을 간략하지만 포괄적으로 서술한 자료는 영조 38년 (1762) 윤5월 13일 세자가 처벌되던 날의 기록이다. 거기서는 "세자의 천품과 자질이 탁월해 임금이 매우 사랑했는데, 10여 세 뒤부터 점차 학문에 태만하게 됐고, 대리청정한 뒤부터 질병이 생겨 천성天性을 잃었다"고 지적했다. 이미 여러 연구가 분석한 대로 이 기록은 대체로 믿을 만하다고 판단된다. 먼저 어린 시절 탁월했던 자질부터 살펴보기로 하자.

탁월한 자질

국왕의 사랑과 왕실의 기대를 한 몸에 받은 세자는 순조롭게 성장했다. 여러 기록에 따르면 세자는 매우 총명했고, 부왕의 기쁨은 그만큼 더 커졌다. 세자는 만 2세 때부터 글자를 알았다. '왕'이라는 글자를 보고는 영조를 가리키고 '세자'라는 글자에서는 자기를 가리켰으며, 천지·부모 등 63자를 알고 있었다(정조 13년〔1789〕 10월 7일, 「어제장헌대왕 지문誌文」. 장헌대왕은 사도세자의 추존 왕호다). 『효경』에서는 '문왕文王'이라는 글자를 읽었다. 글씨도 쓸 수 있었다. '천지왕춘天地王春'이라는 글자를 쓰자 대신들이 서로 다투어 가지려고 했고(영조 13년〔1737〕 2월 14일) 얼마 뒤에는 종이 12장에 두 자씩 써서 영의정 이광좌李光佐를 비롯해 입시한 대신들에게 나눠 주기도 했다(같은 해 윤9월 22일).

　판단력도 성숙해졌다. 『천자문』을 읽다가 '사치할 치侈'자를 보고는 입고 있던 반소매 옷과 자줏빛 비단으로 만든 구슬 꾸미개로 장식한 모자를 가리키면서 "이것이 사치한 것"이라고 하고는 즉시 벗어버렸다. "비단과 무명 가운데 어느 것이 더 나으냐"고 부왕이 묻자 "무명이 더 낫습니다"라면서 무명옷을 입겠다고 대답하기도 했다(「어제장헌대왕 지문」). 9세 때는 식사 중에 부왕이 부르자 음식을 뱉어내고 대답했는데,『소학』에 그렇게 하도록 적혀 있기 때문이라고 말했다(영조 20년 (1744) 1월 21일). 어린 시절 세자 의 영특함은 부왕과 왕실의 기대를 넉넉히 충족시킬 만했다.

혼인과 처가

세자는 8세 때 홍역을 앓기도 했지만(영조 19년 (1743) 1월) 관례冠禮 를 치른 뒤(3월) 당시 세마洗馬(정9품)였던 홍봉한洪鳳漢(1713~1778) 의 동갑내기 딸과 혼인했다(11월 13일). 그녀가 바로 유명한 혜경 궁 홍씨惠慶宮洪氏(1735~1815)다.

홍봉한은 본관이 풍산豊山으로 선조·광해군 때 대사간·대사 헌·대사성을 지낸 홍이상洪履祥(1549~1615)의 후손이었다. 고조 홍주원洪柱元은 선조의 1녀 정명貞明공주와 혼인해 영안위永安尉에 책봉됐고, 외조부는 조선 후기의 대표적인 문장가로 좌의정을 지 낸 월사月沙 이정구李廷龜였다. 조부 홍중기洪重箕(1650~1706)는 사 복시 첨정(종4품)을 지냈고, 아버지 홍현보洪鉉輔(1680~1740)는 예 조판서·좌참찬까지 올랐다. 그의 가계는 노론의 주요 가문인 여 흥 민씨·경주 김씨 등과 긴밀히 혼인했다.

급제하지 못하고 세마라는 말직에 머물러 있었다는 사실이 보 여주듯 홍봉한은 딸이 세자빈으로 간택되기 전까지는 두각을 나타내지 못했다. 그러나 딸의 간택을 계기로 도승지(영조 25년 (1749))에 발탁된 뒤 어영대장(영조 26년)·예조·이조판서·좌참찬

(영조 29년)을 거쳐 우의정·영의정(영조 37년 [1761])까지 오르면서 영조 중·후반 노론을 대표하는 대신으로 활동했다.

세자는 홍씨와 혼인한 7년 뒤 첫아들인 의소세손懿昭世孫을 낳았지만(영조 26년 [1750] 8월 27일) 2년 만에 세상을 떠났다(영조 28년 3월 4일). 그러나 같은 해 다시 둘째 아들을 낳았다(9월 22일). 그는 24년 뒤 즉위해 조선시대의 대표적 현군으로 평가받는 정조正祖 (1752~1800. 재위 1776~1800)가 됐다.

무인적 기질

세자는 영특했지만 기본적으로 무인적 기질이 강했던 것 같다. 그런 측면을 처음 발견한 사람은 그 뒤 영의정까지 오른 조현명趙顯命이었다. 그는 두 살 때 거행된 책봉례를 보고서 "세자가 효종을 닮았으니 종사의 끝없는 복"이라고 경하했다. 널리 알듯 효종 孝宗(1619~1659. 재위 1649~1659)은 북벌을 추진하는 등 군사력을 중시한 국왕이었다.

세자는 어릴 때부터 반드시 군사놀이를 하면서 놀았다. 병서도 즐겨 읽어 속임수와 정공법을 적절히 변화시키는 오묘한 이치를 터득했다고 한다. 신체적 조건과 무예도 뛰어났다. 일찍이 효종은 무예를 좋아해 한가한 날이면 대궐 북쪽에 있는 정원에서 말을 달리면서 무예를 시험했는데, 그때 쓰던 청룡도靑龍刀와 쇠몽둥이가 세자의 거처인 저승전儲承殿에 남아 있었다. 그것은 힘 좋은 무사들도 움직이기 어려울 만큼 무거웠지만, 세자는 15~16세 때 그것을 자유롭게 사용할 정도로 기운이 대단했다. 무예도 뛰어나 활을 쏘면 반드시 명중시켰고 나는 듯 말을 몰았다. 사람들은 조현명의 예견에 감탄했다.

무예에 대한 세자의 열정은 저술로 이어졌다. 세자는 24세 때인 영조 35년(1759) 장수와 신하들이 무예에 익숙하지 않은 것을 걱정해『무기신식武技新式』이라는 책을 엮었다. 그 책은 명의 유명한 장수인 척계광戚繼光의『기효신서紀效新書』와 선조 때 한교韓嶠가 편찬한『무예제보武藝諸譜』를 바탕으로 곤봉·장창長槍 등 6가지 기예에 죽장창竹長槍·월도月刀·쌍검雙劍 등 12가지 기예를 추가해 그림과 설명을 붙인 저작이다(이상「어제장헌대왕 지문」). 이 책은 훈련도감에서 교재로 사용됐으며, 그 뒤 정조 때 간행된『무예도보통지武藝圖譜通志』의 저본이 되기도 했다.『한중록』에 따르면 세자는 늘 군복을 입고 다녔으며, 홍역에 걸렸을 때도 혜경궁 홍씨에게 제갈량의「출사표」를 늘 읽어달라고 부탁했다.

이런 기질에 바탕한 세자의 국방·국제정세 인식은 상당히 적극적이었다. "우리나라는 좁아서 군사를 쓸 땅이 없다. 그러나 동쪽으로는 왜와 인접하고 북쪽으로는 오랑캐와 이웃했으며 서쪽과 남쪽은 큰 바다니, 바로 옛날의 중원인 셈이다. 지금은 비록 변방에 경보가 없지만, 위험에 대비하는 태세를 구축해야 한다. …… 성인들은 아무 걱정 없는 편안한 시기에도 병기를 만들어 갑작스러운 외적에 대비했는데, 우리나라에는 효종께서 결심하신

일까지 있으니 더 말할 것이 있겠는가(「어제장헌대왕 지문」)."

아버지는 이런 아들의 기질을 당연히 알고 있었다. 영조는 세자가 8세 때 형조판서 이종성李宗城을 세자시강원 빈객으로 임명하면서 세자의 강인한 성품을 인자함으로 보필해 조화롭게 해달라고 부탁했다(영조 19년 [1743] 9월 18일).

세자가 13세 때 영조는 "중국의 한 문제와 무제 가운데 누가 더 훌륭하다고 생각하느냐?"고 물었다. 세자가 문제라고 대답하자 영조는 "그렇지 않을 것"이라면서 "나를 속이고 있다"고 지적했다. 부왕은 "네가 지은 시 가운데 '호랑이가 깊은 산에서 울부짖으니 큰 바람이 분다虎嘯深山大風吹'는 구절이 있어 기가 매우 승하다는 것을 알 수 있었다"고 말했다(영조 24년 [1748] 5월 19일). 1년 뒤에도 영조는 "'쾌快'라는 한 글자가 네 병통이니 경계하고 경계하라"고 당부했다(영조 25년 2월 17일).

대부분의 사람처럼 10세 이후 세자의 성격은 점차 특징을 드러냈다. 그리고 대부분의 아버지처럼 영조도 그것을 잘 알고 있었다. 그러나 아직 분노나 본격적인 갈등은 나타나지 않았다고 판단된다. 14세의 세자에게 "경계하고 경계하라"고 말한 것에서는 질책보다 간곡한 당부의 마음이 느껴진다.

학문적 태도

앞서 살펴본 대로 세자는 무인적 기질이 좀 더 강했고, 자연히 학문과는 조금씩 멀어지게 됐다. 그러면서 아버지는 아들을 꾸짖었고, 아들은 아버지를 꺼리게 됐다. 지금의 여느 가정에서도 드물지 않은 갈등의 순환과 증폭이 나타난 것이다.

앞서의 기록대로 세자는 10세 무렵부터 학문에 싫증을 느낀 것으로 보인다. 9세 때 영조는 "글을 읽는 것이 좋으냐 싫으냐?"고 물었고 세자는 "싫을 때가 많습니다"라고 대답했다. 이때 영조는 "동궁의 이 말은 진실하니 내 마음이 기쁘다"고 대답했다(영조 20년 (1744) 11월 4일).

그러나 어렵지 않게 예측할 수 있듯 이때의 기쁨은 진심이 아니었다. 부왕은 세자에게 엄격한 지침을 하달했다. 영조는 "내가 동궁으로 있을 때는 휴식할 겨를이 거의 없었고, 두 차례의 연강筵講을 거른 적이 없었으며, 술도 좋아하지 않았다"고 전제한 뒤 『정관정요』의 중요성을 강조하면서 "오늘 이후에는 매달 초하루에 쓰기 시작해 그믐까지 어느 날에는 소대召對하고 어느 날에는 차대次對했으며, 어느 날에는 서연書筵하고 어느 날에는 공사公事를 보았으며, 어느 날에는 무슨 책 무슨 편을 읽었고 어느 날은 하지 않았다는 사실과 강관講官 등을 기록해 내가 볼 수 있도록 준비하라"고 지시했다(영조 31년 (1755) 9월 10일).

그러나 영조 자신이 실천했던 이런 엄격한 규율은 호방한 무인적 기질의 세자에게는 무거운 규제가 됐다. 부왕은 세자를 꾸짖었고, 세자는 부왕을 꺼리고 멀리하게 됐다. 12세 때 세자는 『자치통감』을 강독했는데, 서연에서는 글 읽는 소리가 컸지만 부왕

앞에서는 점차 낮아지고 작아졌다. 영조는 "내 앞에 있는 것을 꺼리기 때문"이라고 지적했다(영조 23년 (1747) 10월 3일). 나중의 기록이지만 9년 뒤에도 지평 이휘중李徽中은 "세자가 서연에 태만해 2년 동안『맹자』를 마치지 못했고『강목』은 첫 부분만 보았다"고 지적하기도 했다(영조 32년 (1756) 윤9월 1일).

부자의 사이는 세자가 대리청정으로 정무에 직접 관여하면서 더욱 멀어졌다. 세자가 14세 때인 영조 25년(1749)에 시작된 대리청정은 영조와 사도세자의 관계에서 중요한 첫 번째 변곡점이었다고 생각된다.

대리청정의 시작

전근대 왕정에서 세자에게 대리청정은 기회이자 위기였다. 국왕을 대신해 정무를 잘 처리할 경우는 능력을 인정받고 입지를 다질 수 있지만, 그렇지 못하면 신뢰를 잃고 위상이 흔들릴 수도 있기 때문이었다. 그러나 기본적으로 대리청정은 훈련을 목적으로 한 우호적 기회였다. 영조도 정무와 거리가 있는 세자의 기질을 사전의 훈련으로 조정하려는 의도로 대리청정을 도입했다고 평가된다.

재위 25년 2월 대리청정을 시작하면서 영조는 세자에게 기본 지침을 하달했다. "여러 신하들이 아뢰는 일을 '그렇게 하라依爲之'는 세 글자로 미봉적으로 대답하면 반드시 잘못을 저지를 우려가 있다. 의심스러운 점이 있으면 반드시 대신에게 묻고 자신의 의견을 참작한 뒤에 결정하라(16일)." 이렇게 당부한 뒤 국왕은 크고 작은 공무를 모두 동궁으로 들여보내라고 명령했다(같은 해 12월 8일).

그러나 예상할 수 있듯 그 뒤의 과정은 순조롭지 않았다. 아버지는 아들의 정무적 능력과 수신修身에 더 큰 불만을 갖게 됐다. 그런 불만은 양위讓位 파동을 계기로 집약돼 폭발했다.

양위 파동의 전개

기본적으로 양위 파동은 대단히 소모적인 행위다. 국왕이 실제로 그럴 의사가 전혀 없음을 뻔히 알면서도 세자와 신하들은 혼신의 힘을 다해 양위를 만류해야 했고, 국왕은 의사를 관철하겠다고 고집한다. 이런 실랑이를 몇 차례씩 거친 뒤에야 어명은 마지못해 거둬진다. 그 과정에서 충성은 검증되고 불충은 적발되며, 왕권은 공고해지고 이런저런 정치적 전환이 이뤄진다. 적지 않은 선왕들처럼 영조도 신하들을 제압하거나 정국을 전환하는 방법의 하나로 양위 파동을 사용했다.

대리청정이 시작되기 전까지 이미 영조는 양위 의사를 다섯 차례나 밝혔다. 재위 15년(1739) 1월, 16년 5월, 20년 1월, 21년 9월 그리고 25년 1월이었다. 그때 세자의 나이는 4, 5, 9, 10, 14세였다. 대부분 그렇지만 네 살의 세자에게 양위하겠다는 맨 처음 지시는 특히 공허해 보인다.

어린 세자는 양위 파동 때마다 긴장하고 두려워하면서 철회를 애원했다. 대리청정이 시작된 뒤에도 세 번의 양위 파동이 나타났다. 이 사건들은 그 기간에 누적된 영조와 세자의 갈등을 집약적으로 보여준다.

대리청정이 시작된 3년 뒤인 재위 28년(1752) 12월 14일 영조는 양위하겠다는 의사를 밝혔다. 세자는 극력 만류했다. 그러자 국왕은 "네 효성이 밝혀지면 너를 위해 전교를 거두겠다"면서 「육아시蓼莪詩」를 읽게 했다. 「육아」는 『시경』 소아小雅의 한 편으로 '무성하게 자란 아름다운 채소'라는 의미다. 어떤 효자가 무성하게 자란 풀을 보고 아름다운 채소로 알았지만 살펴보니 쓸모없는 잡초였다는 내용이다. 부모가 자신을 낳고 기르는 데 수고하면서 큰 인물이 될 것을 기대했지만 그렇게 되지 못해 부모에게 죄스럽다는 뜻을 담은 작품이다. 세자는 그 시의 끝부분에 이르자 부왕 앞에 엎드려 눈물을 줄줄 흘렸다至終篇, 王世子伏於前, 涕汪汪下. 약속대로 전교는 철회됐다. 세자의 나이 17세였고, 밤 3경(23~1시)의 일이었다.

2년 뒤에도 비슷한 사건이 재발했다. 영조 30년(1754) 12월 대사간 신위申暐를 함경도 종성鍾城으로 귀양 보냈는데, 그의 상소에 "지극히 공평하고 크게 중정中正해야 합니다"라는 대목이 있었기 때문이다. 영조는 이 부분을 "내가 공정하지 않다고 말한 것"이라고 지목하면서 "내가 예순의 늙은 나이에 신위에게 속아 업신여

김을 받았는데, 너는 어찌하여 글을 상세히 살피지 않았는가?"라고 세자를 꾸짖었다. 계속해서 국왕은 차마 듣지 못할 전교를 내렸다. 세자는 관冠을 벗고 뜰에 내려가 석고대죄席藁待罪한 것이 두 번이었고, 머리를 조아리며 땅에 짓찧은 것이 한 번이었다. 그러나 국왕은 차마 듣지 못할 전교를 계속 내렸고, 세자는 눈물을 흘리며 울었다. 이번의 소동은 어둑새벽黎明에야 끝났다(2일).

갈등의 수위는 더욱 높아졌다. 3년 뒤 22세의 세자는 스스로 반성하면서 승정원에 글을 내렸다.

나는 불초하고 불민한 사람이어서 정성과 효성이 천박해 잠자리와 식사를 돌보는 절차를 때맞춰 하지 못했으니 자식된 도리에 참으로 어긋남이 많았다. 이것이 누구의 잘못이겠는가? 바로 나의 불초함이다. 이것이 누구의 잘못이겠는가? 바로 나의 불초함이다. 대조大朝(영조)께서 그동안 거듭 간곡하게 가르치신 것은 참으로 자애로운 성의聖意와 사물에 부응하는 지극한 가르침에서 나온 것인데, 내가 불초하고 불민해 만분의 일도 우러러 본받지 못했고 작년 5월에 반성하겠다고 한 말 또한 한두 가지도 실천하지 못했다.

생각이 여기에 이르니 황공하고 부끄러움이 갑절이나 돼 땅속으로 들어가고 싶지만 그러지는 못하겠다. 성실히 강학講學하지 못하고 부지런히 정사를 돌보지 못한 것은 어느 것도 내 허물이 아닌 것이 없다. 어제 두 대신이 반복해 경계해 더욱 나의 불초하고 불민함을 깨달았다. 더욱 나의 불초하고 불민함을 깨달았다. 두렵고 송구스러워 끝없이 후회할 뿐이다. 두렵고 송구스러워 끝없이 후회할 뿐이다.

지금부터 통렬히 스스로 꾸짖고 깨우쳐 장차 모든 일에 허물을 보충해 이전의 기질과 습관을 한 번에 바꾸려고 한다. 만약 혹시라도 실행하지 못하고 작년처럼 된다면, 이것은 내 잘못이 디욱 심한 것이다. 아! 조정의 신하들은 나의 이 뜻을 체득해 일마다 바로잡아 주기 바란다. 이것이 나의 바람이다. 이것이 나의 바람이다(영조 33년 (1757) 11월 11일).

네 번에 걸쳐 동일한 표현을 반복한 부분은 반성의 깊이를 알려주기도 하지만, 불안과 초조와 두려움의 크기를 보여주는 측면이 더 많지 않나 생각된다.

그러나 부왕은 아들의 반성을 인정하지 않았다. 그날 밤에 판부사判府事 유척기兪拓基·좌의정 김상로金尙魯·우의정 신만申晩·좌참찬 홍봉한과 양사兩司의 장관·유신儒臣이 모두 입궐했다. 초경初更(19~21시)에 국왕은 최복衰服(상복의 하나)을 입고 걸어서 숭화문崇化門(창경궁 세자전 근처의 문) 밖에 나와 맨땅에 엎드려 곡을 했고, 동궁도 최복을 입고 뒤에 엎드려 있었다.

신하들이 엎드려 울면서 "전하께서 어찌 이런 거조를 하십니까?"고 묻자 국왕은 대답했다. "승지가 동궁의 글을 가지고 와서 아뢴 것에 '뉘우쳐 깨달았다'는 말이 있으므로 얼른 지나쳐 보고는 놀라고 기쁨을 금치 못해 경들을 불러 자랑하고 칭찬하려고 했다. 그러나 자세히 보니 정신을 쏟은 곳이 없었다. 그래서 동궁을 불러 '지금 네가 뉘우친 것은 어떤 일이냐?'고 물었지만, 동궁은 대략만 말하고 끝내 시원하게 진달하지 못했다."

이때 신하들이 세자를 두둔하면서 그 까닭을 설명한 부분은 매우 주목된다. 유척기·홍봉한을 비롯한 모든 신하는 "전하께서 평소에 너무 엄격하기 때문에 동궁이 늘 두려워하고 위축돼 제대로 말씀드리지 못한 것"이라고 해명했다. 특히 홍봉한은 "동궁은 보통 때도 입시하라는 명령만 들으면 두려워 벌벌 떨며 쉽게 알고 있는 일도 즉시 대답하지 못했나"고 말했다. 이날 밤 동궁은 물러나와 뜰로 내려가다가 기절해 일어나지 못했고, 결국 청심환을 먹고 한참 뒤에야 말을 할 수 있었다.

모두 겨울밤 늦게 벌어진 이 세 번의 사건은 그 무렵 부왕과 세자의 관계를 깊이 비춰준다. 특히 그때 22세로 결코 적지 않은 나이였지만 기절했다가 한참 만에야 깨어난 맨 뒤의 사건은 극한적인 감정의 충격을 보여준다.

이런 세자의 정신 질환은 2년 정도 전부터 나타난 것으로 보인다. 영조 31년(1755) 약방 도제조 이천보李天輔는 "동궁이 요즘 가슴이 막히고 뛰는 증세가 있어 발자국 소리만 들어도 그렇게 된다"고 아뢨다(4월 28일). 혜경궁 홍씨는 사도세자가 사망한 원인을 의대증衣帶症이라고 지적했다. 그 증상은 옷 입기를 싫어하는 것인데, 세자가 영조를 만나기 싫어 옷을 입지 않으려고 했기 때문에 발생한 것이었다.

임오화변壬午禍變(영조 38년 윤5월 세자가 죽은 사건)이 일어난 날의 기록에서도 이렇게 언급했다. "정축년(영조 33년〔1757〕)·무인년(영조 34년) 뒤부터 병의 증세가 더욱 심해져 발작할 때는 궁궐의 계집종宮婢과 내시를 죽였고, 죽인 뒤에는 후회하곤 했다. 임금이 그때마다 엄한 하교로 절실하게 책망하니, 세자는 두려워 질병이 더하게 됐다."

종합하면 세자는 20세 무렵 부왕을 극도로 두려워하는 정신 질환에 걸린 것으로 판단된다. 그때 질환이 표면에 드러났으니, 그 원인과 징후는 몇 년 전부터 시작됐을 것이다. 그 시기는 아마 대리청정을 시작한 이후일 것으로 여겨진다. 국무를 맡긴 뒤부터 부왕은 세자를 더욱 자주 질책했고, 세자는 부왕은 두려워하고 피하게 됐다. 그 결말은 참혹한 비극이었다.

멀어진 관계

이 무렵 영조와 세자의 관계는 같은 궁궐 안에서 거주했어도 매우 멀었다. 세자가 기절한 사건이 일어나기 며칠 전 영조는 "동궁이 7월 이후 나아와 인사드린 일이 없다"고 신하들에게 밝혔다(영조 33년 (1757) 11월 8일). 그러니까 한 궁궐에 있으면서도 넉 달 동안이나 대면하지 않은 것이다.

이런 추세는 계속 이어졌다. 3년 뒤 좌의정 이후李厚와 우의정 민백상閔百祥은 "건강 문제로 오래 나아와 인사드리지 못했으니 빨리하시라"고 재촉했고 세자는 "각별히 조리해 이 해를 넘기지 않겠다"고 대답했다(영조 36년 (1760) 12월 15일). 그러나 알현은 그

해를 넘겨 이듬해 5월에야 이뤄졌다(영조 37년 5월 17일). 실제로 이 때 세자는 습종濕腫을 앓아 치료차 온양에 다녀오기도 했다(영조 36년 7월 18일~8월 4일).

격절된 관계를 보여주는 가장 대표적인 증거는 영조 37년(1761) 의 관서(평안도) 방문일 것이다. 그해 4월 2일부터 22일까지 세자 는 관서 지방을 여행하고 돌아왔다. 그 직후 유선諭善 서지수徐志修 는 관서 방문의 소문이 불러올 파장을 우려했다. 세자는 "내가 이 미 후회하고 있는데, 명심하지 않겠습니까?"라고 대답했다(같은 해 5월 2일).

영조가 그 사건을 알게 된 것은 이번에도 넉 달이나 지나서였 다(같은 해 9월 21일). 세자는 며칠 동안 금식하면서 대죄했다(9월 29일). 이 사건은 영조와 세자의 관계가 돌이킬 수 없이 악화된 대 표적인 증거로 거론된다. 그리고 그 방문의 목적은 변란을 모의 하려는 중대한 정치적 의도를 가졌다고 해석되기도 한다. 그런 견해는 좀 더 신중한 검토가 필요하다고 생각하지만, 아무튼 임 오화변을 8개월 정도 남긴 시점에서 영조와 세자의 관계는 정신 적으로나 물리적으로나 매우 멀어진 것은 분명했다.

관심과 기대의 증거들

모든 부자 사이가 그렇듯, 당연히 두 사람의 관계도 부정적인 것 만은 아니었다. 지금까지 본 대로 그 관계는 계속 악화된 것이 사실이지만, 관심과 기대를 보여주는 편린들도 적지 않다. 천륜이라고 부르는 부모와 자식의 관계에서 그것은 어쩔 수 없는 모습일 것이다.

영조는 세자가 19세 때 『소학』의 근본을 물었고, 세자는 '경敬'이라고 대답하면서 "경은 본심을 지키고 방심하지 않는 것"이라고 아뢨다. 영조는 "괄목할 만한 발전"이라고 흡족해했다(영조 30년 [1754] 5월 13일).

3년 뒤에도 영조는 세자의 학문에 큰 관심과 기대를 나타냈다. 특히 이때는 앞서 본 대로 세자가 질책을 받다가 기절하는 사건이 일어나기 5개월 전이라는 점에서 상당히 주목된다. 영조는 "어제 내가 우연히 휘령전徽寧殿(창경궁의 한 전각)에 갔더니, 원량元良(세자)이 보는 서책이 책상 위에 쌓여 있었는데 내가 보지 못했던 것이 많았다"고 말했다. 보덕輔德(종3품) 윤동승尹東昇은 "세자가 박학해 국한됨이 없으며, 덕성합德成閣(창경궁의 한 전각)이 매우 좁아 한낮에는 매우 더운데도 어려운 부분을 질문하면서 고달파하는 기색이 없습니다"라고 아뢨다. 영조는 "원량이 매우 총명해 읽기만 하면 곧 윌 수 있을 것"이라고 기대를 표시했고, 윤동승은 다시 세자를 상찬했다. "강학을 부지런히 잘할 뿐 아니라 다섯 차례 우제虞祭를 거행하면서 슬픔과 공경하는 마음이 모두 극진했고, 제사를 지내며 주선함에 조금의 실수도 없었으며, 대수롭지 않은 작은 절차도 강구하지 않는 것이 없었습니다. 예절이 적합한 데 돌아가게 하려고 힘썼으므로 신들이 서로 마주 보며 감탄했습니다." 영조는 "그렇다면 얼마나 다행스러운가?"면서 안도했다(영조 33년 (1757) 6월 27일).

가만히 생각해 보면 이 일도 서로의 관계가 매우 멀어진 상태에서 생겨난 막연한 기대와 추측 때문에 발생했을 가능성도 크다. 그러나 그래도 세자의 총명을 믿고 기대하는 마음이 영조에게 아직 남아 있었다는 사실은 눈여겨 볼만하다. 그 뒤에도 재정 경비의 은밀한 유출을 막아야 한다는 시독관 엄인嚴璘의 주청에 왕세자가 하답하자 영조는 "잘 하답했고 정신이 담겨 있다. 내가 대답하더라도 다시 더할 말이 없겠다"고 흡족해했다(영조 36년 (1760) 2월 5일). 1년 뒤에도 세자의 비답을 칭찬했다(영조 37년 9월 5일).

부왕은 세자의 건강에도 큰 관심을 기울였다. 세자에게 천연두 증세가 있자 영조는 "내 마음이 안절부절해 안정되지 않는다"면서 "천연두는 본디 날짜가 있어 보름도 넘기지 않는데, 내 마음은 하루가 한 달 같다. 참으로 산에 들어가 알지 못한 채 조금 낫기를 기다려 돌아오고 싶지만 그렇게 할 수가 없다"고 안타까워했다. 세자가 쾌차하자 국왕은 매우 기뻐하면서 약방의 제조提調 이하에게 상을 내리고 이듬해 봄에 경과慶科를 시행하라고 지시했다(영조 32년 (1756) 11월 17일·22일·26일).

앞서 말한 대로 이런 기록은 대세와는 거리가 있는 편린들일 것이다. 그럼에도 두 사람의 관계가 일면적이지만은 않았다는 측면은 기억할 필요가 있다고 생각한다.

세자의 정치적 성향

세자의 정치적 성향은 소론에 가까운 것으로 평가된다. 이 때문에 임오화변의 원인을 노론과 소론의 당쟁에서 찾는 견해가 유력하게 제시되기도 한다. 세자가 소론에 가까운 정치적 성향을 가졌다는 판단의 중요한 근거는 영조 31년(1755) 2월에 발생한 나주 벽서 사건이다. 그때 세자는 자신의 정치적 입장을 갖기에 충분한 20세의 청년이었다.

그 사건은 나주 객사에 "간신들이 조정에 가득해 백성이 도탄에 빠졌다"는 내용의 벽서가 붙은 것이었다. 범인은 영조 초반에 숙청된 소론의 중심인물 가운데 하나인 윤취상尹就商의 아들 윤지尹志로 밝혀졌다. 그는 나주에 귀양 가서 몰래 역심을 품고 조정을 원망하며 같은 무리들과 결탁해 흉서를 걸었다. 이 사건은 탕평의 틀이 깨지고 정국이 노론 중심으로 돌아가는 계기로 작용했다고 평가된다.

앞서 본 대로 이때 세자는 대리청정을 하고 있었다. 이 사건에서 세자는 소론을 옹호하는 태도를 강하게 나타냈다. 사건에 연루됐다고 사직한 소론의 영수 이종성을 만류하고, 유배된 소론 인물을 극형에 처하거나 처벌을 확대해야 한다는 노론의 주장을 모두 거부한 것이다.

그 뒤에도 이런 태도는 지속되거나 강화됐다. 세자는 서명응徐命膺·서명선徐命善 등 소론 인물과 가까운 관계를 유지하면서 송시열·송준길의 문묘배향이나 김창집(노론 4대신의 한 사람)의 석실

서원石室書院 배향 같은 노론의 요청을 거부했다. 이런 과정을 거치면서 노론은 세자에게 큰 불만을 갖게 됐다고 평가된다.

임오화변의 발발과 전개

조선 왕실의 가장 비참한 사건 가운데 하나일 임오화변은 영조 38년(1762) 윤5월 13일에 일어났다. 그 직접적인 계기는 20여 일 전에 제기된 나경언羅景彦의 고변이었다(5월 22일). 그는 세자의 비리를 영조에게 고변했다가 무고 혐의로 참형됐다. 그러나 그 고변으로 영조는 세자의 여러 비리를 더욱 상세히 알게 됐다. 이틀 뒤 영조는 시전 상인들을 불러 세자가 진 빚을 갚아줬다(5월 24일).

국왕의 분노와 고민은 깊어졌다. 며칠 뒤 영조는 경희궁에서 밤을 지새면서 새벽에 영의정과 우의정을 입궐케 했다. 신하들은 "요즘 세자께서 매우 뉘우치고 있습니다"라고 해명했지만 국왕은 "말하지 마라, 말하지 마라. 남은 희망이 전혀 없다"면서 개탄했다(윤5월 1일).

신하들에게 강한 불만을 토로하기도 했다. "나경언이 어찌 역적이겠는가? 지금 조정 신하들의 치우친 논의 때문에 아버지 당父黨·아들 당子黨이 생겼으니, 조정의 신하가 모두 역적"이라고 말했다(윤5월 6일). 이 발언은 임오화변의 근본 원인이 정치적 문제에 있었다는 중요한 근거로 거론된다.

최종적인 결론은 윤5월 13일에 내려졌다. 그날 영조는 세자를 서인으로 폐출하고, 널리 알려진 대로 뒤주에 가뒀다. 실록에는 '뒤주'라는 말은 나오지 않고 "안에다 엄중히 가뒀다自內嚴囚"고만 기록돼 있다. '뒤주'라는 표현은 『한중록』에 나오며, 그 뒤의 『정조실록』에는 '한 물건一物'이라고 돼 있다.

『햄릿』의 한 장면처럼 영조가 최종적 판단을 내리는 데는 신령의 의견도 작용했다. 영조는 세자를 불러 5년 전 세상을 떠난 자신의 비 정성왕후의 혼전으로 사용하고 있던 휘령전으로 함께 나아갔다. 이때부터 사태는 급격히 전개됐다.

> 의례를 마친 국왕은 갑자기 손뼉을 치며 신하들에게 하교했다. "경들도 신령의 말을 들었는가? 정성왕후가 내게 '변란이 호흡 사이에 있다'고 거듭 말했다." 그러고는 협련군挾輦軍(가마를 메는 군사)에게 전각의 문을 네다섯 겹으로 굳게 막게 하고 총관摠管 등에게 궁궐 담장 쪽으로 칼을 뽑아 호위하게 했다. 궁성의 문을 막고 뿔피리를 불어 군사를 모아 호위하고 출입을 금지하니 영의정 신만을 제외하고는 대신들도 들어오지 못했다. 임금은 세자에게 땅에 엎드리고 관을 벗게 했으며 맨발로 머리를 조아리게 한 뒤 차마 들을 수 없는 전교를 내려 자결하라고 재촉했다. 세자는 이마를 땅에 부딪쳐 피가 나왔다(영조 38년 윤5월 13일).

이튿날에는 세자의 부정한 행실과 관련된 환관 박필수朴弼秀 · 여승 가선假仙 등이 처형됐다. 옛 동궁의 잡물雜物을 선인문宣仁門 (창경궁 남쪽에 있는 문) 밖에서 불태웠는데, 유희하는 기괴한 물건이 많았다는 기록도 있다. 국왕은 "이러고도 나라가 망하지 않겠는 가?"고 말했다(14일).

세자가 갇혀 있는 동안 영조는 일상적인 국무를 처리했다. 그는 자신의 생모인 숙빈 최씨를 모신 사당인 육상궁毓祥宮(서울 종로구 궁정동 소재)을 참배하고 문을 지키는 군사를 위로했으며, 주강에 참석하고 인사를 처리했다(윤5월 19~21일).

결국 세자는 9일 만에 세상을 띠났다(윤5월 21일). 말할 나위 없이 비참한 죽음이었을 것이다. 세자의 장인 홍봉한은 "전하께서 결단하지 못할까 염려했는데, 결국 혈기가 왕성할 때와 다름없이 결단하셨으니 흠앙해 마지않는다"고 말하기도 했다(윤5월 28일).

후속 조처는 신속히 이뤄졌다. 장례를 치르고(7월 23일) 즉시 세손을 동궁으로 책봉했다(8월 1일). 2년 뒤 영조는 세손을 효장세자의 후사로 입적하면서 사도세자를 추숭하지 말라고 엄중하게 당부했다. '갑신처분'이라고 불리는 그 지침에서 국왕은 "종통이 영원히 크게 확정됐으니 사악한 논의에 흔들려 한 글자라도 더 높여서 받들면, 그것은 할아비를 잊은 것이고 사도思悼도 잊은 것"이라고 강조했다(영조 40년 (1764) 2월 20일).

몇 달 뒤에도 영조는 세손에게 다시 한번 하교했다. "임오년에 대의를 통쾌하게 밝히지 않았더라면 윤리가 그때부터 폐지됐을 것이다. 그의 어머니는 만고에 없는 지경을 당했고, 그의 아버지는 만고에 없는 의리를 실행했다. 그렇지 않았다면 내가 어찌 오늘이 있었겠으며, 세손 또한 어찌 오늘이 있었겠는가? …… 그때

존망이 순간에 달려 있었다." 대신들도 "이것은 바뀌지 않는 의리"라고 동의했다(영조 40년 9월 26일).

추숭과 평가

이런 '처분'은 그 뒤 정조가 사도세자를 추숭하는 데 걸림돌로 작용했지만, 추존은 계속 이뤄졌다. 정조는 즉위한 직후 일단 장헌莊獻세자라고 시호를 올리고, 묘소와 사당을 영우원永祐園과 경모궁景慕宮으로 고쳤다(정조 즉위년 (1776) 3월). 그 뒤 묘소는 현륭원顯隆園(뒤의 융릉)으로 개칭돼 수원으로 옮겨졌다(정조 13년 (1789) 10월).

세자가 국왕으로 추존된 것은 고종 때였다. 사도세자는 고종 36년(1899) 국왕(장종)을 거쳐 황제(장조莊祖 의황제懿皇帝)로 추존됨으로써 사후나마 지존의 자리에 올랐다(각 9월, 12월).

일정한 나이를 넘은 한국인으로 사도세자의 비극을 모르는 사람은 드물 것이다. 아이들을 키우는 아버지로서 이 글을 쓰면서 영조의 마음을 자주 생각해 봤다. 21세기를 사는 평범한 소시민이 18세기 중반 국왕이 내린 결정은 물론 이해하거나 동의하기 어려웠다.

지금까지 나온 여러 연구들은 임오화변의 원인을 다양하게 분석했다. 그 결론은 크게 정치적 처분이라는 견해와 개인적 문제에 무게를 두는 해석으로 나뉘고 있다. 다소 무책임한 말일 수도 있지만, 진정한 원인은 아마 그 둘 다일 것이다.

지금도 국가수반의 개인적 행동이나 발언은 국정과 결부돼 이해되는 경우가 많다. 그러니 전근대 국왕과 세자의 언동은 말할 것도 없다. 세자의 질병은 개인의 문제가 아니라 국가의 운명이 걸린 중대한 사안이었다. 그러니 "종사의 대의를 생각해 처결했다"는 영조의 말은 거대하고 모호한 만큼 진실을 담고 있다고 생각됐다.

임오화변 뒤 영조는 14년을 더 살았고, 세자의 아들 정조는 즉위한 바로 그날 신하들에게 내린 윤음의 첫머리를 "아, 과인은 사도세자의 아들이다嗚呼, 寡人思悼世子之子也(정조 즉위년 3월 10일)"라는 문장으로 시작했다.

"아, 과인은 사도세자의 아들이다"

첫 문장이 중요하다고 한다. 글을 쓰는 사람에게도, 그것을 읽는 사람에게도 그럴 것이다. 자연스런 일이겠지만 첫 문장을 읽는 사람보다는 그것을 쓰는 사람의 생각이 조금 더 복잡할 것이다. 모든 글쓴이가 추구하는 이상적인 첫 문장은 그 글 전체의 의도를 응축하면서 읽는 이의 마음을 사로잡을 수 있는 매혹적인 언어를 구성하는 것이 아닐까 싶다.

정조의 이 윤음은 조선의 국왕들이 발설한 수많은 언어 가운데 가장 인상적인 첫 문장이라고 생각한다. "아, 과인은 사도세자의 아들이다." 조금 과장하면 이 한 마디에 그는 자신의 정체성과 세손 시절의 어려움과 앞으로 펼칠 정치의 구상을 모두 담았다고도 말할 수 있다. 물론 24세의 젊은 국왕이 등극하면서 지닌 처음의 생각은 살아온 기간과 동일한 24년의 재위 기간을 거치면서 복잡하게 변형됐다. 그것은 자연스런 일이다. 그러나 이 문장에 압축된 아버지를 생각하는 마음은 크게 변하지 않은 것 같다. 부모님을 모신 수원의 융릉隆陵과 그 옆에 조성한 자신의 건릉健陵은 그런 굳은 마음을 보여주는 가장 대표적 증거일 것이다.

정조의 첫 윤음[1]

빈전殯殿(장례를 치를 때까지 국왕이나 왕비의 관을 모셔놓은 전각) 문밖에서 대신들을 만나 윤음綸音을 내렸다. "아, 과인은 사도세자의 아들이다. 선대왕께서는 종통의 중요함 때문에 내게 효장세자를 잇도록 명령하셨다. 아, 앞서 선대왕께 올린 글에서 '근본을 둘로 하지 않는 것不貳本'에 관련된 내 뜻을 분명히 볼 수 있었을 것이다. 예禮는 엄격하지 않아서는 안 되지만 정情 또한 펴지 않을 수 없으니, 사도세자께 제사하는 절차는 대부가 제사하는 예에 따라야 하며 종묘와 동일하게 할 수 없다. 혜경궁께도 지방의 공물貢物을 바치는 의례가 따로 있어야 하며 대비와 같게 할 수는 없으니, 담

---

1 『정조실록』 정조 즉위년 3월 10일.

당 관청은 대신들과 의논해 규정을 마련해 아뢰라. 이런 지시를 내린 뒤에도 괴이한 귀신 같은 불온한 무리가 이것을 빌미로 추숭하자는 의견을 제기하면 선대왕께서 남기신 분부가 있으니 형률로 논죄하고 선왕의 영령께 아뢰겠다."

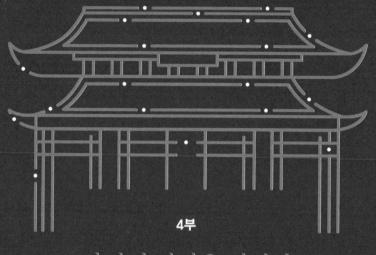

4부

자신의 신념을 지키다

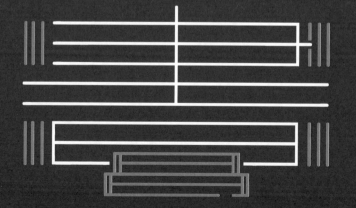

최
윤
덕

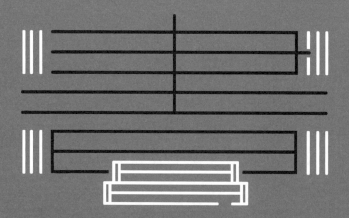

북방 개척에 공헌한 조선 전기의 명장

주관적 우호의 감정을 엄격히 자제하더라도 조선 세종의 업적은 시대와 지역을 뛰어넘어 그 수준과 분량 모두 탁월했다고 평가할 수 있을 것이다. 그의 국정 운영에서 특히 높이 살 부분은 문무 중 어느 한 편에 치우치지 않고 고루 뛰어난 성과를 거뒀다는 것이라고 생각한다. 한글 창제를 필두로 수많은 서적의 편찬과 농업·과학기술의 발전, 공법貢法의 도입 등이 문치의 정수를 형성한다면, 4군 6진을 개척해 국경을 확장한 것은 무치의 핵심을 이룰 것이다. 이런 위업은 물론 세종 자신의 뛰어난 자질과 능력에 크게 힘입은 것이었지만, 뛰어난 신하들이 보필하지 않았다면 이룰 수 없는 것이었다.

최윤덕崔潤德(1376~1445)은 세종의 시대를 대표하는 무장으로 북방 개척과 방어에 크게 공헌한 인물이다. 그의 이력에서 주목되는 부분은 무과로 입신한 무반임에도 최고의 문반직인 좌의정까지 올랐다는 사실이다. 세속적 성공의 일차적 관건은 물론 자신의 뛰어난 능력이겠지만, '지음知音'이라는 오래된 성어가 웅변하듯 그것을 알아보고 후원하는 다른 사람의 도움이 절실한 것 또한 사실이다. 그러므로 최윤덕의 현달顯達은 문반 중심의 사회에서도 균형을 잃지 않은 세종의 판단력과 실천력을 보여주는 한 증거가 될 것이다. 이제 보듯 최윤덕은 70년의 긴 생애 동안 '출장입상出將入相'이라는 고전적 표현에 합당한 활약을 펼쳤다.

무반 가문에서 태어나다

최윤덕은 본관이 통천通川이며 자는 여화汝和·백수白修, 호는 임곡霖谷, 시호는 정렬貞烈이다. 그는 고려가 무너지기 직전인 우왕 2년(1376) 지금의 경상남도 창원에서 최운해崔雲海(1347~1404)와 창원 이씨의 장남으로 태어났다. 동생 최윤복崔潤福·최윤온崔潤溫·최윤례崔潤禮는 계모(안동 권씨)의 소생이다.

그의 가문은 대를 이은 무반 집안이었다. 우선 조부 최록崔祿은 호군護軍(정4품)을 지냈다. 아버지 최운해는 좀 더 현달했는데, 조선을 건국한 태조 이성계에게 협력했기 때문이었다. 그는 이성계를 따라 위화도에서 회군한 공로로 조선이 개창된 뒤 원종공신에 책봉됐으며, 태조 2년(1393)에는 강원도 통천에서 왜구를 크게 무찔렀다. 통천 최씨라는 다소 낯선 관향貫鄕은 이때의 전공으로 하사받은 것이었다. 최운해는 서북면 도순문사都巡問使(2품 이상)와 승추부사承樞府事(정2품)를 지냈으며 양장襄莊이라는 시호를 받았다. 그가 태종 4년(1404)에 세상을 떠나자 사관은 높은 평가가 담긴 졸기를 실었다.

> 최운해는 20세 무렵부터 종군했는데, 용맹과 지략이 다른 사람들보다 뛰어났다. 순흥부사順興府使가 됐을 때 왜구가 들끓자 최운해는 자기의 즐거움을 물리치고 작은 물건까지도 남에게 나누어주어 사력死力을 다하게 했으며, 먼저 적진에 들어가 궤멸시켜 여러 번 크게 승리하니 이름이 알려졌다. 충주·전주·광주목사廣州牧使와 계림부윤鷄林府尹이 됐는데, 마음을 다해 백성을 어루만지고 사랑하니 이르는 곳마다 인애의 덕이 넘쳤다. 위엄과 은혜가 함께 나타나 명장이라고 불렸다(태종 4년 7월 9일).

뛰어난 힘과 용기

예나 지금이나 군인의 삶은 안온하지 않다. 그리고 그 영향은 당연히 그 가족에게 미친다. 뛰어난 무장을 아버지로 둔 최윤덕도 그랬다. 최윤덕은 5세(우왕 7년 (1381)) 때 어머니를 여의었는데, 그때 아버지는 변방을 지키느라 나가 있었기 때문에 같은 마을에 사는 양수척楊水尺에게서 양육됐다. 양수척은 사냥을 하거나 버드나무로 그릇 등을 만들어 팔아 생계를 유지하던 천민이다. 아버지가 무반이었으므로 비참한 생활을 영위하지는 않았겠지만, 양수척에게서 길러졌으니 일반적인 경우보다 거칠고 험한 환경이었을 것이다.

최윤덕은 어려서부터 뛰어난 힘과 용기를 발휘했다. 야사에는 그런 일화가 여럿 기록돼 있다. 그는 특히 활을 잘 쏘았는데, 산에서 소와 말을 먹이는 도중에 갑자기 호랑이가 나타나자 화살 하나로 쏘아 죽이고는 돌아와 양수척에게 "얼룩무늬를 가진 큰 짐승이 나오길래 쏘아 죽였다"고 말했다. 호랑이라는 짐승을 몰랐다는 사실은 그가 상당히 어린 나이였음을 알려준다.

유명한 문장가 서거정徐居正은 『필원잡기筆苑雜記』에서 이런 그의 재능을 꽃피워준 사람은 자신의 아버지 서미성徐彌性이었다고 밝혔다. 서미성이 합포合浦(예전 경상남도 마산)를 지킬 때 최윤덕을 기르던 양수척이 찾아와 그의 뛰어난 무예를 극찬했다. 서미성이 "한번 시험해 보겠다"고 하고 함께 사냥을 나갔는데, 최윤덕은 이리저리 달리며 쏘아 맞히지 못하는 것이 없었다. 모든 사람이 감탄했지만, 서미성은 좀 더 날카로웠다. 그는 웃으면서 "이 아이가 손이 빠르긴 하지만 아직 사냥꾼의 기술에 지나지 않는다"고 평가한 뒤 활쏘기와 말 달리기를 가르쳤고, 그 결과 최윤덕은 명장이 됐다고 한다.

일정한 과장이나 허구도 있겠지만, 이런 기록들은 최윤덕이 어릴 때부터 힘과 용기, 무예의 재능이 출중했다는 사실을 공통적으로 알려준다. 청년으로 접어들면서 최윤덕은 이런 재능을 활짝 꽃피우기 시작했다.

본격적인 출세

무장으로서 최윤덕의 공식적인 경력은 태조 3년(1394) 18세로 소과에 급제하면서 시작됐다. 아직 어린 나이였지만 이때부터 최윤덕은 함경도 이성泥城 순무사·경상도 병마도절제사 등으로 있던 아버지를 따라 참전해 여러 번 전공을 세웠다.

그가 본격적으로 출세한 것은 태종 때부터였다. 태종이 등극했을 때 최윤덕은 24세의 청년이었다. 최윤덕은 태종 2년(1402) 낭장郎將(정6품)이 된 뒤 호군·대호군(종3품, 태종 3년)·지태안군사知泰安郡事(태종 6년)·상호군(정3품, 태종 10년)으로 계속 승진했다. 태종 10년에는 무과에도 급제했다. 이런 과정을 거치면서 그는 당시의 주요한 무장으로 성장해갔다.

최윤덕이 본격적인 야전 지휘관으로 활약한 것은 태종 10년~16년 동북면 방어를 맡으면서부터였다. 당시 이른바 만주 지역은 여진족이 흩어져 점거하고 있었다. 그들은 압록강 일대의 건주建州여진, 흑룡강 일대의 야인野人여진, 지린성 장춘을 근거지로 한 해서海西여진으로 나뉘는데, 가장 강성했던 건주여진은 나중에 청을 건국한 누르하치를 배출하기도 했다.

태종부터 세종 초반까지 여진족은 점차 남하해 연해주와 두만강·압록강 유역은 물론 조선의 군사력이 미치지 못한 함경도·평안도 일대까지 넘나들었다. 그들은 조선에 복종하면서 평화롭게 지내다가도 갑자기 침략과 약탈을 자행해 변방의 골칫거리가 됐다. 가장 피해가 큰 곳은 최북방인 여연閭延과 경원慶源이었다.

첫 피해는 태종 10년 4월~5월 올량합兀良哈 등이 경원 등지를 습격해 군사 90여 명을 죽이고 남녀 80여 명과 말과 소 120여 마리를 빼앗아간 사건이었다. 최윤덕은 즉시 경성병마사鏡城兵馬使(정3품)에 임명돼 현지로 파견됐고, 그 뒤 경성절제사鏡城節制使(정3품)·우군동지총제右軍同知摠制(종2품, 태종 12년)·경성등처절제사鏡城等處節制使(태종 13년)로 재임하면서 야인의 습격을 효과적으로 물리쳤다.

이런 동북면 근무는 태종 17년(1417) 3월 도성으로 돌아오기까지 6년 넘게 이어졌다. 가보지는 못했지만, 그 지역이 생활하기 매우 힘든 곳이라는 사실은 또렷하다. 그리고 지금보다 훨씬 열악했을 여러 조건을 감안하면 무척 고된 복무였을 것이다. 그러나 뒤에서 보듯 최윤덕은 고관이 된 뒤에도 평안도와 함경도에 빈번히 파견됐으며, 나아가 그런 무장의 직무를 기꺼이 자임했다. 본연의 직무에 투철한 40대의 강직한 무장은 이제 세종 때의 국방 정책을 주도해나갔다.

북방 개척과 국방 정책을 주도하다

최윤덕이 도성으로 돌아온 1년 뒤 중앙 조정에는 양녕대군이 세자에서 폐위되고 충녕대군이 새로 책봉되는 중대한 정치적 변화가 일어났다(태종 18년 6월). 태종의 여러 업적 가운데 가장 중요한 것은 세종에게 왕위를 물려준 것이라고 평가될 정도로 이것은 조선의 국운을 좌우한 결정이었다.

세자를 교체한 두 달 뒤 태종은 전격적으로 선위하고 상왕으로 물러났지만, 승하하기까지 4년 동안 인사와 국방에 관련된 사안은 직접 처결하면서 갑작스레 시작된 세종의 치세가 안정되도록 도왔다. 태종의 인정을 받은 장수로서 최윤덕은 이 시기에 추진된 여러 국방 사안에서 중심적 역할을 맡았다. 우선 그는 세종이 즉위한 직후—그러니까 태종이 인사권과 군사권을 갖고 있을 때—참찬 겸 삼군도절제사에 임명됨으로써 무반을 넘어 고위 문반직에 오르는 중요한 경력을 이뤘다(세종 1년 (1419) 4월).

두 달 뒤에는 세종 초반의 가장 중요한 전역戰役인 쓰시마 정벌—이것 또한 태종이 주도했다—에 참여했다. 1만 7천여 명이 출전해 적 100여 명을 죽이고 적선 109척과 가옥 2천여 호를 불태우고 귀환한 이 작전에서 최윤덕은 삼군도절제사로서 삼군도통사 유정현, 삼군도체찰사 이종무李從茂와 함께 승리에 기여했다. 그 뒤 그는 공조판서로 서울 성곽 보수를 주도하고(세종 3년) 정조사正朝使로 명에 파견되기도 했다(세종 3년 10월~4년 2월).

세종의 진정한 치세는 재위 4년(1422) 5월에 태종이 승하하면서 시작됐다. 그때 최윤덕은 참찬과 판서(정2품)를 지낸 46세의 원숙한 관원으로 세종의 북방 개척을 주도했다. 앞서 말한 대로 당시는 여진족이 자주 침입했고, 그 때문에 경원에 있던 도호부를 용성(지금 함경북도 청진 남쪽)으로 후퇴시키자는 의견까지 적지 않게 제기되고 있었다.

그러나 세종은 그런 퇴영적 타협을 단호히 거부했다. 그는 경원 일대가 조선의 발상지이므로 결코 내줄 수 없다고 지적하면서 오히려 그 지역을 조선의 영토로 확보하는 역공을 선택했다. 최윤덕은 7세 아래의 김종서金宗瑞(1383~1453)와 함께 북방 개척의 주역으로 활약했다.

우선 최윤덕은 세종 5년 평안도 병마도절제사에 제수됐다. 이때부터 그는 세종 7년(1425) 7월 의정부 참찬에 임명돼 서울로 돌아오기까지 2년 넘게 변방에서 복무했다. "경이 변진邊鎭에 간 것이 두 해 가까이 됐으니 당연히 교대해야 하지만 장수의 적임자를 얻기란 참으로 어렵다. 또 지금 북쪽 국경에 문제가 있으니 경을 더 머무르게 해 변방의 안정을 기대하려고 한다. 짐의 지극한 뜻을 이해하라(세종 6년 12월)"는 세종의 당부에는 그에 대한 미안함과 깊은 신뢰가 묻어난다.

중앙으로 복귀한 최윤덕은 사복시 제조(정2품, 세종 8년)·판좌군부사判左軍府事(세종 9년 1월)를 거쳐 병조판서(세종 10년 윤4월)에 임명됨으로써 국방 정책을 주도하는 위치에 오르게 됐다. 최윤덕의 국방 정책에서 특징적인 부분은 축성의 중요성을 깊이 인식하고 적극적으로 실천했다는 것으로 지적된다. "예로부터 안정과 위험은 때를 타고 서로 바뀌는 법입니다. 오늘은 편안하다고 해도 훗날 위태로울 것을 어찌 알겠습니까? 도랑을 깊이 파고 성을 높이 쌓아 방어를 견고히 하면 오랜 뒤까지도 의외의 사변은 없을 것입니다(세종 17년 3월 28일)"라는 발언은 그런 생각을 압축하고 있다.

앞서 공조판서가 됐을 때도 도성 성곽을 보수했지만, 병조판서에 제수되자 그는 관련 사업을 더욱 본격적으로 추진했다. 우선 국방의 요충지인 동북면 일대에 성을 쌓았다. 축성 지역은 남부로도 확대됐다. 최윤덕은 세종 11년 12월 충청·전라·경상 삼도 도순문사에 임명되자 해당 지역에서 보수하거나 신축할 성을 아뢰게 했고, 그 보고에 따라 경상도 영일·곤남昆南(지금 경상남도 사천)·합포, 전라도 임피·무안·순천, 충청도 비인·보령 등지에 성을 새로 쌓거나 수축했다. 이때 대간은 비용과 시점 등의 여러 이유를 들며 강력히 반대했지만, 세종은 최윤덕의 판단을 재가했다.

이런 결정에서 보듯 이 시기 최윤덕에 대한 세종의 신임은 매우 깊었다. 국왕은 그가 "곧고 착실해 거짓이 없으며, 근신謹愼해 직무를 봉행하니 태종께서 인재라고 생각해 의정부에 등용하셨다. 고려와 개국 초기에 무신으로 정승에 제수된 사람들이 있기는 하지만, 그들 모두 어찌 최윤덕보다 뛰어나겠는가? 그는 수상도 할 만하다"고 높이 평가했다(세종 14년 6월 9일).

8년 가까이 중앙에서 재직한 최윤덕은 다시 북방으로 나가게 됐다. 세종 14년(1432) 12월 건주여진의 추장인 이만주李滿住가 함길도 여연을 침범해 조선군 50여 명을 죽이는 사건이 일어났기 때문이다. 이듬해 1월 57세의 최윤덕은 함길도 도절제사에 임명돼 기병 1만 명, 보병 5천 명을 거느리고 출정했다. 최윤덕이 지휘한 조선군은 적군 180여 명을 죽이고 230여 명을 사로잡았으며 말과 소 80여 마리를 노획하는 전과를 올리고 5월 초 귀환했다. 아군의 피해는 전사 4명, 부상 25명에 지나지 않았다.

이 승전은 침범한 여진족을 응징했다는 표면적 의미를 넘어 4군 개척을 시작했다는 역사적 무게를 갖고 있다고 평가된다. 곧 여진족이 점거하고 있던 압록강 상류 지역의 4군을 영토로 편입시키기 시작함으로써 조선은 국토 확장과 함께 강력한 방어 체계를 구축하는 이중의 목표를 추진한 것이다. 또 하나의 주요한 성과인 6진(경원·온성·종성·회령·부령·경흥) 개척은 널리 알듯 그 뒤 김종서가 이끌었다.

출장입상의 생애

"수상도 할만하다"는 국왕의 평가대로 최윤덕은 출정을 마친 직후인 세종 15년(1433) 5월 우의정에 임명됨으로써 마침내 정승에 올랐다. 열 달 뒤에는 맹사성孟思誠(1360~1438)의 후임으로 좌의정에 제수됐다(세종 16년 2월). 58세 때의 영예였다.

최고의 문반직에 오른 노년의 무장은 그러나 안주하지 않았다. 그는 변방에 문제가 생길 때마다 지체 없이 출동했다. 우의정이 된 지 한 달 만에 야인이 다시 침범하자 평안도 도안무찰리사都安撫察理使로 나갔고, 세종 27년(1445) 7월에도 서북면 변경에서 야인의 침범이 발생하자 평안도 도안무찰리사로 출정했다. 이때 그는 69세의 완연한 노령이었다.

이런 행동 자체가 가장 뚜렷한 증거겠지만, 그는 오직 국방에만 전념하는 무장으로 자처했다. 우의정에 임명된 직후 그 자리를 사직하면서 올린 상소는 그런 견결한 자세를 또렷이 보여준다.

> 의정의 직책은 본래 용렬한 사람이 할 수 있는 것이 아니고, 경륜하고 음양을 조화시키는 일은 무신이 의논할 수 있는 것이 아니라고 신은 늘 생각해왔습니다. 그러나 외적을 막아 북방을 안정시키는 일이라면 신은 이 몸이 다할 때까지 마음과 힘을 다할 것입니다(세종 16년 2월 5일).

모든 사람이 선망하는 최고의 자리에, 그것도 문반 위주의 사회에서 무반으로 올랐지만, 자신에게 더욱 합당한 직무가 있다는 이유로 사퇴한다는 것은 결코 쉬운 일이 아닐 것이다. 그리고 방금 본 대로 69세에도 평안도로 출정했다는 사실 등은 이때의 발언이 허구가 아니었음을 충분히 입증한다. 좌의정일 때 평안도를 중심으로 한 변방 방어와 군비 강화를 건의한 24개 항의 비변사의備邊事宜는 그의 국방 정책이 집약된 발언으로 평가된다(세종 17년 4월 13일).

일흔의 노장이자 재상은 신하로서 최고의 영예인 궤장几杖[1]을 하사받은 직후인 세종 27년(1445) 12월 5일 세상을 떠났다. 같은 날 실록의 졸기에서는 그가 "순진·솔직·간소·평이한 성품에 용

---

1   나라에 큰 공로를 세운 70세 이상의 대신에게 하사한 의자와 지팡이.

략勇略이 많아 한 시대의 명장이 됐다"고 상찬했다. 세종 때 그의 위상과 공로는 영의정 황희黃喜, 좌의정 허조許稠·신개申槩, 이조판서 이수李隨와 함께 세종의 묘정에 배향됐다는 사실이 웅변한다.

진정한 무장의 자세

방금 인용한 졸기의 평가는 아마도 무장에게 바쳐진 최고의 찬사가 아닐까 싶다. 물론 무장도 복잡한 내면과 생각을 가질 수 있지만, 생사를 걸고 승패를 겨루는 냉엄한 전투를 기본 업무로 삼는다는 특징상 그들이 가진 삶의 자세는 문신보다 상대적으로 간결하고 소박하기 쉬울 것이다.

최윤덕은 "순진·솔직·간소·평이하다"는 졸기의 평가에 합당한 일화를 여럿 남겼다. 이를테면 태안군수로 있을 때(태종 6년) 화살통의 쇠 장식이 헐어 떨어지자 공인工人이 관가의 쇠를 사용해 고쳤는데, 그 사실을 알게 되자 도로 떼어내게 했다(「행장」).

이런 청렴하고 검박한 성품은 오래 뒤에도 사라지지 않았다. 찬성으로 평안도 도절제사 판안주목사를 겸임할 때 그는 공무가 끝나면 관청 뒤 빈 땅에 오이를 심고 손수 가꿨다. 하루는 어떤 백성이 소송하러 왔는데 농부의 행색을 한 그를 알아보지 못하고 "대감은 어디 계시느냐?"고 물었다. 최윤덕은 "아무 곳에 있다"고 대답하고는 들어가 옷을 바꿔 입고 판결에 나섰다.

백성을 사랑하는 의분義憤도 컸다. 최윤덕은 어떤 아낙의 남편이 호랑이에게 잡아먹혔다는 사실을 알자 그 호랑이를 추적해 쏘아 죽인 뒤 그 배를 갈라 유해를 꺼내 예우를 갖춰 매장해줬다. 그 아낙은 물론 그 고을 백성들이 그를 부모처럼 사모했다고 한다(이륙李陸, 『청파극담靑坡劇談』).

어느 정도 과장됐을 수는 있어도 이런 일화들이 아주 거짓은 아닐 것이다. 생계를 유지하려는 절박한 노동은 아니지만 어떤 지위의 인물인지 알아보지 못할 정도의 행색으로 일하는 소박함이나 자신의 생명을 잃을 수도 있는 위험을 무릅쓰고 호랑이를 잡아 원수를 갚아준 헌신은 예나 지금이나 드물고 고귀한 것이 분명하다. 그리고 그것이 패기 넘치는 젊은 날의 일화가 아니라 고관에 오른 원숙한 나이의 일들이라는 사실은 더욱 드물고 고귀하다.

사르트르Jean Paul Sartre는 "지식인의 임무는 자신과 관계없는 일에 참여하는 것"이라고 말했다. 그러나 많은 경우, 특히 우리 사회에서, 그 '관계없는 일'은 권력이나 재화처럼 세속적으로 탐스러운 가치들이기 쉽다. 최윤덕은 그런 세속적 가치에 흔들리지 않고 70년의 긴 생애 동안 거친 무장의 삶을 오롯이 걸어간 한 전범을 보여준 인물이었다.

무장의 간결한 글

무인의 삶은 그 직무상 거칠고 간결하기 쉽다. 그들이 쓴 글도 비슷하다. 에둘러 말하지 않고 핵심으로 직접 다가간다. 그런 측면은 이 책에 실린 문인이나 학자의 글들과 비교하면 금방 느낄 수 있을 것이다. 다양한 역사적 논거와 화려한 비유, 정교한 수사를 동원해 때로는 장황하고 답답하게 느껴질 정도로 유장하게 진행되는 문인의 글과 달리 무인의 글은, 지식의 차이 때문이기도 하겠지만, 그런 과정을 생략하고 사실과 목적, 원인과 처방을 곧장 서술한다. 최윤덕의 이 상소는 무장이 쓴 글의 그런 특징을 그대로 담고 있다. 북방의 혹독한 환경을 무릅쓰고 여진과 맞서 탁월한 전공을 올린 59세의 좌의정이 올린 상소는 상황과 원인과 처방을 개조식으로 간략히 담았다. 그의 주장은 공허한 이론이 아니라 오랜 실제적 경험에 바탕한 것이다. 이를테면 "변방에 성을 쌓을 때 안쪽에 작은 돌로 메우기 때문에 쉽게 무너지니 이제부터는 모두 큰 돌을 사용하게 하자"거나 "깃대의 양 끝에 칼날을 박자"는 건의는 정말 현장을 누비면서 문제를 직접 체험하지 않고는 지적하기 어려운 제안일 것이다.

좌의성이 건의하기에는 쇄말瑣末한 문제라고 여길 수도 있을 것 같다. 그러나 "신은 세부사항에 있다God is in the details"고 한다. 깊이 수긍하고 실천하려고 노력하는 말이다. 최윤덕의 이 상소는 이 말에 부합하는 글이 아닌가 싶다.

최윤덕이 건의한 국방 강화책備邊事宜[2]

좌의정 최윤덕이 국방에 필요한 사항을 아뢨다.

"1. 평안도의 수영水營은 모두 병선兵船을 정박할 곳이 없어서 늘 육지에 배를 두니, 작은 배를 만들어 정박시키고 선군船軍의 숫자를 줄여 육지의 진鎭에 두십시오.

1. 평안도의 한산인閑散人[3]에게 활쏘기와 말타기를 시험하고 말이 있는지 확인해 토관土官[4]을 제수하십시오. 임명장告身을 받으면 직책을 번갈아가며 동아리를 만들어 교대로 방어하

게 하고 공로를 헤아려 번갈아 서용하십시오.

1. 평안도의 큰 고개와 험한 길을 수리하십시오.

1. 강계江界·여연 같은 지역의 성곽의 해자에 물이 없는 해자隍池를 다시 파십시오.

1. 화포와 화살을 모두 쓸 수 없으니 공장工匠을 보내 고치게 하십시오.

1. 서울과 각 도의 무기와 화살 가운데 고치는 것을 제외하고 새로 만드는 화살은 견본에 따라 제조하십시오.

1. 평안도 각 고을의 수령들은 건장한 사람을 뽑아 감고監考·서원書員·일수日守 같은 이름을 붙여 늘 자신을 따라다니게 하고, 허약한 사람을 군대에 보내기 때문에 방어가 허술해졌습니다. 이제부터는 수령이 그들을 거느리고 방어에 나아가게 하십시오.

1. 변방에서 복무하는 군사들은 먼 길에서 각자 무기를 갖고 오기 때문에 운반하는 데 힘이 듭니다. 희천熙州(지금 평안남도 안주 북쪽) 이남의 각 고을의 무기를 적절히 운반해 변방 고을에 비치했다가 필요한 때 임시로 나눠주십시오.

1. 변방의 각 고을에 망아지를 나눠보내 군사 가운데 말을 여러 번 잃은 사람에게 주십시오.

1. 양계兩界의 변방 고을에 성과 목책을 튼튼하게 쌓아서 겨울에는 백성을 읍성에 모아 보호해 주십시오.

1. 변방에 성을 쌓을 때 안쪽에 작은 돌로 메우기 때문에 쉽게

무너지니 이제부터는 모두 큰 돌을 사용하게 하십시오.

1. 평안도는 최근 방어 때문에 철을 채취하지 못하고 있으니 성을 쌓는 데 필요한 철을 다른 도에 적절히 배정하십시오.

1. 평안도에서 금지령을 어겨 몰수한 여러 물품을 요동으로 가지고 가서 물소뿔水牛角·비단과 교역해 각궁角弓(뿔로 만든 활)을 만들게 하십시오.

1. 제용감濟用監의 옷감을 요동의 물소뿔·비단과 바꿔 군기감에서 각궁을 만들게 하십시오.

1. 깃발과 깃대는 가볍고 움직이기 좋게 하고, 깃대의 양 끝에 칼날을 박으십시오.

1. 갑옷의 소매를 짧게 만들어 가볍고 움직이기 좋게 하십시오.

1. 각 도 포구에 병선을 두세 척만 두는 것은 좋지 않습니다. 지난 병자년 동래東萊 동강東江의 일을 거울로 삼으시기 바랍니다.[5]

1. 무예와 지략이 있는 사람에게 화포 쏘는 것을 익히게 해 각 도에 보내 가르치게 하십시오.

1. 전공을 세운 사람은 이미 포상했지만, 적은 많고 아군은 적은데 성을 굳게 지켜 적을 물리친 사람도 상을 주시기 바랍

---

5 태조 5년(1396) 8월 9일 왜선 120척이 경상도를 침략해 병선 16척을 탈취하고 수군 만호 이춘수李春壽를 죽였으며, 동래·기장機張·동평성東平城을 함락시켰다. 이 일을 말하는 것으로 여겨진다.

니다.

1. 각 지역에서 복무하고 있는 구전군관口傳軍官(정식 절차를 거치지 않고 국왕의 구두 명령으로 임명된 군관)의 식량과 물품을 적절히 늘려주십시오.

1. 평안도·황해도 간선도로의 역마驛馬가 매우 야위고 지쳤으니 풀이 자랄 때까지 관청에서 콩을 사료로 주십시오.

1. 양계에서 마름쇠鐵蒺藜는 일단 그만두고 장전長箭·편전片箭·화포전火砲箭을 먼저 만드십시오.[6]

1. 병선의 재목은 국방에 중요합니다. 지금 군자감軍資監을 짓는데 소나무를 많이 쓰니 사고瀉庫(쥐가 들어오는 것을 막기 위해 주위에 물도랑을 만든 창고)를 만든다면 덜 사용할 수 있을 것입니다. 또 담당 관청에 개수를 참작해 정하게 하되 길이와 폭은 제한하지 말고 벌채하는 대로 받아들이십시오.

1. 궁궐과 중앙·지방의 관청이 거의 완비됐으니 이제부터는 긴급하지 않은 공사工事는 모두 중지하고 백성과 국방을 안정시키는 데 전념하십시오."

병조에 내려 삼정승이 의논하게 했다.

---

6 마름쇠는 끝이 날카롭고 서너 갈래로 갈라진 무기로 길에 깔아 적의 침입을 막았다. 편전은 반으로 쪼갠 대나무 통에 넣어서 쏘는 30~40센티미터 정도의 짧은 화살이다. 화포전은 화포에 넣어서 쏘는 화살로 한 번에 4개 안팎을 발사할 수 있었다.

최
만
리

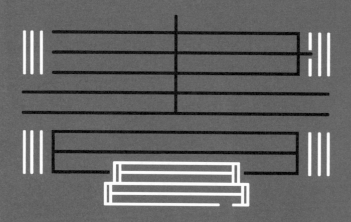

한글 창제에 반대한 집현전의 수장

최만리崔萬理(?~1445)라는 이름은 그리 낯설지 않을 수도 있다. 그는 우리 민족의 가장 소중한 문화유산 가운데 하나로 평가되는 한글과 상당한 관련을 갖고 있기 때문이다. 그러나 그 관계는 불편한 관계다. 그는 한글 창제에 반대한 대표적 인물이었다.

간단히 살펴볼 최만리의 삶은 매우 성공적이었다고 평가할 수 있다. 세종의 핵심 관서인 집현전에서 25년을 근무하면서 실질적인 수장인 부제학(정3품)에 오르고 청백리에도 선정됐다는 사실은 그런 평가의 주요한 근거다. 그러나 방금 말한 대로 지금 그는 한글 창제에 반대했다는 부정적 사항으로 널리 기억되고 있다.

조금 거창한 이야기지만, 학문의 목표는 인상印象과 사실의 차이를 명확히 밝히고 그 간격을 되도록 줄여나가는 것이 아닐까 생각한다. 이를테면 태양이 지구 주위를 도는 것처럼 보이지만 사실은 그 반대다. 모든 위대한 과학적 발견은 그렇게 인상에 가려져 있던 진실을 규명해 공인받는 도전과 역정이었다.

최만리와 관련해서도 그에게 덧씌워진 인상에 부당한 측면이 적지 않다는 지적은 이미 여러 차례 나왔다. 수긍할 만한 측면이 적지 않다고 생각된다. 본격적으로 연구한 것은 아니지만, 이런저런 자료를 살펴보면서 그는 시대적 상황과 거기에 입각한 자신의 소신에 충실했던 인물이 아니었을까 하는 생각이 들었다.

당시는 물론 조선시대 전체를 지배한 사상은 성리학이었다. 그것의 기본적 외교 방침 가운데 하나는 사대事大다. 뒤에서 전문을 실은 최만리의 '갑자 상소'의 핵심 논리는 바로 사대였다. 중세 서양에서 기독교의 원리를 공개적으로 부정할 수 있는 지식인은 거의 없었을 것이다. 있었다면 그의 이름에는 '이단'이라는 낙인이 뚜렷하게 찍혀 지금까지 내려왔을 것이다.

마찬가지로 조선에서 사대라는 기본 원리를 부정할 수 있는(또는 그렇게 하려는) 지식인은 드물었다. 그것은 한글을 창제한 세종도 마찬가지다. 다만 세종은 한글 창제가 사대와 충돌하지 않는다고 판단할 수 있는 능력이 있었지만, 최만리는 그러지 못했다. 그는 그 시대의 조건에 충실했다. 다시 말하면 그는 대부분의 지식인처럼 그 시대의 제약에 갇혀있었다. 세종은 그런 제약을 뛰어넘은 드물고 탁월한 지식인이었다.

이런 측면은 최만리의 분명한 한계지만, 대부분의 양반이 한글 창제 뒤 오래도록 그것을 천시하며 사용하지 않았다는 사실은 그

것이 보편적 한계였음을 또렷이 보여준다. 최만리와 관련해서는 이런 측면을 깊이 고려해야 한다고 생각된다.

가문적 배경

최만리는 자가 자명子明, 호는 강호산인江湖散人이며 본관은 해주다. 그의 생년은 명확하지 않다. 해주 최씨는 고려 때부터 내려온 명문이다. 가장 대표적인 인물은 고려 중기에 해동공자로 불린 문헌공文憲公 최충崔冲(984~1068)이다. 널리 알듯 그는 당대 최고의 학자였다. 그는 개경 송악산 아래 낙성재樂聖齋·대중재大中齋·성명재誠明齋·경업재敬業齋·조도재造道齋·솔성재率性齋·진덕재進德齋·대화재大和齋·대빙재待聘齋로 이름 붙인 구재학당을 만들어 사학私學을 융성시켰다. 뒤에 그의 제자들은 최충의 시호를 따라 '문헌공도文憲公徒'로 불렸다. 최만리는 최충의 13대손이다.

해주 최씨는 그 뒤에도 계속 융성했다. 최충의 아들 최유선崔惟善도 문과에 급제하고 지공거知貢擧와 재상을 역임했으며, 그 아들 최사제崔思齊도 재상에 올랐다. 그 가문에서 널리 알려진 또 다른 인물은 고려 후기의 최자崔滋(1188~1260)다. 최만리의 7대조인 최자는 무신 집권기와 거의 겹치는 시기를 살면서 문하시랑평장사 등 최고의 관직에 올랐다. 그는 『보한집補閑集』을 지어 문학적 명성도 길이 남겼다. 그 책은 제목 그대로 이인로李仁老가 역대 명현의 좋은 글을 모아 만든 『파한집破閑集』을 보충한 책이다.

최만리와 시간적으로 가까운 선조들도 일정 수준 이상의 출세를 했다. 증조 최공崔珙은 사재령司宰令(정3품), 조부 최안해崔安海는 한성부윤(2품), 아버지 최하崔荷는 예빈시禮賓寺 소윤少尹(정4품)을 지냈다. 사재감은 궁중의 어류·육류·소금·땔나무 등을 공급하고, 예빈시는 종실·대신·사신 등의 접대를 맡은 관서다.

최만리의 어머니는 충주 지씨인데 그녀의 아버지, 곧 최만리의 외조는 고려 후기에 상당한 발자취를 남긴 무장인 지용수池龍壽(?~?)다. 그는 공민왕 때 홍건적에게 함락된 개경을 수복해 1등공신에 책봉되고 그 뒤 문하시랑 겸 서북면 상원수까지 오른 인물이다. 요컨대 최만리는 오랫동안 성세를 유지한 명문에서 태어난 것이었다.

25년 동안 집현전에서 근무하다

최만리의 공식적 생애는 태종 14년(1414) 생원과에 급제하면서 시작됐다. 4년 뒤 조선의 운명은 크게 바뀌었다. 태종이 양녕대군을 물리치고 충녕대군에게 전위한 것이다(태종 18년 8월). 널리 알듯 그 뒤 세종은 32년 동안 재위하면서 신생국 조선을 눈부시게 발전시켰다.

이듬해 4월 새 국왕의 즉위를 경축하는 별시인 증광시增廣試가 치러졌는데, 최만리는 3등이라는 뛰어난 성적으로 급제했다. 김종직의 아버지 김숙자金叔滋가 4등으로 합격했다는 사실도 덧붙일 만하다.

최만리의 첫 관직은 조선 왕실의 계보인 『선원보첩璿源譜牒』의 편찬을 맡은 종부시宗簿寺의 직장直長(종7품)이었던 것으로 보인다. 세종 2년(1420) 윤1월에 거기서 근무하고 있는 기록이 실록에 나온다.

그러나 그 뒤 최만리의 거의 모든 경력은 집현전에서 이뤄졌다. 그는 세종 2년 3월 집현전이 설치되면서 박사博士(정7품)로 임명됐고 교리(정5품. 세종 7년) · 응교(정4품. 세종 9년) · 직제학(종3품. 세종 19년)을 거쳐 18년 만에 실질적인 장관인 부제학에 올랐다(세종 20년 〔1438〕). 세종은 집현전에 뛰어난 학자들을 모은 뒤 다른 관서로 옮기지 말고 거기서 오래 근무해 학문을 연마하라고 지시했는데, 최만리는 그런 방침을 충실히 이행한 것이다. 이런 사실은 그가 탁월한 학자였음을 방증한다.

그의 다른 경력으로는 재직하고 있는 관원을 대상으로 치르는 중시重試에서 12명 가운데 2등이라는 좋은 성적으로 급제했고(세종 9년 〔1427〕 3월), 세자의 서연書筵에 좌보덕(종3품)으로 참여한 것이 보인다(세종 14년 〔1432〕). 그는 잠깐 강원도 관찰사로 나가기도 했지만(세종 21년 〔1439〕) 곧 집현전 부제학으로 복귀했다(세종 22년). 그해에는 청백리로 뽑히는 영광을 누리기도 했다.

최만리는 집현전 부제학으로 있으면서 14차례 상소를 올렸다. 그 대부분은 불교를 배척하고(6회. 흥천사興天寺 사리각 중수 및 경찬회慶讚會 반대) 세자(뒤의 문종)의 섭정을 보좌하는 관서인 첨사원詹事

院 설치에 반대하는 내용(3회)이었다. 한글 창제에 반대한 상소는 14번의 많지 않은 상소 가운데 하나일 뿐이었지만, 가장 민감한 사안을 건드린 것이었다.

한글 창제에 반대하다

최만리의 현실적 삶과 역사적 평가에 지대한 영향을 준 사건은 세종 26년(1444) 2월 20일에 일어났다. 그날 그는 집현전 부제학으로서 신석조辛碩祖(직제학. 종3품)·김문金汶(직전. 정4품)·정창손鄭昌孫(응교. 종4품)·하위지河緯之(부교리. 종5품)·송처검宋處儉(부수찬. 종6품)·조근趙瑾(저작랑. 정8품) 등 함께 근무하던 아래 관원들과 함께 한글 창제에 반대하는 상소를 올렸다. 그 글은 그해의 간지를 따라 '갑자 상소'로 불린다.

널리 알듯 지금 '한글'로 불리는 훈민정음은 세종 25년(1443) 12월에 창제됐다. 그해의 맨 마지막 실록 기사는 "이달에 주상이 친히 언문 28자를 만드셨다是月, 上親制諺文二十八字"고 밝혔다. 매우 중대한 사건인 문자의 창제를 알리는 기록이 이렇게 짧고 소략하다는 사실―정확한 날짜도 나와 있지 않다―은 그것이 비밀스럽게 추진된 작업이었다는 방증으로 거론된다.

세종이 추진한 첫 한글 관련 사업은 이듬해 2월 16일, 원 웅충熊忠이 엮은 운서인 『고금운회거요古今韻會擧要』를 한글로 번역하는 것이었다. 이런 조처는 '백성을 가르치는 바른 소리'라는 훈민정음의 이름이 웅변하듯, 한글 창제의 일차적 목표가 현실과 맞지 않는 당시의 한자음을 바로잡는 것이었음을 알려준다. 세종은 그 작업을 최항崔恒(집현전 교리)·박팽년朴彭年(부교리)·신숙주·이선로李善老·이개李塏(이상 부수찬)·강희안姜希顔(돈녕부 주부) 등 집현전의 젊은 학사들에게 맡겼다. 이들과 '갑자 상소'를 올린 인물의 명단에 그 뒤 세조에게 협력한 주요 대신과 사육신이 함께 섞여 있다는 사실은 흥미롭다.

'갑자 상소'는 이 지시가 있은 지 나흘 뒤 올라왔다(세종 26년 [1444] 2월 20일). 최만리 등은 "언문의 제작은 지극히 신묘해 만물을 창조하고 지혜를 운행함이 천고에 뛰어나지만, 신 등의 구구한 좁은 소견으로는 의심되는 측면이 있어 뒤에 열거하오니 판단해 주시기를 엎드려 바랍니다"라는 부드럽지만 날카로운 문장으로 상소를 시작했다. 그들이 '의심'한 부분은 다음의 여섯 가지였다.

1. 조선은 조종 때부터 지성스럽게 대국을 섬겨 한결같이 중화의 제도를 따랐는데, 이제 언문을 만든 것을 중국에서 알면 대국을 섬기고 중화를 사모하는 데 부끄럽다.
2. 지금 언문을 만든 것은 중국을 버리고 스스로 오랑캐와 같아지려는 것이다.
3. 문자 생활은 이두로도 불편하지 않다. 언문을 사용해 그것으로 출세할 수 있게 되면 고생해 성리학을 공부하지 않으려고 할 것이다.

4. 형벌과 옥사刑獄를 공평하게 하려는 목적이라지만 그것은 문자가 아니라 옥리獄吏의 자질에 달려 있다.

5. 중요한 일을 성급히 추진해서는 안 된다.

6. 동궁이 성학에 마음 쓸 때인데 언문에 신경 쓰는 것은 옳지 않다.

1, 2는 시대에 저촉된다는 우려고 3, 4는 현실에서도 필요치 않다는 지적이며 5, 6은 전체적인 상황을 근거로 한 반대였다.

최만리 등은 한글을 "천박하고 무익한 글자鄙諺無益之字"라고 폄하하면서 "이 언문은 새롭고 기이한 하나의 재주技藝일 뿐이니, 배움에는 손실이 있고 다스림에는 이익이 없으니 거듭 헤아려 봐도 긍정적인 측면을 알 수 없다"고 정면으로 비판했다. 세종의 반응도 거칠었다. "너희가 설총은 옳다고 하면서 임금이 하는 일은 그르다고 하는 까닭은 무엇인가? 또 네가 운서를 아는가? 사성四聲과 칠음七音에 자모字母가 몇 개나 있는가? 내가 운서를 바로잡지 않으면 누가 바로잡겠는가?"

한글과 관련해 자주 인용되는 이 발언에는 언어학에 관련된 세종의 자부심이 넘친다. 세종은 최만리를 비롯해 상소에 참여한 사람들을 의금부에 하옥시켰다가 다음 날 석방하라고 명령했다.

하루 만에 풀려났지만 최만리의 공식적 경력은 이것으로 마감됐다. 그는 다시 관직에 나아가지 않았고 이듬해(세종 27년 (1445)) 10월 23일 세상을 떠났다. 별세의 원인이 자연적 요인인지, 낙담이나 한탄 같은 인위적 이유였는지는 알 수 없다.

최만리는 중화中和 양씨(양미楊美의 딸)와의 사이에서 5남 1녀를 두었는데, 둘째 아들 최정崔埥(1429~1466)은 단종 2년(1454)에 급제했고, 다섯째 아들 최연崔堧(?~?)은 세조 5년(1459)에 급제해 청주목사를 역임했다. 묘는 경기도 안성시 원곡면에 있다.

후대의 평가

20여 년 뒤 세조는 최만리를 이렇게 평가했다. "예전 세종 때 문종이 세자였을 때 서연관 최만리·박중림朴仲林 등은 세자를 보필하면서 작은 잘못이 하나라도 있으면 반드시 간언했다. 지금 생각해도 이 두 신하는 그 임무를 다했다고 할 만한데, 그들이 우연히 그렇게 한 것은 아니었다(세조 13년 (1467) 7월 11일)."

매우 높은 평가다. 최만리와 함께 상찬된 박중림은 대사헌·대제학·형조판서 등을 역임한 인물로 사육신 박팽년의 아버지라는 것도 흥미롭게 덧붙일 만하다. 그도 아들과 함께 사육신 사건 때 죽었다. 자신에게 대들었던 정적을 이렇게 높이 평가한 데는 세조의 아량도 작용했겠지만, 이제 자신을 둘러싼 정치적인 위협이 현실적으로 사라졌다는 여유도 도움을 줬을 것이다.

아무튼 최만리가 "작은 잘못이 하나라도 있으면 반드시 간언"한 인물이었다는 세조의 평가는 유념할 만하다. 그가 보기에 한글 창제는 사대라는 기본 원리에 저촉되는 것을 포함해 의심할 만한 사항이 여섯 가지나 되는 커다란 잘못이었으니 묵과할 수 없는 중대한 문제가 분명했다.

물론 지금 우리는 그들의 판단이 크게 잘못됐다는 것을 안다. 그들의 비판에는 차자借字 표기의 방법인 이두로 한글을 대체할 수 있다는 언어학적 무지도 있었다고 지적할 수 있다. 그러나 앞서 말한 대로 최만리 등의 상소는 그때 신하 대부분의 생각을 대변한 견해였을 것이다. 오랜 시간이 흐른 뒤에도 조선의 지배층이 한글을 천시하며 한자로 문자 생활을 영위했다는 사실은 그런 측면을 변호해 준다. 그러니 최만리의 한계는 그 시대의 보편적 한계에 가까웠다.

최만리는 뛰어난 학자들이 모인 집현전의 수장을 지낸 당대 최고 수준의 지식인이었다. 그런 지식인도 넘거나 깨닫지 못한 한계 너머를 본 유일한 사람은 위대한 국왕 세종이었다. 한글 창제라는 그의 위대한 업적은 500여 년에 가까운 긴 시간 동안 수많은 실험과 도전을 겪었지만, 결국 그가 처음 의도한 방향대로 구현됐다.

지금 서울시 중구 만리동萬里洞(한자는 서로 다르다)은 최만리가 살았던 데서 온 이름이라고 한다.

한글 창제에 반대하다

우연히 실수처럼 흘린 짧은 몇 마디 말에서 속마음이 드러나는 경
우가 있다. '반증'이라는 말이 보여주듯 어떤 문제의 비밀은 그것
을 직접 추적하는 과정이 아니라 반대되는 증거를 제시함으로써
드러나기도 한다.

국어학을 깊이 알지 못해 조심스럽지만, 한글 창제를 강력히 비판
한 최만리의 이 상소는 한글의 이런저런 모습을 반증하는 것 같기
도 하다. 이를테면 "(언문은) 한자와 조금도 관련이 없고 저자의 상
스러운 말만 사용"했다는 비판은 한글이 얼마나 독창적이며 실생
활과 밀착돼 있었는지 되비쳐준다. "범죄와 살인 같은 법률문서를
…… 지금 언문으로 그의 말을 그대로 써서 읽어줘 듣게 하면 지
극히 어리석은 사람이라도 모두 쉽게 알아들어 억울한 사람이 없

을 것이라고 한다"는 비판도 한글이 얼마나 쉽고 자유롭게 사용할

수 있는 문자인지 또렷이 반증해준다.

한글 창제에 세종이 얼마나 심혈을 기울였는지 보여주는 대목도

있다. 최만리에 따르면 "(세종은) 청주淸州 초수椒水에 거둥하실 때

도 …… 언문 같은 일은 반드시 기한에 맞춰야 하는 일이 아닌데

도 행재소에서 모든 정성을 기울여 만들어 옥체를 조리하는 때를

방해"했다. 날카로운 비판자의 말이므로 사실일 이 지적은 세종이

한글 창제를 주도했다는 한 증거로도 여겨진다. 이런 흥미로운 편

린들 때문에라도 이 상소는 주의 깊게 읽어볼 필요가 있다.

최만리의 '갑자 상소'[1]

집현전 부제학 최만리 등이 상소했다.

"언문諺文의 제작은 지극히 신묘해 만물을 창조하고 지혜를 운행함이 천고에 뛰어나지만, 신 등의 구구한 좁은 소견으로는 의심되는 측면이 있어 뒤에 열거하오니 판단해 주시기를 엎드려 바랍니다.

  1. 우리 조선은 태조 때부터 지성으로 사대해 모든 것을 중화의 제도를 따랐습니다. 이제 같은 글과 같은 제도를 사용하는 때가 됐는데 언문을 만들었으니 보기에도 듣기에도 놀라운 일입니다. 언문은 모두 옛 글자에 바탕한 것이지 새로 만든

---

1 세종 26년 2월 20일의 실록 기사.

글자가 아니라고 한다면, 글자의 모양은 옛 전문篆文[2]을 본떴지만 음을 사용하고 글자를 합치는 것은 모두 옛 제도와 반대되니 참으로 근거가 없는 말입니다. 이 일이 중국에 알려져 비난하는 사람이 있게 되면 사대와 모화慕華에 어찌 부끄러움이 없겠습니까?

1. 옛부터 중화의 영역 안에서는 풍토는 달랐지만 방언에 따라 문자를 따로 만든 일은 없었습니다. 몽골蒙古 · 서하西夏 · 여진女眞 · 일본日本 · 서번西蕃[3] 같은 부류는 각자 자신의 문자를 가졌지만 모두 오랑캐의 일일 뿐이므로 말할 필요가 없습니다. 옛글에서는 '중화의 도를 사용해 오랑캐를 변화시킨다는 말은 들었지만 오랑캐에게 중화가 변화됐다는 말은 들어보지 못했다'고 했습니다.[4] 역대 중국의 나라들은 우리나라에 기자箕子가 남긴 교화가 있어 글과 제도, 예의와 음악이 중화와 비슷하다고 평가해왔습니다. 지금 따로 언문을 만들어 중국의 말을 버리고 스스로 이적과 같아지려는 것은 소합향蘇合香을 버리고 당랑환螗螂丸[5]을 가지려는 것과 같다고 할 수 있으

2　한자 서체의 하나로 예서隸書 다음으로 오래된 서체. 인장과 비석 등에 주로 사용한다.

3　'서역西域'과 같은 뜻으로 중앙아시아의 여러 나라를 말한다.

4　用夏變夷, 未聞變於夷者也.『맹자』「등문공」상.

5　소합향은 소합향나무(조록나무과)의 줄기에서 추출한 진액을 가공한 황갈색 또는 어두운 갈색의 액체. 독특한 향기가 있다. 당랑환은 말똥구리가 만든 소

니 어찌 문명의 큰 흠결이 아니겠습니까?

1. 신라의 설총薛聰이 만든 이두吏讀는 천박하고 속되지만 모두 중국에서 사용하는 글자를 빌려와 조사助辭로 사용했으며 한자는 본래 서로 달라진 것이 아니었습니다. 그 때문에 서리胥吏나 시중드는 사람僕隷들도 반드시 그것을 익히려고 했습니다. 이두는 책 몇 권을 먼저 읽어 한자를 대강 알게 되면 사용할 수 있습니다. 이두를 사용하는 사람은 반드시 한자에 의지해야 의사를 소통할 수 있기 때문에 이두를 매개로 한자를 알게 되는 사람이 매우 많았으니, 그것 또한 학문을 일으키는 데 이바지한 것입니다.

우리나라가 본래 한자를 몰라 끈으로 매듭을 묶어結繩 문자로 사용했다면 언문을 빌려 일시적으로 사용해도 괜찮을 것입니다. 그러나 바른 의논을 고집하는 사람은 '임시적 방편으로 언문을 사용하는 것보다는 더딜지라도 중국에서 통용되는 한자를 익혀 장구한 계획으로 삼는 것이 낫다'고 반드시 말할 것입니다. 하물며 이두는 수천 년 동안 사용해 오면서 장부나 회계를 관리하는 데 아무 문제가 없었는데, 무엇 때문에 이처럼 폐단 없이 오래전부터 이용하던 문자를 고쳐서 천박하고 무익한 글자를 새로 만든단 말입니까?

똥이나 말똥.

언문을 사용하면 서리가 언문만 익히고 학문에 사용되는 한자는 돌아보지 않을 것이니, 서리는 두 부류로 나뉠 것입니다. 서리가 언문을 사용해 출세하면 그의 후배들은 그런 모습을 보고 '27자의 언문만으로도 충분히 입신할 수 있으니 무엇 때문에 고생해 성리학을 궁구하겠는가?'라고 모두 생각할 것입니다. 이렇게 되면 수십 년 뒤에는 한자를 아는 사람이 반드시 적어질 것입니다. 서리의 사무는 언문으로도 처리할 수 있지만 성현의 문자를 알지 못하면 배우지 못해 담장을 대면하고 있는 것처럼 사리의 옳고 그름에 어두울 것이니 언문에 능숙한들 어디 쓰겠습니까? 학문을 숭상하는 우리나라의 오랜 문화가 땅을 쓸어버린 것처럼 사라질까 염려됩니다. 그동안 이두는 한자에서 완전히 벗어난 것은 아니었는데도 지식 있는 사람들은 그것을 비루하게 여겨 이문吏文으로 바꾸려고 생각했는데, 하물며 한자와 조금도 관련이 없고 저자의 상스러운 말만 사용한 언문은 어떻겠습니까? 언문이 이전 왕조인 고려 때부터 있었다고 해도 지금 같은 문명의 다스림과 노魯를 변모시켜 도에 이르게 하려는 뜻으로 어찌 그것을 그대로 사용할 수 있겠습니까? 개혁하자고 주장하는 사람이 반드시 있을 것은 자명한 이치입니다. 옛것을 싫어하고 새것을 좋아하는 것은 예나 지금이나 공통된 잘못입니다. 오늘의 이 언문은 새롭고 기이한 하나의 재주일 뿐이니, 배움에는 손실이 있고 다스림에는 이익이 없으니 거듭 헤아려

봐도 긍정적인 측면을 알 수 없습니다.

1. 범죄와 살인 같은 법률문서를 이두로 쓰면 글을 모르는 어리석은 백성은 한 글자의 차이로도 억울한 일이 생길 수 있지만, 지금 언문으로 그의 말을 그대로 써서 읽어줘 듣게 하면 지극히 어리석은 사람이라도 모두 쉽게 알아들어 억울한 사람이 없을 것이라고 합니다. 그러나 예부터 중국은 말과 글이 같은데도 억울하고 잘못된 처벌과 소송이 매우 많습니다. 우리나라의 사례를 들어보면 옥에 갇힌 죄수 가운데 이두를 해독하는 사람이 자신의 범죄사실을 진술한 기록을 직접 읽고 그것이 잘못됐다는 것을 알아도 고문을 이기지 못해 그릇 죄를 인정하는 사람이 많습니다. 이것은 자신의 범죄사실을 진술한 기록의 내용을 알지 못해 억울함을 당하는 것이 아님이 분명합니다. 그렇다면 언문을 쓴다고 해도 무엇이 달라지겠습니까? 형옥의 공평함과 그렇지 않음은 옥리가 어떠한지에 달려있을 뿐 말과 글이 같은지 그렇지 않은지와는 무관하다는 것을 알 수 있습니다. 언문을 사용해 처벌을 공평하게 하려는 것이 옳은지 신 등은 모르겠습니다.

1. 무릇 어떤 일에 공로를 세우는 것은 얕은 생각으로 빨리 이루는 것을 귀하게 여기지 않습니다. 요즘 우리나라의 일 처리는 모두 빨리 이루는 것에 힘쓰니 다스림의 법도가 아니라고 여겨집니다. 언문이 어쩔 수 없어 만든 것이라고 한다면, 이것은 풍속을 변화시키는 큰일이므로 재상은 물론 아래로

모든 관원과 의논해야 합니다. 나라 사람들이 모두 좋다고 말해도 일의 앞뒤를 잘 살펴 세 번 더 생각하고, 역대의 제왕帝王이 한 일에 비춰 어그러지지 않고 중국의 여러 일들을 살펴 부끄럽지 않으며 먼 훗날 성인이 나와 살펴봐도 의아하게 여기지 않을 것이라고 판단된 뒤에야 시행할 수 있습니다.

지금 여러 사람의 의논을 널리 모으지도 않고 갑자기 서리 10여 명에게 가르쳐 익히게 하며, 옛사람이 만들어놓은 운서韻書를 가벼이 고치고 근거 없는 언문을 억지로 가져와 공장工匠 수십 명을 모아 목판에 새겨 급히 널리 반포하려고 하시니 훗날 천하의 공론이 어떻게 평가하겠습니까? 또한 이번 청주淸州 초수椒水[6]에 거둥하실 때도 농사가 흉작인 것을 특히 염려해 수행 등 여러 일을 간소하게 해 이전보다 열에서 여덟, 아홉은 줄였으며, 공무도 의정부에 보고하도록 하셨습니다. 언문 같은 일은 반드시 기한에 맞춰야 하는 일이 아닌데도 행재소에서 모든 정성을 기울여 만들어 옥체를 조리하는 때를 방해하십니까? 신 등은 이것이 옳은지 더욱 알지 못하겠습니다.

1. 선유先儒는 '수많은 취미는 모두 지기志氣를 빼앗는다. 편지

---

6   지금 충청북도 청주시 청원구 내수읍 초정리. 탄산이 많이 함유된 광천수鑛泉水로 유명하다. 세종은 눈병과 피부병을 고치려고 이곳에 100일 넘게 머물면서 치료했다.

를 쓰는 것은 유자의 일에 가장 가깝지만 그것만 좋아하면
역시 지기를 손상시킨다'고 말했습니다. 지금 세자는 덕성을
많이 발전시키셨지만 아직은 성인의 학문에 마음을 두어 도
달하지 못한 부분을 더욱 추구해야 합니다.

언문이 유익하다고 해도 문사文士의 육예六藝(예학禮, 음악樂, 활
쏘기射, 말타기御, 서예書, 수학數) 가운데 한 가지일 뿐입니다. 하
물며 다스리는 도리에 아무 이익이 없는데도 자세히 연구해
생각을 낭비하고 시간을 허송하면 학문에 매진할 수 없습니
다. 신 등은 모두 보잘것없는 학문과 재주로 시종의 직무를
수행하고 있으니 마음에 품은 생각을 말하지 않을 수 없어
진심을 다해 성상께 아룁니다."

임금이 상소를 보고 최만리 등에게 말했다. "너희는 '음을 사용
하고 글자를 합치는 것은 모두 옛 제도와 반대된다'고 하는데 설
총의 이두도 한자와 발음이 다르지 않은가? 이두를 제작한 본뜻
도 백성을 편하게 하려는 것이 아니었는가? 그것이 백성을 편하
게 하려는 것이었다면 지금 언문도 백성을 편하게 하려는 것이
아니겠는가? 너희가 설총은 옳다고 하면서 임금이 하는 일은 그
르다고 하는 까닭은 무엇인가? 또 네가 운서를 아는가? 사성과
칠음[7]에 자모가 몇 개나 있는가? 내가 운서를 바로잡지 않으면

7   사성은 중국어의 성조인 평성平聲·상성上聲·거성去聲·입성入聲이다. 칠음은 음
    운학의 일곱 가지 소리로 어금닛소리牙音·혓소리舌音·입술소리脣音·잇소리齒

누가 바로잡겠는가?

또 상소에서 '새롭고 기이한 하나의 재주'라고 했는데 나는 늘 그막에 시간을 보내기 어려워 서책을 벗으로 삼을 뿐이니 어찌 옛것을 싫어하고 새것을 좋아해서 언문을 만들었겠는가? 또한 언문을 만든 것은 사냥이나 매를 놓아기르는 것 같은 행동이 아니니, 너희들의 말은 상당히 지나치다.

또 내가 나이 들어 국가의 여러 일을 세자가 모두 처리하고 있다. 세자는 작은 일이라도 참여해 결정하는 것이 마땅하니 언문 같은 중요한 일이야 말해 무엇하겠는가? 세자를 늘 동궁에만 있게 한다면 환관에게 일을 맡길 것인가? 너희는 나를 가까이서 모시는 신하이므로 내 뜻을 환히 알 것인데 이렇게 말해도 되겠는가?"

최만리 등이 대답했다. "설총의 이두도 한자와 발음이 다르지만 한자의 발음과 해석을 따르고 있으며 어조사와 문자가 본래 떨어져 있지 않습니다. 지금 이 언문은 여러 자모를 합쳐 모아쓰고 그 발음과 해석을 바꿨으니 글자의 형태가 아닙니다. 또 새롭고 기이한 하나의 재주라고 말한 것은 글의 형태文勢 때문에 그런 것이지 다른 뜻이 있던 것은 아니었습니다. 세자는 공무라면 작은 일이라도 참여해 결정하지 않을 수 없지만 급하지 않은 일을

흡 · 목구멍소리喉音 · 반혓소리半舌音 · 반잇소리半齒音을 말한다.

무엇 때문에 많은 시간을 들여 고민하신단 말입니까?"

주상이 말했다. "김문은 앞서 '언문을 만드는 것은 안 될 것이 없습니다'라고 말하고는 지금은 그렇지 않다고 말한다. 또 정창손은 '『삼강행실』을 반포한 뒤에도 충신·효자·열녀가 많이 나오지 않는데, 사람의 행동은 그 자질이 어떤지에 달려 있는 것이지 언문으로 그 책을 번역한 뒤에야 사람들이 그것을 본받겠습니까?'라고 말했다. 이것이 어찌 이치를 아는 유자의 말이겠는가? 아무 쓸모없는 속된 유자일 뿐이다."

앞서 주상은 정창손에게 "내가 만약 언문으로 『삼강행실』을 번역해 백성에게 나눠주면 어리석은 이들이라도 모두 쉽게 깨달아 충신·효자·열녀가 반드시 많이 나올 것"이라고 하교한 적이 있었다. 정창손이 그 일을 거론했기 때문에 지금 이렇게 하교한 것이다.

임금이 또 하교했다. "내가 너희들을 부른 것은 처음에는 죄를 주려고 한 것이 아니라 상소 안의 한두 가지 말을 물으려던 것뿐이었다. 너희들은 사리를 돌아보지 않고 말을 바꿔 대답했으니 죄를 벗기 어렵다."

마침내 부제학 최만리, 직제학 신석조, 직전 김문, 응교 정창손, 부교리 하위지, 부수찬 송처검, 저작랑 조근을 의금부에 하옥시켰다. 이튿날 풀어주라고 명령했지만 정창손만은 파직시켰다. 계속해서 "김문이 앞서와 나중에 말을 바꿔 계달한 까닭을 국문해 아뢰라"고 의금부에 지시했다.

임

경

업

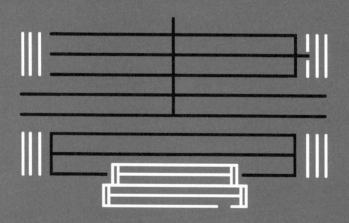

대명_{對明} 의리를 실천한 비운의 명장

"외교는 비단에 싼 칼"이라는 어느 외교관의 말을 인상 깊게 기억한다. 이 말이 날카롭게 가리키듯 인간의 내면과 행동은 서로 다르기 쉽다. 그것은 사람의 숙명일 것이다. 그러나 사람이기에 그런 위선을 되도록 줄이려고 끊임없이 노력하는 것 또한 숙명의 하나가 아닐까 싶다.

17세기 이후 조선의 외교는 내면과 행동의 충돌이 극도로 격화된 분야였다. 중화질서의 마지막 보루였던 명이 '오랑캐'인 청에 속절없이 멸망하면서 조선을 지탱하던 현실적·정신적 질서는 혼돈에 빠졌다. 그런 혼돈은 수많은 모색과 반발과 수정을 거친 뒤에야 '소중화小中華'라는 개념을 찾아 일단 진정됐다.

'오랑캐'에게 굴복해 사대할 수밖에 없는 대외적 현실이 자명할수록 '복수설치復讎雪恥'와 '재조보은再造報恩'의 이념과 지향은 강화됐다. 조정의 논의와 유자儒者들의 글에서 그런 이상과 현실의 괴리는 투명하게 드러났고, 그만큼 공허하기도 했다.

임경업林慶業(1594~1646)은 그런 괴리의 시대에 저항하다가 옥사한 비운의 무장이었다. 출전과 망명, 투옥과 비극적인 죽음으로 구성된 그의 삶은 그 뒤 안타까움과 분노의 큰 반향을 일으켰고, 문학 작품으로 재현돼 널리 보급되기도 했다.

순조로운 출세

임경업의 본관은 평택平澤으로 자는 영백英伯, 호는 고송孤松이다. "여러 대에 걸쳐 벼슬하지 않았다가 그에 와서 비로소 현달했다"는 기록(이재李栽, 『밀암집密菴集』 권16, 「임장군경업전」)으로 볼 때, 그의 가문은 그리 융성하지는 않았던 것으로 판단된다.

가문의 계보는 고려 때부터 기록돼 있다. 시조는 아니지만 그 가문에서 처음 두각을 나타낸 인물은 금시위禁侍衛를 지낸 임득우林得雨로 알려져 있다. 8대조 임재林梓는 보문각寶文閣 대제학大提學에 올랐고, 7대조 임태순林台順은 사복시윤司僕寺尹을 지냈다.

6대조 임정林整(1356~1413)부터 조선에서 벼슬해 작지 않은 발자취를 남겼다. 그는 태종 때 경상도·전라도·충청도 삼도 도체찰사, 중군도총제中軍都摠制, 형조판서 등을 지내고 사은사·정조사로 두 차례 명에 다녀왔으며, 공혜恭惠라는 시호를 받았다. 그가 세상을 떠났을 때 『태종실록』에서는 "사람됨이 순하고 조심스럽고 충직하고 너그러웠다. 서리에서 입신해 가는 곳마다 명성과 업적이 있어 아전과 백성이 기뻐하며 따랐다"고 높이 평가했다(태종 13년 4월 28일).

5대조 임명산林命山은 현감으로 근무했고, 4대조 임수창林壽昌(1426~1501)은 성종~연산군 때 공조·호조참의, 병조참지, 동지중추부사 등의 주요 관직에서 재직했다. 그 뒤는 다소 침체해 증조 임유명林有名은 사헌부 감찰(정6품)을, 조부 임덕윤林德胤은 부장部將(호조참판에 추증)을 지냈다.

임경업의 계보는 이런 조상을 거쳐 아버지 임황林篁에 이른다. 임황의 경력은 무반 정3품 당상관의 품계인 절충장군折衝將軍만 기록돼 있는 것으로 미뤄 실직에는 나아가지 않은 것으로 보인다. "여러 대에 걸쳐 벼슬하지 않았다가 임경업에 와서 비로소 현달했다"는 앞서 이재의 평가는 임경업의 증조부터 아버지까지의 상황을 바탕으로 한 것 같다.

임황의 혼인관계, 다시 말해 임경업의 외가는 주목할 만하다. 그는 파평 윤씨(현감 윤흥지尹興智의 딸)와 혼인했는데, 그녀는 대윤 윤임尹任의 손녀였다. 그러니까 임경업은 윤임의 외증손인 것이다. 윤임의 계보는 윤번尹璠(우참찬·공조판서. 세조비 정희왕후의 아버지) - 윤사윤尹士昀(대사헌·공조판서. 정희왕후의 오빠) - 윤보尹甫 - 윤여필尹汝弼(중종비 장경왕후의 아버지)로 거슬러 올라간다. 이렇게 대윤과 외가로 이어진 임경업의 계보는 조선시대 주요 가문과 인물의 길고 단단한 고리를 보여주는 수많은 사례 가운데 하나다.

임황은 임승업林承業·임경업·임사업林嗣業·임준업林俊業·임흥업林興業(서자) 등 다섯 아들을 두었는데, 모두 무과에 급제했다. 아들들의 이런 성취로 임황은 영중추부사에 추증됐다.[1]

임경업은 충청도 충주에서 태어나 자랐으며, 24세 때인 광해군 10년(1618) 동생 임사업과 함께 무과에 합격했다. 당시 중국에서는 후금이 건국되면서(광해군 8년 (1616)) 왕조 교체의 움직임이 시작되고 있었다. 후금을 세운 누르하치는 임경업이 급제한 해에 명을 처음으로 공격했다.

임경업은 함경도에서 군직을 시작했다. 갑산甲山에서 2년 동안 근무한 뒤 같은 함경도의 삼수三水 소농보小農堡 권관權管(종9품)으로 옮겼다. 거기서 군량과 군기를 잘 구비한 공로로 절충장군(정3품 당상관)의 품계를 받았다. 파격적인 포상이었다. 그는 인조 2년(1624) 이괄李适의 난에서도 전공을 세워 진무원종振武原從 1등공신에 책봉되고 가선대부嘉善大夫(종2품 품계)에 올랐다. 30세의 나이에 이룬 빠르고 순조로운 관운이었다.

이듬해부터는 근무지가 전라도로 바뀌었다. 임경업은 첨지중추부사僉知中樞府事(정3품) 겸 우림위장羽林衛將(종2품)을 거쳐 방답첨사防踏僉使(종3품. 방답은 지금 전라남도 여수)에 임명됐고, 1년 뒤에는 전라도 낙안樂安군수로 부임했다. 이때까지 임경업의 삶은 비교적

---

1   신정보申正甫, 『서암집恕菴集』 권 14, 「지중추부사 증시충민 임공행장知中樞府事贈諡忠愍林公行狀」.

순조로웠다. 그러나 대륙에서 청은 점점 강성해지고 있었다. 그의
나머지 삶을 지배한 청과의 대결이 눈앞에 다가와 있었다.

호란과 그 결과

인조 5년(1627) 1월 정묘호란이 일어났을 때 임경업은 33세의 힘
찬 나이였다. 낙안군수였던 그는 전라병사 신경인申景禋의 좌영장
左營將으로 참전했지만, 두 달 만에 강화가 성립되는 바람에 다시
낙안으로 내려왔다.

그 뒤 임경업은 평안도에 배속됐다. 청의 주요한 공격로를 막을
수 있는 뛰어난 장수를 북방에 배치한 결과였다. 그는 인조 7년
(1629)부터 병자호란이 일어날 때까지 용양위龍驤衛 부호군副護軍(종
4품), 평양 중군中軍(종2품), 검산산성劒山山城(지금 평안도 선천宣川) 방
어사防禦使(종2품), 정주定州목사, 청북淸北(청천강 이북) 방어사, 안변
부사, 의주부윤, 의주진 병마첨절제사 등을 겸직하거나 거쳤다.
그가 주둔한 거점은 최북방의 백마산성白馬山城(평안북도 의주 소재)
이었다.

이때 임경업은 명에까지 이름을 알리는 전공을 세웠다. 인조
11년(1633) 4월 공유덕孔有德·경중명耿仲明 등이 명을 배반하고 후
금과 내통하려고 하자 명의 장수 주문욱朱文郁과 협공해 섬멸한
것이다. 이 공로로 임경업은 명에서 총병總兵에 임명됐고, 그 뒤
'임 총병'으로 널리 알려지게 됐다.

자신이 관할하는 지역의 경제적·군사적 상황을 개선한 것도 주목할 만하다. 그는 조정의 재정 지원을 받아 중국과 무역해 자금을 축적하고 유민流民을 모아 둔전屯田을 개설해 상주인구를 늘렸다.

그러나 조정은 현실보다 명분에 집착했고, 더욱 치명적인 결과를 불러왔다. 인조 14년(1636) 12월 청군은 다시 침략했고, 보름여 만에 서울을 함락시켰다. 그런 빠른 승전의 요인은 조선이 설치한 주요 방어거점을 그대로 통과해 수도를 곧바로 공격하는 전략이었다. 당연히 청군은 첫 걸림돌인 임경업의 백마산성을 그대로 지나쳤다. 임경업과 그의 정예병은 조국의 항복을 무력하게 지켜볼 수밖에 없었다.

강요된 참전

병자호란 이후 청은 대륙 정복에 본격적으로 착수했다. 청은 조선에 군사와 물자를 요구했고, 조선은 따를 수밖에 없었다. 조선을 대표하는 장수인 임경업이 그럴 때마다 파견되는 것은 자연스러웠다. 임경업은 나라의 명령에 따라 전장에는 나아갔지만, 다양한 구실로 접전을 회피했고 명에 정보를 제공했다.

청의 첫 목표는 가도椵島에 주둔한 명군을 공격하는 것이었다. 인조 15년(1637) 2월 임경업은 수군장水軍將으로 임명돼 출전했지만, 명의 도독 심세괴沈世魁에게 미리 정보를 알려 피해를 최소화시켰다.

2년 뒤인 인조 17년(1639) 말부터 청은 명의 근거지인 금주위錦州衛(지금 랴오닝성遼寧省 선양瀋陽 일대)를 공격하기 시작하면서 다시 조선에 병력과 군량을 요구했다. 이듬해 4월 임경업은 주사상장舟師上將에 임명돼 전선 120척에 수군 6천여 명과 군량 2만 7천여 석을 싣고 참전했다. 그러나 그는 이때도 승려 독보獨步를 보내 참전 사실을 미리 알렸으며, 힘껏 싸우지 않았다. 청은 심양에 볼모로 와 있던 소현세자에게 임경업의 행동을 강력히 항의했다. 조정은 임경업의 귀국을 지시했고, 그는 인조 19년(1641) 1월에 돌아왔다.

조정에서는 청의 압력으로 일단 그의 관직을 삭탈했지만, 곧 행동지중추부사行同知中樞府事(종2품)로 임명했다. 그러나 참전하면서 청에 협력하지 않았고 승려 독보를 보내 정황을 명에 알린 사실이 발각됐다. 인조 20년(1642) 조선 조정은 임경업을 체포해 청으로 압송했다.

탈출과 망명

그 뒤 세상을 떠나기까지 4년 동안 임경업은 고난과 파란에 휩싸인 역정歷程을 헤쳐갔다. 그는 압송되던 도중 11월 6일 황해도 금천군 금교역金郊驛에서 탈출했다. 그는 그전에 심기원沈器遠에게서 은 700냥과 승복僧服·체도剃刀(머리 깎는 데 쓰는 칼)를 얻어 양주 회

암사檜巖寺에 맡겨뒀는데, 그것을 이용해 승려로 변장했다. 그는 반년 정도 경기도와 강원도를 돌면서 기회를 엿보다가 인조 21년(1643) 5월 26일 김자점金自點의 종이던 상인 무금無金(일명 효원孝元)의 주선으로 상선을 타고 명으로 망명했다.

그는 그해 가을 중국 산동성 제남부濟南府의 해풍도海豊島에 표착했다. 지금과는 비교할 수 없이 열악했을 해상교통을 생각하면, 그야말로 목숨을 건 모험이었을 것이다. 그동안 청은 임경업의 부인과 형제를 압송했고, 부인 이씨는 선양의 감옥에서 자살했다. 임경업은 등주도독登州都督 황종예黃宗裔의 총병인 마등고馬騰高의 휘하에 들어갔다. 명은 그를 평로장군平虜將軍(일설에는 부총병)에 임명했다.

그러나 형세는 이미 기울었다. 인조 22년(1644) 청은 북경을 함락했다. 명은 남경으로 천도했지만 곧 함락됐고, 마등고도 청에 항복하고 말았다. 자신의 이상을 실현하려는 무장의 결연한 의지는 거대한 현실 앞에서 결국 무너졌다.

압송과 옥사

같은 해 조선에서는 심기원의 옥사가 일어났다. 심기원은 당시 좌의정으로 수어사를 겸직해 정권과 병권을 장악하고 있었다. 청주 출신 점쟁이 채문형蔡門亨은 심기원에게 회은군懷恩君 이덕인李德仁[2]을 국왕으로 추대하자면서 모반을 권유했지만 내부 인물의 고발로 계획은 사전에 발각됐다.

앞서 말한 대로 심기원은 임경업의 망명을 도왔기 때문에 임경업에게도 역모에 연루됐다는 혐의가 씌워졌다. 인조 23년(1645) 1월 임경업은 부하였던 장련포수長連砲手 한사립韓士立의 밀고로 체포됐고, 복잡한 과정을 거친 끝에 이듬해 6월 서울로 압송됐다.

인조는 그를 직접 국문해 심기원과의 관련을 밝히려고 했다. 임경업은 망명할 때 심기원의 도움을 받은 것은 인정했지만, 역모에 가담한 혐의는 강력히 부인했다. 임경업의 운명을 결정한 사람은 당시 가장 강력한 실력자였던 김자점이었다. 그는 지난날 임경업의 상관이자 친밀한 후원자였지만, 앞서 자신의 종 무금이 임경업의 망명을 도운 사실이 드러나면 자신도 역모에 연루됐다는 혐의를 받지 않을까 두려워했기 때문이었다.

임경업은 모진 고문을 받았고, 결국 6월 20일 옥사하고 말았다. 말 그대로 파란 많은 53세의 삶이었다. 그는 숙종 23년(1697) 12월 복관되고 충주의 충렬사忠烈祠 등에 제향됐으며, 충민忠愍이라는 시호를 받았다.

명·청 교체의 국제적 격변 속에서 대명對明의리의 신념을 실천하다가 비참하게 옥사한 명장의 생애는 그 뒤 깊은 애도와 공감을 불러왔다. 그런 감정은『임경업전』이라는 소설로 재구성돼 널

---

2   성종의 둘째 아들 계성군桂城君 이순李恂의 넷째 손자 정양군正陽君 이회李誨의
    아들.

리 퍼졌다. 송시열·이재 같은 조선 후기의 주요한 유학자들도 전기를 지어 그를 기렸다.[3] 정조도 『임경업 실기實紀』를 편찬케 하고 서문을 썼다(정조 15년 〔1791〕 4월 26일).

지금은 '대명 의리'나 '소중화' 같은 개념에 고개를 젓는 사람이 적지 않을 것이다. 그러나 그 신념을 온몸으로 실천한 임경업의 견결한 행동은 읽는 이를 숙연하게 만든다. 지금까지 역사가 앎과 행동이 일치한 드문 무장의 삶을 기억하는 까닭은 거기 있을 것이다.

---

3 「임장군경업전」. 각각 『송자대전』 213권, 『밀암집』 16권 수록.

의리를 실천하다가 죽다

송시열이 전기를 썼다는 사실만으로도 그 인물의 위상과 그 글의 대체적인 분위기는 충분히 느껴진다. 이 글을 관통하는 핵심어는 '의리를 위해 죽는다'는 것이 아닐까 싶다. 자신이 옳다고 믿는 신념을 실천하다가 기꺼이 죽는 삶을 생각해 본다. 이런 신념과 죽음이 어떤 것인지 헤아려지기는 하지만 범접할 수는 없다. 죽음을 무릅쓸 만한 신념도 없고 그만큼 죽음이 두렵기 때문이다.

송시열이 윤선거·윤증과 갈라진 한 원인이던 윤휴에 관련된 부분도 흥미롭다. "이제 주자의 도는 역적 윤휴 때문에 남김없이 흐려지고 부서져 그 도를 기대 사악한 논의와 폭력적 행동을 전혀 막을 수 없게 됐으니 아, 안타깝기 그지없다." 다른 글에서도 자주 드러났지만, 윤휴를 보는 송시열의 눈초리는 이렇게 차가웠다.

송시열이 쓴 「장군 임경업전$_{林將軍慶業傳}$」[4]

장군 임경업은 자가 영백이다. 충주 달천達川에 살았는데 어려서부터 활쏘기와 말타기를 열심히 연마했고 대장부 세 글자를 입에 달고 살았다. 글 읽기도 좋아했는데, 늘 분개하면서 탄식했다. "내가 하늘과 땅의 기운을 받아 물건이 아니라 사람이 됐고 아녀자가 아니라 남자가 됐지만, 안타깝게도 이 외진 나라에 태어났으니 장차 속박돼 일생을 보내겠구나."

정묘호란 때 조정은 오랑캐와 강화하여 군대를 물리쳤다. 장군은 이때 그리 유명하지 않았는데 떨쳐 일어나 말했다. "조정에서 내게 정예한 포병砲兵 4만 명을 주면 가서 저 오랑캐를 섬멸하고

---

4   송시열, 『송자대전』 213권 수록.

압록강에서 창과 칼을 씻은 뒤 돌아오겠다."

명 숭정제崇禎帝 정축년(인조 15년 (1637)) 오랑캐가 우리 왕세자를 심양瀋陽으로 붙들어 갔다. 또 척화한 인물인 장령 홍익한洪翼漢을 잡아가 죽이려고 했지만 가는 길에 있는 지역의 관원들은 두려워서 그와 말을 나누지 못했다. 장군은 그때 의주부윤이었는데, 홍익한을 맞이해 손을 잡고 말했다. "사대부는 죽을 곳을 얻기가 어려운 것입니다. 공의 이름은 장차 태산太山·북두北斗와 높이를 겨룰 것입니다." 그런 뒤 매우 풍족하게 대접하고 노자도 대단히 후하게 주어 보냈다. 이야기하고 웃으면서 송별했는데, 노고를 슬퍼하는 말은 전혀 하지 않았다.

이때 노추虜酋[5]가 장군의 이름을 듣고 꼭 쓰려고 해 가도를 공격할 때와 명을 침범할 때는 반드시 우리 조정에게 장군을 지휘관으로 임명해 보내게 했다. 장군은 계책을 써서 오랑캐를 속였지만, 오랑캐는 장군의 계책에 완전히 빠져 속는 것도 몰랐다.

개주蓋州(지금 중국 랴오둥성 남부 해안의 가이주시蓋州市)의 바다에 이르러 명군과 만났는데, 오랑캐는 가장 믿을 만한 몇 사람을 한 배에 태워 상황을 감시하게 하니 장군도 사정에 따라 기묘한 계책을 냈다. 한창 싸울 때 포병에게 흙으로 만든 포탄을 몰래 사용하게 했고, 명군도 화살을 쏘면서 역시 도달하지 않게 했기 때문에

---

5 청의 2대 황제 태종 홍타이지皇太極(1592~1643. 재위 1626~1643)를 비하한 표현.

양군은 한 명도 다치지 않았다. 장군은 수영 잘하는 병사 두 사람에게 거짓으로 물에 빠지게 해 우리나라의 충정을 명 장수가 탄배에 몰래 전하게 하고 오랑캐의 기밀과 상황을 알렸다.

하루는 한숨을 쉬면서 "평생 지닌 본마음을 참으로 오늘 실행하려고 한다"고 동료에게 말했는데, 청이 명을 침략하는 것을 지극히 원통하게 생각해 명에 귀순하려는 뜻이었다. "어찌 좋지 않겠습니까만 우리 조정에 화가 미치면 어떻게 하겠습니까?"라고 누군가 말하자 마침내 장군은 탄식하며 그만뒀다.

처음에 오랑캐는 명을 공격하려고 계획하면서 장군을 믿었지만 장군이 싸울 때마다 물러나는 것을 보자 결국 후퇴하기로 결정하고 장군을 해로로 귀국하게 했는데, 우리 군사가 자신들의 국경을 밟지 않게 하려는 뜻이었다. 장군은 "우리는 하루라도 빨리 돌아가고 싶으니 어찌 수로를 이용해 신속히 돌아가고 싶지 않겠습니까? 다만 배가 모두 부서졌고 양식도 없으니 육로를 거치지 않을 수 없습니다"라고 말했다. 오랑캐 장수는 그 말을 믿어 마침내 오랑캐 땅을 거쳐 돌아왔다. 얼마 뒤 오랑캐는 자신들이 속은 것을 뒤늦게 깨달았다.

또한 명 장수와 몰래 내통한 일이 발각되자 오랑캐는 우리 조정을 위협해 장군을 잡아 보내게 했다. 장군은 그 소식을 듣고 즉시 채비를 꾸려 칼을 지니고 길을 떠나면서 탄식했다. "하늘이 남자를 냈을 때는 반드시 쓸 데가 있으니 지금 아무 까닭 없이 오랑캐의 조정에서 죽겠는가?" 마침내 도중에 탈출했다.

오랑캐는 그 소식을 듣고 더욱 분노해 우리 조정을 힐책했다. 우리 조정은 샅샅이 수색했지만 끝내 찾지 못했다. 장군은 산골을 오가면서 상인들과 함께 일하기도 하고 승려들과 어울리기도 했으며 도시를 드나들기도 했지만 알아채는 사람이 없었다. 어느 날 상인의 배를 타고 몰래 명에 들어가 명 장수에게 임용됐는데, 그 뒤의 일은 그 일록日錄에 상세히 기재돼있다.

갑신년(인조 22년 (1644))에 북경이 함락돼 오랑캐가 입성하니 중국이 모두 그들의 차지가 됐다. 장군은 마침내 그들에게 체포됐으나 죽기를 맹세하고 절의로 맞서니 오랑캐가 끝내 굴복시키지 못했다. 마침내 우리 사신 편에 내보냈는데, 중국옷을 그대로 입고 머리도 깎지 않았다.

이때 적신賊臣 김자점이 정권을 장악했는데, 장군을 죽였다. 장군은 죽음을 앞두고 큰 소리로 말했다. "천하의 일이 아직 안정되지 않았으니 나를 죽이면 안 될 것이다." 장군이 죽은 뒤 나라 사람이 모두 장군을 의롭게 여겨 슬퍼했다. 이산尼山(지금 충남 논산)의 도적 유탁柳濯은 장군의 이름을 빌어 난을 일으키면서 "오랑캐를 토벌해 치욕을 씻을 것"이라고 말하니 백성부터 승려까지 일시에 구름처럼 모였다. 연양군延陽君 이시백은 궁궐의 군사를 거느리고 가서 토벌하겠다고 자청했다. 얼마 뒤 난을 일으킨 백성은 장군이 아닌 것을 알고 곧 해산했고, 역적의 우두머리들은 관찰사에게 체포돼 처형됐다.

살펴보건대 숭정 병자년(인조 14년 (1636))에 오랑캐가 황제를 참칭해 우리에게 사신을 보낸 것은 오랑캐 금이 남송에 조서를 보낸 것과 같다. 몽골인도 와서 오랑캐를 황제로 높이려고 했다. 성균관 학생들은 궐문에 모두 모여 두 사신을 벨 것을 상소해 주청하니 그들은 두려워 도망갔다. 조정에서는 이 소식을 명에 아뢰고 군대에 격문을 보냈다.

이때 장령 홍익한은 시골에서 상소했다. "신은 오랑캐 사신이 죽음을 당할까 두려워 도망갔다는 것을 듣고 좋아서 펄쩍펄쩍 뛰었으며 의기義氣가 백배나 더 생겼습니다." 그는 강화를 주장한 신하들을 호담암胡澹菴이 진회秦檜를 배척한 것보다[6] 더 엄격하게 배척해야 한다고 주청했다.

정축년(인조 15년 〔1637〕)에 강화가 이뤄지자 오랑캐는 우리 조정을 위협해 홍 공洪公을 잡아갔다. 그때 나라는 패전한 지 얼마 안됐기 때문에 홍 공이 척화를 주장해 침공을 불러왔다고 비난하지 않는 사람이 없었으며 오랑캐를 겁내 위문하지도 못했다. 그러나 임 장군만은 더욱 깊이 감탄하고 상찬하면서 그가 죽을 곳을 얻었음을 기뻐했으니, 그들의 의기가 서로 감응한 것이 이와 같았다. 홍 공은 오달제吳達濟·윤집尹集 두 학사와 함께 끝내 의를 지

---

6   호담암과 진회는 금의 침략이 거세지던 중국 남송 때의 관원으로 척화론과
    주화론을 대표하는 인물이다. 호담암의 이름은 호전胡銓(1102~1180)이며 담
    암은 그의 호다. 널리 알려진 진회(1090~1155)는 20년 넘게 재상을 역임한
    인물이다.

키고 인을 이뤘으니 그들이 나라를 빛냄이 어떠한가!

그 뒤 장군이 성취한 것은 더욱 우뚝하고 위대해 고금에 찾아봐도 짝할 만한 것이 드물다. 공자는 『춘추』를 지어 영원한 모범을 제시했는데, 『춘추』를 완성한 때부터 지금까지 2천 년 동안 그 책을 읽은 사람은 많지만 그 빛나는 대의를 아는 사람은 드물 것이다. 지금 장군은 중국 바깥 나라의 신하지만 존주尊周의 한마음이 처음부터 끝까지 동쪽으로 흐르는 물과 같아 오랑캐의 흉포함으로도 끝내 굴복시키지 못했으니 천년 백년에 한 번 나올 사람이라고 말할 만하다. 적신賊臣(김자점)이 죽인 뒤에야 그를 굴복시킬 수 있었다. 삼학사의 큰 절개는 천하가 모두 들었으나 허적許積은 의로운 선비가 아니라고 배척했으니 무슨 마음인가?

권순장權順長·김익겸金益兼[7]은 관직이 있고 없음에 상관없이 예의를 아는 몸으로 개나 양 같은 부류가 차마 될 수 없어 죽기를 고향에 돌아가는 것 같이 여겼으니 더욱 가상하다. 그러나 지금 유자라는 이름을 가진 자가 반드시 죽을 만한 의리가 없었다고 그들을 감히 배척하니 이치에 어긋나고 교화를 손상시킴이 더욱 심하다. 그러나 세상에서는 그런 유자들을 상찬하기에 겨를이 없으니 하늘과 백성의 떳떳한 도리가 얼마나 진멸됐는가!

---

7 권순장(1607~1637)은 조선 인조 때의 의병장으로 병자호란이 일어나자 강화도로 들어가 항전하다가 성이 함락되자 대신 김상용 등과 함께 순절했다. 김익겸(1615~1637) 역시 병자호란 때 강화도에서 젊은 나이로 순절한 인물이다.

옛날 주 부자는 송이 남쪽으로 옮겨간 시대에 태어나 사악한 논의와 폭력적 행동이 거리낌 없이 자행되는 것을 매우 안타까워했다. 그 때문에 의리를 위해 죽은 사람이 있으면 산속의 승려나 천한 병졸이라도 기리지 않은 사람이 없었는데, 쇠락한 세상에서 볼 수 있는 뜻이니 슬프다.

이제 주자의 도는 역적 윤휴 때문에 남김없이 흐려지고 부서져 그 도에 기대어 사악한 논의와 폭력적 행동을 전혀 막을 수 없게 됐으니 아, 안타깝기 그지없다. 옛말에 "세상이 어지러우면 법도를 고치지 않는 군자를 생각한다"고 했다. 나는 임 장군의 집에서 내려오는 전기를 읽고 느낀 바가 있어 전을 지어 야사를 쓰는 사람에게 알리며 당시 의리를 위해 죽은 선비들을 말했다.

최
익
현

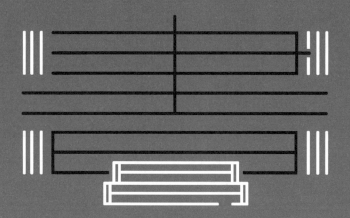

위정척사론을 실천한 최고령 의병장

서양이 이끈 근대의 격랑이 덮쳤을 때 동아시아는 크게 동요했다. 가장 먼저 충격에서 벗어나 그 물결에 합류한 것은 일본이었다. '근대'라는 밝은 빛은 '전쟁과 파괴'라는 어두운 그림자를 끌고 다녔다. 유사 이래 분쟁이 없던 때는 없었지만, 엄청나게 발달한 기술 문명에 힘입어 수행된 근대의 분쟁은 그 지역적 범위와 파괴력의 강도에서 이전을 압도했다.

점차 노골화한 일본의 침략에 맞선 조선의 대응은 크게 위정척사론과 개화론 그리고 동도서기론으로 나뉘었다. 최익현崔益鉉(1833~1906)은 위정척사론의 사상적 지주이자 실천적 활동가였다. '위정척사衛正斥邪'는 말 그대로 "올바른 것을 지키고 사악한 것을 배척한다"는 뜻이다. 여기서 올바른 것은 그동안 조선을 지배해 온 성리학적 질서고, 사악한 것은 서양과 일본의 모든 문명을 가리켰다.

지금 보면 이 주장은 시대의 흐름을 크게 놓친 것이었다. 현실과 미래는 이 주장과 반대로 구현됐기 때문이다. 대부분의 생각과 행동은 시대적 조건과 한계 속에서 형성되고 진행된다. 대표적으로 중세 동양의 유교와 서양의 기독교는 각각 온 세상의 이치를 자명하게 설명하는 불변의 진리였다. 그러나 지금 보면 거기에는 그 자명한 논리만큼이나 무모한 독선과 가혹한 폭력도 있었다.

그런 모순과 오류를 냉철히 비판하는 것은 물론 중요하다. 그러나 좀 더 중요한 것은 그 역할과 한계를 시대적 맥락 속에서 포괄적으로 이해하는 것이 아닐까 생각한다. 그래야만 그때도 끊임없이 진행된 역사의 흐름과 사람들의 삶을 생략하거나 외면하지 않고 바라볼 수 있기 때문이다. 상처로 얼룩진 한국 근대사를 이해하는 데도 이런 태도가 필요하지 않을까 생각된다.

출생과 성장

최익현은 자가 찬겸贊謙이고 호는 면암勉菴이며 본관은 경주慶州다. 그는 순조 33년(1833) 12월 5일 경기도 포천에서 최대崔岱와 경주 이씨의 둘째 아들로 태어났다. 조부는 최극경崔克敬, 증조부는 최광조崔光肇, 외조부는 이계진李啓晋이다. 그의 생애를 소상히 기록한 연보(『면암집』 부록 1~4권 수록)에 조상에 관련된 사항이 없는 것으로 보아 가까운 시기의 직계에서는 현달한 인물이 나오지 않은 것으로 보인다.

관상쟁이는 어린 그를 보고 "호랑이 머리에 제비 턱虎頭燕頷을 지녔으니 한없이 귀하게 될 상"이라고 말했다. 부모는 아명을 '기남奇男'이라고 지었다. 최익현의 가문은 그가 3세 되던 해(헌종 2년〔1836〕) 충청북도 단양으로 이주했다. 3~4년 전 큰 흉년으로 집안 살림이 기울었고 세상도 뒤숭숭했기 때문이었다. 최익현은 5세(헌종 4년〔1838〕) 때부터 글을 배웠는데, 한 번 들으면 모두 기억해 큰 인물이 될 것이라는 기대를 모았다.

이항로에게 배우다

최익현의 삶에 큰 영향을 끼친 만남은 그의 나이 13세(헌종 12년〔1846〕) 때 이뤄졌다. 그해 봄 대학자 화서華西 이항로李恒老(1792~1868)를 벽계蘗溪(지금 경기도 양평군)로 찾아가 배우게 된 것이다.

이항로는 호남의 기정진奇正鎭(1798~1879), 영남의 이진상李震相과 함께 조선 말기의 성리학을 대표하는 학자였다. 이항로의 생가이자 학교인 벽계의 청화정사靑華精舍는 그 뒤 위정척사론을 이끈 인물들의 산실이었다. 최익현을 비롯해 중암重菴 김평묵金平默(1819~1891), 의암義菴 유인석柳麟錫(1842~1915) 등이 모두 여기서 배출됐다.

54세의 이항로는 최익현을 한 번 보고는 범상한 인물이 아닌 것을 알고 성심으로 가르쳤으며 손님이 오면 "이 아이는 장래가 크게 기대된다"고 말하면서 아꼈다. 그는 최익현에게 '낙경민직洛敬閩直' 네 글자를 써주며 격려했다. '낙경'은 "낙양洛陽의 정자程子가 경건하게 이치를 궁구했다居敬窮理"는 뜻이고 '민직'은 "민중閩中[1]의 주자가 삼가면서 내면을 바르게 했다敬以直內"는 의미다. 다시 말해 성리학의 정통을 이으라는 격려였다. '면암'이라는 호도 이항로가 지어준 것이다.

최익현은 17세(철종 1년 (1850)) 때 스승을 모시고 설악산을 유람했는데, 그때 지은 시가 남아 있다(「연보」).

동쪽의 절경이라고 들은	聞說東都勝
최고의 명산 설악	名山最雪岡
멀리 스승을 모시고	遠侍春風席
산골 깊이 찾아왔네	深來絶峽疆

최익현은 19세(철종 3년 (1852)) 때 청주 한씨와 혼인했고, 21세(철종 5년) 때는 온 집안이 포천으로 돌아왔다.

---

1 한대漢代의 군郡 이름으로 복주부福州府의 별칭. 지금의 푸젠성福建省과 저장성浙江省 동남부에 있음.

관직에 나아가다

최익현의 공식적 생애는 포천으로 돌아온 이듬해부터 시작됐다. 그는 22세(철종 6년 [1855])의 젊은 나이로 급제했다. 스승 이항로는 "문과에 급제해 벼슬을 시작하니 부모에게 효도하던 마음으로 임금에게 충성하라"고 격려했다.

최익현은 이때부터 30대 중반까지 승문원 부정자(종9품)를 시작으로 성균관 진적(철종 7년 [1856], 23세)·사헌부 지평·시간원 정언(이상 철종 10년 [1859], 26세)·이조정랑(철종 11년, 27세)·충청도 신창新昌 현감(철종 13년, 29세)·예조좌랑(고종 1년 [1864], 31세)·성균관 직강(고종 2년, 32세)·사헌부 장령(고종 5년 [1868], 35세) 등의 관직을 거쳤다.

첫 번째 시련

그 뒤의 상소와 행동이 보여주듯 최익현은 불의라고 판단한 것과는 결코 타협하지 않았다. 그리고 그런 행동은 파직과 유배 같은 이런저런 곤경으로 이어졌다.

첫 사건은 그가 신창현감으로 있을 때 발생했다. 철종 13년 (1862) 그가 부임했을 때부터 신창과 온양에는 전양산全陽山·이만길李萬吉이 이끈 수십 명의 명화적明火賊(횃불을 들고 떼를 지어 부자를 약탈한 도적)이 부유한 민가를 습격하는 등 소요가 일어났다.

국가는 이런 동요를 수습해야 했지만, 충청도 관찰사 유장환兪章煥은 오히려 상황을 악화시켰다. 이듬해 그는 사채私債를 독촉해

걷다가 발각되자 신창현에 문서를 보내 백성들을 잡아오게 한 것이다. 최익현이 두세 번에 걸쳐 부당함을 지적하자 유장환은 유감을 품고 인사고과에서 그를 중급으로 매겼다. 신창 백성들이 만류했지만 최익현은 그날로 사직했다. 이 소식을 들은 스승 이항로는 "최익현이 늙은 부모를 모시고 어린 자식을 키우려면 생계가 막막할 텐데도 거취를 선뜻 결정했으니 주자의 글을 잘못 읽지는 않았다고 할 만하다"고 평가했다.

그 무렵 조선을 둘러싼 국제정세는 점차 긴박해지고 있었다. 고종 3년(1866)에는 프랑스가 침범한 병인양요가 일어났고, 고종 5년(1868)에는 오페르트Ernst Jakob Oppert(1832~1903)가 흥선대원군興宣大院君의 아버지 남연군南延君 묘를 도굴하려다가 실패하는 사건이 발생했다. 이 해에 일본은 메이지유신을 단행했다. 고종 8년(1871)에는 미국이 개입한 신미양요가 발생했다. 조선으로 몰려오는 서세西勢의 동점東漸은 점차 뚜렷해지고 있었다.

경복궁 중건을 비판하다―「시폐사조소」

최익현의 삶은 상소의 삶이었다고 말할 만하다. 그 방향과 내용의 타당성에는 여러 의견이 있겠지만, 경복궁 중건을 비판한 「시폐사조소時弊四條疏」(고종 5년 〔1868〕), 흥선대원군의 하야를 가져온 「계유상소癸酉上疏」(고종 10년 〔1873〕), '조일수호조규'(강화도 조약) 체결에 반대한 「지부복궐척화의소持斧伏闕斥和議疏」(고종 13년 〔1876〕),

을미의병을 촉발시킨 「청토역 복의제소請討逆復衣制疏」(고종 32년 〔1895〕), 을사늑약에 항거한 「청토오적소請討五賊疏」(고종 42년 〔1905〕) 등 그는 시대의 고비마다 강경한 상소를 올렸고, 그 상소는 큰 반향을 불러왔다.

첫 번째 중요한 상소는 35세(고종 5년 〔1868〕) 때 올린 「시폐사조소」다. 그동안 최익현은 어머니의 삼년상을 치르느라 낙향해 있다가 그해 8월에 탈상하고 10월 10일 서울로 왔다. 그날 그는 조보朝報를 보고 자신이 이미 9월에 사헌부 장령에 임명된 것을 알게 됐다. 그는 자신에게 주어진 대간의 임무를 즉시 수행했다. 그것이 「시폐사조소」다.

그 상소는 제목 그대로 '당시의 네 폐단'을 시정해야 한다는 내용을 담고 있었다. 그가 지목한 폐단은 ① 경복궁 중건 등 토목공사를 중지하고 ② 세금을 걷는 정치를 그만두며 ③ 당백전當百錢을 혁파하고 ④ 사대문 세四大門稅를 금지하는 것이었다.

어렵지 않게 알 수 있듯 그가 폐단으로 지목한 사안들은 고종이 즉위한 뒤 섭정으로 실권을 행사해온 흥선대원군이 추진해온 것이었다. 나열한 순서가 보여주는 대로 그가 가장 핵심적인 폐단으로 생각한 것은 경복궁 중건이었다. 그것은 단순한 토목공사가 아니라 왕실의 권위를 다시 세우려는 목적에서 대원군이 의욕적으로 추진한 주요 시책이었다. 대원군은 고종 2년(1865) 영건도감을 설치해 중건을 시작했지만, 재원과 자원(목재와 석재 등)의 부족을 비롯한 여러 난관에 부딪치자 원납전願納錢과 당백전 같은 무리한 정책을 도입했고, 그것은 여러 폐단을 낳았다. 최익현은 그런 문제점을 정면으로 비판했다.

10년의 집권 기간 가운데 절반밖에 지나지 않았다는 사실에서 짐작할 수 있듯 당시 대원군의 위세는 매우 컸다. 대원군의 영향 아래 있던 대간은 경복궁 중건이나 당백전 등은 이미 지난 일이며 발언의 내용이 방자하다는 이유로 최익현을 즉각 탄핵했다(실제로 경복궁 중건은 최익현이 상소한 그해에 거의 마무리된 상태였다. 이런 측면은 최익현 상소의 타당성과 설득력을 비판적으로 가늠할 수 있는 한 근거라고 생각된다. 또한 그의 상소가 합리적 현실성보다는 가파른 정치성과 이념성에 치우쳤음을 보여주는 사례로도 다가온다). 최익현은 바로 사직했다. 이번에는 패배했지만, 5년 뒤의 결과는 달랐다.

흥선대원군을 하야시키다―「계유상소」

두 번째 상소는 5년 뒤에 작성됐다. 그때 최익현은 40세(고종 10년〔1873〕)였다. 올린 해의 간지를 따라 '계유상소'라고 불리는 이 상소는 「동부승지를 사직하는 상소辭同副承旨疏」와 「호조참판을 사직하면서 생각을 밝히는 상소辭戶曹參判兼陳所懷疏」의 두 글로 이뤄져 있다. 이것 또한 대원군을 겨냥한 상소였지만, 그 파장은 훨씬 크고 구체적이었다. 10년 동안 집권한 대원군이 물러나고 고종의 친정이 이뤄진 것이다.

우선 고종 10년 10월 16일에 올린 「동부승지를 사직하는 상소」에서는 홍선대원군의 정치를 총체적으로 비판했다.

> 얼마 전부터 정치는 옛 법을 변화시켰고 사람은 주관이 없으며, 대신과
> 육경六卿은 건의하지 않고 대간과 시종侍從은 일 좋아한다는 비방을 피
> 하기만 합니다. 조정에서는 저속한 논의가 일어나 정의가 소멸됐으며,
> 아첨하는 사람은 뜻을 얻고 곧은 선비는 사라졌습니다. 가혹하게 세금
> 을 걷기를 멈추지 않아 민생이 도탄에 빠졌고 윤리가 무너져 선비의 기
> 운이 막혔습니다. 공정하게 일하는 사람을 괴이하다고 하고, 사정私情으
> 로 일하는 자를 잘한다고 합니다. 그러므로 염치가 없는 사람은 융성한
> 때를 만나고 지조가 있는 사람은 죽게 되니, 하늘의 재변이 위에서 나타
> 나고 땅의 변고가 아래에서 일어나서 자연의 섭리가 모두 그 올바름을
> 잃었습니다.

홍선대원군을 따르는 대신들은 이번에도 최익현의 처벌을 요
구했다. 그러나 상황은 그렇게 전개되지 않았다. 고종의 태도가
달라졌기 때문이었다. 고종은 최익현을 처벌하기는커녕 더욱 높
은 자리인 호조참판에 임명했다. 11월 3일 최익현은 더욱 강경한
내용을 담아 다시 사직상소를 올렸다(「호조참판을 사직하면서 생각을
밝히는 상소」). 그 상소의 핵심은 고종 1년~2년에 철폐한 만동묘萬東
廟와 서원을 복구해야 한다는 것이었다.

> 지금의 나랏일을 보건대 폐단이 없는 곳이 없으니, 명분이 바르지 못하

고 말이 순하지 못한 것은 이루 기록할 수가 없습니다. 그 가운데 더욱 현저하고 큰 것은 화양동華陽洞의 만동묘를 철거해 군신의 윤리를 무너뜨리고 서원을 혁파해 사제師弟 간의 의리를 끊은 것입니다.

만동묘는 임진왜란 때 조선을 도와준 명 신종神宗을 제사지내기 위해 숙종 30년(1704) 충북 괴산에 지은 사당이다. 그것은 그 뒤 노론의 거점이 됐기 때문에 대원군은 지방에 산재해 역시 당쟁의 지역적 근거지가 된 서원과 함께 철폐했다. 대원군의 이 조처는 전국에 만연한 당쟁의 대립을 완화하고 서원에 제공하던 경제적 지원을 끊어 국가재정을 보강하려는 긍정적 방안으로 평가된다. 그러나 앞서와 마찬가지로—그리고 그 뒤에도 마찬가지로—최익현은 현실적 타당성보다는 가파르고 철저한 이념성에 입각해 사안을 파악하고 비판을 제기했다.

이 상소에서 최익현은 청 동전胡錢의 사용을 금지하고 원납전을 폐지해야 한다는 의견도 밝혔다. 그러나 그의 궁극적 목표는 대원군의 퇴진이었다. 상소의 말미에서 그는 "친친親親(매우 가까운 친척, 곧 부모)의 반열에 있는 사람은 지위를 높이고 녹봉을 많이 주되 『중용』과 『논어』의 교훈을 따라 국정에는 간여하지 말게 해야 한다"고 주장했다.

이번에도 대신들은 최익현의 엄벌을 주장했다. 그러나 고종의 의사는 동부승지를 사직한 최익현을 호조참판으로 승진시킨 조처에서 이미 드러났다. 고종은 상소가 올라온 이틀 뒤인 11월

5일 모든 국무를 직접 결재하겠다는 뜻을 밝히고 대원군만 사용하던 궐 안의 출입문도 폐쇄했다. 이로써 10년 동안 유지되던 대원군의 권력은 허무할 정도로 급격히 해체됐다.

그러나 이번에도 최익현은 상처를 입었다. 상소를 올린 직후 의금부에 구금돼(11월 8일) 12월에 제주도로 유배된 것이다. 유배는 1년 반 뒤인 고종 12년(1875) 3월에야 풀렸다. 그러나 그동안 청동전의 사용이 금지되고 만동묘 복원이 이뤄짐으로써 대원군의 하야를 포함한 최익현의 핵심적 주장은 모두 관철됐다(고종 11년 1~2월). 이 상소로 그의 이름은 당시의 정치사에 굵은 글씨로 쓰였다.

42세의 중년에 접어든 최익현은 유배가 풀려 돌아오면서 전라도 장성에 있던 기정진을 찾아뵈었다. 77세의 기정진은 조선 말기 주리론을 집성했을 뿐만 아니라 고종 3년(1866) 병인양요가 일어나자 「병인소丙寅疏」를 올려 척화를 주장한 당시의 대표적 학자였다. 위정척사론의 두 핵심 인물은 개항을 얼마 앞두지 않은 시기에 만났다.

개항에 반대하다―「지부복궐척화의소」

유배에서 놓여난 지 1년도 되지 않아 최익현은 다시 상소를 올렸다. 유명한 「지부복궐척화의소」다. '도끼를 지니고 대궐문에 엎드려 화의和議를 배척한다'는 제목은 따로 설명하지 않아도 그 글의 내용과 강도를 짐작게 한다.

상소가 받아들여지지 않으면 그 자리에서 죽겠다는 결의를 표시하는 이런 행동은 그 첫머리에서 쓴 대로 멀리 임진왜란 1년 전 조헌(1544~1592)의 고사를 재현한 것이었다. 그때 조헌은 일본 사신을 처형하고 일본의 침략에 대비해 국방을 강화해야 한다고 주장했다. 조헌은 그때 죽지는 않았지만 왜란이 일어나자 넉 달 뒤 충청도 금산에서 700명의 의병과 함께 장렬히 산화함으로써 자신의 발언을 실천에 옮겼다.

고종 13년(1876) 1월 일본 군함 운요호雲揚號가 강화도로 들어와 개항을 요구한다는 소식을 들은 최익현은 즉시 상소했다(1월 22일). 그는 조약의 체결에는 "대략 세어도 다섯 가지 폐단이 있으니 죽음을 무릅쓰고 하나씩 열거하겠다"고 밝혔다. 그가 지적한 세목은 다음과 같다.

> 첫째, 우리의 힘은 약하고 저들은 강하니 자신들에게 필요한 것을 끊임없이 요구할 것이다.
>
> 둘째, 통상조약을 맺으면 생산에 한계가 있는 우리의 산물과 무한하게 생산할 수 있는 저들의 공산품을 교역하게 되니 우리 경제가 지탱할 수 없다.
>
> 셋째, 왜인은 서양 오랑캐와 하나가 됐으니 그들을 거쳐 서양 문화가 들어오면 인륜이 무너져 짐승禽獸이 될 것이다.
>
> 넷째, 저들이 우리 땅을 자유롭게 오가며 살면서 우리의 재물과 부녀자

를 약탈하면 막을 수 없다.

다섯째, 저들은 재물과 여색만 탐하는 짐승이므로 화친해 어울릴 수
없다.

그는 "이 도끼로 신을 처형해주시면 조정의 큰 은혜일 것입니
다. 신은 지극히 애통하고 절박한 마음을 참지 못해 죽음을 무릅
쓰고 삼가 아룁니다"라는 비장한 문장으로 긴 상소를 맺었다.

최익현은 다시 유배됐다(1월 25일). 이번에는 제주도보다 더 외
진 흑산도였다. 그는 3년 뒤인 고종 16년(1879) 2월 유배에서 풀
려나 고향으로 돌아왔다. 46세의 나이였다.

그가 해배解配됐다는 소식을 들은 선배 중암 김평묵은 칠언율시
3수를 보내왔다. 그 세 번째 수의 한 대목은 다음과 같다. "정자
는 용문으로 옮겼어도 끝내 입 다물었고程遷虬戶終緘默 / 주자는 무
이산에 은둔해 홀로 읊조렸네朱遯夷山只瘖歌." 앞으로는 현실에 관
련된 발언을 자제하라는 우회적 충고였다.

후배의 거듭된 유배를 안타까워한 이 충고를 따랐기 때문인지
최익현은 이때부터 을미사변(1895년)이 일어날 때까지 20년 가까
이 공적인 발언을 제기하지 않았다. 널리 알듯 그 기간은 임오군
란(1882년) · 갑신정변(1884년) · 동학농민운동 · 청일전쟁(이상 1894년)
등 국내외의 격동이 빚어낸 거대한 사건이 이어졌다. 연보에 따
르면 그동안 최익현은 금강산을 유람하거나(1882년 4월) 성리학에
관련된 편지를 주고받거나 토론을 벌였으며(1888년 4월) 친지들의

이런저런 경조사에 관여했다. 김평묵이 준 시처럼 그는 "끝내 입 다물고 은둔해 홀로 읊조"리는 삶을 산 것이다.

다시 상소를 올리다―「청토역 복의제소」

최익현이 긴 침묵을 깨고 다시 상소를 올린 것은 고종 32년(1895) 6월 26일이었다. 그때 그는 62세의 노령이었다. '역적을 토벌하고 의복제도를 복구하기를 주청하는 상소請討逆復衣制疏'라는 제목대로 그것은 박영효朴泳孝·서광범徐光範을 중심으로 한 개화파를 처단하고 그들이 좁은 소매에 검은 옷으로 변경한 의복제도를 원래대로 되돌리자는 상소였다.

상소는 받아들여지지 않았고, 시국은 급박하게 전개됐다. 같은 해 8월 명성황후明成皇后가 시해되고(을미사변) 11월에 단발령이 내려진 것이다. 최익현은 포천에서 단발령에 반대해 궐기하려다가 체포돼 서울로 압송됐다.

그때부터 1904년까지 고종은 호조판서·경기도 관찰사·의정부 찬정贊政·궁내부 특진관 등의 벼슬을 내리면서 출사를 권유했지만 최익현은 모두 사직했다. 나라의 실질적인 멸망과 함께 최익현은 마지막 상소와 투쟁에 나섰다.

거병과 순국

1905년 10월 을사늑약이 체결됨으로써 조선은 사실상 식민지로 전락했다. 11월 3일과 14일 최익현은 마지막 상소인 「청토오적소請討五賊疏」를 올렸다. 거기서 그는 늑약의 무효를 선언하고 그 체결에 참여한 박제순朴齊純·이완용李完用·이근택李根澤·이지용李址鎔·권중현權重顯의 처단을 주장했다.

그러나 제국주의의 거대한 폭력 앞에서 상소는 무력할 수밖에 없었다. 한계를 절감한 최익현은 투쟁의 방식을 바꿨다. 73세의 최고령 의병장이 탄생하는 순간이었다. 1906년 2월 그는 가묘家廟에 하직 인사를 드린 뒤 호남으로 내려가 자신의 제자이자 전 낙안군수 임병찬林秉瓚(1851~1916)과 함께 윤4월 전라북도 태인泰仁에서 거병했다. 4백 명 정도의 최익현 의병은 정읍·순창·곡성 등을 돌며 시위했지만 병력과 무기 등 모든 측면의 열세 때문에 오래 유지되지는 못했다.

최익현은 6월 관군과 일본군의 공격으로 체포돼 서울로 압송됐고, 7월 8일 쓰시마對馬島로 유배됐다. 거기서 그는 단식으로 저항했고 결국 11월 17일 순국했다. 한국 근대사의 격동을 모두 겪은 73년의 길고 파란 많은 생애였다. 그는 충남 예산군 광시면 관음리에 안장됐고, 1962년 건국훈장 대한민국장이 추서됐다.

최익현의 생각은 당시 전통적 지식인의 사고를 대표했다고 여겨진다. 결과가 보여주듯 근대 제국주의의 엄청난 도전에 맞선 조선의 응전은 위정척사론이든 개화론이든 그 밖의 무엇이든 모두 실패했다. 도전하는 쪽은 강력했고 응전하는 쪽은 무력했다. 두 차례의 세계대전으로 귀결된 근대 제국주의의 끔찍한 폭력을 돌이켜보면 '짐승'이라고 경멸한 위정척사론의 논리가 수긍되기도 한다.

지금 보면 최익현의 생각은 시대의 흐름을 제대로 읽지 못하고 가파르고 공허한 이론에 치우친 경향이 짙었다. 그러나 그는 자신의 생각을 행동과 목숨으로 실천했다. 역사는 비슷한 모습으로 변주된다고 한다. 최익현의 삶에서 지금 배울 점은 시대의 흐름을 정확히 파악해 효과적으로 대응하는 것이 중요하다는 사실이라고 생각된다.

도끼를 지니고 대궐문에 엎드려 화의를 배척하다

21세기에 접어든 지금 최익현의 이 상소를 읽으면 답답하고 진부하다는 느낌을 지울 수 없을 것이다. 무엇보다 우리의 삶이, 나아가 인류사 전체가 이 상소의 주장과 반대되는 방향으로 진행됐기 때문이다. 한 뛰어난 역사 저술가는 세계사를 '서양문명의 서진西進 현상'이라고 규정했다. 중동과 이집트에서 싹튼 문명이 고대 그리스와 로마를 거쳐 뿌리를 이루고 중세 유럽에서 줄기를 형성한 뒤 대서양을 건너 아메리카 대륙으로 퍼지고, 다시 태평양을 건너 아시아로 확산됐다. 그는 그 문명이 지금 자신에게 가장 적대적인 고향—곧 이슬람 문화권인 중동—으로 돌아갈 때 인류사의 거대한 주기가 완성될 것이라고 말했다.(남경태, 『종횡무진 역사』, 휴머니스트, 2014)

최익현이 개항에 반대한 핵심적 요인은 교역과 서학(상소에서는 '사교邪敎')이었다. 그는 일본이 동양 세력이지만 서양 열강과 다르지 않다고 정확히 파악했지만, 문제에 대처하는 방향은 틀렸다고 지적할 수 있을 것이다. "왕자王者가 나타나면 귀국(일본)은 서양 오랑캐보다 먼저 처벌될 것이니 귀국은 서둘러 대책을 세워야 할 것이다." 여기서 '왕자'가 누구인지, 정말 나타날 것이라고 생각하고 그 문장을 썼는지 궁금하기도 하다.

훈수 두기는 쉽다고 한다. 맞는 말이다. 일이 끝난 뒤 이러저러했어야 옳았다고 논평하는 것도 비슷할 것이다. 우리는 대부분 시대의 한계에 갇혀 살아간다고 생각한다. 서양이 주도한 근대의 격랑에 제대로 대처하지 못한 한계는 조선 지식인의 보편적 모습이었다. 그 물결에 편승하려고 했던 개화세력의 노력도 비슷한 결과로 끝났다. 말하자면 그 파도를 막으려던 사람에게도, 거기에 올라타려던 사람에게도 그 파도는 너무 거대했던 것이다.

우리는 그 파도에 거칠게 휩쓸렸고 식민지의 아픔을 겪었지만 끝내 이겨내고 세계 속에서 당당한 위치를 확보했다. 우리는 건국과 산업화와 민주화를 모두 성공적으로 이뤄내고 이제 세계화로 나아가고 있다는 널리 알려진 도식은 곱씹어 볼수록 정확하다고 생각한다. 한국 현대사의 이런 역정에 자부심을 가져도 될 것이다.

최익현의 「지부복궐척화의소持斧伏闕斥和議疏」[2]

삼가 아룁니다. 앞 시대의 바른 신하 문열공文烈公 조헌은 상소를 올린 일 때문에 길주吉州(지금 함경북도 길주군. 영동역은 그 근처의 역)로 귀양 가다가 영동역嶺東驛에서 일본의 움직임이 크게 우려된다는 소식을 듣고 다시 피 끓는 상소를 올려 말했습니다. "형荊 지방 사람이 세 번 발꿈치가 잘리는 형벌을 받고도 뉘우치지 않은 것은 옥을 갖고 있었기 때문이며,[3] 장준張浚이 유배지에서 열 번이나

---

2 최익현, 『면암집』 권3 수록. 병자년(고종 13년 〔1876〕) 1월 22일에 작성됐다고 밝혀져 있다.

3 변화卞和는 주周 나라 때 사람으로 형산荊山에서 돌덩이 속에 든 옥을 캐자 초 여왕楚厲王에게 바쳤다. 여왕은 돌덩이 안에 옥이 든 것을 모르고 자신에게 돌을 바쳤다는 죄목으로 변화의 왼발 뒤꿈치를 잘랐다. 변화는 그 뒤 무왕武王이 즉위하자 다시 돌덩이 옥을 바쳤다. 그러나 무왕도 자신을 속였다는 죄목으로

상소를 계속 올린 것은 충성을 바치려고 했기 때문입니다."[4]

조헌은 당파가 동인과 서인으로 나뉘고 도요토미 히데요시豊臣秀吉가 화친을 요청하자 깊이 근심하고 멀리 생각해 충언을 올렸다가 온 조정의 미움을 받아 변방으로 유배 가 역졸의 일을 하게 됐습니다. 그러므로 조헌은 그 일을 경계로 삼아 입을 다물고 붓에 뚜껑을 씌워 월越나라 사람이 진秦나라의 가뭄을 보듯 해야 하지만[5] 의리를 다하고 충성을 바치려는 마음이 한결같이 변하지 않아 백 년 뒤 그의 상소를 읽고 그의 시대를 이야기하면 감탄과 눈물이 나옵니다.

지금 신의 이름은 죄인의 명단에 있습니다. 그러나 지난번 성상께서는 신에게 다른 마음이 없음을 살피시고 특별히 너그럽게 처

그의 오른발 뒤꿈치를 잘랐다. 그 뒤 문왕文王이 즉위했는데, 어떤 사람이 형산 아래서 돌덩이를 안고 울고 있다는 말을 들었다. 문왕이 사람을 시켜 물으니 변화는 대답했다. "신은 발뒤꿈치를 잘린 것 때문에 우는 것이 아니라 보옥寶玉인데도 돌이라고 하고 훌륭한 선비인데도 사기꾼이라고 하기 때문에 슬퍼 우는 것입니다." 문왕이 그 돌을 쪼개보자 과연 좋은 옥이 나왔다. 여기서 '화씨지벽和氏之璧'이라는 성어가 만들어졌다. 『한비자韓非子』「화씨和氏」참조.

4 장준은 중국 송대 사람으로 국권을 침탈한 금金과 강화하지 말고 맞서야 한다는 척화론을 주장했다. 주화론을 지지한 정승 진회秦檜는 그를 영주永州로 유배시켰다. 그러나 장준은 자신의 의견을 굽히지 않았고, 사람들은 그의 충성을 칭송했다.

5 월은 지금 중국의 남부인 절강성浙江省에 있었고 진은 서부인 섬서성陝西省에 있었다. 서로 멀리 떨어져 상관하지 않는다는 뜻.

분해 안치시켰다가 고향으로 돌려보내 마음 내키는 곳에 거주하면서 늙은 아비를 봉양케 하셨으니 귀양살이와는 비교할 수 없습니다. 지금 도적의 배가 바다에 들어와 성상께서 근심하시니 신의 생각도 더욱 복잡합니다. 주상의 곁에 있는 신하들이 모두 저를 죽여야 한다고 말하지만 어찌 입을 다물어 전하를 저버리고 본마음을 배반해 앞 시대의 올바른 신하의 죄인이 되겠습니까?

신은 도적의 배가 왔다는 소식을 듣고 조정에 확정된 방침이 있어 지체하지 않고 흉악한 무리를 신속히 소탕할 것이라고 생각했습니다. 며칠 동안 소식을 기다렸지만 들은 것은 없고 외부에서 떠드는 말은 첫째도 둘째도 "화친을 추구하는 데 뜻이 있다"고 하니 모든 사람이 분노하고 온 나라가 혼란스럽습니다. 이 말이 정말 근거가 있는 것인지 모르겠습니다. 아니면 내부를 다스리고 외적을 막는 데 본디 확정된 방안이 있지만, 민간에서 잘못 전해진 말일 뿐입니까? 잘못 전해진 말이라면 공적으로나 사적으로나 매우 다행한 일이 아니겠습니까? 그러나 만약 사실이라면 도적을 돕는 방안일 뿐 나라를 위한 계책이 아닙니다. 이 말이 시행되면 전하의 일은 잘못될 것입니다.

정자程子와 주자朱子는 공자에 버금가는 성인입니다. 그들의 말은 믿을 수 있으며 지금 군자들의 생각보다 현명합니다. 그러나 정자는 강화를 체결하면 중화가 어지러워질 것이라고 했으며, 주자는 강화의 계획이 확정되면 삼강이 쇠퇴하고 모든 일이 무너질 것이니 큰 환란의 근본이라고 했습니다.

정자와 주자의 교훈으로 지금의 일을 헤아려 보면 도적과 강화하면 반드시 난리와 멸망을 불러올 뿐 한 가지도 좋은 것이 없습니다. 대략 세어도 다섯 가지 폐단이 있으니 신은 죽음을 무릅쓰고 하나씩 열거하겠습니다. 성명께서는 도에서 올바른 방안을 찾으시기 바랍니다.

저들이 강화를 애걸했다면 우리가 강한 것이어서 저들을 충분히 제압할 수 있으니, 이런 강화는 믿을 수 있습니다. 그러나 우리가 약함을 보였기 때문에 강화가 제안됐다면 권세가 저들에게 있어 우리를 제압할 것이니 이런 강화는 믿을 수 없습니다. 이번의 강화가 저들의 애걸에서 나온 것인지, 우리가 약함을 보여서 나온 것인지 신은 모르겠습니다. 우리가 편안히 지내느라 대비하지 않다가 겁이 나서 강화를 요청한 것은 눈앞의 일시적 방편이라는 사실을 모든 사람이 알고 있으니 감추려고 해도 감출 수 없습니다. 저들은 우리가 대비하지 않다가 약점을 보인 현실을 알고 있으니 강화를 맺는다면 앞으로 저들의 끝없는 요구를 어떻게 채워주겠습니까? 우리의 물질은 한계가 있지만 저들의 요구는 끝이 없을 것이니 한 번이라도 부응하지 못하면 즉시 성내면서 침략하고 유린해 앞서의 공로를 모두 버릴 것이니, 이것이 강화가 난리와 멸망을 부르는 첫 번째 이유입니다.

어느 날 강화를 맺으면 저 도적들이 바라는 것은 물화物貨를 교역하는 데 있습니다. 저들의 물화는 대부분 지나치게 사치스럽고 특이한 노리개로 끝없이 생산할 수 있습니다. 우리의 물화는 대부분 백성의 생명이 달린 것으로 땅에서 생산되며 유한합니다. 백성의 생명이 달린 유한한 진액津液과 기름으로 마음을 좀먹고 풍속을 해치는 사치스럽고 기이하며 무한히 생산되는 노리개와 바꾸면 반드시 해마다 막대한 금액이 들 것이고, 몇 년 되지 않아 우리나라 수천 리에는 황량한 땅과 쓰러진 집들이 널려있을 것이며 다시 지탱하지 못해 나라는 반드시 망할 것입니다. 이것이 강화가 난리와 멸망을 부르는 두 번째 이유입니다.

저들은 이름은 왜인이지만 실제로는 서양의 도적洋賊입니다. 강화가 체결되면 사학邪學의 서책과 천주天主의 조상彫像이 교역하는 과정에서 섞여 들어올 것이며 얼마 뒤면 스승과 학생이 전수해 온 나라에 가득하게 될 것입니다. 포도청에서 감찰해 체포하고 처벌하려고 하면 저들은 더욱 사납게 화낼 것이며 앞서 맺은 강화는 허사로 돌아갈 것입니다. 내버려 두고 묻지 않으면 얼마 뒤 집집마다 사람마다 사학을 믿어 아들이 아버지를 아버지로 여기지 않고 신하는 임금을 임금으로 여기지 않으며 인륜은 시궁창에 빠지고 사람은 짐승이 될 것입니다. 이것이 강화가 난리와 멸망을 부르는 세 번째 이유입니다.

강화가 이뤄지면 저들은 육지로 들어와 서로 왕래하며 집을 짓고 살려고 하는 사람도 있을 것인데, 우리는 이미 강화했으므로 막을 수 없습니다. 막을 수 없어 내버려 두면 마음대로 재물을 빼앗고 부녀자를 겁탈할 것이니 누가 막을 수 있겠습니까? 또한 저들은 얼굴은 사람이지만 마음은 짐승과 같아 조금이라도 뜻에 맞지 않으면 사람을 죽이거나 체포하는 데 거리낌이 없으니 열녀와 효자가 애통해하며 하늘에 부르짖어 복수해주기를 바라도 윗사람들은 강화를 깨뜨릴까 두려워 그 호소를 들어주지 못합니다. 이런 일들은 하루 종일 말해도 다 할 수 없으니 사람의 도리는 쓸어버린 듯 사라지고 백성은 하루도 살 수 없을 것입니다. 이것이 강화가 난리와 멸망을 부르는 네 번째 이유입니다.

강화를 주장하는 사람들은 걸핏하면 병자호란 때 남한산성 일을 끌어와 말합니다. "병자년에 강화한 뒤 서로 좋게 지내 천리의 강토를 지금까지 반석처럼 안전하게 보존하고 있는데, 오늘 저들과 강화하는 것만 어찌 그렇지 않은가?" 신은 이런 말은 어린아이의 생각과 다를 바 없다고 생각합니다. 병자년의 강화는 의리를 크게 해친 것이어서 예의를 아는 사람은 세상에서 살 수가 없었습니다. 이 때문에 문정공文正公 김상헌金尙憲과 충정공忠正公 홍익한 등은 그것을 배척해야 한다고 주장해 아홉 번 죽어도 고치지 않은 것입니다.

그러나 청인들의 생각은 중국의 황제가 돼 천하를 다스리는 데 있었기 때문에 중국의 지배자들을 대략 본받아 인의와 비슷한 행동을 가장했지만 그래도 오랑캐일 뿐입니다. 오랑캐도 사람입니다. 그러므로 도리가 어떤지는 묻지 않고 작은 나라가 섬기기만 하면 서로 우호하며 지금까지 지낸 것입니다. 저들은 뜻에 맞지 않는 것이 있었어도 관대하게 용서하는 아량이 있었으며 침략해 올 것은 걱정하지 않았습니다. 그러나 저 도적들은 재화와 여색만 알 뿐 사람의 도리는 조금도 없으니 참으로 짐승일 뿐입니다. 사람과 짐승이 강화를 맺어 함께 살아도 아무 문제가 없을 것이라고 보장하는 것이 무슨 말인지 신은 모르겠습니다. 이것이 강화가 난리와 멸망을 부르는 다섯 번째 이유입니다.

잠시 대략 거론해도 이렇게 다섯 가지 폐단이 있으니 조금이라도 판단력이 있는 사람이라면 그것이 잘못된 계책임을 알 수 있을 것입니다. 하물며 강화한 뒤에는 "서로 영원히 우호해 해안을 경계하지 않고 백성은 생업에 편안히 종사하며 사교가 들어오지 않아 비록 불화가 있더라도 근심이 되지는 않을 것"이라고 가정합니다.

그러나 신의 생각은 전혀 다릅니다. 훗날 중국에서 『춘추』와 『강목』을 서술하는 사람이 "어느 해 어느 달 서양인이 조선에 들어와 어느 곳에서 맹약盟約했다"고 그 일을 크게 기록한다면 성스러운 기자箕子의 옛 땅이며 대명大明의 동쪽 울타리로서 태조대왕 이후 중국의 문화로 오랑캐를 변화시키고 예악을 제정해 인륜을 크게 펴던 나라가 하루아침에 노린내 나는 서양에 굴복한 것입니다. 이뿐만이 아닙니다. 전부터 권력을 쥐고 국론을 주도하면서 진회秦檜와 손근孫近[6]의 무리처럼 강화를 주장한 자들은 대부분 자

---

6   진회(1090~1155)는 송 고종高宗 때 재상으로 금과 화의를 주도하면서 악비岳
飛를 죽이고 장준을 귀양 보냈다. 손근(?~?)도 참지정사參知政事로 있으면서 강
화를 주장했다.

신의 안락함에 빠져 제 몸과 처자를 보전하려는 사사로운 계획으로 이처럼 부당한 행동을 해 주상께서 천하에 영원히 오명을 쓰게 만들었습니다.

아, 신하는 임금을 섬기면서 선을 아뢰고 악을 막아 요·순 같은 경지에 들어가게 해야 합니다. 그러나 도리어 혼란과 멸망을 불러올 방법으로 임금을 만 길의 함정에 빠지게 하니, 천하에 지극히 불인不仁한 사람이 아니라면 어찌 차마 이런 일을 하겠으며 천하에 지극히 불충한 사람이 아니라면 어찌 감히 이런 일을 하겠습니까? 신은 참으로 애통합니다. 차라리 죽을지언정 함께 재직했던 신하들 가운데 이런 무리의 행동을 한 사람이 하나라도 있다는 것은 차마 듣지 못하겠습니다.

우리 순조 신유년辛酉年[7] 서양인들이 우리나라에 몰래 들어와 우리 백성을 속이고 유인하니 사학에 물드는 사람이 날로 많아졌습니다. 순조대왕은 깊이 근심하고 멀리 생각해 크게 분노하시어 가차없이 체포하고 처벌하셨습니다. 우리 헌종대왕께서도 그 뜻을 잘 계승해 조사받은 사람은 모두 죄를 드러내 죽임으로써 나라 안에 그 씨앗이 심기지 않게 하셨습니다. 그 결과 인륜이 위에서 밝아지고 백성은 아래에서 화목하게 됐으며 자식은 어버이

---

7 순조 1년(1801). 신유박해로 이승훈李承薰·정약종丁若鍾 등이 처형되고 정약전丁若銓 등이 귀양갔으며 3월 청인淸人 신부神父 주문모周文謨가 자수했다가 4월에 효수됐다. 11월에는 황사영黃嗣永이 체포돼 처형됐다.

를 버리지 않고 신하는 임금을 무시하지 않아 예의와 염치가 굳게 유지됐습니다. 나라의 형세는 편안히 안정되고 나라의 운수는 상서롭고 길어져서 오늘에 이르도록 평안했으니 이것은 위대한 성인의 규범이 그 자손들에게 남겨준 결과입니다. 이것이 전하가 국가를 다스리는 법도가 아니겠습니까?

이런 이유로 지난 병인년[8] 전하께서는 처음 나라를 다스릴 때 좋아하는 것과 싫어하는 것을 엄정히 하셨지만, 적신賊臣 남종삼南鍾三은 조정을 시험해보기도 했습니다.[9] 이양선異樣船이 바다에 출몰하자 완고하고 우둔하며 염치없이 이익을 탐내는 무리는 강화를 맺어 교역하자는 주장을 제기했는데, 송대에 이업李鄴이 오랑캐인 금의 세력을 장황히 과장한 것과 같았습니다.[10] 이런 무리가 번

---

8 고종 3년(1866). 이 해 1월 남종삼·홍봉주洪鳳周와 프랑스 선교사 9명이 처형되고, 7월 미국 군함이 대동강을 거슬러오다가 평양에서 군대와 백성에게 소각됐으며, 8월 척사윤음斥邪綸音이 반포됐다. 9월 프랑스 군함이 강화도를 점령했지만 10월 양헌수梁憲洙가 정족산성鼎足山城에서 격파했다.

9 1817~1866. 본관은 의령. 헌종 4년(1838) 문과에 급제해 승지에 이르렀다. 천주교를 믿게 된 그는 영국·프랑스의 도움을 받아 천주교를 공인받으려고 대원군과 면담했으며 공인하겠다는 승인을 얻을 뻔했다. 그러나 대원군은 태도를 바꿨고, 남종삼은 결국 고종 3년(1866) 병인박해 때 처형됐다. "조정을 시험해 봤다"는 것은 천주교를 공인받으려고 대원군과 면담한 것을 가리킨다.

10 송 휘종徽宗 때 급사給事 이업은 금에 사신으로 갔다가 돌아와 "그들은 용처럼 말을 타고 호랑이처럼 걸으며 물개처럼 물을 건너고 원숭이처럼 성에 올라간다"고 보고했다. 적국의 형세를 너무 과장한 대표적 사례로 꼽힌다.

성해 그 계책에 조금이라도 빠졌다면 나라는 반드시 잘못됐을 것입니다. 다행히 성명께서 척화에 뜻을 두셨고, 전 동돈녕同敦寧 기정진과 신의 스승 고 참판 이항로는 원숙한 덕망과 밝고 먼 식견으로 간절한 상소를 올려 강화를 맺어서는 안 된다고 역설했습니다. 전하께서는 그 말을 진정으로 받아들여 쇠와 돌같이 지키셨습니다.

이 때문에 10년 동안 서양의 도적들은 우리를 계속 탐내면서 마음을 고치지는 않았지만 그 뜻을 갑자기 펴지는 못했습니다. 지금 조정의 문무 대신들은 참으로 선왕들의 뜻을 체득하고 전하의 아름다운 방침을 따라야 하며 눈앞의 편안함에 빠져 전하의 총명을 그르쳐 이 도적들과 강화를 맺고 교역해 난리와 멸망을 자초해서는 안 됩니다. 두 성왕聖王(순조와 헌종)의 대통을 계승한 전하께서 그분들의 법도를 지키지 않고 예부터 화친을 주장하다가 나라를 멸망시킨 자들의 잘못된 모의를 따라서야 되겠습니까?

아! 중국은 요·순·문·무의 옛 영토였지만 2백 년 전부터 변발을 하고 의관을 없애 오랑캐가 됐으니 사람의 마음을 가졌다면 누군들 마음이 무너지고 가슴을 치지 않겠습니까? 게다가 비슷한 무리는 서로 따르는 법이어서 기괴한 형상을 한 종족인 서양의 진짜 오랑캐가 모두 중국에 발을 들여놓았지만 오래되니 예사로 여겨 이상하게 생각하지 않았습니다. 그 결과 마침내 서양 오랑캐들끼리 충돌해 가는 곳마다 맞설 상대가 없어 중국 안팎이 모두 두려워하면서 순종해 꼭두각시가 됐습니다. 그러나 우리나라만이 선조들의 위엄 있는 정신에 힘입어 선을 좋아하고 악을 미워하는 바른 본성을 잃지 않았으니, 비유하면 박괘剝卦 상구효上九爻의 "큰 과일은 먹지 않고 그대로 두어 다시 종자로 쓴다碩果不食"는 말과 같습니다.

만약 이 한 지역의 신민臣民마저 금수의 세상으로 들여보내 음陰만 있고 양陽은 없는 세상이 된다면, 어찌 사람을 사랑하는 군자가 차마 할 수 있는 일이겠습니까? 온 나라의 신민이 서양 오랑캐의 제어를 받게 되면 얼마 못 가 예의를 버리고 사교에 빠져 천리와 인륜이 어떤 것인지 알지 못하게 될 것입니다. 그렇게 되면 전하께서는 무엇에 의지해 신민의 위에 서서 임금의 자리를 보전保全하시겠습니까? 베개를 높이 베고 편안히 자며 다른 우환이 없다고 해도 전하께서는 무슨 면목으로 두 성왕의 사당에 참배하며, 훗날 천하에서는 전하를 어떤 임금이라고 하겠습니까? 이것은 사리의 옳고 그름과 앞날의 효능과 피해가 불 보듯 분명해 지혜로운 사람은 말할 것도 없고 어리석은 사람도 모두 알고 아이와 졸병, 시골의 농부와 노인도 모두 안타까워하고 분노하는데 명철하신 전하께서 깨닫지 못하시니 신은 의아합니다.

전하의 뜻은 다음과 같습니다. "지금 온 자들은 왜인이지 서양인이 아니다. 저들이 요구하는 것은 예전의 우호를 복구하는 것이지 다른 것이 아니라면 왜와 예전의 우호를 복구하는 것이 어찌 도의에 해롭겠는가?"

그러나 신의 어리석은 견해로는 전혀 그렇지 않습니다. 지금 온 자들이 왜인일 뿐 서양인이 아니라고 해도 왜인의 심성과 행동은 예전과 지금이 완전히 다르니 살피지 않아서는 안 됩니다. 예전의 왜는 이웃나라였지만 지금의 왜는 도적입니다. 이웃나라와는 강화할 수 있지만 도적과는 강화할 수 없습니다. 왜가 도적이라는 것을 어떻게 알 수 있습니까? 그들이 서양 오랑캐의 앞잡이가 됐기 때문입니다. 또한 그들이 서양 오랑캐의 앞잡이가 된 것은 어떻게 분명히 알 수 있습니까? 왜인과 서양인 두 도적이 서로 합심해 중국을 어지럽힌 지 오래이기 때문입니다.

앞서 중국에서 온 총리사摠理司의 글에 "프랑스法國와 미국 두 나라가 왜와 함께 나온다"는 말이 있었고, 지난해 동래東萊의 훈도訓導들은 "왜인이 사당을 세우기를 요청하고 이상한 복색의 사람을 금지하지 말라고 했다"고 보고했습니다. 지금 온 왜인들은 서양 옷을 입고 서양 대포를 사용하며 서양 배를 탔으니, 이것은 모두 서양과 왜가 한 몸이 됐다는 분명한 증거입니다.

지난달 북경에서 온 외교문서咨文는 오로지 이번 왜선이 오는 것 때문에 보낸 것인데, 거기에도 "병인년(고종 3년 〔1866〕)에 패배해 돌아갔다"는 말이 있었습니다. 병인년에 패배해 돌아간 것은 서양이지 왜가 아니었습니다. 그러므로 서양이 왜이고 왜가 서양이라는 것을 한마디로 결정할 수 있습니다. 저들이 "왜일 뿐 서양이 아니다"라고 말한 것을 어떻게 믿을 수 있겠습니까? 이 때문에 어리석은 신은 지금 온 저들이 왜인이고 서양인이 아니라고 해도 서양 오랑캐의 앞잡이요 이전의 왜인은 아니라고 말하는 것입니다. 그렇다면 왜와 예전의 우호를 맺는 것은 얼핏 듣기에는 아무 문제가 없는 것 같지만 왜와 우호를 맺는 날은 바로 서양과 강화하는 날입니다.

서양과 강화를 맺으면 반드시 혼란과 멸망을 초래할 것이라는 사실은 이미 앞에서 말씀드렸으니 강화하는 것이 어찌 옳겠습니까? 다만 저들은 자신이 왜인이지 서양인이 아니라고 말하고 있으며, 저들에게 속은 우리나라 사람들 또한 모두 "그들은 왜인이지 서양인이 아니다"라고 말합니다.

이제 왜와 교류하는 문제를 전하께 아뢰겠습니다. 왜와 교류하는 데도 법도가 있습니다. 높은 관원은 그들을 처음 만날 때 이렇게 말해야 합니다.

서양 오랑캐가 짐승 같은 행동으로 현혹시키는 것을 부모께 말씀드리는 사람은 참으로 용서받지 못할 적자賊子이며 성왕의 치세에 아뢰는 사람은 반드시 죽여야 할 난신이다. 지역과 시대를 떠나 사람이라면 모두 그를 토벌할 수 있으며, 조금이라도 그와 한편이 돼 돕는다면 사람의 본성을 어기는 자다.

귀국은 공자와 주자를 높이고 믿으며 예의를 돈독하게 숭상해 오랫동안 믿어왔다. 지금은 도리어 저들에게 유인되고 위협을 받아 기꺼이 꼭두 각시가 됐으니 귀국을 위해 대신 깊이 부끄럽게 여긴다. 『춘추』의 법에 난신과 적자는 그 당여黨與를 먼저 다스린다고 했다. 왕자王者가 나타나면 귀국은 서양 오랑캐보다 먼저 처벌될 것이니 귀국은 서둘러 대책을 세워야 할 것이다. 우리나라는 군대가 강하지는 않지만 서양을 배척하는 한 가지 일은 이미 선조 이래 이어져 고치지 않는 법도다. 지금 귀국과 옛 우호를 복구하지 못하는 까닭이 어찌 외교문서의 호칭이 참람되고 해괴해서 뿐이겠는가? 법도의 큰 방향이 이렇게 반대되면 서로 의논할 수 없을 뿐 아니라 비판하기에도 시간이 모자랄 것이다.

귀국이 지금부터 태도를 완전히 고쳐 서양 오랑캐와 엄격히 절교해 지향이 올바른지 하늘에 묻는다면 예전처럼 우호를 나누던 이웃나라가 될 것이며 난리를 일으키는 도적의 무리가 아니다. 이렇게 한 뒤에야 강화를 체결하자는 말을 우리나라에 할 수 있을 것이다. 그럴 수 없다면 즉시 배를 돌려야 하며 우리 영토에 오래 머물러 패망을 자초하지 말라.

이렇게 선언한 뒤 그들의 행동에 따라 의리로 대처하면 명분이 바르고 말이 순조로워 천하에 영원히 모범이 될 것입니다. 어째서 이런 측면은 생각하지 않고 그들에게 속아 우호를 체결한다는 핑계로 수백 년 동안 유지된 소중한 국토를 헛되이 버려 도적의 무리가 잠시라도 점거하게 하겠습니까?

신은 주인을 정성으로 섬기는 개나 말이나 해만 바라보는 해바라기처럼 여생 동안 앞뒤를 돌보지 않고 고려 때의 우탁禹倬[11]과

---

11 1262(원종 3년)~1342(충혜왕 복위 3년). 고려 말기의 문신·학자. 본관은 단양, 호는 역동易東, 시호는 문희文僖. 1308년(충선왕 즉위년) 감찰규정監察糾正이 됐

선정先正 조헌이 그랬던 것처럼 도끼를 가지고 대궐 문에 엎드려 전하게 부르짖습니다. 엎드려 바라건대 전하께서는 조금이라도 불쌍하게 살피시어 큰 계책을 시급히 정하시고 현명하고 유능한 사람을 임용해 오로지 나라를 다스리고 외적을 물리치는 데만 뜻을 두소서. 화친을 주장해 나라를 팔아넘기고 짐승이 사람을 먹게 하는 계획을 세우는 신하가 있다면 용감하게 책상을 부순 손도로孫討虜[12]처럼 통렬하고 엄중하게 배척해 사형시키고 결코 너그럽게 용서하지 마소서. 그렇게 하면 벙어리·소경·절름발이라도 백배나 기운을 내 모두 전하를 위해 한번 죽으려고 할 것이며, 몇 안 되는 흉한 무리는 얼마 지나지 않아 소탕될 것입니다.

이것은 우리 삼천리 백성을 모두 살리고 우리 5백 년 종사를 보호해 안정시키는 크게 다행스런 일일 뿐 아니라 천하의 대의가 전하로 말미암아 펴지고 만세의 도리가 전하로 말미암아 추락하지 않을 것입니다. 그 공덕의 성대함은 우왕과 맹자만큼이나 높고 클 것이니, 어찌 참으로 다행한 일이 아니겠습니까? 그렇지 않

는데, 충선왕이 부왕의 후궁인 숙창원비淑昌院妃와 통간하자 흰 상복을 입고 도끼를 들고 거적을 짊어지고 대궐 문에서 간언했다.

12 중국 삼국시대 오吳의 군주 손권孫權을 말한다. 조조曹操를 공격하는 문제에서 오의 신하들은 대부분 조조의 세력을 두려워해 그를 맞이하자고 건의했다. 그러자 손권은 칼을 뽑아 책상을 찍으면서 "조조를 맞이하자고 말하는 장수나 신하는 이 책상처럼 될 것"이라고 외쳤다. 『통감절요』 권22, 후한기後漢紀 참조.

다면 나라 사람들은 짐승으로 몰락할 것이니 신은 부끄러워하면서 구차하게 그들과 함께 살기를 진정으로 바라지 않습니다. 이 도끼로 신을 처형해 지하에서 두 성왕을 모실 수 있게 해주시면 조정의 큰 은혜일 것입니다. 신은 지극히 애통하고 절박한 마음을 참지 못해 죽음을 무릅쓰고 삼가 아룁니다.

황

현

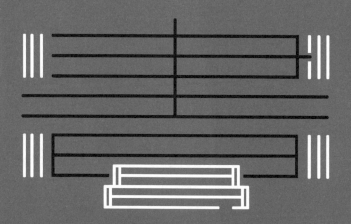

「절명시」와 『매천야록』을 남긴 조선 말기의 지사

「절명시絶命詩」(『매천집』권5)는 모든 글 가운데 가장 비장한 제목을 가진 작품이라고 말할 만하다. "이 세상에서 글 아는 사람 되기는 어렵기만 하다難作人間識字人"는 유명한 마지막 구절은 나라가 속절 없이 무너진 상황에 부딪친 지식인의 고뇌를 함축하고 있다.

생몰년이 보여주듯 황현黃玹(1855~1910)은 격동을 거쳐 망국으로 귀결된 조선 말기의 모든 과정을 살고 지켜보았다. 20대의 청춘부터 별세에 이르기까지 그의 삶은 험난한 근대화를 알리는 개항(고종 13년〔1876〕, 21세)으로 시작돼 임오군란(고종 19년〔1882〕, 27세)·갑신정변(고종 21년〔1884〕, 29세)·갑오경장(고종 31년〔1894〕, 39세)을 거쳐 나라의 멸망과 함께 마감됐다.

그의 활동은 다양했다. 『매천야록梅泉野錄』과 『오하기문梧下記聞』을 쓴 역사가였고, 2천여 수에 이르는 시를 남긴 문학가였으며,

강위姜瑋(1820~1884) · 김택영金澤榮(1850~1927) · 이건창李建昌(1852~1898) 등 당대의 명사들과 교유한 지식인이었다. 이런 다양한 활동을 관통한 면모는 '올곧은 지사'일 것이다. 그는 평생 벼슬하지 않은 초야의 선비였지만, 그의 삶과 글은 당시를 주름잡은 어떤 고관들보다 지금까지 큰 울림과 소중한 지식을 전달하고 있다.

가문적 배경

황현의 본관은 장수長水고, 자는 운경雲卿이며, 호는 매천梅泉이다. 그는 철종 6년(1855) 12월 11일 전라남도 광양光陽에서 황시묵黃時默과 풍천豊川 노씨盧氏의 맏아들로 태어났다. 그 뒤로 남동생 둘(황련黃璉 · 황원黃瑗)과 여동생 둘(각각 김하술·유덕기와 혼인)이 더 태어났다.

그의 가문은 오랜 전통을 가졌다. 널리 알려진 조상으로는 멀리 세종 때의 명재상인 황희黃喜(1363~1452)가 있다. 10대조 황진黃進(1550~1593)은 임진왜란 때 진주성 전투에서 전사해 무민공武愍公에 추서됐으며, 8대조 황위黃暐(1605~1654)도 병자호란 때 남원에서 의병을 일으켰고 사간원 정언(정6품)을 지냈다.

국난이 닥쳤을 때 목숨과 충성을 바친 조상이 있었지만 그의 가문은 큰 성세를 누리지는 못했다. 황위 이후로는 현달한 인물이 나오지 않았고, 집안은 전라도 남원으로 내려가 대대로 살았다. 향촌의 양반 가문이 된 것이다.

황현이 태어난 광양으로 이주한 것은 조부 황직黃檄 때였다. 그는 남원에서 10년 정도 상업에 종사해 가산을 크게 불렸는데, 중요한 성취였지만 당시 양반 신분으로는 체면이 손상되는 일이기도 했다. 그래서 그는 낯선 곳으로 이주해 집안의 분위기를 바꿔보려고 했고, 그런 결심에 따라 1850년대쯤 광양으로 옮겨온 것으로 추정된다.

총명한 어린 시절

경제력을 쌓은 황현의 조부 황직과 아버지 황시묵은 후손 교육에 큰 노력을 기울였다. 그들은 집에 1천여 권의 책을 구비해놓고, 자기 자식들은 물론 인근의 아이들도 모아 가르쳤다.

황현은 어려서부터 매우 총명했다. 그는 두어 살 무렵부터 숯 조각으로 담장에 무언가를 그렸는데 마치 글씨 쓰는 연습을 하는 것 같았다고 한다. 서당에 들어가 글을 배우면서는 한번 보고 들은 것은 모두 기억했다.

황현의 스승은 왕석보王錫輔(1816~1868)다. 그는 본관이 개성으로 자는 윤국允國, 호는 천사川社며 경학과 시문에 뛰어났다. 황현은 그의 아들 왕사각王師覺 · 왕사천王師天 · 왕사찬王師贊과도 친구로 지냈다. 왕석보는 황현이 11세 때 쓴 시를 보고 매우 놀라면서 "훗날 반드시 훌륭한 선비가 될 것"이라고 예측했다. 스승의 안목은 적중했다. 황현은 나중에 중요한 역사서를 쓴 인물답게 『통감

강목』을 좋아했다.

그는 15세 때인 고종 7년(1870) 해주 오씨와 혼인했고, 그 뒤 슬하에 2남(황암현黃巖顯·황위현黃渭顯) 1녀(안병란安秉蘭과 혼인)를 두었다. 이 무렵 황현은 장성에 거주하던 노사 기정진(1798~1879)을 찾아가 뵙기도 했다. 노년의 대학자는 젊은 인재에게 "한마음으로 부지런히 실력을 닦아 온 세상에 그것을 펼치라—念勤栽培, 放之四海準"는 격려의 시를 줬다.[1]

상경과 교유

황현은 태어난 광양과 30대 초에 이주한 구례에서 대부분의 삶을 보냈다. 그러나 20대에는 서울로 올라와 견문과 교유를 넓히기도 했다. 그 시절 그는 앞서 말한 대로 강위·김택영·이건창 등 뛰어난 인물들을 만나고 깊은 친교를 맺었다.

먼저 35세 연상의 강위는 뛰어난 시인이자 개화사상가였다. 그는 박규수·김옥균 등과 교유하면서 당시의 국제 정세를 상당히 정확하게 파악하고 있었다. 다섯 살 위의 창강滄江 김택영도 뛰어난 학자이자 문장가였다. 그는 40대 중반 편사국 주사編史局主事(고종 31년〔1894〕)·중추원 서기관中樞院書記官(고종 32년) 등의 관직을 지

---

1 『노사집』권2, 「황현에게 주다贈黃玹」3수 일부.

냈지만 1905년 을사늑약으로 외교권을 잃자 3년 뒤 중국으로 망명했다.

그는 장강長江 하류의 난퉁南通에서 출판사 일로 생계를 유지하며 한문학의 정리와 평가, 역사 저술에 힘을 쏟았다. 대표적인 저작으로는 고려부터 당시까지의 뛰어난 문장가 9명의 작품을 모은 『여한구가문초麗韓九家文鈔』와 『한국역대소사韓國歷代小史』·『한사경韓史綮』·『교정 삼국사기校正三國史記』 등의 역사 저술, 『창강고滄江稿』·『소호당집韶濩堂集』 등의 문학 저술이 있다.

세 살 위의 영재寧齋 이건창은 어리다고 할 만한 나이부터 뛰어난 능력을 보인 인물이었다. 그는 14세(고종 3년 〔1866〕) 때 문과에 급제하고 22세(고종 11년 〔1874〕) 때 서장관으로 청에 가서 그곳의 학자들과 교류하면서 높은 평가를 받았다. 이듬해에는 충청우도 암행어사로 나가 충청도 관찰사 조병식趙秉式의 비리를 철저히 조사하다가 도리어 모함을 받아 1년 동안 유배됐다.

조정의 비리를 실감한 그는 크게 실망했고, 이후로는 벼슬에 마음을 두지 않았다. 그 뒤에도 경기도 암행어사·승지 등 이런저런 관직을 잠깐씩 지냈고, 갑오경장 이후 각부의 협판協辦(차관급)·특진관特進官 등에 제수됐지만 모두 사양했다. 그 뒤 그는 고향인 강화로 내려가 저술에 몰두하다가 47세의 많지 않은 나이로 세상을 떠났다.

저서로는 『명미당집明美堂集』·『당의통략黨議通略』 등이 있는데, 특히 『당의통략』은 당파를 벗어나 공정한 시각에서 당쟁의 원인과 전개 과정을 서술한 저서로 평가된다. 그는 앞서 말한 김택영이 펴낸 『여한구가문초』에서 마지막 인물로 선정되기도 했다.[2]

김택영과 이건창은 한말 양명학의 주류인 강화학파의 핵심 인물이었다. 양명학은 '지행합일知行合一'이라는 목표가 알려주듯 실천을 중시한 학문이다. 황현의 삶은 그 명제를 온전히 구현했다고 할 만했다.

격동의 시대를 살다

앞서 말한 대로 1876년 조선이 개항했을 때 황현은 21세였다. 그 뒤 그가 40대에 이르기까지 조선에는 임오군란·갑신정변·갑오경장 등 격동의 사건이 계속 이어졌다.

황현은 평생 벼슬하지 않았지만, 젊은 시절 과거에 응시하기도 했다. 그는 28세(고종 20년〔1883〕) 때 보거과保擧科(뛰어난 인재를 추천받아 시험을 치르는 별시)에 응시했다. 그는 초시에서 1등으로 뽑혔지만, 시험관은 그가 시골 출신이라는 이유로 2등에 두었다. 조정의 부패를 절감한 그는 그 뒤의 시험을 포기하고 고향으로 내려왔다.

---

2   참고로 나머지 8명은 김부식金富軾·이제현李齊賢·장유張維·이식李植·김창협金昌協·박지원朴趾源·홍석주洪奭周·김매순金邁淳이다. 그 뒤 그 책은 김택영의 제자인 왕성순王性淳이 김택영을 포함시켜 『여한십가문초』로 다시 펴냈다.

3년 뒤 황현은 가족과 함께 구례로 이주했다(고종 23년〔1886〕). 그곳에 스승 왕사각이 거처했기 때문이다. 2년 뒤 황현은 아버지의 강권으로 다시 상경해 생원시에 응시했고 장원으로 합격했다.

그러나 그의 공식적 경력은 여기까지였다. 33세의 생원은 갑신정변 이후 나타난 정치적 부패와 혼란에 실망하고 고종 27년(1890) 다시 구례로 돌아왔다. 그는 그곳에 구안실苟安室이라는 작은 초가집을 짓고 학문 연구와 후진 양성에 전념했다. '구안'은 "넉넉하지는 않지만 편안하다"는 뜻이다. 매천이라는 자호도 이때 나왔다. 그는 거처의 샘가에 매화를 심고 그 자호를 지었다.

구안실은 황현의 문학과 학문이 태어난 공간이었다. 그는 16년 정도 거기 살면서 1천 수가 넘는 시를 지었다. 그의 시는 자연을 노래한 전통적 내용보다는 절의를 지킨 역사적 인물이나 사실을 주로 읊었다.

시대는 더욱 험난해졌다. 구안실을 지은 4년 뒤 한국 근대사에서 가장 큰 격동의 해라고 할만한 1894년이 다가왔다. 황현은 동학농민운동과 갑오경장·청일전쟁이 잇따라 폭발하는 격동을 바라보면서 당대사를 저술할 필요성을 느꼈다. 그런 판단의 산물이 유명한 『매천야록』과 『오하기문』이다.

나라는 점점 더 기울어만 갔다. 조선은 1905년 을사늑약으로 외교권을 빼앗기고 사실상의 식민지로 전락했다. 그 소식을 들은 황현은 당시 중국에 있던 김택영과 국권 회복을 도모하려고 망명을 시도했지만 실패했다. 그때 그는 '변고를 듣다'는 뜻의 「문변聞

「變」3수를 지었다. 그 세 번째 작품은 이렇다.

열수(한강)도 소리 죽이고 백악산도 찡그리는데	洌水吞聲白岳嚬
속세에는 여전히 벼슬아치들이 넘치네	紅塵依舊簇簪紳
역대의 간신전을 한번 보게나	請看歷代姦臣傳
나라를 위해 죽은 매국노는 한 사람도 없네	賣國元無死國人

1907년~1908년 황현은 신학문을 배워 나라를 발전시키려는 생각에서 향촌의 뜻있는 사람들과 함께 자금을 모아 호양학교壺陽學校(지금 전라남도 구례 소재)를 세우기도 했다.

황현의 학문 세계

황현은 평생 공부하고 글을 쓴 학자였다. 양명학이라는 사상적 기반과 『매천야록』처럼 당대를 생생히 다룬 저작이 보여주듯, 그의 학문은 현실과 긴밀히 얽혀 있었다. 대체로 황현의 사상적 위치는 실학을 계승한 동도서기론東道西器論에 가까우며, 보수적인 위정척사론이나 근대적인 개화사상과는 일정한 거리가 있었다고 평가된다.

앞서 말한 대로 그는 역사서를 즐겨 읽었고 시의 주제도 역사에서 가져온 것이 많았다. 그가 존경한 인물은 정약용과 박지원이었다. 그는 정약용의 학문은 우리나라에서 일찍이 없었고 유형원·이익의 학문보다 더 유익하다고 평가했으며(『매천야록』 권1) 박지원의 문장은 자유로운 형식과 내용의 현실성이 뛰어나다고 상찬했다(『매천집』 권6, 「연암속집 발문」).

당시의 가장 중요한 화두인 개화와 관련해서는 일정한 한계를 드러냈다. 그는 한 상소에서 이렇게 말했다.

> 개화는 특별한 것이 아니라 문물이 바뀌고 사람이 교화되는 것開物化民을 말하는데, 문물이 바뀌고 사람이 교화되는 것이 근본 없이 이뤄질 수 있겠습니까? 훌륭한 이를 가까이하고 간사한 사람을 멀리하며 백성을 사랑하고 재정을 절약하며 상벌을 엄격하게 집행하는 것 등이 바로 이른바 근본이며, 군대를 훈련시키고 기계를 활용하며 통상通商을 잘하는 것 등이 바로 이른바 지엽입니다. 서양 사람들의 법이 중국과 다르기는 하지만, 지금 저들의 이른바 만국사萬國史를 살펴보면, 그들의 흥성 또한 근본을 바로 세운 데서 비롯됐습니다. 참으로 그 근본이 없으면 아무리 강해도 반드시 피폐해지는 법이니, 이것은 흥망의 자취를 보면 알 수 있습니다. 이런 관점에서 살펴보면 개화는 처음 듣는 말이지만 사실 중국의 치도治道와 그리 다르지 않은 것입니다.(『매천집』 권7, 「언사소言事疏」)

그러나 '동도서기'(조선)·'중체서용'(중국)·'화혼양재'(일본) 같은 근대 동아시아 세 나라의 유사한 명제가 보여주듯, 동양의 정신문명과 서양의 기술문명을 나눈(또는 그러려고 애쓴) 태도는 그만의 문제가 아니라 당시 지식인의 일반적인 생각이기도 했다.

근대사의 생생한 기록, 『매천야록』

『매천야록』은 「절명시」와 함께 황현의 이름을 지금까지 남기는 데 주요하게 기여한 저작이다. 그 책은 1864년(고종 1년)부터 1910년까지 47년의 역사를 편년체로 기록했다. 6권 7책 가운데 고종 1년~30년이 1책 반인데 견줘 갑오경장 이후인 나머지가 5책 반이라는 사실은 그가 갑오경장 이후의 역사에 훨씬 많은 관심을 갖고 있었음을 알려준다. 내용과 형식도 그런 측면을 보여준다. 갑오경장 이전은 날짜가 명기돼 있지 않거나 연대가 뒤바뀐 사건도 적지 않지만, 그 이후는 날짜에 따라 비교적 정확하게 기록돼 있다. 특별한 형식은 없고 분량 또한 항목에 따라 자유롭게 기술했다.

황현은 자신의 직접적인 견문뿐 아니라 여러 사람에게서 들은 자료를 바탕으로 이 책을 썼다. 주요 내용은 고종·명성황후·대원군·안동 김씨·여흥 민씨 등 주요 정치세력의 동향과 문제점, 일본을 중심으로 한 외세의 침탈, 민족의 저항 등이다. 그는 대원군은 공로와 잘못이 절반씩이라고 평가했으며 고종과 명성황후는 매우 비판적으로 서술했다. 『매천야록』은 구한말의 역사를 이해하는 데 중요한 저작으로 평가되고 있다.

황현을 추모한 글들

황현은 조선이 식민지로 전락하자 독약을 마시고 자결했다(날짜는 8월 7일인데, 양력으로 환산하면 9월 10일이다. 독약이 아니라 소주에 아편을 타서 마셨다는 기록도 있다. 그러나 황현을 다룬 주요한 전기인 박문호朴文鎬의「매천 황공 묘표」나 아래에서 인용한 김택영의「본전本傳」에서는 모두 독약이라고 썼기 때문에 여기서는 그것을 따랐다).

그가 세상을 떠나자 오랜 친구들은 그를 추모한 글을 많이 남겼다. 특히 김택영의 글은 황현의 풍모를 핍진하게 보여준다.

> 황현은 어느 날 저녁「절명시」4장을 짓고 자제들에게 글을 남겼다. "나는 죽어야 할 의리는 없다. 다만 국가에서 선비를 길러온 지 500년이 됐는데, 나라가 망한 날을 맞아 한 사람도 국난國難에 죽지 않는다면 어찌 통탄스러운 일이 아니겠느냐? 내가 위로는 하늘로부터 타고난 양심을 저버리지 않고, 아래로는 평소에 읽은 글을 저버리지 않고 영원히 잠든다면 참으로 통쾌할 것이니, 너희들은 너무 슬퍼하지 말거라."
> 이 글을 다 쓰고는 바로 독약을 마셨는데, 다음 날에야 가족들이 그 사실을 알게 됐다. 아우 황원이 급히 달려가 보고는 할 말이 있는지 묻자 황현은 웃으며 말했다. "내가 무슨 말을 하겠느냐? 다만 내가 써놓은 글을 보면 알 것이다. 그러나 죽는 것은 쉽지 않은가 보다. 독약을 마실 때 세 번이나 입을 댔다 뗐으니, 내가 이렇게 어리석었단 말인가?"
> 마침내 운명하니 향년 56세였다. 일찍이 노씨盧氏가 사람을 잘 알아보는 안목이 있었는데, 늘 황원에게 "국난에 죽을 사람은 반드시 네 형일

것"이라고 했다. 이때에 이르러 그 말이 과연 들어맞았다.

황현은 너른 이마에 눈썹은 성기고 눈빛은 초롱초롱하되 근시近視인 데다 오른쪽으로 틀어졌다. 사람됨은 호방하고 의협심이 있으며 쾌활하고 바르고 강직해 악인을 원수처럼 미워했다. 기개가 높고 오만해 남에게 굽혀 따르지 않았으며, 출세한 무리의 교만한 태도를 보면 그 면전에서 잘못을 꾸짖었다. 평소 자기가 좋아하던 사람이 유배되거나 죽으면 천 리 길이라도 달려가 위문했다. 옛글을 읽다가 충신·지사가 원통하게 어려움을 겪으면 늘 눈물을 줄줄 흘렸다.

학문은 정통했고 시속時俗의 진부한 학자들과는 사귀지 않았다. 역대의 사서에 기록된 치란성쇠治亂盛衰의 자취부터 군사·형법·재정에 이르기까지 연구하고 관찰하기를 좋아했다. 일찍이 서양의 이용후생利用厚生의 학술에도 마음을 두어 당세의 어려움을 구제하려는 생각을 가졌다. 문장에서는 시에 더욱 조예가 깊어 소식蘇軾·육유陸游(모두 송대의 시인)의 기풍이 있었다. 그가 작고한 다음 해에 호남과 영남의 선비들이 돈을 걷어 『매천집』을 간행했다.(『매천집』 권수卷首, 「본전」)

    "죽어야 할 의리는 없지만 죽는다"는 결의와 "독약을 마실 때 세 번이나 입을 댔다가 뗐다"는 고백은 스스로 죽음을 선택했지만 그래도 두려움을 어쩔 수 없는 인간적 고뇌를 깊이 보여준다. 이 글을 쓰면서 그의 모습이 담긴 유명한 사진과 초상화를 여러 번 바라보았다. 1962년 대한민국 정부는 그에게 건국훈장 독립장을 추서했다.

멸망한 나라의 지사

황현에 관련된 사료는 김택영의 「본전」을 포함해 본문에서 여럿 인용했기 때문에 고르기가 좀 어려웠다. 이리저리 찾아보고 생각하다가 유명한 「절명시」 네 수와 만해 한용운韓龍雲(1879~1944)이 쓴 추모시를 소개하는 것이 좋겠다고 판단됐다.

한용운은 황현보다 24세 아래로 황현이 순절했을 때 31세였다. 널리 알려진 그의 시들과 달리 정형화된 한시로 조의를 표시한 것이 조금 낯설다. 꼿꼿한 전통적 유자의 삶을 산 황현의 삶을 기리는 데는 한시가 좀 더 어울리는 형식이라고 판단한 것 같다.

'일제 주요감시대상 인물카드'라는 자료가 있다. 제목 그대로 일제 강점기 조선총독부 아래 있는 여러 경찰·사법기구에서 독립운동가를 비롯해 감시해야 할 주요 한국인의 이름·본관·주소 등의 신상과 사진 등을 수록한 카드다. 한용운의 카드는 두 개인데, 모두 서대문 형무소에 수감됐을 때 만들어졌다. 첫 번째 카드는 1919년 3·1운동 때 민족대표 33인의 한 사람으로 활동하다가 투옥됐을 때 작성된 것이다. 부착된 사진 속의 한용운은 고개를 조금 숙이고 정면을 매섭게 노려보고 있다. 40세의 중년이라기보다는 냉철한 청년처럼 보인다.

두 번째 카드는 1928년 투옥됐을 때 만들어진 것이다. 9년의 시간은 얼굴에 흔적을 남겼지만 정면을 날카롭게 응시하는 시선은 그대로다. 아니, 조금 부드러워진 것 같다. 팔짱을 낀 여유도 그런 부드러움을 더해주는 것 같다. 9년 전의 눈빛이 차가웠다면 이때의 눈빛은 서늘하다고 느껴졌다. 널리 알려진 황현의 사진과 초상화에 담긴 눈빛과 비슷하다는 생각이 들었다.

황현의 「절명시」와 한용운의 추모시[3]

황현의 「절명시」

난리를 겪다보니 벌써 백발의 나이 됐는데	亂離滾到白頭年
죽어야 옳았지만 그러지 못했다	幾合捐生却未然
오늘은 정말 어쩌지 못할 상황이 됐는데	今日眞成無可奈
바람 앞 촛불은 푸른 하늘을 밝게 비춘다	輝輝風燭照蒼天
요사한 기운 자욱해 황제의 별은 옮겨 가고	妖氛晻翳帝星移
어둠침침한 궁궐에는 낮이 더디 흐른다	九闕沉沉晝漏遲

---

3 「절명시」는 황현, 『매천집』 권5 수록. 한용운의 추모시는 이은철, 『매천 황현을 만나다』, 심미안, 2010, 213쪽의 번역을 약간 수정해 실었다.

이제부터 조칙은 다시 없으리니	詔勅從今無復有
좋은 종이 한 장 놓고 글을 쓰려니 천 줄기 눈물 흐른다	琳琅一紙淚千絲

짐승도 슬피 울고 바다와 산도 찡그리니	鳥獸哀鳴海岳嚬
무궁화 세상은 이미 가라앉아 멸망했네	槿花世界已沉淪
가을 등불 아래 책 덮고 기나긴 역사를 생각하니	秋燈掩卷懷千古
이 세상에서 글 아는 사람 되기는 어렵기만 하다	難作人間識字人

문간방 서까래 절반조차 지탱한 공로 없으니	曾無支厦半椽功
어짊을 이룰 수 있을 뿐 충성은 아니네	只是成仁不是忠
겨우 윤곡의 행동은 따를 수 있지만	止竟僅能追尹穀
예전 진동처럼 하지 못하는 것이 부끄럽네[4]	當時愧不躡陳東

한용운의 「매천 황현을 조곡하며哭黃梅泉」

조용히 의를 따라 길이 나라에 보답하고	就義從容永報國

---

4 윤곡은 송대의 인물로 몽골이 침략해 자신이 살던 담주潭州가 함락될 위기에
   빠지자 자결했다.『송사宋史』권450,「윤곡열전」참조. 진동 역시 송대의 인물
   로 몽골이 침략해오자 의병을 일으켜 항거하다가 죽었다.『송사』권455,「진
   동열전」참조.

한번 죽으니 영원히 그 꽃 새롭다   一暝萬古劫花新

저승에서도 풀지 못한 한 남기지 마소서   莫留不盡泉坮恨

괴로움과 충절 크게 위로할 사람 절로 있으리니   大慰苦忠自有人

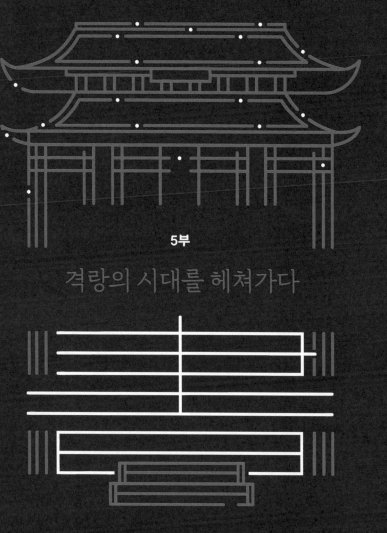

5부

격랑의 시대를 헤쳐가다

이

항

복

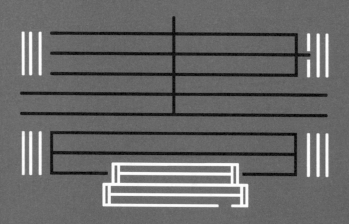

격동의 시대를 헤쳐간 조선 중기의 명신

백사白沙 이항복李恒福(1556~1618)은 조선시대에서도 상당히 친숙한 인물이다. 그의 이름이 낯설더라도 '오성과 한음'이라고 말하면 대부분 고개를 끄덕일 것이다. '오성鰲城'은 오성부원군 이항복이고 '한음漢陰'은 한원漢原부원군 이덕형(1561~1613)이다. 서로 다섯 살 차이인 두 사람은 뛰어난 인물이 특히 많이 배출됐던 16세기에도 우뚝한 존재였다.

　그런 위상과 능력 때문에 이항복은 임진왜란과 당쟁의 격동에서 중심적 역할을 맡을 수밖에 없었다. 그는 주요한 대신으로 활동하며 왜란을 극복하는 데 뛰어난 외교적 활약을 펼쳤고 당시 정치에 중요한 발자취를 남겼지만, 당쟁의 여파로 유배지에서 일생을 마쳤다.

가문적 배경

이항복의 본관은 경주고 자는 자상子常, 호는 백사·동강東岡이다. 고려 후기의 대학자 이제현李齊賢의 후손으로, 아버지는 우참찬(정2품)까지 오른 이몽량李夢亮(1499~1564)이고 어머니는 현감 최윤崔崙(본관 전주)의 딸이다. 이항복은 명종 11년(1556) 10월 15일 서울 서부 양생방養生坊(지금 남창동南倉洞·서소문동·태평로·남대문로 일대)에서 태어났다. 3남 2녀 가운데 2남이었다.

아버지 이몽량은 우애가 깊고 너그러운 인물이었던 것 같다. 『명종실록』의 졸기에는 일찍 세상을 떠난 형과 혼자 사는 누이가 가난했는데, 이몽량은 그 조카들을 모두 거뒀다고 기록돼 있다(명종 19년 [1564] 10월 4일). 이항복은 부모를 일찍 여의었다. 아버지는 그가 8세 때 세상을 떠났고(명종 19년 10월) 어머니도 7년 뒤 돌아갔다(선조 4년 [1571] 9월). 그 뒤 그는 누이의 집에서 자랐다.

이항복의 가계에서 특기할만한 사실은 임진왜란에서 행주대첩을 이끈 도원수 권율(1537~1599)의 사위였다는 것이다. 이항복은 선조 7년(1574) 18세 때 권율의 딸과 혼인했고, 그 뒤 2남 1녀를 두었다.

순조로운 출세

이항복은 선조 13년(1580) 24세의 나이로 급제했다. 그때 조정의 중심인물은 율곡 이이(1536~1584)였다. 20세 위의 탁월한 정치가

이자 학자는 이항복과 이덕형 등을 홍문관에 추천했다. 그 뒤 기축옥사(1589)가 일어나기 전까지 이항복은 사간원 정언, 이조좌랑(이상 정6품), 홍문관 직제학, 우승지(이상 정3품) 등 주요한 청요직을 두루 거쳤다.

앞서 말한 대로 62년에 걸친 이항복의 생애에서 그 후반을 구성한 주요 사건은 임진왜란과 당쟁이었다. 그 사건들은 그 규모와 기간에서 각각 동아시아와 국내를 전체적으로 지배했다. 기축옥사와 임진왜란(1592)이 3년 터울을 두고 일어났을 때 이항복은 30대 중반의 촉망받는 관원이었다. 그가 그 사건들의 중심에 섰던 것은 피할 수 없는 운명에 가까웠다.

왜란에서의 활약

임진왜란이 벌어지는 동안 이항복은 이조·병조·형조판서·대제학·우참찬(이상 정2품) 등의 중직을 두루 거쳤다. 이런 사실은 그 시기 그의 비중과 능력을 보여주는 가장 확실하고 객관적인 증거일 것이다.

그가 특히 두드러진 활약을 펼친 분야는 외교였다. 그는 이덕형과 함께 명에 원군을 요청해야 한다고 적극 주장했고, 결국 이여송李如松의 참전을 이끌어냈다. 명의 참전은 조선에 적지 않은 부담과 피해를 안기기도 했지만, 평양 탈환에 성공하는 등 전황을 역전시키는 데 중요한 계기로 작용했다. 그는 명에서 파견된 사신과 장수들을 도맡다시피 만나고 접대했으며, 문제가 생길 때마다 매끄럽게 해결했다. 선조 31년(1598) 명 사신 정응태丁應泰가 동료인 경략經略 양호楊鎬를 무고하자, 당시 우의정이던 이항복은 진주변무사陳奏辨誣使로 명에 파견돼 갈등을 해결하고 돌아왔다. 이런 공로로 그는 선조 34년(1601) 호종扈從 1등공신에 책봉됐다.

임진왜란 3년 전 기축옥사가 일어났다는 사실에서 짐작할 수 있듯 그 시기 조선을 휩쓴 내홍內訌은 당쟁이었다. 이항복은 서인의 대표적 인물로 당쟁의 중심에 섰다가 결국 유배지에서 일생을 마쳤다.

당쟁의 전개와 별세

이항복이 당쟁에 개입한 첫 번째 계기는 기축옥사였다. 그때 그는 33세의 예조정랑(정5품)이었다. 그는 그 사건에 문사낭청問事郎廳(죄인을 문초한 조서를 작성하는 등의 일을 맡은 임시 관직)으로 참여했는데, 신하들끼리 비난이 난무하는 혼란스러운 상황을 잘 중재하고 시비를 공정히 판단했다는 평가를 받았다.

그 뒤 이항복이 주로 맞선 정파는 북인이었다. 북인은 선조 말엽부터 세력을 확대했고, 그 영수는 정인홍(1535~1623)이었다. 이항복은 왜란이 끝난 뒤 우의정(선조 31년 [1598])을 거쳐 최고의 자리인 영의정(선조 33년 [1600])에 올랐다. 그는 이이와 성혼(1535~1598)이 세상을 떠난 뒤 서인의 대표적 인물이 된 것이다.

북인과의 갈등은 격화됐다. 선조 35년(1602) 정인홍 등은 기축옥사에서 최영경이 무고하게 옥사한 데는 성혼에게 큰 책임이 있다고 공격했다. 이항복은 성혼을 옹호했으며, 북인이 탄핵하자 즉시 사직했다. 그 뒤 북인의 영향력은 더욱 커졌고, 결국 광해군의 등극(1608)으로 집권하게 됐다. 10년 뒤 유배지에서 세상을 떠났다는 사실이 보여주듯 이항복은 그 기간 동안 임해군臨海君 처형(광해군 1년 〔1609〕), 영창대군 살해(광해군 6년 〔1614〕) 등 주요 사안에서 북인과 첨예하게 대립했다. 결국 이항복은 광해군 5년(1613) 관직에서 물러나 망우리에 동강정사東岡精舍를 짓고 동강노인東岡老人이라고 자칭하면서 지냈다. 당시로서는 노년에 접어든 57세의 나이였다.

그러나 이항복의 운명은 은거로 끝나지 않았다. 그는 광해군 9년(1617) 북인이 인목대비仁穆大妃(1584~1632)를 폐위하려고 시도하자 다시 한번 강력히 반대하다가 결국 함경도 북청北靑으로 유배됐고, 이듬해 그곳에서 세상을 떠났다(광해군 10년 〔1618〕 5월 13일). 별세하자 유배 가면서 삭탈됐던 관작은 즉시 회복됐고, 석 달 뒤인 8월 포천에 예장됐다. 나라 안팎의 거대한 난국을 앞장서 헤쳐가면서 영욕이 교차한 62년의 삶이었다.

해학과 기지

첫머리에서 말한 대로 이항복과 관련해 널리 알려진 사실은 한음

이덕형과 나눈 우정과 거기서 나온 소화笑話들일 것이다. 이를테면 이항복은 전염병으로 몰살한 일가족의 염습을 이덕형에게서 부탁받고 혼자 그 집에 갔는데, 갑자기 시체가 일어나 볼을 쥐어박는 바람에 혼비백산했다. 알고 보니 이덕형의 장난이었다.

장인 권율과의 일화도 널리 알려졌다. 이항복의 집에서 자라던 감나무 가지가 자신의 집으로 휘어지자 권율은 자기 집 것이라면서 그 감을 따먹었다. 그러자 이항복은 권율의 방문에 주먹을 찔러 넣고 "그럼 이 주먹은 누구 것입니까?"라고 추궁했고, 결국 미안하다는 권율의 승복을 얻어냈다. 언제의 일화인지는 분명치 않지만, 이런 기지를 높이 산 권율이 그를 사위로 맞았을 것으로 생각되니 이항복이 18세 이전의 일이었을 것이다. 당시의 18세는 지금의 18세보다, 육체적으로는 몰라도, 정신적으로는 훨씬 성숙했을 것이다. 이 이야기는 젊은이의 패기와 기지를 웃음과 함께 전달한다.

이항복과 관련해 또 하나 주목할 사항은 현실을 중시하고 그것에 맞춰 행동하려고 했다는 것이다. 지역과 시대를 넘어 지식인은 현실을 간과(또는 경시)하거나 뛰어넘으려는 태도를 보이기 쉽다. 많은 일이 그렇겠지만 지나치지만 않는다면 그것은 지식인의 고유한 속성이자 정당한 의무이기도 할 것이다. 그러나 조선의 지식인들은 냉엄한 현실보다 앙상한 이념에 치우치는 경향이 적지 않았다. 먹고사는 문제보다 관념적 논쟁을 훨씬 가치 있게 여겼고, 엄혹한 힘의 논리가 지배하는 국제정세를 제대로 파악하지 않고 유구한 이념에 입각한 사대의 논리에 집착했다.

그러나 이항복은 달랐다. 당연히 그 또한 시대의 한계를 뛰어넘을 수 없었지만, 여느 지식인과 달리 그는 생산과 노동, 그러니까 현실의 먹고사는 문제를 중시했다. 이항복보다 23세 위로 임진왜란에서 좌의정으로 재직한 윤두수尹斗壽(1533~1601)의 평가는 눈여겨 볼만하다. "이항복은 문한文翰의 선비지만 경제錢穀 문제를 능숙하게 처리하니 참으로 뛰어난 인물이다." 이항복이 어느 때보다 냉철하고 균형 잡힌 판단과 행동이 요구됐던 임신왜란 앞뒤의 위기에서 뛰어난 외교적 활약을 펼친 데는 이런 태도가 중요하게 작용했을 것이다. 뒤에 번역해 실은 「정자正字 최유해崔有海에게 보낸 편지」에는 이항복의 현실관이 성글게나마 담겨있다.

난세일수록 뛰어난 인물이 많이 배출되는 것은 역설과 순리를 넘나들거나 그 경계에 있는 현상일 것이다. 뛰어난 인물이 그리 많았는데 어째서 난세가 닥쳤는지 의문을 제기할 수도 있고, 난세를 극복하려면 출중한 인물들이 그만큼 더 필요했기 때문이라고 설명할 수도 있다. 이항복은 그런 난세를 통과한 조선의 대표적 명신이었다.

먹고사는 문제가 가장 중요하다

이 편지는 이항복이 공담에 빠진 관념적 지식인이 아니라 현실을 중시한 실무적 인물이었음을 잘 보여주는 자료로 생각된다. 이념도 중요하지만 먹고사는 문제가 더 중요하다는 그의 생각은 이 편지 전체에 배어 있다. 그가 경제 문제에 정통했다는 윤두수의 평가는 정확했다.

이항복이 한 무인과 나눈 대화는 흥미롭다. 관직에서 물러났으니 쪽을 심어 염료를 채취해 팔아 살아가야겠다고 이항복이 말하자 그 무인은 어찌 그렇게 자잘한 일을 하느냐며 깜짝 놀란다. 녹봉을 받지 못하게 됐으니 농사를 짓지 않으면 어떻게 하느냐고 이항복은 되물었지만, 그 무인은 사대부가 노동과 상업에 종사하는 것에 끝내 동의하지 않았다. 세상의 지위로 따지면 그 무인보다 이항복이 한참 높을 것이다. 그런데도 노동을 경시하는 관념적 태도는 그 무인이 훨씬 짙다(더구나 그는 무인이다). 이항복은 이런 세태를 조선의 풍속이라고 지적했다.

부끄러운 말이지만 이 글을 준비하기 전까지는 이항복이 유배지에서 세상을 떠났다는 사실을 몰랐다. 유쾌한 그의 일화나 온화한 풍모의 초상화가 주는 인상 등에서 그는 천수를 누렸을 것이라고 짐작했다. 당쟁이 치열했음을 다시 한번 절감했다.

이항복이 정자 최유해에게 보낸 편지^{與崔正字有海書}¹

지난번에 농사에 종사하는 문제를 충분히 논의하지 못하고 물러
와 자네의 훌륭한 의견을 자세히 음미하면서 병통의 뿌리가 어디
서 생겨났는지 찬찬히 연구해보니 세속을 좇아 밖으로 내달려 실
제를 살펴보지 못한 것과 비슷하다고 생각됐네. 그렇다면 일을
그르치는 것이 가볍지 않아 글 한 편을 써서 모두 설명하려고 했
지만, 파직된 뒤 글 쓰는 일에 더욱 게을러져 그러지 못했네. 지
금 사람이 왔기에 앞서 말한 것을 다시 한번 서술하네.

『시경』에서는 "하늘이 수많은 백성을 내시니 사물이 있으면 법

---

1   이항복, 『백사집』 권 2 수록. 최유해(선조 21년 〔1588〕~인조 19년 〔1641〕)는 자
    가 대용大容, 호는 묵수당默守堂이고 본관은 해주다. 광해군 5년(1613) 문과에
    급제한 뒤 홍문관 교리·동부승지 등을 지냈다. 이항복보다 32세 아래다.

칙이 있다天生蒸民, 有物有則"고 말했다고 들었네. 사물은 일事이니 사람이 하늘과 땅 사이에 태어나 일이 없을 이치는 없는 것이네. 더구나 배고프면 밥 먹고 추우면 옷 입는 것은 일상생활 가운데 큰 것이니 살아있는 사람은 모두 제힘으로 해야 하는 것이네. 제힘으로 해야 하지만 옳지 않은 방법으로 얻는다면 법칙이라고 할 수 없지. 하늘과 땅을 사용하고 절도를 지켜 부당하게 얻거나 분수에 맞지 않게 바라지 않은 뒤에야 사물의 법칙이라고 말할 수 있네.

이미 태어난 것은 살 수 있게 해줘야 하는데 군주 혼자 그 일을 할 수 없기 때문에 반드시 어진 사람을 구해 함께 다스리는 것이네. 또한 농사를 지으면서 다스릴 겨를은 없기 때문에 정신을 수고롭게 하는 사람은 다른 사람이 그의 생계를 부양하니 녹봉의 법제를 만들게 된 것이네. 농사짓는 대신 받는 녹봉이 넉넉한데도 자질구레하게 백성과 이익을 다투는 것을 군자는 부끄럽게 여기네. 장문중藏文仲의 첩이 부들자리를 짜자 공자는 그를 어질지 못하다고 했고,[2] 공의휴公儀休가 자기 채소밭의 아욱을 뽑아버리자 사마천은 그가 청렴하다고 상찬한 것은 이 때문이네.[3] 공의휴가 농사를 천하다고 생각해 하지 않으려고 한 것은 아닐세.

---

2   장문중은 노魯의 대부인데, 자기 첩에게 부들자리를 짜게 해 이익을 추구하자 공자가 비판했다.『공자가어』「안회顔回」.

3   공의휴는 춘추시대 노魯의 재상인데, 백성과 이익을 다퉈서는 안 된다는 뜻으로 자기 밭의 아욱을 뽑아버렸다.『사기』권 119,「순리열전循吏列傳」.

우리나라의 풍속은 중국과 달라 백성은 태어나면서부터 귀천이 정해져있네. 천한 사람은 총명하고 남달라도 사士가 될 수 없고, 귀한 사람은 우둔하고 완고해도 농공農工의 일을 탐탁해하지 않네. 이 유래는 오래됐지. 스스로 일해 먹거나 밭에 나가 농사짓지 않으니 평생 놀 뿐이네. 그러나 맹자는 "게을리 살면서 부모를 봉양하지 않는 것이 가장 큰 불효"라고 말했네. 이 무리가 이 말을 들으면 어떻게 생각하겠는가? 하늘이 사물을 낸 뜻과 성인이 법칙을 세운 의리로 바로잡는다면 이들은 성인의 도에서 가장 큰 죄인일 것이네.

순자荀子는 "사민四民(사士·농農·공工·상商)의 일에 종사하지 않는 자는 간사한 백성奸民이라고 하니 간사한 백성이 생기지 않아야 왕도가 이뤄진다"고 했네. 그러므로 주공周公의 법에는 흰 관에 검은 테를 두르고 다섯 치의 끈을 드리운 것은 게을리 노는 사람의 옷차림으로 규정해 향촌의 모임에 참여할 수 없게 했으니(『예기禮記』「옥조玉藻」) 지금 보면 어떤가?

세상의 게으른 자들은 농담하며 노는 것을 고상한 운치로 여기고, 부지런히 일하는 것을 비속하게 생각하는데, 농사를 비속한 일이라고 한다면 순임금虞舜·장저長沮·걸닉桀溺·동소남董邵南 같은 이들은 먼저 그 일을 한 것일세.[4] 공업이 천한 일이라면 윤편輪

---

4 순임금은 즉위하기 전 역산歷山에서 농사를 지었다. 장저와 걸닉은 춘추시대 초楚의 은자로 함께 밭을 갈았다. 동소남董邵南은 당唐나라 때 사람으로 낮에

扁이 그것을 먼저 했으며, 상업을 천박한 기술이라고 한다면 관중管仲과 교격膠鬲이 그 일을 했네.[5] 순임금이 본받을만한 인물이 아니라면 그만이지만, 그렇지 않다면 지금 이런 말을 하는 사람들은 무슨 도를 따르는 것인가? 그 가운데서 의로움과 이익을 잘 헤아려 중도를 파악해 잃지 않는 사람이 바로 군자일세. 옛날에 어찌 놀고먹는 자들을 귀하게 여긴 적이 있었는가?

그러나 그 가운데는 옳은 것 같지만 그른 자들도 있네. 성인의 문하에서 공부하면서 농사일을 배우려고 한 것도 부끄러운 일이고,[6] 밭두둑에 올라가 시장의 이익을 긁어모은 것도 부끄러운 일이네(『맹자』,「공손추 하公孫丑下」). 한번 사업四業(사·농·공·상)에 마음을 두고 어떤 것을 선택할지 모른다면 깨닫지 못하는 사이에 조금씩 물들어 천리를 저버리고 인욕을 좇는 쪽으로 따라가게 될 것이니, 이것도 살피지 않아서는 안 되네.

는 나가서 농사짓고 밤이면 돌아와 글을 읽었다. 각각 『사기』「오제본기」, 『논어』「미자微子」, 『한창려집韓昌黎集』「동생행董生行」 참조.

5 윤편은 춘추시대 제齊나라 사람으로 수레바퀴를 깎아 만드는 장인匠人이었다. 제 환공齊桓公의 재상인 관중은 벼슬하기 전 친구인 포숙鮑叔과 장사를 했다. 교격은 은殷나라 말기에 세상이 어지러워지자 은둔해 장사를 하며 살아가다가 주 문왕이 즉위한 뒤 등용됐다. 각각 『사기』「관안열전管晏列傳」과 『맹자』「고자 하告子下」 참조.

6 제자인 번지樊遲가 농사 배우기를 청하자 공자는 "나는 늙은 농부만 못하다"고 거절했다. 『논어』「자로」.

얼마 전 모재慕齋 김안국金安國 선생은 파직돼 여주驪州에 살면서 직접 수확을 감독해 한 톨이라도 마당에 떨어지지 않도록 하면서 "이것은 모두 하늘이 내린 것"이라고 말했고, 율곡 이이 선생은 해주에 살면서 대장간에서 호미를 만들어 팔아 생활했네. 훌륭한 행동이라고 생각한 것은 아니었지만 의리상 해야 할 일이라면 훌륭한 인물들은 부끄러워하지 않고 한 것일세.

지금 세속의 폐단이 넘쳐 온 세상을 쓰러뜨리고 있으니 내가 본 일을 말해보겠네. 내가 어릴 때 상을 치르면서 고향에 있었는데, 마을 어른이 일곱 살 난 사내종을 빌려 밭으로 데리고 가서 쟁기를 보여주면서 이리저리하라고 했네. 아이가 그대로 하지 못하면 자신이 직접 했는데, 하루 내내 열 몇 번씩 그렇게 하다 보니 밭은 이미 다 갈아졌더군. 그분의 뜻은 사내종을 가르친다는 것을 명분 삼아 몸소 밭 가는 수치를 가리려고 했던 것이었네.

지난해 나는 구종龜宗에 거처를 정했는데, 그곳은 낮고 습기가 많았어. "쪽大藍을 심기에 알맞으니 염료染料를 채취해 팔면 충분히 생활할 수 있겠구나"라고 내가 말하자 옆에 있던 한 무인武人이 깜짝 놀라며 말했네. "어찌 그렇게 자잘한 일을 한단 말입니까?" 나는 처음에 그 사람의 생각이 매우 잘못된 것은 헤아리지 못하고 대답했네. "녹봉을 받지 못하게 됐으니 농사를 짓지 않으면 어떻게 하겠습니까?" 그 사람이 말했네. "어찌 산수를 더럽힐 수 있겠습니까? 애써 쪽을 심어 가꾸지 않더라도 사람은 저절로 살아가는 이치가 있습니다."

내가 뜻을 굽히지 않자 그는 다시 강경한 말로 가만히 내 뜻을 꺾으려고 했지. "완평完平 상공相公(완평부원군 이원익李元翼)을 보지 못하셨습니까? 그는 아무 일도 하지 않고 한가롭게 지내니 세상에서는 그를 청고淸高하다고 합니다. 어째서 그분처럼 하지 않고 도리어 이런 일을 합니까?" 나는 그제야 그를 말로 이해시키기 어려운 것을 알고 "도가 같지 않으면 함께 일을 도모하지 않습니다"라고 천천히 말한 뒤 더 이상 이야기하지 않았네.

그 뒤 노원蘆原에 살 때 한 이웃사람이 어떤 일 때문에 큰 소리로 "내가 못나기는 했지만 호미를 가지고 직접 김 매본 적이 없다"고 말하는 것을 들었는데, 농사짓는 것을 부끄러운 일로 여겼기 때문이었지. 이 세 사람은 하나는 무인이고 둘은 마을 사람이었는데, 말은 비루하고 어리석어도 풍속에 물든 것은 갑자기 변화시키기가 참으로 어려우니 말솜씨가 좋아도 아무 소용없는 것일세.

그대는 평생 옛사람의 글을 읽고 그들처럼 되리라고 마음먹었으니 훗날 반드시 훌륭한 의견을 제시하는 군자가 돼서 후세에 교훈을 남길 것이라고 생각하네. 그런데도 이렇게 말하니 그 흐름의 폐단이 여기에 그치지 않을까 걱정되는군. 그 때문에 자세히 말해 우리가 오늘 한때 나눈 이야기로 그치지 않기를 바라네.

나는 어릴 때 올바른 방향을 찾지 못하고 잠꼬대 같은 소리만 일삼다가 뒤늦게 조금 깨닫고 뉘우쳐 10년 동안 글을 읽어 하늘과 땅이 사물을 낳은 마음과 성인이 사물의 본말을 알려준 가르침을 거칠게나마 엿보게 됐네. 늘 우리나라의 풍속의 폐단을 걱정했지만 불행히도 늙어 나는 농사짓지 못하고 아내는 길쌈하지 못하며 학문에도 힘쓰지 못해 평소의 뜻을 이루지 못했네. 평생 걸어온 실상을 가만히 생각해보면 문도 무도 농도 상도 아니어서 하늘과 땅 사이에 어리석은 큰 좀벌레 하나에 지나지 않을 뿐이네.

그러나 평생 따른 일은 사물의 규칙에 관련된 교훈이니 어찌 내가 하지 못하는 것이라고 해서 그것을 명확히 말하지 않겠는가? 자신은 하지 못하면서 풍속의 폐해만 열심히 공격하니 어떻게 풍속을 바로잡을 수 있겠는가? 말이 훌륭해도 실행하지 않으면 말하지 않은 것보다 못하네. 아, 할 말이 더 있지만 이만 줄이네.

이
덕
형

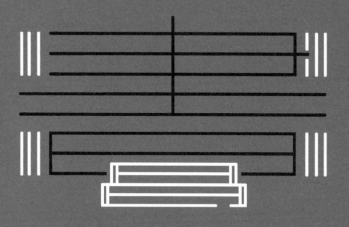

능력과 덕망을 겸비한 조선 중기의 명신

한음 이덕형李德馨(1561~1613)은 오성 이항복(1556~1618)과 함께 조선 중기를 대표하는 명신이다. 두 사람은 능력과 경력도 뛰어났지만, 널리 알려진 대로, 가까운 친구였다. 이항복이 다섯 살 위여서 지금으로 보면 선후배 사이에 가깝지만, 10대 후반부터 그들은 나이를 잊고 사귀었다. 그 우정은 지금까지 회자되는 여러 일화를 낳았다. 이항복과 함께 이덕형은 왜란을 극복하고 당쟁을 조정하는 데 중요한 역할을 수행했다.

가문과 출세

이덕형의 본관은 광주廣州로 자는 명보明甫, 호는 한음이다. 그의 집안은 대단한 명문이었다. 둔촌遁村이라는 호가 상징하듯 고려말

충절을 지킨 이집李集(1327~1387)부터 시작해 조선 세조 때 좌의정을 지낸 이인손李仁孫(1395~1463)과 그의 아들 좌의정 이극균李克均(1437~1504)이 선조였다. 특히 이덕형의 5대조인 이극균 때의 성세는 대단했다. 그때 그 가문은 이극균의 형 이극배李克培·이극감李克堪·이극증李克增·이극돈李克墩·이극균이 함께 봉군돼 5군으로 불렸으며, 종형제인 이극규李克圭·이극기李克基·이극견李克堅을 포함해 8극으로 지칭되기도 했다.

이른바 '훈구파'의 대표적 인물인 이극균과 '사림파'의 중요한 인물로 볼 수 있는 이덕형이 이렇게 직접 연결돼 있다는 사실은 '훈구-사림론'의 실증성과 논리성에 작지 않은 문제가 있음을 보여주는 또 하나의 증거라고 생각된다. 이른바 '훈구파'와 '사림파'는—그런 집단이 있었다면—혈연적으로 긴밀하고 견고하게 연결된 집단이었으며, 주로 대신과 삼사라는 관직의 고유한 임무 차이 때문에 당시의 정치(와 그 밖의) 현안을 둘러싸고 충돌한 세력이었다고 보는 것이 실제의 역사상에 가까운 해석이라고 여겨진다.

이덕형의 아버지는 지중추부사(정2품) 이민성李民聖이고 어머니는 문화 유씨(유예선柳禮善의 딸)다. 그는 명종 16년(1561) 2월 12일 서울 남부 성명방誠明坊(지금 을지로·충무로·남대문로 일대)의 외가에서 태어났다. 율곡 이이도 외가인 강릉에서 태어난 것처럼 당시는 남귀여가혼의 영향이 아직 적지 않게 남아 있었는데, 이덕형도 그런 사례였다.

그의 가계에서 주목할 또 다른 사항은 그가 영의정 이산해李山海 (1539~1609)의 사위였다는 것이다. 이덕형은 16세 때인 선조 10년 (1577) 이산해의 삼촌 토정土亭 이지함李之菡(1517~1578)이 다리를 놓아 영의정의 사위가 됐다. 오성 이항복이 도원수 권율의 사위였다는 사실도 떠오른다. 명가끼리의 폐쇄적 혼인이 당연했던 시대이므로 특이한 일은 아니지만, 절친했던 두 사람은 당대의 명사를 장인으로 모시는 영광도 공유한 것이다. 삶의 중요한 일인 결혼에는 가문이나 그 밖의 조건도 무시할 수 없다. 그러나 그래도 가장 중요한 조건은 사람 자체다. 한 시대를 대표한 중신답게 이산해와 권율은 인재를 알아보는 혜안이 있었다.

이덕형과 이항복은 기지와 해학으로 유쾌하고 장난스러운 일화들을 양산했다. 주로 구전설화로 전해지는 그 이야기들 가운데 스승을 놀린 것이 재미있다. 서당에서 공부할 때 스승이 졸자 두 소년은 불이 났다고 외쳐 놀라게 해 깨웠다. 무안해진 스승은 "잔 것이 아니라 공자님을 뵙고 온 것"이라고 변명했다. 이번에는 두 소년이 졸았다. 스승이 꾸짖으려고 하자 두 소년은 자신들도 공자님을 뵙고 왔다고 말했다. 스승은 "그럼 공자님이 뭐라고 하셨느냐?"고 물었다. 그들은 "공자님은 스승님을 만난 적이 없답니다"라고 대꾸해 스승을 머쓱하게 만들었다.

그 뒤 이덕형은 뛰어난 능력을 발휘했다. 그는 선조 13년(1580) 19세의 어린 나이로 별시 문과에 급제했다. 그 시험에서는 이항복, 그리고 뒤에 병조참판을 지낸 이정립李廷立(1556~1595)도 함께 급제했는데, 그해의 간지를 따서 그들을 '경진삼이庚辰三李'라고 부르기도 한다. 그때부터 임진왜란이 일어나기 전까지 이덕형은 순조롭게 출세했다. 그는 이조정랑(정5품)·직제학·부제학·대사간(이상 정3품)·대사헌(종2품)·대제학(정2품) 등 주요 관직을 두루거쳤다.

이 시기의 많은 사람들에게 공통되는 사항이지만, 이덕형의 삶에서도 주요한 분수령은 임진왜란과 당쟁이었다. 왜란이 일어났을 때 이덕형은 31세의 이조참판 겸 대제학이었다(1591년 12월 25일 임명). 나이를 생각하면 매우 무거운 직책이었다.

외교적 활약

임진왜란에서 이덕형이 세운 주요한 공로는 외교 분야에 집중됐다. 왜란이 일어난 직후 그는 명에 청원사請援使로 가서 그 사행의 이름대로 원군을 요청하는 데 성공했다. 이듬해(1593) 1월 이덕형은 이여송의 명군과 함께 평양을 수복했다. 이덕형은 임란 동안 형조·병조(3회)·이조판서(2회)의 요직을 역임했다. 특히 군무를 총괄하는 병조판서를 세 번이나 맡았다는 사실은 전란을 극복하는 데 기여한 그의 능력을 보여준다. 특기할만한 다른 일로는 선조 30년(1597) 2월 이순신이 하옥되자 그를 적극 변호했다는 사실이다. 임란이 끝날 때까지도 이덕형은 아직 37세의 젊은 대신이었다.

당쟁의 여파와 별세

선조가 승하하고 광해군이 즉위하면서 당쟁은 격화됐다. 널리 알 듯 광해군을 지지한 북인은 왕위계승과 관련된 분쟁의 소지를 없 애기 위해 영창대군을 살해하고 인목대비를 유폐했다. 이런 무리 한 조처는 당연히 강력한 반발을 불러왔고, 신하들은 당파에 따 라 첨예하게 찬반으로 대립했다.

이덕형은 남인이었지만 광해군의 즉위에 중요한 공로를 세웠 다. 임란이 일어나자 세자를 세워 국본을 안정시켜야 한다고 주 장해 광해군이 후사로 책봉되는 데 기여한 것이다. 그 뒤 재위 41년 만에 선조가 붕어하자(1608) 진주사陳奏使로 명에 파견돼 책 봉 칙서를 받아온 것도 중요한 성과였다.

북인과 밀접하게 보이는 이런 행보는 장인이 북인의 거두인 이 산해라는 사실과도 무관치 않지만 그것보다는 이덕형이, 당파를 초월하지는 않았지만, 당색에서 상당히 자유로웠기 때문이었다고 생각된다. 서인인 이항복과 나눈 우정도 그런 자세의 결과였을 것이다.

이덕형은 겨우 37세의 나이로 정승의 반열에 올랐고(선조 31년 〔1598〕) 4월 우의정, 같은 해 10월 좌의정, 4년 뒤 영의정에 임명 됐다(선조 35년 〔1602〕). 그동안에도 훈련도감 도제조(선조 33년)와 충청·전라·경상·강원 4도의 도체찰사都體察使를 역임했다(선조 34년). 41세의 영의정은 조선 역사 전체에서도 드문 일이었다. 그 뒤에도 이덕형은 두 번이나 더 영의정을 역임했고(광해군 1년 〔1609〕

9월, 광해군 3년 9월) 익사형난공신翼社亨難功臣과 한원漢原부원군에 책봉됐다.

이렇게 화려한 관력을 이뤘지만 이덕형은 당쟁의 여파 속에서 최후를 맞았다. 광해군 5년(1613) 여름 인목대비를 폐출하려는 시도가 일어나자 그는 이항복과 함께 강력히 반대했고, 탄핵을 받자 즉시 용진龍津(지금 경기도 양평)으로 낙향했다. 그때 이항복도 같은 사건으로 관직에서 물러나 망우리에 동강정사를 짓고 동강노인이라고 자칭하면서 지냈다.

9월에는 삭탈관직의 명령이 내려졌고, 그는 한 달 뒤인 10월 9일 용진에서 세상을 떠났다. 52세의 나이였다. 그날 『광해군일기』의 졸기는 그의 타계를 이렇게 기렸다.

전 영의정 이덕형이 세상을 떠났다. …… 이덕형은 일찍부터 재상이 되리라는 기대를 받았다. 문학과 덕망은 이항복과 대등했지만, 관직은 이덕형이 가장 앞서 38세에 이미 재상의 반열에 올랐다. 임진왜란 이후 두드러진 공로를 많이 세워 중국과 일본 사람 모두 그의 명성에 복종했다. 사람됨이 솔직하고 까다롭지 않았으며 부드러우면서도 곧았다. 또 당론을 좋아하지 않았다. …… 그가 세상을 떠났다는 소식이 알려지자 멀고 가까운 사람들이 모두 슬퍼하고 애석해 했다.

이 평가대로 이덕형은 30대에 재상이 돼 영의정을 세 번이나 역임하는 화려한 경력을 성취했다. 인재와 능력은 위기 속에서 더욱 빛나듯, 그것은 임란과 당쟁의 격동 속에서 이룬 성취였다. 개인의 삶도 그렇지만 나라나 사회에서 어떤 갈등이나 분쟁은 없을 수 없고, 없는 것이 반드시 좋지도 않다. 발전은 평온과 안정 속에서도 이뤄지지만, 대립과 고통을 거치면서 형성되는 경우도 많기 때문이다. 많이 이야기되고 깊은 울림과 공감을 주는 말처럼 배는 바람을 이용해 나아가고 맑은 날만 이어지면 사막이 된다. 조선의 당쟁도 이런 시각에서 평가해야 할 부분이 있다.

그러나 조선 중기 이후 많은 인재가 당쟁에 자신의 재능을 소모하고, 그 과정에서 비극적인 최후를 맞은 사례가 적지 않다는 것은 분명히 안타까운 일이다. 조선시대의 사람과 역사를 살펴보면서 그런 안타까움을 자주 느꼈다. 이덕형은 벗 이항복과 함께 국난을 극복하고 당쟁의 초기 국면을 통과하면서 많은 업적과 뛰어난 능력을 발휘한 대표적인 명신이었다.

"나이가 어리면 처벌할 수 없도록 법률로 규정하고 있습니다"

이 상소의 가장 큰 특징은 우회성인 것 같다. 제목이 알려주듯 이 상소의 목적은 영창대군을 더 이상 처벌해서는 안 된다는 것이다. 그러나 이 상소는 처음부터 에둘러 시작한다. 자신이 병들었다는 사실과 유영경·임해군의 문제를 말한다. 중간 이후는 당쟁을 비판하는 내용으로 채워져 있다. 이덕형은 임금이 강력한 왕권皇極을 세워 당쟁을 없애야 한다고 주장한다.

짧지 않은 이 상소에서 핵심인 영창대군 관련 부분은 다음 구절이 전부다. "다만 역모를 미리 알았다고 해도 나이가 어리면 처벌할 수 없도록 법률로 규정하고 있습니다. 법은 국왕이 삼가 지켜야 하는 것입니다. 신과 재신들이 다른 의견에 동조하지 못하는 것은 오직 이런 이유 때문입니다."

한 시대를 대표한 대신의 생각과 글을 짧은 생각으로 해석하고 추론하는 것은 어리석은 일이다. 그럼에도 왜 이 상소는 다른 문제만 잔뜩 말하고 정작 핵심은 이렇게 짧게 적었을까 쉽게 납득되지 않았다. 곰곰이 헤아려보다가 이런 생각이 떠올랐다.

널리 알듯 영창대군 문제는 당시의 가장 뜨거운 정치적 현안이었다. 수많은 사람이 다양한 논거를 대며 처벌을 주장하거나 반대했다. 그렇게 빗발치며 엇갈리는 주장들 속에서 새로운 의견을 제시하기란 사실상 어렵다. 그럴 때 효과적인 방법은 반대하기 어려운 결정적 논거를 하나만 다시 강조하는 것이 아닐까 싶다.

예나 지금이나 법률은 현실을 규제하는 가장 최종적이고 엄중한 수단이다. 전근대 왕조국가에서 국왕은 법률을 초월하거나 법률 자체가 되기도 했지만, 그래도 법률은 마구 넘나들 수 있는 영역이 아니다. 이런 판단에서 이덕형은 여러 논리나 정무적 판단의 타당성을 모두 인정하더라도 영창대군 처벌은 위법이므로 중지해야 한다고 짧게 다시 강조한 것이 아니었을까? 물론 이런 추론은 억측에 지나지 않을지도 모른다.

나라 안팎의 정세를 걱정하고 당쟁을 비판한 문장은 유려하고 절절하다. 그가 당론을 싫어했다는 사평이 옳다고 느껴졌다.

이덕형의 영창대군 처벌 반대상소陳大君不可加罪箚[1]

삼가 아룁니다. 신은 여름에서 가을로 넘어갈 무렵부터 병이 재발해 호흡기 질환과 어지럼증, 담궐痰厥(가래가 많이 있어 호흡이 거칠어지고 팔다리가 차가워지는 병) 같은 질병이 이어져 힘겹게 수행할 때마다 신음이 끊이지 않으니 조정의 신하들도 안타깝게 여기고 있습니다. 이달 2일 밤에는 곽란霍亂(갑자기 토하고 설사하는 위장병)을 몹시 앓아 밤새 토하고 설사하면서 약을 먹고 누워있느라 부르시는 어명이 내렸어도 달려갈 수 없어 국문鞫問을 중단하게 만들었습니다. 간밤에도 담궐 증세가 올라와 육맥六脈(심장·간肝·콩팥腎·폐肺·지라脾腸·명치命門)이 굳어져 정신이 멍해지고 가슴이 두근거려

---

1   이덕형, 『한음선생문고』 권 7, 소차疏箚에 수록.

의식을 잃다시피 했습니다.

나랏일이 한창 급한 때 신은 병 때문에 직무를 접고 때맞춰 말씀드릴 일이 있어도 몸을 끌고 나아가지 못하니 죄가 더욱 커져 어디서 죽어야 할지 모르겠습니다. 의원을 보내 병을 살피게 하시고 약을 내려주시니 더욱 감읍해 드릴 말씀이 없습니다.

신은 불행히도 은총과 영광이 분수에 넘쳐 재앙이 거듭 닥쳐온 것 같습니다. 작년 겨울 상소로 아뢨던 복이 지나쳐 화를 부른다는 말이 지금 더욱 들어맞아 온갖 병이 한꺼번에 나타나고 여러 사람의 비방이 번갈아 제기되니 몸은 죽고 뜻도 꺾여 성은에 보답하지 못해 저승에서도 눈을 감지 못할 것 같습니다. 생각이 여기에 이를 때마다 절로 눈물이 흐를 뿐입니다.

신은 무능하지만 임금을 섬기는 도리를 대강 알아 쓸모없고 비루한 사람은 되지 않겠다고 늘 힘쓰고 다짐했습니다. 앞선 조정에서 역적 진珒(임해군)이 재신을 살해한 변고가 있었습니다. 변양걸邊良傑·유일柳軼 등은 사건을 규명하고 역적을 잡으려다가 형벌을 받고 죽을 뻔했습니다.[2] 온 조정은 그들의 억울함을 알았지만

2 임해군(1572~1609)은 광해군의 형이며 선조의 맏아들인데 방탕하고 포악해 여러 문제를 일으켰다. 선조 36년(1603) 참판을 지낸 유희서柳熙緖와 부사를 역임한 황극중黃克中이 도적에게 암살되는 사건이 일어났다. 포도대장 변양걸이 수사한 결과 유희서의 첩을 탐낸 임해군이 도적을 시켜 살해한 것으로 드러났다. 그러나 선조는 왕자를 모함했다면서 변양걸과 유희서의 아들 유서를 유배 보냈다.

입 다물고 한마디도 하지 않았습니다. 신은 사사로운 혐의를 피하지 않고 상소를 올려 그 상황을 말씀드렸지만 선왕의 은혜를 입어 큰 처벌을 받지는 않았습니다.

유영경柳永慶[3]은 국정을 마음대로 운영해 왕릉을 침범한 왜적을 거짓으로 잡아와 강화했으니 국방에 관련된 사무를 그르친 것입니다. 신이 수많은 말로 의견을 올려 그 잘못됨을 자세히 지적하니 유영경은 신에게 분노해 여러 번 배척하고 비난했습니다. 역적 진과 유영경의 세력이 맹렬하던 때였는데도 신이 굽히지 않고 원망을 감당한 것은 조정에 있는 사람들이 임금을 사랑하는 데 부족함을 걱정했기 때문입니다. 어찌 화복禍福을 생각해 진심을 속이겠습니까?

성상께서 즉위하신 뒤 은혜를 받은 것이 더욱 무거워져 제 늙은 아버지는 노년에 재상의 반열에 올랐고 여러 자식은 어리석은데도 모두 벼슬에 나아갔습니다. 저는 모든 관원의 우두머리에 있으면서 공신에도 책봉됐으니 은택을 입은 것이 몇 번인지 모르겠습니다. 곤충과 초목 같은 미물이라도 큰 은혜를 입은 것에 감격해 몸을 던져 충성하기를 다른 사람보다 반드시 만 배나 더했을 것입니다. 더구나 지금 전에 없던 변고를 만나 성상께서 마음

---

3 1550~1608. 소북의 영수로 선조 말년 영의정에 올랐으며, 선조의 뜻에 따라 광해군 대신 영창대군을 옹립하려고 했다. 광해군이 즉위한 직후 대북 이이첨·정인홍 등의 탄핵으로 사사됐다.

아파하시는 하교를 받을 때마다 간담을 도려내는 것 같아 잠들지도 먹지도 못했으니 한번 죽는 것밖에 무슨 생각이 있겠습니까?

의議(영창대군)를 처리하신 일은 주상께서 변고를 만났어도 인륜을 다한 것이니 옛 성현들보다 훨씬 뛰어나셨습니다. 사람들의 요청이 급박해질수록 성상의 하교는 더욱 간절해졌으니 그 글에 감격해 눈물을 흘리지 않는 사람이 없었습니다.

의는 포대기를 벗어나지 못한 때부터 이미 화禍의 근본이 됐습니다. 역적 진과 유영경이 처형된 것도 모두 의 때문이라고 말하니, 의가 흉한 도적들의 이용 대상이 된 것은 오래됐습니다. 의가 죽으면 화근이 뽑혀 나라가 편안해질 것이고, 의가 죽지 않으면 인심이 동요돼 조정이 위태로울 것이니 식견이 있는 사람이라면 모두 조속히 처단하려고 할 것입니다. 조정에 있는 재신도 누군들 이런 생각이 없겠습니까? 다만 역모를 미리 알았다고 해도 나이가 어리면 처벌할 수 없도록 법률로 규정하고 있습니다. 법은 국왕이 삼가 지켜야 하는 것입니다. 신과 재신들이 다른 의견에 동조하지 못하는 것은 오직 이런 이유 때문입니다.

그리고 역적 진의 변고를 생각해 보면 죄인을 살려준 전하의 곡진한 은혜에 힘입어 엄일괴嚴一魁와 만애민萬愛民이 와서 조사했을 때 명쾌하게 해명할 수 있었습니다.[4] 신이 광녕廣寧[5]에 도착했

---

4 1608년 광해군이 즉위하자 명은 그의 형 임해군이 있다는 것을 이유로 왕위 계승의 적법성을 조사하겠다면서 요동도사遼東都司 엄일괴와 자재주지부自在州

을 때는 뜬소문이 시끄럽게 퍼져 차마 듣지 못할 지경이었지만, 엄일괴와 만애민이 돌아가 보고함으로써 명 조정은 비로소 사정을 알게 됐고 뜬소문은 절로 사라졌으며 전하의 성스러운 덕은 외교문서에 더욱 밝게 드러났습니다. 지금 다시 광녕의 조사관이 얼마 뒤 나온다면 요동에서 함께 올 사람들은 대부분 우리나라 말을 알고 있지만 뜻밖에 와전될 수 있는 것도 깊이 염려되니 두루 자세히 잘 대처해야 그릇되지 않을 것입니다.

부족한 생각은 이렇지만 여러 재신과 함께 일단 사직한 것은 성상의 지극한 뜻을 따르려다가 깨닫지 못하는 사이에 잘못된 판단을 내릴까 해서일 뿐이지 밖으로 내쳐야만 화의 근본을 끊을 수 있다는 말은 아닙니다. 홍문관의 차자를 보니 신을 연이어 비판하면서 역적을 풀어줘 임금을 위태롭게 하는 죄를 저질렀다고 지목했습니다. 이 말을 들은 뒤 머리카락이 곤두서고 뼈가 떨립니다. 참으로 죄가 여기에 이르렀다면 하늘과 땅 사이에 도망갈 곳이 없을 것이니 어찌 감히 다시 조정의 반열에서 얼굴을 들겠습니까?

공론이 두려우니 신은 죄를 받기에도 겨를이 없지만 아뢰지 않을 수 없는 것이 있습니다. 예부터 위태롭고 혼란한 시기를 틈타

知府 만애민을 파견했다. 그들은 그해 6월 한양에 도착해 임해군을 만나고 사정을 파악한 뒤 명으로 돌아갔다.

5 중국 요동 지역의 지명으로 연행로燕行路에 있었다.

힘을 겨뤄 보위를 차지했더라도 명분이 일단 판결되고 민심이 정해지면 간사하게 틈을 엿보던 무리도 저절로 사라졌습니다. 하물며 우리 성상께서는 동궁에서 덕을 기르고 선왕들을 빛내고 높이 시어 어진 명성이 백성에게 알려져 융성한 통치를 모두 바라고 있습니다. 흉악한 역적 몇 사람이 난을 일으키려고 했지만 간사한 음모가 발각되니 하늘의 밝은 해 아래 놓인 도깨비처럼 자취도 없이 사라졌으니 염려할 필요가 없는 것까지 의심하고 두려워하겠습니까?

처벌되지 않은 흉한 무리가 다시 모여 일어날 것이 큰 걱정이라고 늘 주장하지만 조정에 있는 신하들은 모두 나라의 은혜를 받았고 모두 눈과 귀가 있으니 의분에 넘치는 발언을 어찌 다른 사람에게 양보하겠습니까? 저 홍문관의 주장은 지나친 염려에서 나온 것이지만 온 나라에 전해져 인심을 동요시키니, 육지陸贄[6]가 지나친 의심과 방비를 깊이 경계한 것은 참으로 오늘 유념해야 할 일입니다.

아, 기축년의 역변(선조 22년 (1589)의 기축옥사) 이후 붕당이 둘로 나뉘어 서로 싸우고 모함하면서 '역적을 다스린다治逆'는 주장과 '역적을 옹호한다護逆'는 주장이 신하들 사이에서 다투는 붉은 깃발이 돼 세상의 도리는 날로 떨어지고 이 습성은 점점 고착됐습

---

6   754~805. 중국 당의 관원·학자. 한림학사·병부시랑 등을 지냈으며 직언을 잘 했다.

니다. 성명께서 위에서 통찰해 밝게 결단하지 않으시면 사람들의 마음은 모두 저절로 의심하게 될 것이니 어떻게 온전한 사람이 있겠습니까?

지금 인심은 날로 더욱 흩어지고 조정은 날로 더욱 어지러워지고 있습니다. 외적은 머지않아 반드시 쳐들어올 형세지만, 국방은 믿을 만한 것이 털끝만큼도 없습니다. 바닥이 새는 배를 바다 한가운데 띄워놓고 돛이 꺾이고 닻도 끊어졌지만 태평하게 수리할 줄 모르는 것과 같습니다. 거센 파도를 한번 만나면 어떻게 될지 모르니 참으로 사람마다 두려워할 일이지만, 조정에서는 여기까지 깊이 생각한 사람이 있다고 듣지 못했으며 서로 다투기만 하고 있으니 참으로 걱정됩니다.

신은 약관의 나이에 벼슬에 나아가 지금까지 34년 동안 두 조정의 큰 은혜를 입었습니다. 신하들이 붕당을 맺는 습성에서 조정의 모든 폐단이 나온다는 것을 알고 늘 혼자 탄식했습니다. 범순인范純仁[7]은 이렇게 말했습니다. "자신을 책망할 때는 밝지 못할까 걱정하고 남을 책망할 때는 너그럽지 못할까 걱정하라. 모든 관원이 늘 이것을 힘쓰고 동료들에게도 권고한다면 붕당을 옹호하는 병폐는 저절로 없어질 것이다." 「홍범洪範」에서는 "사람이 사악한 당파를 결성해 사리를 추구하지 않는 것은 임금이 황극을

---

7 1027~1101. 중국 북송 때의 학자·관원. 구법당舊法黨의 대표적 인물인 범중엄范仲淹의 둘째 아들로 왕안석王安石의 신법에 강력히 반대했다.

세웠기 때문人無有淫朋, 人無有比德, 惟皇建極"이라고 했습니다.

붕당을 없애는 것은 군주가 황극을 세우는 데 있으며, 황극을 세우는 요체는 늘 마음과 몸을 바르게 하고 이치를 추구하는 학문居敬窮理之學으로 다스림의 근본을 규명하고 일을 처리하며 사람을 대할 때 조금이라도 치우침이 없어 아랫사람들의 표준이 되는 데 있습니다. 이렇게 되면 굽은 것과 곧은 것, 가벼운 것과 무거운 것이 거울처럼 밝고 저울처럼 공평하게 절로 드러날 것이니 누가 감히 옳고 그름을 속이겠습니까? 신은 아는 사람을 만나면 충선忠宣(범순인의 시호)이 한 경계를 그에게 알려주고 경연에 입시하면 황극의 의미를 주상께 바라고 있으니, 이런 간절한 마음을 살펴주십시오.

신의 마음이 이러므로 재상에 반열에 있는 친구나 대간으로 재직하고 있는 유망한 후배가 적어 공무가 아니면 신을 찾아오는 사람이 없으며, 신 또한 같은 반열에 있어도 찾아가지 않으니 받드는 것은 성군뿐이며 걱정하는 것은 직무뿐입니다. 남과 어울리지 않는 성품과 일을 과감히 처리하는 행동을 어리석게 고치지 않는 것은 모든 사람이 알고 있습니다. 요즘 계획을 내고 일을 염려하는 것이 모두 비판받으니 충성을 바치려고 하지만 죄목으로 변하고 사무를 감독하려고 하면 억제돼 시행할 수 없어 하나의 효과도 거두지 못하며, 관직에 있으려고 하면 불화만 더욱 심해져 범죄의 그물에 걸리기를 재촉할 뿐입니다.

유생들은 이미 상소를 올려 신을 탄핵하고 대간도 모두 모여 의견을 내고 있으며, 홍문관도 신을 가장 엄중한 죄로 다스려야 한다고 계속 주장하고 있습니다. 신이 이런 때 염치를 돌아보지 않고 눌러앉아 물러가지 않으면 반드시 나랏일은 날로 그릇되고 저 또한 끝내는 사형에 처해질 것입니다. 성상께서 오늘 곡진히 거둬주시는 높은 벼슬의 은혜가 도리어 훗날 신에게 재앙을 더할 뿐입니다.

지난날 어전에서 하교를 받으니 "어려움을 만나자 물러가려고 한다"고까지 말씀하셨으니 높은 자리에서 수많은 일을 처리하시느라 신의 본마음을 모두 살피지 못하신 듯합니다. 임진년 초부터 신이 사람들이 꺼리는 사지死地로 곧장 달려간 것을 누군들 모르겠습니까? 편한 곳을 마다하고 험한 곳으로 가고 평탄한 곳을 사양하고 문제가 생긴 곳으로 서둘러 가는 것은 신이 평소 마음에 간직했던 것입니다. 훗날 어려움이 있고 가냘픈 목숨이 아직 남았다면 구덩이에 있어도 어찌 한번 죽어 전하의 은혜에 보답할 것을 잊겠습니까?

아, 어려움은 날로 심해지고 실패도 심각한데 신이 몸 둘 곳도 없으면서 영예와 총애를 탐내 입을 다문 채 구차히 지내다가 일이 신 때문에 그릇돼 후회해도 소용없게 되면 저 자신도 잘못되고 전하도 저버리게 되는 것이니 어찌 슬프지 않겠습니까? 엎드려 바라건대 성명께서는 상황을 깊이 헤아리시고 신의 마음도 살피시어 조속히 죄목을 나열해 먼저 관직에서 쫓아내시고 능력과 덕망이 한 시대를 덮을 만한 사람을 뽑아 등용해 사태를 수습하고 나랏일을 처리하게 하시면 참으로 다행이겠습니다.

　신의 이 말은 글자마다 참된 정성이오니 채택해주시면 공적으로나 사적으로나 유익할 것입니다. 성명께서는 으레 하는 말로 보지 말아주시기 바랍니다. 신은 눈물이 흐르고 목이 메며 두렵고 황공해 간절한 마음을 이기지 못하겠습니다. 삼가 아뢨습니다.

유
몽
인

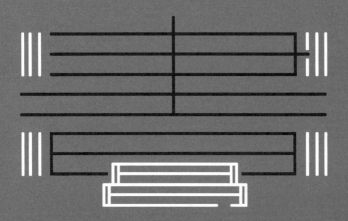

정치적 균형과 자유로운 문학을 추구한
『어우야담』의 저자

많은 사람에게 유몽인(1559~1623)은 『어우야담於于野談』의 저자로 익숙할 것이다. 그 책은 우리나라에서 '야담'이라는 명칭이 처음으로 사용된 저서로, 다채로운 내용과 자유로운 문체를 높이 평가받고 있는 중요한 업적이다. 그러나 허균許筠이나 김만중金萬重이 국문학사를 벗어나면 『홍길동전』과 『구운몽』의 저자보다는 당시의 주요한 관원으로 먼저 인식되는 것처럼, 유몽인도 최초의 야담집을 지은 뛰어난 문학가이기에 앞서 중요한 위상을 가진 신하였다.

유몽인의 생몰년은 그가 격동의 세월을 살았다는 사실을 알려 준다. 그는 30대 초반에 임진왜란을 겪었고, 광해군 시대에 주로 활동하다가 인조반정이 일어난 해 세상을 떠났다. 이런 정보에서 그의 죽음이 인조반정에서 기인한 인위적인 사건이 아닐까 추측했다면 옳았다. 조선 후기를 살았던 뛰어난 인물 가운데 적지 않은 숫자가 당쟁으로 희생됐는데, 유몽인 또한 그런 비운을 겪었다.

장원으로 급제한 뛰어난 재능

유몽인은 자가 응문應文, 호는 어우당於于堂·간재艮齋·묵호자默好子, 시호는 의정義貞이다. 『어우야담』에도 사용된 '어우'라는 다소 독특한 호는 『장자莊子』 「천지天地」에 나오는 말로 '과장해 속이거나 아첨한다'는 뜻이다. 『장자』에는 공자를 조롱하는 내용이 많은데, 이 표현은 늙은 농부가 "공자는 넓은 학문으로 자신을 성인에 빗대고, 허황된 말로 백성을 속이며, 홀로 슬픈 노래를 연주해 천하에 명성을 파는 사람이 아닌가?子非夫博學以擬聖, 於于以蓋衆, 獨弦哀歌, 以賣名聲於天下者乎"라고 비판한 대목에서 나온 것이다. 다시 언급하겠지만, 유몽인은 문장의 규범으로 『장자』를 매우 존중했는데, 공자를 정면으로 비판한 대목에서 자호自號를 가져온 것은 그의 세계관을 깊이 비춰준다.

유몽인의 본관은 전라남도 고흥高興이다. 그의 가계를 살펴보면 먼저 아버지 유탱柳樘은 주부主簿(종6품)를 역임하고 이조판서에 추증됐으며, 어머니는 참봉 민위閔禕(본관 여흥)의 딸이다. 조부 유충관柳忠寬은 사간(종3품)을 지내고 도승지에 추증됐는데, 그의 장인 이조판서 신공제申公濟(본관 고령)는 조선 전기의 대표적 훈신인 신숙주(1417~1475)의 동생인 신말주申末舟의 손자였다. 유몽인의 집안이 외가 쪽으로 신숙주와 연관된 것은 조선시대 지배층의 계보적 연결과 관련해 기억할 만한 사항이다. 증조부 유의柳依도 이조참판과 제학提學(이상 종2품)의 고관을 지냈다.

유몽인은 명종 14년(1559) 11월 한양 남부南部 명례방明禮坊(지금 남대문로·을지로·명동·충무로 일부)에서 4남 1녀 가운데 4남으로 태어났다. 세 형은 유몽사柳夢獅·유몽표柳夢彪·유몽웅柳夢熊인데, 각각 사자·표범·곰에서 이름을 딴 것이 독특하다. 유몽인의 이름도 12지의 하나인 호랑이에서 가져왔다.

유몽인은 8세(명종 22년〔1567〕) 때 아버지를 여의는 슬픔을 겪었지만, 뛰어난 학문적 성취를 보이면서 당시 양반의 출세 경로를 순조롭게 밟아갔다. 그는 14세(선조 6년〔1573〕) 때 판관判官(종5품) 신식申栻(본관 고령)의 딸과 혼인했고, 23세(선조 15년〔1582〕) 때 사마시(소과)에 합격해 그 뒤 좌의정을 역임하고 조선 후기 4대 문장가로 꼽히는 월사 이정구(1564~1635)와 함께 성균관에서 공부했다(선조 18년〔1585〕). 4년 뒤인 30세(선조 22년〔1589〕) 때는 증광시에서 장원으로 급제하는 뛰어난 성적을 올렸다.

이듬해부터 그는 본격적으로 벼슬을 시작해 예문관 검열(정9품)·형조 낭관(정5~6품)·강원도 도사都事(종5품)·홍문관 수찬(정6품) 등을 지냈다. 입사한 얼마 뒤부터 상당히 높은 관직에 배속된 까닭은 장원으로 급제했기 때문인데, 조선시대에 그런 인물은 하위 품계를 뛰어넘어 종6품부터 임용되는 특혜를 누렸다.

임진왜란의 발발과 외교적 활약

유몽인은 순조롭게 출세하고 있었지만, 나라에는 엄청난 전란이 다가오고 있었다. 장원 급제라는 출중한 경력이 알려주듯 그는 뛰어난 문학적·학문적 능력을 갖고 있었는데, 그것은 특히 사신 응대나 문서 작성 등과 관련해 외교에서 매우 중시되는 재능이었다. 유몽인이 주로 활동한 시기에는 임진왜란과 광해군 때의 대청 관계처럼 중대한 외교적 현안이 많았다. 그의 능력은 이런 사안에 대처하는 데 자주 발탁됐는데, 중국에 세 번이나 사신으로 다녀오는 독특한 이력을 갖게 된 것도 그 때문이었다.

첫 사행은 입사한 직후인 32세(선조 24년 〔1591〕) 때 질정관質正官으로 수행한 것이었다. 그러나 해를 넘겨 이 사행이 귀국할 무렵 임진왜란이 발발했다. 뛰어난 능력을 가진 젊은 신하로서 유몽인은 국난을 극복하기 위해 분주히 움직였다. 그는 우선 의주로 몽진한 선조를 호종한 뒤 이듬해(선조 26년 〔1593〕)부터는 명과의 외교 업무에 투입됐다. 명이 참전한 뒤 그들과의 접촉은 빈번하고 중요해졌는데, 유몽인은 이정구·신흠申欽과 함께 당시의 가장 뛰어난 문장가로 평가돼 그 업무를 맡게 된 것이었다.

유몽인은 문안사問安使로 임명돼 개성에서 명의 제독 이여송과 경략 송응창宋應昌을 응접했다. 특히 송응창은 병부 우시랑兵部右侍郎으로 양명학에 상당한 지식을 가진 인물이어서 조선의 학자들과 학문을 강론하고 싶다고 요청하기도 했는데, 유몽인은 이정구·황신黃愼 등과 그 임무를 수행하도록 발탁됐다.

널리 알려진 대로 임진왜란에서는 국왕 선조보다 세자 광해군의 활약이 훨씬 눈부셨다. 전란 동안 유몽인은 주로 세자를 호종하면서 삼도순안어사三道巡按御史(선조 28년〔1595〕)·함경도 순무어사巡撫御史(선조 30년)·평안도 순변어사巡邊御史(선조 31년) 등으로 파견돼 해당 지역을 안정시키는 데 큰 공로를 세웠다. 선조 29년(1596. 37세) 겨울에는 진위사進慰使의 서장관書狀官으로 두 번째 중국 사행을 다녀오기도 했다.

전란이 끝났을 때 유몽인은 40대에 접어들었고 선조가 승하할 때까지 10여 년 동안 중앙과 지방의 여러 요직을 지냈다. 중앙에서는 사헌부 집의(종3품. 선조 32년〔1599〕)·홍문관 교리(정5품)·전한(종3품. 이상 선조 35년〔1602〕)·동부승지(정3품. 선조 36년〔1603〕. 44세)·우승지(선조 37년)·대사성·예조참의(이상 정3품. 선조 38년〔1605〕)·대사간(선조 40년〔1607〕)·도승지(선조 41년) 같은 중요한 관직을 두루 거쳤고, 외직으로는 경기도 암행어사(선조 36년)·황해도 관찰사(선조 39년〔1606〕) 등으로 나갔다. 외교 업무로는 요동도사遼東都司 연위사延慰使로 의주에 가서 당시의 유명한 학자인 명 사신 주지번朱之蕃을 만나기도 했다(선조 39년).

이제 유몽인은 나이로나 경력으로나 원숙한 단계에 접어들었다. 그의 50대에 걸쳐 있는 광해군의 치세는 그에게 가장 빛나는 시간이었지만, 불행한 죽음의 그림자가 숨겨진 기간이기도 했다.

영화와 실각

앞서 쓴 대로 유몽인은 임진왜란 때 광해군을 수행하면서 많은 활약을 펼쳤다. 그의 능력은 광해군에게 깊은 인상을 남겼고, 뒤에 중용되는 계기가 됐다. 유몽인의 당색은 광해군을 지지하는 북인이었지만, 그 가운데서도 당파적 색채가 짙지 않은 중북中北이었다. 뒤에서 서술하겠지만, 이런 정치적 성향은 그의 자유로운 문학적·사상적 태도와도 관련된 결과로 평가된다.

거대한 전란은 끝났지만 당쟁은 가라앉지 않았다. 이때의 가장 큰 원인은 왕위 계승을 둘러싼 분쟁이었다. 선조의 후사는 임진왜란이 일어난 직후 광해군이 세자로 책봉돼 결정된 상태였지만, 선조 39년(1606) 적자인 영창대군(1606~1614)이 태어나면서 미묘한 기류에 휩싸였다. 특히 영의정 유영경이 이끄는 소북이 영창대군을 지지하면서 광해군의 입지는 크게 흔들렸다.

2년 뒤 즉위하기까지 광해군은 수많은 곡절과 위기를 넘겨야 했다. 그런 과정에서 유몽인은 결정적이지는 않았지만 일정한 역할을 수행했다. 공교롭게도 그는 선조가 승하하기 나흘 전(선조 41년 [1608] 1월 28일) 국왕의 가장 측근인 도승지로 임명됐는데, 각 당파의 이해가 어지럽게 충돌하는 긴급한 국면에서 광해군이 왕위를 그대로 이어받는 데 적지 않은 공로를 세운 것으로 평가된다.

이런 수훈으로 유몽인은 광해군의 치세가 시작된 뒤 더욱 순조롭게 출세했다. 우선 광해군이 즉위한 뒤 명 신종(만력제)의 생일을 축하하는 성절사 겸 사은사에 임명돼 세 번째로 중국에 다녀왔다(광해군 1년 [1609]. 50세). 아울러 임진왜란 때 호종한 공으로 영양군瀛陽君에 책봉되고(광해군 5년 [1613]. 54세) 한성부 좌윤(광해군 6년)과 대사간을 거쳐 인사를 담당하는 핵심 관직인 이조참판 겸 양관兩館 제학提學(종2품. 광해군 7년)으로 3년 동안 재직했다.

그러나 유몽인의 영화는 길지 않았다. 실각의 계기는 광해군 때의 가장 큰 논란인 인목대비(1584~1632) 폐비 문제였다. 많은 사람이 그랬듯 그도 그 사안이 일으킨 격랑에 휩쓸려 목숨을 잃었다. 광해군 10년(1618) 정인홍·이이첨李爾瞻을 중심으로 한 집권세력인 대북은 폐비론을 제기했는데, 북인이었지만 중립적 위치에 있던 유몽인은 거기에 반대했다. 대북은 그가 은혜를 온전히 하자고 주장하면서 원수를 잊고 역적을 비호했으니 목을 베야 한다고 주장했다. 유몽인은 즉시 사직했고, 5년 뒤 사사될 때까지 은거하거나 유람하면서 글을 썼다. 『어우야담』은 이때의 산물이었다.

인조반정, 그리고 처형

유몽인은 59세의 나이로 사직한 뒤 서강西江의 와우산臥牛山과 도봉산 북폭포동北瀑布洞에 초가집을 짓고 우거하다가 4년 뒤에는 금강산에 들어가 유점사楡岾寺·표훈사表訓寺 등에 머물렀다(광해군 14년 [1622]. 63세).

유몽인은 표훈사에서 인조반정(1623년 3월)이 일어났다는 소식을 들었다. 64세 때의 일이었다. 그는 철원鐵原 보개산寶盖山을 거쳐 양주로 왔는데 "옛 군주(광해군)가 폐위됐다는 소식을 들었지만 이미 조짐이 보였기 때문에 크게 놀라지 않았다"고 술회했다.[1]

그러나 유몽인은 반정이 일어난 지 넉 달 만에 광해군을 복위시키려는 모의에 가담했다는 혐의로 체포돼 처형됐다(인조 1년 〔1623〕 8월 5일). 스스로의 진술에 따르면 그의 죽음은 아들 유약柳瀹 때문이었다. 유약은 "훈련도감 대장을 지낸 성우길成佑吉이 병사들의 마음을 얻었으니 거사할 만하다"는 무신 정기수鄭麒壽의 말을 아버지에게 전했다. 그러나 유몽인은 강력히 반대했다. "절대 그렇지 않다. 수하에 아무 군사도 없으면 한 고조나 명 태조라도 큰일을 이루기 어렵다. 지금 너희들이 옛 임금을 그리워하는 마음이 있을지라도 헛되이 죽을 뿐이니 함부로 말하지 말라."

하지만 유약은 뜻을 굽히지 않았고 성우길·정기수 등과 강화도로 가서 거사하려고 했지만, 장마로 성우길의 군사가 모이지 않아 실패했다. 유몽인은 "늦게야 그런 사정을 알고 패역스러운 자식의 행위를 고발하려고 했지만 차마 하지 못했다"고 자백했다. 그는 아들이 그런 행동을 하게 된 원인은 자신이 지은 「상부탄孀婦歎」이라는 시를 좋아했기 때문이라고 진술했다(인조 1년 7월 27일). '과부의 탄식'이라는 뜻의 그 시에는 그의 정치적 자세가 짙게 투영돼 있다(『연려실기술』 23권, 「인조조 고사본말」 등 수록).

---

1   『어우집』 권4, 「보개산을 유람하면서 영은사의 언기·운계 두 승려에게 준 서문遊寶盖山, 贈靈隱寺彦機·雲桂兩僧序」.

일흔 된 늙은 과부	七十老孀婦
안방을 지키며 홀로 사는데	單居守空壺
이웃이 개가를 권하며	傍人勸之嫁
무궁화 같은 얼굴의 선남이라고 하네	善男顔如槿
여사[2]의 시를 많이 읽고	慣讀女史詩
태임太姙과 태사太姒[3]의 가르침도 익히 아니	頗知姙姒訓
흰 머리에 화려하게 단장하면	白首作春容
고운 화장이 어찌 부끄럽지 않으랴	寧不愧脂粉

　어렵지 않게 알 수 있듯 '무궁화 같은 얼굴의 선남'은 인조를, 개가를 거절하는 늙은 과부는 유몽인 자신을 상징하는 이 시에는 반정으로 수립된 인조의 새 조정에 참여하지 않겠다는 의지가 또렷이 담겨 있다. 성호 이익은 이 시를 짧게 언급했는데, 마지막 부분은 그의 말대로 깊은 안타까움을 남긴다.

　이 시의 뜻은 원元의 양염부楊廉夫가 지은 「늙은 부인의 노래老客婦謠」를 본받은 것이다. 명 태조는 양염부를 불러 벼슬을 주면서 『원사元史』를 편찬케 했지만, 그가 이 시를 지어 굽히지 않겠다는 뜻을 보이자 석방해 돌려보냈다. 안타까운 사실은 유몽인과 양염부 두 사람이 뜻은 같

2　궁중에서 글을 맡은 여성 관리女官.
3　각각 주 문왕과 무왕의 어머니로 덕 있는 부인을 상징한다.

있는데 일은 다르게 되고 만 것이다(『성호사설』 29권, 시문문詩文門 상부시 嬌婦詩).

유몽인이 신원된 것은 170여 년 뒤였다. 정조는 그의 문장과 절개를 높이 평가하면서 이조판서에 추증하고 의정이라는 시호 를 내렸다.

유몽인이 읊은 백주栢舟와 남록南麓[4]은 참으로 천고에 뛰어난 작품이다. 혼조昏朝(광해군의 치세) 때는 바른 도리를 지켜 은거했고, 반정한 뒤에도 한번 먹은 마음을 바꾸지 않았다. 기자헌奇自獻은 함께 무고를 당했지만 곧바로 복관됐는데 유몽인은 이런 절개를 갖고도 끝내 거론되지 않았으 니, 길재吉再·김시습金時習과 동일하게 대우하지 않은 것이다(『국조보감』 74권, 정조조 6).

---

4 단단한 잣나무로 만든 배. 남편과 일찍 사별했지만 재혼하지 않는 부인의 마 음을 뜻한다. 공강共姜은 위衛 희후僖侯의 아들 공백共伯과 결혼했는데, 남편이 요절했다. 공강의 친정어머니는 재가를 여러 번 권유했지만 공강은 자신의 마음을 '단단한 잣나무로 만든 배'로 표현한 시를 지어 거절했다. 『시경』 「용 풍鄘風」 수록. 유몽인은 광해군 10년(1618) 4월 4일 남산 기슭南麓에서 은개라 는 기생이 이 시를 읊는 것을 듣다가 폐모 관련 사건을 처리하러 추국청으로 가면서 「남산에서 은개의 가사를 듣고 추국청으로 가다南麓聽銀介歌辭仍赴推鞠廳」 라는 시를 지었다. 『어우집』 권2, 시, 경조록京兆錄에 실려 있다.

유몽인의 문학 세계와 『어우야담』

정조의 격찬을 받은 유몽인의 글을 모은 『어우집』은 순조 32년 (1832) 방계 후손인 유금柳琴·유영무柳榮茂 등의 노력으로 간행됐다. 장원 급제와 외교적 경력에서 알 수 있듯 유몽인은 뛰어난 문학적 능력을 갖고 있었다. 조선시대의 주요 인물은 대부분 관직과 학문·문학을 겸비했지만, 유몽인은 그 가운데서도 두드러진 존재였다고 할 만하다.

'어우'라는 자호에도 투영된 대로 유몽인의 문학 세계에서 가장 독특한 부분은 유교적 규범에 얽매이지 않았다는 것이었다. 그는 문장의 전범으로 『좌전』·『국어』·『전국책』·『장자』·『사기』·『한서』와 한유·유종원柳宗元의 문장을 꼽았는데, 성리학이 나타난 송대 이전에 풍미한 고문古文의 정수들이었다. 유몽인은 이 글들을 묶어 『대가문회大家文會』라는 책을 간행하기도 했다. 이런 고문과 대척되는 글은 구양수歐陽脩·소식蘇軾 등으로 대표되는 송대의 문장이었다. 유몽인은 스스로 "송대의 문장을 불이나 화살처럼 피했다避宋文, 如避火避箭"고 말했다.[5]

앞서도 말한 대로 이런 측면은 그의 정치적 자세와도 긴밀히 연관됐다. 그는 북인이었지만 중립적 위치에서 서인이나 남인과도 개방적으로 교류했다. 금강산의 주요 사찰에 은거했던 사실에

5　『어우집』 권5, 「창주도사 차만리에게 보내는 회신報滄洲道士車萬里〔雲輅〕書」.

서도 알 수 있듯 승려들과도 가깝게 지냈다. 그는 1천여 편의 시를 남겼는데 그 가운데 불교·도교와 관련된 것이 2백 수 정도라고 알려져 있다.

첫머리에서도 말한 대로 지금까지 유몽인의 이름을 알린 가장 중요한 업적은 『어우야담』이다. 그는 실각한 뒤인 광해군 12년(1620. 61세)에 지은 그 책에서 자신이 문장의 전범으로 생각한 『장자』의 우언적寓言的 기법을 사용해 자유롭고 다양한 문체와 내용을 보여줬다. 「인륜편」·「종교편」·「학예편」·「사회편」·「만물편」 등 모두 558편으로 구성된 그 야담들에는 거대한 전란을 겪고 난 뒤 부富에 관심이 커지고 신분제가 이완되고 있던 17세기의 시대상이 잘 담겨 있다고 평가된다. 야담답게 소화笑話도 많다. 이를테면 "과거에 응시하는 유생들은 '떨어질 낙落'자를 싫어한다. 그래서 구운 낙지絡蹄가 반찬으로 나오면 '입지立蹄 구운 것 먹어도 되겠습니까?'라고 한다(『어우야담』 161편)" 같은 이야기는 시험에 관련된 세태는 예나 지금이나 비슷하다는 생각에 절로 웃음 짓게 한다.

끝으로 덧붙일 사항은 그가 경세론에도 상당한 깊이를 갖고 있었다는 것이다. 그런 면모는 광해군 2년(1610) 가을 무렵 함경감사 한준겸韓浚謙에게 올린 「안변安邊 32책」에 잘 담겨 있다고 평가된다. 제목 그대로 변경을 안정시킬 수 있는 32개의 방책을 제시한 그 글에서 그는 변방 백성을 해당 지역에 안정시켜 군병을 확보하는 기반으로 삼고, 군량과 무기를 마련하며 훈련과 축성에 집중해야 한다고 강조했다. 그리고 이 두 목적을 이루려면 은광의 개발, 화폐의 사용, 여관과 상점의 기능을 동시에 수행하는 노포路鋪(길가의 가게)의 설치, 선박·수레의 사용 같은 경제정책을 도입해야 한다고 주장했다. 당시 대부분의 경세론은 농업을 중심에 두었지만, 그는 주요한 병서인 『육도六韜』·『삼략三略』·『손자병법』·『오자병법吳子兵法』 등을 참조해 국방과 경제에 초점을 맞춤으로써 매우 독특하고 참신한 의견을 제시했다고 평가된다.

흔히 글은 그 사람이라고 말한다. 어느 뛰어난 문필가는 사람이 자신의 내면을 글로 숨기거나 다르게 보여줄 수 있는 지혜(또는 간교함)를 가졌다고 지적하기도 했다. 언젠가부터 그 말이 진실에 가깝다고 생각하게 됐다. 이 책에서 사료를 함께 수록한 까닭이기도 하지만, 그래도 글은 그의 본모습을 가장 깊고 은밀하게 보여주는 창문 가운데 하나일 것이다. 깊이 알지는 못하지만 유몽인의 자유로운 문체와 『어우야담』의 다양한 내용은 그의 중요한 내면이었을 것이다. 그런 인물이 정쟁의 소용돌이에 휘말려 자연적 수명을 다하지 못했다는 사실은 적지 않은 쓸쓸함을 안겨준다.

문명 비판의 우언

본문에서 말한 대로 유몽인은 『장자』를 매우 좋아하고 본받으려고 노력했다. '나비의 꿈胡蝶夢'이라는 유명한 고사가 대표하듯 『장자』에는 사물에 기대 인간사를 설명하고 비판한 우언寓言이 많이 실려 있다. 유몽인의 이 글은 『장자』를 떠올리게 하는 문명 비판의 우언이라고 말할 만하다.

첫머리는 태고부터 당시까지 중국 문명과 우리나라 역사를 간단히 서술하는 것으로 시작된다. 중반부터 이 글의 제목인 호랑이가 나온다. 무인 홍 공이라는 사내는 호환을 없애려고 함정을 판 뒤 호랑이가 잡히기를 기다렸다. 그날 밤 홍 공의 꿈에 창귀가 나타났다. 창귀는 자연을 파괴하고 서로 그악스럽게 싸우는 존재는 호랑이가 아니라 인간이라고 신랄하게 비판한다.

기술의 엄청난 발달 때문에 지금 그런 파괴와 갈등의 규모는 당시와 비교할 수 없이 거대하고 복잡해졌다. "사람의 포악함은 장군(호랑이)보다 백 배, 천 배 더 하다. …… 그대는 함정을 놓아 장군을 잡을 줄만 알지 사람 사는 세상이 평지 한 걸음에 백 개, 천 개의 함정이 있음은 알지 못한다"는 창귀의 말은 마음을 깊이 찌른다.

이항복과 마찬가지로 유몽인도 정시적 사건으로 서형됐다는 사실을 알고 적잖게 놀랐다. 『어우야담』에 실린 유쾌하고 자유로운 이야기가 준 인상 때문이었다. 『장자』에는 번듯한 나무는 베어져 목재로 쓰이지만 그렇지 않은 나무는 제 수명을 모두 누린다는 우언이 나온다. 어느 쪽이 복된 것인지는 사람마다 생각이 다를 것이다. 너무도 잘 알았을 이 이야기를 유몽인은 어떻게 생각했을지 궁금해졌다.

유몽인의 「호랑이를 잡는 함정虎穽文」[6]

대개 하늘은 자시子時(23~1시)에 열리고 땅은 축시丑時(1~3시)에 갈라졌으며 사람은 인시寅時(3~5시)에 태어나 삼재三才가 갖춰졌다. 사람은 하늘과 땅 사이에 있으면서 만물의 영장이 됐다. 하늘이 사람을 낼 때 반드시 사물과는 다르게 봐 사물 때문에 사람이 해를 입게 하지 않았으니, 이것이 하늘의 마음이다.

그러나 잔인하고 난폭한 성질로 살아있는 사람을 해치는 데 호랑이만큼 심한 것은 없다. 하늘의 기운을 받고 땅의 양육을 받아 예부터 사람의 근심이 됐으니 이것이 정말 하늘의 마음일까? 아닐 것이다!

---

6 유몽인, 『어우집』 권 5 수록.

무릇 하늘과 땅은 지극히 커서 받아들이지 않는 사물이 없고, 포용하는 국량은 선악을 가리지 않는다. 만물에게 각기 그 본성을 부여해 모두 자연의 이치 안에 살게 하는 것이 바로 하늘의 마음이다. 오직 사람만이 자신의 몸을 돌봐 해로움에서 스스로 벗어난다. 왜 그런가?

까마득한 태초에 사람은 적고 초목은 많았다. 온 세상이 초목으로 뒤덮였고 사람과 많은 짐승은 숲속에서 즐겁게 지냈다. 그러다가 사나운 짐승이 제멋대로 어지럽히면서 금수의 해로움이 나타났다. 많은 짐승 가운데 뿔 달린 놈은 들이받고, 발톱이 있는 놈은 움켜잡았으며, 어금니가 있는 놈은 물어 사람에게 해를 끼쳤다.

사람은 함께 무리 지어 동굴이나 나무 위에 살면서 그 해를 피했지만 벗어날 수 없었다. 집을 짓고 울타리를 둘러 그 해를 막았지만 역시 벗어날 수 없었다. 마침내 지혜와 기교를 써서 창·칼·쇠뇌·그물·함정을 만드니, 이때부터 환란을 막는 도구가 시작됐다.

이렇게 되자 하늘은 그 해를 없애고자 요 임금 때 홍수를 내려 초목이 우거지고 금수가 번성하게 했다. 요 임금은 익益에게 산과 늪을 불태우게 하니 짐승들이 숨었고, 우禹에게 물과 땅을 안정시키게 하니 백성이 쌀밥을 먹게 됐다.

그 뒤에는 성스런 임금이 나오지 않아 화려한 정원을 만들고 더러운 연못을 넓히니 논밭이 황폐해지고 초목이 무성해져 짐승이 돌아왔다. 주공이 나와 짐승을 중국 밖으로 몰아내 짐승의 발자취가 중국의 길에 다시 섞이지 않게 했다. 이때부터 백성은 자신의 일에 종사하고 집에서 살았으며 산과 숲, 내와 못에 들어갈 수 있어 깊은 산과 울창한 숲이 모두 나무하고 가축을 기르는 터전이 됐다.

우리 동방은 바닷가 구석에 외따로 있어 중국의 영역 바깥에 자리 잡고 있다. 사방 수천 리가 모두 높고 험준한 산으로 계속 이어져 익이 불을 놓고 주공이 몰아낼 때 각 지역의 변방으로 달아난 짐승들이 여기 와서 멈췄다. 이 땅에 살던 백성은 그 환란을 피하려고 했지만 어려웠다. 그러나 기자箕子가 책봉돼 동쪽으로 온 뒤 동방은 중국처럼 문명이 자리 잡아 예법과 법률, 정치와 사물이 모두 중국과 같아졌으며 온 국토에서 농사를 짓고 집을 지어 살았다.

우리 성스런 조정에 이르러 백성은 백성대로, 만물은 만물대로 제 삶을 편안히 영위해 이제 200년이 됐다. 연산連山(지금 충남 논산시 일대)은 호남과 호서의 경계에 있어 동쪽으로는 속리산과 이웃하고 북쪽으로는 계룡산과 경계를 이루며 멀리는 지리산과 이어지고 가까이는 대둔산大芚山과 닿아 있다. 이 산들은 모두 큰 명산이며 숲이 울창하고 계곡이 깊다. 호랑이가 여기에 근거지를 만들어 새끼를 낳고 키우는 것은 참으로 까닭이 있는 것이다.

이 때문에 나라에서는 백성을 위해 근심거리를 없애려고 모든 방법을 강구해 봄과 가을로 사냥하고 그물이나 덫으로 잡았다. 또 풍부馮婦[7]처럼 용맹한 사람들에게 맹수를 구석에 몰아넣고 칼로 찔러 잡게 해 털가죽과 이빨은 조정에 바치는 공물이나 중국에 바치는 조공에 충당하기도 했다. 관찰사가 바치거나 수령이 공적·사적으로 사용하는 것이 그치지 않아 온 산과 들에서 사냥했다. 사람이 호랑이를 무서워하는 것보다 호랑이가 사람을 더 무서워하는 것이 오래됐다.

왜구가 참혹한 병란을 일으켜 전국이 쑥밭이 됐다. 10리에 집한 채, 100리에 마을 하나였고 들에 풀이 무성하며 인적이 끊어졌다. 햇볕 드는 길이 사라지고 재난이 자주 일어나 호랑이의 재앙이 지금보다 혹심했다. 고향을 떠나 떠도는 백성은 가시덤불을 헤치고 잿더미를 쓸어 비바람을 가리기 위해 엉성하게 집을 지었지만 튼튼하지 못했다. 호랑이는 그들이 잠든 때를 노리고 사는 곳을 염탐해 습격해 잡아갔는데 번개와 바람처럼 빨라 맹분孟賁·하육夏育·중황中黃[8] 같은 장사라도 손쓸 겨를이 없었다.

아, 참혹하다. 하물며 지금은 옛적처럼 나무에 올라가 사는 시대가 아니어서 바쁜 일 때문에 끊임없이 오고가는 것을 그만둘수 없다. 상인 무리는 짐을 이고 진 채 해가 지고 길은 먼지 모르고 지름길로 바삐 다니다가 해를 만나기도 하고, 시골 아이들은

---

7 ?~?. 중국 진晉나라 사람으로 호랑이를 잘 잡았으며 배움에 전념해 훌륭한 선비가 됐다고 한다. 『맹자』 「진심盡心」 하편에 나온다.
8 세 사람 모두 중국 전국시대의 이름난 장사.

깊고 울창한 곳까지 멀리 가서 나무하고 꼴을 먹이다가 해를 만나기도 한다. 밤낮 조세를 운반하거나 요역에 나가다가 해를 만나기도 하고, 나무하거나 물고기를 잡아 끼니를 이으려다가 해를 만나기도 한다. 밭 갈다가, 김매다가, 물 긷다가 해를 만나 깊은신 우거진 수풀 속에서 목숨을 잃고 피가 낭자한 채 원귀가 돼 밤에 울부짖는 사람이 얼마나 되는지 알 수 없다. 불쌍히 여기는 마음이 털끝만큼이라도 있다면 어찌 이마에서 땀이 나지 않겠는가?

무인武人 홍 공洪公은 의로운 사나이다. 마침내 떨쳐 일어나 손에 침을 뱉고 산의 나무를 베 함정을 만들었는데, 길이는 1길이고 넓이는 5척이다. 목책을 엮어 사방에 벽을 만들고 한쪽 면에는 문을 만들어 문짝은 끈으로 묶어 들어 올렸다. 함정 안에는 칼날을 꽂아두고 구석에는 개를 묶어놓아 호랑이를 유인하는 미끼로 삼았다. 일이 끝나자 손에 창을 쥐고 지켜보다가 너무 피곤해 잠이 들었다.

꿈에서 한 창귀倀鬼(호랑이의 앞장을 서서 먹을 것을 찾아 준다는 귀신)가 큰 호랑이를 타고 휘파람을 불고 곡을 하면서 다가오더니 홍 공에게 읍하고 말했다.

"우리 장군이 무슨 잘못이 있기에 그대는 이렇게 원수로 여기는가? 그대는 장군의 심성이 잔인하고 포악하다고 하지만, 사람보다 심성이 잔인하고 포악한 것은 없다. 무릇 하늘과 땅 사이에 사는 물체는 모두 하늘이 낳고 기르지만 사람은 그것을 반드시 해친다.

저 돌은 무슨 잘못이 있기에 반드시 그것을 부수고 갈고 문지르고 쪼고 부숴 수많은 돌로 만들고 부서뜨려 무수한 모래로 만드는가? 나무는 무슨 잘못이 있기에 반드시 치고 찍고 베고 깎고 아궁이에서 태워 재로 만들고 도랑에서 잘라 썩게 만드는가? 물고기는 무슨 잘못이 있기에 통발과 가리로 잡고 그물과 낚시로 낚아 지느러미를 가르고 비늘을 벗겨 회 치는가? 새는 무슨 잘못이 있기에 주살로 잡고 그물로 엮어 털을 뽑고 날개를 잘라 구워 먹는가? 짐승은 무슨 잘못이 있기에 그물로 잡고 활로 쏘고 함정에 빠뜨려 내장과 배를 가르고 털가죽을 벗긴 뒤 솥에 삶는가?

이뿐만이 아니다. 어째서 사람은 같은 사람끼리 약속을 어기고 마음으로 음해하고 말로 비난하고 무기로 싸우고 코를 베고 발뒤꿈치를 자르고 목매달아 죽이고 베어 죽이고 심지어 일족을 멸망시킨단 말인가? 사람의 포악함은 장군보다 백 배, 천 배 더 하다. 그대는 함정을 놓아 장군을 잡을 줄만 알지 사람 사는 세상이 평지 한 걸음에 백 개, 천 개의 함정이 있음은 알지 못한다."

홍 공이 말했다. "그렇지 않다. 하늘은 사람에게만 하늘이 되니 사람이 아니면 하늘이 되지 않는다. 너는 하늘을 어겼으니 죽어야 마땅하다." 말을 마치고 홍 공은 꿈이 깨 놀라 일어나 보니 큰 호랑이가 함정에 빠져 있었다. 마침내 글을 지어 산신령에게 바쳤다.

그 글은 다음과 같다.

호서의 산은 울창하고 높아	湖之山兮欝嵂
구불구불 이어지고 나무가 우거졌네	優騫連卷兮樹蓊艻
구름에 가려 흐릿하고 안개는 자욱한데	雲靉兮霧暗靄
칡덩굴 무성하고 가시덤불 얽혀있네	葛藟森森兮榛棘糾結
어슴푸레 보이는 그 모습 사람을 떨게 하고	惚兮悗曲兮骯人上慄
호랑이는 노려보며 크게 포효하네	虎豹耽耽兮聲咆哮
눈은 부릅떴고 혀는 빼물었으며	目瞋睒兮舌舑舕
날카로운 어금니에는 피가 흐르네	磨牙兮吮血
위엄 있는 산신령은	山之靈兮皇皇
양 떼 몰던 맹호를 쫓아버리네	驅猛虎兮如羣羊
함정을 산모퉁이에 놓았는데	搆余穽兮山之阿
호랑이가 어찌 이리 빨리 걸렸나	虎之來兮何蹌蹌
소나무 빗장, 잣나무 판자를	松關兮栢板
칡덩굴로 얽어놓았으니	葺之以藤葛
움켜쥐고 뛰어넘으려고 해도 뽑을 수 없네	挐攫騰超兮不可拔
가죽은 깔개로 만들고 머리는 베개로 만들 것이니	皮可廗兮頭可枕
산신령이 주신 것을 잊을 수 없네	靈之貺兮不可忘
평지의 지척 사이에도 호랑이 함정이 천 개나 있으니	平地咫尺兮千虎穽
빛나는 그 무늬가 그 몸의 재앙이구나	燦燦其文兮身之殃

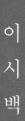

이
시
백

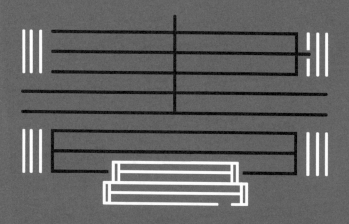

호란의 수습과 국방 강화에 기여한 대신

조선시대 인물 가운데 이시백李時白(1581~1660)이라는 이름은 조금 낯설 수도 있다. 오히려 그의 아버지 이귀李貴(1557~1633)가 좀더 친숙하기 쉽다. 이귀는 김류金瑬(1571~1648)와 함께 인조반정을 주도해 성공시킴으로써 조선왕조의 물줄기를 바꾼 인물이다. 인조 때 이후 조선의 내정에서는 북인이 몰락하고 서인이 정권을 거의 독점했으며, 외교에서는 숭명배청崇明排淸 노선이 확고하게 자리 잡았다.

이시백의 출세는 아버지의 공훈에 적지 않게 힘입은 결과였다. 그는 과거를 치르지 않았고 그래서 중년까지 이렇다 할 세속적 경력이 없었지만, 42세 때 아버지를 따라 참여한 인조반정으로 인생을 역전시켰다. 그 뒤 79세의 노령으로 별세하기까지 이시백은 요직을 두루 거쳐 영의정까지 올랐다. 그의 시대에서 가장 중요한 사건은 두 번의 호란이었다. 조선은 모두 패배했지만, 그는 그 난국을 수습하는 데 중요하게 공헌한 인물이었다.

가문적 배경

이시백은 자가 돈시敦詩, 호는 조암釣巖, 시호는 충익忠翼이며 본관은 연안延安이다. 앞서 말한 대로 그는 인조반정의 핵심적 공로자로 정사靖社 1등공신과 연평부원군延平府院君에 책봉되고 좌찬성을 역임한 이귀의 맏아들이다. 어머니는 인동仁同(지금 경상북도 구미龜尾) 장씨(증 참판 장민張旻의 딸)고, 동생은 이시담李時聃(1584~1665. 충주목사 역임)·이시방李時昉(1594~1660. 공조판서·판의금부사 역임)이다.

그의 가계에서 특기할 만한 사실은 6대조가 세조~성종 때 판한성부사(정2품)·영중추부사(정1품) 등을 역임하고 좌리佐理 4등공신·연성延城부원군에 책봉된 이석형李石亨(1415~1477)이라는 것이다. 이것은 조선시대 양반가문의 연속성을 보여주는 수많은 증거의 하나다. 증조는 이기李巙(첨지중추부사. 좌찬성 추증), 조부는 이정화李廷華(영의정 추증)로 주목할 만한 경력은 없었지만, 자손들의 출세로 높은 관직에 추증됐다.

조용했던 젊은 시절

선조 14년(1581) 10월 11일 태어난 이시백은 감성이 풍부하되 판단력이 또렷한 아이였던 것 같다. 네 살 때 개미들이 흰 벌레를 뜯어먹는 것을 보고 벌레가 가여워 울었다거나, 여섯 살 때는 집이 가난해 기르던 개를 팔아야 하자 무척 슬퍼하면서도 할머니를 봉양해야 하니 어쩔 수 없다고 수긍한 일들은 따뜻한 마음을 가졌음을 보여준다(송준길, 『동춘당집』, 「이시백 시장諡狀」). 이 이야기는 그의 집안이 그리 넉넉하지 않았다는 사실도 비춰준다.

자라면서 그는 서인의 주요 인물들에게 배우고 교유했다. 8세 때는 우계 성혼(1535~1598)에게 수학했는데, 성혼은 그를 자식처럼 아끼면서 "이 아이는 훗날 측량할 수 없을 만큼 성공할 것"이라고 예측했다. 좀 더 커서는 백사 이항복(1556~1618)을 스승으로 모셨다.

가장 가까운 벗은 조익趙翼(1579~1655. 좌의정)·장유張維(1587~1638. 영의정)·최명길崔鳴吉(1586~1647. 영의정)이었는데, 세상은 이들을 가리켜 사우四友라고 불렀다. 모두 출중한 명사인 스승과 친구들의 면모는 이시백의 인품과 능력을 보여주는 중요한 방증일 것이다. "이시백은 벼슬 없는 선비인데도 교유하는 상대가 모두 명사이며 그를 믿고 사랑하니, 무엇을 수행해서 그렇게 됐는지 모르겠다"고 이항복은 말했다.

그와 그의 집안은 광해군 때 침체했다. 당색에 따른 정치적 이유였다(앞서의 가난도 이것과 무관하지 않을 것이다). 뛰어난 능력을 가졌지만 이시백이 과거를 치르지 않고 40대까지 유생으로 지낸 것은 타인의 권유와 자신의 판단에 따른 결과였다. 시기는 정확치 않지만, 최유원崔有源이라는 인물이 그를 낭관郎官(육조의 정랑〔정5품〕과 좌랑〔정6품〕)에 천거하려고 하자 이항복은 시대가 적절치 않다면서 만류했다. 광해군 8년(1616)에는 아버지가 최기崔沂의 옥사獄事[1]에 연루돼 이천伊川(지금 경상북도 성주)으로 귀양 가자 이시백은 가족과 함께 평생 동안 은거하겠다고 마음먹었다. 35세의 젊은 나이였다.

인조반정의 성공

그러나 그와 그 가문에는 곧 큰 변화의 전기가 왔다. 인조반정이었다. 이귀는 유배지에서 용암龍巖이라고 불리는 기이한 바위를 보고 시를 지었다.

아, 용이여. 그 덕이 어찌 쇠퇴했으리	吁嗟龍兮德何衰
물속에 오래 누워 세상이 모를 뿐이네	長臥波心世不知
제갈량이 융중에서 늙는다고 비웃지 마시오	莫笑隆中諸葛老
조용히 세 번 찾아올 날 어찌 없으리	慇懃三顧豈無時

이시백은 아버지에게 화답했다.

---

1 광해군 8년 해주목사 최기가 이이첨 일파인 박희일朴希一·박이빈朴以彬을 무고죄로 처형했다가 이이첨의 보복으로 옥사한 사건.

그때 한의 국업 쇠퇴한 것 부끄럽고 한스러워	愧恨當年漢業衰
돌로 모습 바꿔 알아주기를 바라지 않네	變形爲石不求知
깊은 못에 숨어서 자주 고개 돌리며	深潭入處頻回首
부질없이 융중에서 꿈 깰 때 생각하네	空憶隆中覺夢時

어렵잖게 알 수 있듯 제갈량의 은거와 그 뒤의 활약을 자신들에게 빗댄 내용이다. 이귀는 맏아들의 시를 보고 "서로의 마음을 알아주는 아버지와 아들이라고 할 만하다"면서 매우 기뻐했고, 막내아들 이시방과 함께 반정을 계획해 결국 성공시켰다.

앞서 말한 대로 인조반정은 조선왕조의 흐름을 바꾼 거대한 사건이었지만, 이시백의 일생에도 큰 전환을 가져왔다. 그는 반정에 참여한 공로로 정사靖社 2등공신·연양군延陽君에 책봉됐다. 불편한 정치적 환경 때문에 포의布衣의 유생으로 지내던 42세의 중년에게 찾아온 거대한 변화였다.

출세와 호란

두 차례의 호란이 상징하듯 인조의 치세는 격변과 수난의 연속이었다. 첫 사건은 즉위(1623년 3월)한 지 10개월 만에 일어난 이괄李适의 난이었다(인조 2년 (1624) 1월). 반정에서 중요한 공로를 세웠지만 2등공신에 책봉되고 평안도에 배속된 것에 불만을 품고 거병한 이괄은 황해도 황주黃州·마탄馬灘(예성강 상류)에서 관군을 격파하며 남하했다. 인조는 공주公州로 몽진蒙塵했다.

그러나 관군은 2월 초순 안현鞍峴(지금 서울시 종로구 무악재 일대)에서 승리하면서 전세를 역전시켰다. 반군은 동요했고, 부하 장수들이 이괄을 죽이고 투항함으로써 반란은 진압됐다. 이시백은 협수사協守使로 정충신鄭忠信 등과 안현 전투에 참여해 승리에 기여했다.

반정에 이어 무재武才를 다시 한번 입증한 이시백은 그 뒤 순탄하게 승진했다. 그는 수원 방어사(종2품)에 임명됐는데, 군사를 잘 훈련시켜 정묘호란(인조 5년 〔1627〕) 때는 그 병력을 이끌고 가장 먼저 동작나루로 가서 인조를 강화도로 피난시키는 데 공로를 세웠다(다른 군사들은 정오쯤 도착했지만, 그는 날이 새기도 전에 왔다). 치적도 뛰어나 당시까지 수원을 가장 잘 다스린 인물로 꼽혔다(「이시백 시장」).

인조 7년(1629)에는 삼수미三手米를 국고에 수납하는 데 태만했다는 죄목으로 파직되기도 했지만, 곧 양주목사(정3품. 인조 8년 〔1630〕)·강화유수(종2품. 인조 9년) 등의 외직에 임명됐다. 인조 11년 (1633) 2월에는 아버지 이귀가 별세해 삼년상을 치렀다. 인조 13년 (1635) 탈상한 뒤에는 중앙의 요직인 병조참판(종2품)에 제수됐고, 병자호란이 일어난 인조 14년(1636)에는 수어사守禦使(종2품)를 겸임해 남한산성의 관리를 전담하게 됐다. 호란의 조짐은 일찍이 인조 11년 무렵부터 감지됐으므로 무장으로서 그의 능력을 높이 평가한 발령으로 볼 수 있을 것이다. 이때 이시백은 55세였다.

병자호란 직전인 인조 14년 7월 이시백은 남한산성에서 야간 훈련을 실시하고 군사들을 격려했다. 국왕이 산성의 형세와 방어 상황을 묻자 그는 "참으로 천연의 요새지만 성첩城堞이 1,600곳이나 돼 군사 5만 명이면 충분하고 4만 명이면 빠듯하다"면서 "군량이 부족한 것이 걱정"이라고 보고했다. 병자호란의 패배는 총체적인 문제와 결부된 것이어서 산성의 군량이 넉넉했다면 항복하지 않았을지는 확언하기 어렵지만, 이런 이시백의 판단은 곧 들어맞았다. 병자호란이 일어나 남한산성에서 농성할 때 그는 서성장西城將을 맡아 이서李曙·구굉具宏·신경진申景禛 등 당시의 주요 장수들과 함께 방어에 앞장섰다.

대신의 일생

이시백은 그 뒤 별세할 때까지 내내 핵심적인 대신의 위치에 있었다. 인조 때는 병조(인조 15년 (1637) 및 인조 21년 (1643))·형조(인조 20년)·공조(인조 23년 (1645))·이조판서(인조 27년 (1649)) 등의 요직을 역임했고, 효종이 즉위하자 정승에 올라 우의정(효종 1년 (1650))·좌의정(효종 2년)을 거쳐 영의정(효종 6년 (1655))에 올랐다. 조정을 대표해 청에도 네 번이나 사신으로 다녀왔다(진하사進賀使 (인조 21년), 진주사陳奏使 (효종 1년), 사은사 (효종 2~3년)). 한 시대를 대표하는 중신의 일생이라고 말할 만한 경력이었다.

위기도 몇 번 있었다. 인조 16년(1638) 병조판서로 있을 때 척화를 주장한 신하로 지목돼 아들을 청에 볼모로 보내야 했는데, 친

아들 대신 서자를 보냈다가 탄로나 여산礪山(지금 전라북도 익산)으로 귀양 갔다(인조 19년〔1641〕에 풀려나 총융사로 복귀했다). 인조 22년 (1644)에는 좌의정 심기원의 역모에 연루됐다는 무고를 받기도 했다. 그와 동생 이시방이 군사 행동을 합의한 내용이 적힌 문서가 발견됐기 때문이다. 그러나 모반이 진압된 반년 뒤에 발견된 서류인데도 종이와 인장이 너무 생생하다는 의심스러운 정황과 국왕의 신임 때문에 큰 고초를 겪지는 않았다. 효종 2년(1651)에는 김자점의 역모사건이 일어났는데, 동생 이시방이 김자점과 가깝다는 이유로 혐의를 받자 이시백은 도성 밖으로 나가 조용히 지내기도 했다.

강직과 청렴

이시백을 대표하는 면모는 강직과 청렴이었다. 인조 후반의 가장 큰 정치적 사건은 인조의 장자인 소현세자(1612~1645)가 급서하면서 발생한 일련의 숙청일 것이다. 소현세자는 인조 23년(1645) 2월 귀국한 뒤 두 달 만에 갑자기 세상을 떠났는데(4월 26일), 그때 이시백은 64세의 공조판서였다.

인조는 원손이 아니라 봉림대군鳳林大君(뒤의 효종)을 후사로 삼으려고 했고, 국왕의 강경한 태도에 눌려 대신들은 모두 찬성했다. 그러나 이시백은 "원칙을 지켜야 한다"면서 원손을 그대로 세워야 한다고 주장했다. 그 말을 들은 사람들은 모두 그의 안위를 걱정했지만 인조의 믿음은 깊었다. 재위 마지막 해(1649) 인조는 그를 불러 술을 대접하면서 세자에게 "내가 이 사람을 팔다리처럼 여기니 너도 뒷날 그렇게 대접하라"고 당부했다. 그 뒤 삼정승을 두루 거친 데서 나타나듯 효종은 부왕의 당부를 충실히 이행했다.

강직한 면모를 보여주는 일화가 몇 가지 있다. 이시백은 아버지 이귀가 하사받은 집에서 살았는데, 뜰에 '금사낙양홍金絲洛陽紅'이라는 중국의 희귀한 꽃이 있었다. 하루는 궁궐에 소속된 별감大殿別監이 왕명으로 그 꽃을 캐러 오자 그는 그 뿌리까지 짓뭉개고는 개탄했다. "지금 나라의 형세가 아침저녁을 보전할 수 없는 형편인데, 주상께서 어진 이는 찾지 않으시고 이 꽃을 찾는다니 이 무슨 말인가? 나는 이 꽃으로 주상께 아첨해 나라가 망하는 것을 차마 볼 수 없다. 이 뜻을 주상께 아뢰라." 국왕은 그를 더욱 신임하게 됐다.

효종 3년(1652) 사은사로 갈 때의 일화도 있다. 평양에 도착했을 때 화려하게 치장한 기생들이 도열하자 이시백은 "병자호란 이후 서도西道 지방의 형편이 매우 쇠잔했을 것으로 생각했는데, 지금 와서 이런 광경을 보니 매우 이상하다"고 의아해했다. 서윤庶尹(종4품)은 그동안 사신의 행차에 늘 격식을 갖추지 못해 죄송했기 때문에 자색 있는 관비官婢를 뽑아 치장시켰다고 대답했다. 그러자 이시백은 감사를 불러 "서윤을 둔 목적이 백성을 사랑해 기르려는 것인가, 사신을 기쁘게 하려는 것인가? 이런 시기에 이런 일을 하다니 매우 해괴하다"고 꾸짖은 뒤 관비를 물리쳤다. 산해관山海關을 들어가자 중국 사람들은 길을 가득히 메우고 "조선의 어진 정승이 온다"고 칭송했다. 부인이 비단실로 가장자리를 두른 방석을 장만했다는 말을 듣고는 크게 놀라며 즉시 부들자리로 바꿨다는 이야기도 있다.

그 밖에도 이시백은 김육金堉의 건의에 따라 호남에도 대동법을 실시하고(효종 9년 [1658]), 효종을 여주의 영릉寧陵에 모시는 데도 중요한 역할을 했다(효종 10년). 병자호란을 겪은 뒤 병조 소속의 정예 기병과 보병을 선발해 정초청精抄廳을 신설한 것도 그였다. 정초청은 그 뒤 오군영의 하나인 금위영禁衛營으로 발전했다.

별세와 평가

이시백은 현종 1년(1660) 5월 2일 태평방太平坊(지금 서울시 남대문·을지로 일대)의 자택에서 79세로 별세했다. 자연적인 노령이 가장 중요한 원인이었겠지만, 그해 1월 동생 이시방의 타계도 큰 충격을 줬던 것 같다. 동생이 세상을 떠나자 이시백은 크게 슬퍼하다가 피를 몇 되나 쏟고 의식을 잃기도 했다. 운명할 때는 나라에 관련된 일만 간절히 당부했고, 집안 문제는 언급하지 않았다고 한다.

이시백이 별세하자 궁벽한 시장 골목의 백성들도 모두 통곡했고, 특히 그가 오래 관여했던 훈련도감과 어영청의 군사들은 더욱 슬퍼했다. 그는 완력이 대단했지만 항상 숨기고 남과 다투지 않았으며, 두뇌도 뛰어났지만 늘 겸손했다고 한다(「이시백 시장」).

추모의 정이 담긴 기록이라는 측면을 감안해도 그가 크고 너른 존경을 받은 것은 사실로 생각된다. 일곱 번이나 판서를 역임했고 영의정에까지 올랐지만 가난한 선비집 같았다는 기록은 마음을 숙연하게 만든다.

이시백과 관련해 널리 알려진 사실 가운데 하나는 그가 『박씨부인전』(또는 『박씨전』)에 등장한다는 것이다. 그 소설은 박씨 부인이 남편 이시백을 도와 출세시키고 호란을 극복하는 내용을 담고 있다. 그러나 이것은 허구다. 이시백의 실제 부인은 초취初娶 남원 윤씨(윤진尹軫〔참판에 추증〕의 딸)와 재취 창원 황씨(진사 황첨黃詹의 딸)였다. 윤씨와는 3남(흔忻〔동지돈녕부사〕, 한憪〔호조참의〕, 열悅〔충훈부 도사〕) 2녀를 두었고 황씨와는 자녀가 없었다.

두 번에 걸친 호란의 피해와 영향은 조선 사회 전체를 황폐하게 만들었다. 이시백은 그 어려운 시대에, 특히 국방 분야에서 주로 활동하면서 국가를 지탱한 중신의 한 사람이었다. 그의 졸기의 마지막 부분은 인상적이다.

> 비록 질박했지만 일찍이 『소학』을 수천 번 읽어 집에 있을 때는 늘 그것으로 자신을 통제했다. 38년 동안 조정에서 벼슬하면서 청렴하고 삼가고 공손하고 검소한 것이 조금도 변하지 않았다(『현종개수실록』 현종 1년 5월 3일).

혼란의 시대를 지탱한 대신을 기리다

마지막 사료는 윤휴가 쓴 이시백의 제문이다. 이 책에서 직접 다루지는 않았지만 윤휴는 여러 번 언급된 인물이다. 그는 이시백보다 36세 아래고 남인이었다. 그는 당색을 넘어 널리 교유했는데, 서인인 이시백의 제문을 쓴 것도 그런 면모를 보여준다.

글의 성격상 제문은 좋은 내용으로 채워질 수밖에 없고 어느 정도 과장되기도 한다. 그래도 없는 일이나 맞지 않는 면모를 지어서 쓸 수는 없다. 호란은 무참한 패배였고 엄청난 물질적 손실과 정신적 공황으로 이어졌지만, 이 제문을 포함해 여러 자료에서는 그 충격을 극복하는 데 이시백이 중요한 역할을 했다고 평가했다.

그런 평가의 타당성을 보여주는 증거 가운데 하나는 그가 『박씨부인전』의 주요 인물로 선택된 것이 아닐까 싶다. 박씨 부인이 도술로 청군을 물리친다는 상상의 열망을 담은 그 소설은 그 내용뿐 아니라 주요 등장인물도 모두 허구다. 실재한 인물은 박씨 부인의 남편으로 설정된 이시백밖에 없을 것이다. 어쩌면 그도 이름을 빼고는 모든 사항이 꾸며졌을지도 모른다. 그럼에도 이시백이 박씨 부인의 남편으로 설정된 데는 까닭이 있을 것이다. 조선이 청을 무찌른다는, 어찌 보면 허황에 가까운 이야기를 펼치는 데 그는 어울리는 인물이었던 것이다. 세상을 떠난 뒤인 숙종 때 지어진 것으로 보이는 그 소설에서 자신이 그런 역할을 맡을지 이시백은 예상했을까? 그것은 알 수 없지만 자신이 그런 인물로 선정된 것은 만족스러워했을 것 같다.

윤휴가 쓴 이시백의 제문[2]

아, 슬프다. 높은 산과 큰 시내가 움직이는 것은 사람들이 보지
못해도 만물이 그 혜택을 입고 자라는데, 구름을 일으키거나 비
를 내리기도 하고 괴물을 내기도 하는 예측할 수 없는 신비한 힘
이 있기 때문이다. 큰 덕을 지닌 위대한 인물이 한 일은 사람들이
보지 못해도 만민이 귀의해 따르는데, 충성을 떨치고 환란을 막
아 변고가 닥쳐도 우뚝하게 서 넘볼 수 없는 큰 공로가 있기 때문
이다.

　아, 우리 공 같은 분은 충효스럽고 청렴한 품성과 너그럽고 깨

2　윤휴, 『백호전서』 18권 수록. 원제는 「통제사인 외삼촌을 대신해서 막하의 여
　　러 사람과 함께 연양군 이시백에게 바친 제문代統制舅氏與幕下諸人祭李延陽時白文」
　　이다.

끗하며 온화한 덕을 하늘에서 받아 행동에 나타나고 속에 축적돼 겉으로 자라났으니 그것을 본 사람도 있을 것이다. 그러나 공은 평소에는 말하지 못하는 사람처럼 조용하고 무능한 사람처럼 연약해 사람들은 그가 행동하는 것을 보지 못했다.

얼마 전 국운이 막혀 짐승 같은 오랑캐가 사람을 핍박하고 깊은 밤 남한산성 서쪽에 청군이 나타나자 공은 이백기李伯紀와 경양景陽[3]처럼 싸움을 독려해 적을 죽여 공로를 세웠다. 귀신이 화란을 도와 오랑캐가 대궐까지 침입하니 모든 신하가 넋을 잃었지만 공만이 산악처럼 우뚝하게 서 넘볼 수 없는 위엄을 갖추고 깃발을 정연하게 갖췄다. 도성으로 돌아오던 날에도 위기가 가라앉지 않아 오랑캐가 이빨을 갈고 경계를 지켜 모든 사람이 두려움에 떨었지만 그때도 공은 강물 한가운데 선 기둥처럼 흔들리지 않고 당당하니 신하들이 무너지지 않고 나라가 보존됐다. 아, 우리 공 같은 이야말로 충성을 떨쳐 환란을 막고 죽음이 닥쳐와도 절개를 빼앗을 수 없는 사람이 아니겠는가?

높은 산과 큰 시내가 만물에게 복을 주듯 백성은 모두 공을 우러러봤다. 문무를 겸비한 공은 마침내 인조와 효종을 부지런히 도왔지만 예기치 않게 변경이 요동하고 사방에서 풍파가 일어났다. 나라를 지킬 능력은 공이 아니면 없었기 때문에 공은 위험을

---

3   이백기는 중국 송의 재상이자 장수. 경양은 중국 전국시대 초의 장수로 조趙를 공격한 제齊와 한韓을 물리쳤다.

보고 목숨을 바쳐 소매를 떨치고 일어나 힘을 다해 나라에 보답했으니 어찌 지금 보는 것뿐이겠는가? 공이 그렇게 했기 때문에 나라가 무사했으며, 나라에 일이 생기면 모든 사람은 공이 장성長城이 되기를 바라며 믿고 두려워하지 않았다.

세상에는 수많은 일이 일어나고 시기하는 사람도 있었지만 감히 공에게만은 털끝만큼도 의심하거나 헐뜯지 못했으니 공은 한漢의 대신이나 당의 원로國老 같았다. 건강히 장수하고 높은 벼슬에 올라 편안히 세상을 떠나니 이것 또한 융성한 덕과 순수한 정성이 안에 쌓여 밖으로 드러난 것이니 어찌 백성의 마음을 크게 감복시키지 않았겠는가?

공의 부하로 근무한 하위 관원들은 오랫동안 공의 덕망을 보아 왔기 때문에 오늘의 슬픔은 큰 집의 대들보가 무너져 의지할 곳이 없어진 것 같았다. 공은 80세로 장수했고 재상에 올랐으니 높은 명성은 아쉬움이 없을 것이다. 낮은 관원들은 군대에서 공을 모셨지만, 화살과 돌이 날고 북소리가 울리는 격렬한 전쟁터에서 창칼을 휘두르며 고연산姑衍山에서 선제禪祭를 지내고 북하北河를 건너 그들의 피를 마시고 창자를 짓밟은 뒤 황룡부黃龍府에서 취하도록 마실 수는 없었다.[4]

---

4 고연산은 지금 몽골공화국 울란바토르 인근에 있는 산으로 추정된다. 선제는 땅에 지내는 제사다. 황룡부는 금金의 수도였으며 지금 중국 지린성吉林省 창춘시長春市 눙안현農安縣 일대로 추정된다.

불행히 일이 실패해 변방의 성에 유해가 뒹굴고 적진 앞에 시신이 놓였더라도 말가죽으로 공의 시신을 싸고 화살로 공의 넋을 불러왔다면 공의 커다란 뜻에 보답하고 공의 충성스런 분노를 풀어 우리 인조와 효종께서 밤낮으로 품고 계셨던 적개심을 누그러뜨릴 수 있었을 것이다. 오늘 삶은 닭에 탁주로 대들보 아래서 공을 제사하니 공의 영령이 찾아오시면 공의 충의로운 혼백이 어찌 답답해하지 않겠는가? 아, 참으로 슬프다.

참고문헌

양녕대군—폐세자의 불행한 운명과 긴 인생

박영규, 『한 권으로 읽는 세종대왕실록』, 웅진지식하우스, 2008.

지두환, 『태종대왕과 친인척』, 역사문화, 2008.

함규진, 『왕이 못 된 세자들』, 김영사, 2009.

유자광—서자에서 일등공신에 오른 논쟁적 인물

오종록, 「유자광, 으뜸가는 공신에서 간악한 소인으로 전락한 사나이」, 『내일을
　　　여는 역사』 11, 2003.

진상원, 「김종직과 유자광—군자와 소인」, 조동원 교수 정년기념논총 간행위원
　　　회, 『동아시아사의 인물과 라이벌』, 아세아문화사, 2008.

최용범·함규진, 「유자광—고발은 나의 힘」, 『난세에 간신 춤춘다』, 페이퍼로드,
　　　2010.

윤원형—권력을 전횡한 조선 중기의 외척

이성무, 『재상열전』, 청아출판사, 2010.

지두환, 『중종대왕과 친인척』 1~3, 역사문화, 2001.

한춘순, 『명종대 훈척정치 연구』, 혜안, 2006.

정여립―논란에 싸인 기축옥사의 주인공

김용덕, 「정여립 연구」, 『조선후기 사상사연구』, 을유문화사, 1977.

신정일, 『지워진 이름, 정여립』, 가람기획, 2000.

이상혁, 「조선조 기축옥사와 선조의 대응」, 「역사교육논집」 43, 2009.

이순신―자신과 나라의 역경을 극복한 명장

김태훈, 『이순신의 두 얼굴』, 창해, 2004.

이민웅, 『임진왜란 해전사』, 청어람 미디어, 2004.

이순신, 노승석 옮김, 『난중일기』, 민음사, 2010.

김훈, 『칼의 노래』, 생각의나무, 2000.

곽재우―임진왜란의 대표적 의병장, 홍의장군

강문식, 「실록을 통해 본 곽재우(1552~1617)의 의병 활동」, 『규장각』 33, 2008.

이장희, 『곽재우 연구』, 한국학술정보, 2005.

곽재우 지음, 이재호 옮김, 『국역 망우선생문집』, 집문당, 2002.

안용복―희생과 고난으로 독도를 지킨 조선의 백성

송병기, 『울릉도와 독도, 그 역사적 검증』, 역사공간, 2010.

이훈, 「조선후기 독도를 지킨 어부 안용복」, 『역사비평』 35, 1996.

독도연구소(www.dokdohistory.com) 관련자료.

최영의―극진 가라테를 창시한 '바람의 파이터'

고우영, 『대야망』 1~5, 씨엔씨 레볼루션, 2010.

김용호, 「바람의 파이터 최영의의 무도활동에 관한 연구」, 중앙대 교육대학원 석
　　사논문, 2012.

방학기, 『바람의 파이터』 1~10, 길찾기, 2003.

오시타 에이지大下英治, 박승철 옮김, 『실록 최배달―바람의 파이터』(상·하), 엔
　　북, 2004.

최배달, 『최배달 세계격투기행』, 자음과모음, 2004.

윤선거―윤증의 아버지, 조선 후기 소론의 태동
남경태, 『역사』, 들녘, 2008.
이성무, 『조선시대 당쟁사』 1·2, 아름다운 날, 2007.
이종호, 『조선을 뒤흔든 아버지와 아들』, 역사의아침, 2008.

윤증―노론과 소론의 갈라섬, 그 기점에 있던 인물
이종호, 『조선을 뒤흔든 아버지와 아들』, 역사의아침, 2008.
조용헌, 『조용헌의 명문가』, 랜덤하우스코리아, 2009.
충남대 유학연구소, 「명재 윤증의 학문연원과 가학」, 예문서원, 2006.

숙종―환국 정치의 명암
이성무, 『조선시대 당쟁사』 2, 아름다운날, 2007.
이한우, 『숙종, 조선의 지존으로 서다』, 해냄, 2007.
지두환, 『숙종대왕과 친인척』 1~3, 역사문화, 2009.

희빈 장씨―환국정치의 중심에 섰던 비극적 운명의 왕비
김아네스·이장우·정두희·최선혜, 『장희빈, 사극의 배반』, 소나무, 2004.
박시백, 『박시백의 조선왕조실록 14―숙종실록』, 휴머니스트, 2009.
지두환, 『숙종대왕과 친인척』 1~3, 역사문화, 2009.

사도세자―부왕에게 사사된 비극적 운명의 세자
박시백, 『박시백의 조선왕조실록 15―경종·영조실록』, 휴머니스트, 2010.
이덕일, 『사도세자가 꿈꾼 나라』, 역사의아침, 2011.
지두환, 『영조대왕과 친인척』, 역사문화, 2009.

최윤덕 — 북방 개척에 공헌한 조선 전기의 명장

박동백 외, 『축성대감 최윤덕 장군』, 소화, 1994.

이성무, 「최윤덕 — 실력과 덕으로 4진을 개척하다」, 『명장열전』, 청아, 2011.

KBS역사스페셜, 「최윤덕, 조선의 국경을 세우다」, 2011.9.1.

최만리 — 한글 창제에 반대한 집현전의 수장

박영준, 「8장 최만리는 왜 훈민정음 창제를 반대했을까 — 집현전 학자 최만리의
　　철학과 사상」, 『우리말의 수수께끼』, 김영사, 2002.

박진호, 「문자의 왕국」, 강문식 외, 『15세기 — 조선의 때 이른 절정』, 민음사, 2014.

해동공자 최충선생 기념사업회, 『청백리 최만리 행적 연구 논총』 1, 해동공자 최
　　충선생기념사업회, 2011.

임경업 — 대명 의리를 실천한 비운의 명장

이복규, 『임경업전 연구』, 집문당, 1993.

이성무, 「임경업 — 병자호란, 치욕과 맞서다」, 『명장열전』, 청아출판사, 2011.

장덕순, 「임경업」, 『한국의 인간상』 2, 신구문화사, 1980.

최익현 — 위정척사론을 실천한 최고령 의병장

노인숙, 『면암 최익현 한시 연구』, 국학자료원, 2002.

박석무, 「쌀 한 톨 물 한 모금도 왜놈 것은 먹을 수 없다 — 의병장 면암 최익현
　　의 생각과 실천」, 『조선의 의인들 — 역사의 땅 사상의 고향을 가다』, 한길사,
　　2010.

정옥자, 「면암 최익현」, 『우리가 정말 알아야 할 우리 선비』, 현암사, 2002.

황현 — 「절명시」와 『매천야록』을 남긴 조선 말기의 지사

이은철, 『매천 황현을 만나다』, 심미안, 2010.

임형택, 「매천야록 해제」, 『역주 매천야록』, 문학과 지성사, 2005.

하우봉, 「근대 여명기의 계몽적 역사가 매천 황현」, 하우봉 외, 『매천 황현과 역사

서술』, 디자인 흐름, 2011.

홍영기, 「황현」, 『한국사 시민강좌』 41, 2007.

이항복—격동의 시대를 헤쳐간 조선 중기의 명신

김성균, 「이항복-이조李朝의 기지機智」, 『한국의 인간상人間像』 1, 신구문화사,
  1965.

이종묵, 「이항복의 삶과 시」, 『한국한시작가연구』 7, 2002.

이한, 『죽마고우 오성과 한음』, 청아출판사, 2010.

임형택, 「백사집 해제」, 한국고전번역원, 1998.

이덕형—능력과 덕망을 겸비한 조선 중기의 명신

김현룡, 『오성과 한음』 1~3, 철학과 현실사, 2002.

이한, 『죽마고우 오성과 한음』, 청아출판사, 2010.

최범서, 『조선 최고의 공직자—다시 쓰는 오성과 한음』, 가람기획, 2006.

유몽인—정치적 균형과 자유로운 문학을 추구한 『어우야담』의 저자

신익철, 『유몽인 문학연구』, 보고사, 1998.

이덕일, 「유몽인—그건 반정이 아니라 쿠데타요」, 『시원하게 나를 죽여라』, 한겨
  레출판, 2008.

한명기, 「유몽인의 경세론 연구」, 『한국학보』 67, 1992.

이시백—호란의 수습과 국방 강화에 기여한 대신

김훈, 『남한산성』, 학고재, 2007.

박시백, 『박시백의 조선왕조실록—12권 인조실록』, 휴머니스트, 2008.

한명기, 『정묘·병자호란과 동아시아』, 푸른역사, 2009.

찾아보기

사람과 그의 글
사료와 함께 읽는 평전

초판 1쇄 발행 2020년 4월 20일
초판 2쇄 발행 2020년 7월 1일

지은이 김범
발행편집 유지희
디자인 박진범, 이정아
제작 제이오

펴낸곳 테오리아
출판등록 2013년 6월 28일 제25100-2015-000033호
주소 03784 서울특별시 서대문구 연희로 30, 405호
전화 02-3144-7827
팩스 0303-3444-7827
전자우편 theoriabooks@gmail.com

ISBN 979-11-87789-28-4 (03910)

이 도서의 국립중앙도서관 출판예정도서목록(CIP)은 서지정보유통지원시스템 홈페이지(http://seoji.nl.go.kr)와
국가자료종합목록구축시스템(http://kolis-net.nl.go.kr)에서 이용하실 수 있습니다. (CIP제어번호: CIP2020012647)